VALUATION

O GEN | Grupo Editorial Nacional – maior plataforma editorial brasileira no segmento científico, técnico e profissional – publica conteúdos nas áreas de ciências sociais aplicadas, exatas, humanas, jurídicas e da saúde, além de prover serviços direcionados à educação continuada e à preparação para concursos.

As editoras que integram o GEN, das mais respeitadas no mercado editorial, construíram catálogos inigualáveis, com obras decisivas para a formação acadêmica e o aperfeiçoamento de várias gerações de profissionais e estudantes, tendo se tornado sinônimo de qualidade e seriedade.

A missão do GEN e dos núcleos de conteúdo que o compõem é prover a melhor informação científica e distribuí-la de maneira flexível e conveniente, a preços justos, gerando benefícios e servindo a autores, docentes, livreiros, funcionários, colaboradores e acionistas.

Nosso comportamento ético incondicional e nossa responsabilidade social e ambiental são reforçados pela natureza educacional de nossa atividade e dão sustentabilidade ao crescimento contínuo e à rentabilidade do grupo.

Alexandre **Assaf Neto**

5ª edição

VALUATION

MÉTRICAS DE VALOR E AVALIAÇÃO DE EMPRESAS

+ Medidas de Criação de Valor
+ Gestão Baseada em Valor
+ Avaliação de Empresas

- O autor deste livro e a editora empenharam seus melhores esforços para assegurar que as informações e os procedimentos apresentados no texto estejam em acordo com os padrões aceitos à época da publicação, e *todos os dados foram atualizados pelo autor até a data de fechamento do livro*. Entretanto, tendo em conta a evolução das ciências, as atualizações legislativas, as mudanças regulamentares governamentais e o constante fluxo de novas informações sobre os temas que constam do livro, recomendamos enfaticamente que os leitores consultem sempre outras fontes fidedignas, de modo a se certificarem de que as informações contidas no texto estão corretas e de que não houve alterações nas recomendações ou na legislação regulamentadora.

- Data do fechamento do livro: 24/04/2025

- O autor e a editora se empenharam para citar adequadamente e dar o devido crédito a todos os detentores de direitos autorais de qualquer material utilizado neste livro, dispondo-se a possíveis acertos posteriores caso, inadvertida e involuntariamente, a identificação de algum deles tenha sido omitida.

- **Atendimento ao cliente: (11) 5080-0511 | faleconosco@grupogen.com.br**

- Direitos exclusivos para a língua portuguesa
  Copyright © 2025 by
  Editora Atlas Ltda.
  Uma editora integrante do GEN | Grupo Editorial Nacional
  Travessa do Ouvidor, 11
  Rio de Janeiro – RJ – 20040-040
  www.grupogen.com.br

- Reservados todos os direitos. É proibida a duplicação ou reprodução deste volume, no todo ou em parte, em quaisquer formas ou por quaisquer meios (eletrônico, mecânico, gravação, fotocópia, distribuição pela Internet ou outros), sem permissão, por escrito, da Editora Atlas Ltda.

- Capa: MANU | OFÁ Design
- Imagem da capa: ©iStockphoto/MadamLead
- Editoração Eletrônica: Set-up Time Artes Gráficas

CIP-BRASIL. CATALOGAÇÃO NA PUBLICAÇÃO
SINDICATO NACIONAL DOS EDITORES DE LIVROS, RJ

A862v
5. ed.

Assaf Neto, Alexandre
Valuation: métricas de valor e avaliação de empresas / Alexandre Assaf Neto. – 5. ed. – Barueri [SP]: Atlas, 2025.

Inclui bibliografia e índice
ISBN 978-65-5977-727-3

1. Administração financeira. 2. Empresas – Avaliação. I. Título.

25-96993.0

CDD: 658.15
CDU: 658.15

Meri Gleice Rodrigues de Souza – Bibliotecária – CRB-7/6439

Dedico este livro a Miguel Assaf, meu neto, que me mostrou a sequência natural da vida, trouxe muita alegria e esperança a todos e, mais importante, está me ensinando a ser avô. Foi o único que conseguiu fazer o avô sorrir, mesmo diante de constantes "invasões bagunçadas" em seu comportado escritório. Na sequência da vida, ganhei de Deus duas novas paixões: minhas netas, Samira Assaf e Mariana Assaf.

Sobre o Autor

Alexandre Assaf Neto. Economista e pós-graduado (mestrado e doutorado) em Métodos Quantitativos e Finanças no exterior e no país. Doutor *honoris causa* pela Fundação Escola de Comércio Álvares Penteado (FECAP). Livre-docente pela Universidade de São Paulo (USP). Professor Emérito da Faculdade de Economia, Administração e Contabilidade de Ribeirão Preto (FEA-RP) da USP. Professor e coordenador de cursos de desenvolvimento profissional, treinamentos *in company* e cursos de pós-graduação *lato sensu* – MBA. Autor e coautor de vários livros e mais de 70 trabalhos técnicos e científicos publicados em congressos e em revistas científicas com arbitragem no Brasil e no exterior. Consultor de empresas nas áreas de *Corporate Finance* e *Valuation* e Parecerista em assuntos financeiros. Autor de *Finanças corporativas e valor, Estrutura e análise de balanços, Matemática financeira e suas aplicações, Matemática financeira – edição universitária, Mercado financeiro – livro-texto, Mercado financeiro: exercícios e prática*; coautor de *Administração do capital de giro, Administração financeira, Fundamentos de administração financeira, Investimentos em ações* e *Investimentos no mercado financeiro usando a calculadora HP 12C*, todos publicados pelo GEN | Atlas.

Prefácio

A ideia de escrever este livro surgiu de diversas motivações acadêmicas e profissionais. Inicialmente, apesar da disponibilidade de bons livros sobre o assunto no Brasil, sempre sentimos que faltava uma obra que abordasse as métricas de valor e o processo de *valuation* mais próximos da realidade brasileira. Grande parte dos livros adotados no Brasil foi elaborada por autores estrangeiros, fixando-se preferencialmente em seus ambientes de mercado. A nova ordem contábil trouxe inúmeras contribuições positivas; porém, ao mesmo tempo, permitiu que algumas interpretações excedessem seu âmbito de competência.

O poder de explicar o passado dos balanços é insuperável e indispensável aos analistas; porém, isso não determina sua capacidade preditiva, sua qualidade sempre reconhecida em apurar a valor presente o valor econômico justo dos ativos. Para tanto, são necessárias variáveis importantes não consideradas no processo de contabilização, como, por exemplo, custo de oportunidade, valor da sinergia, valor do controle, valor da marca, entre outras. A soma dos valores "justos" dos ativos, apurados individualmente, não equivale ao valor justo da empresa; há ainda um caminho a percorrer para se chegar ao *enterprise fair value*.

Para muitos pensadores, não é objetivo essencial da Contabilidade a determinação do *fair value* dos ativos, talvez propondo aos seus usuários entender o futuro pelo que ocorreu no passado. A Contabilidade é forte no controle e avaliação do desempenho da empresa e de seus gestores. A formulação do valor justo é complexa, apura sempre um valor estimado e não definitivo, ou inquestionável, e demanda técnicas, metodologia e conhecimentos nem sempre presentes em relatórios contábeis elaborados pelas empresas. O *fair value* é formado por expectativas futuras de geração de benefícios econômicos, pela capacidade de crescimento e agregação de valor da empresa, e não pelo seu sucesso ou fracasso passado.

O livro trata das principais métricas de valor, não se centrando em algumas poucas ou naquelas desenvolvidas pelos próprios autores. Adota uma visão imparcial na exposição dos conceitos e técnicas, sugerindo seus méritos e limitações. Não há uma medida financeira perfeita que possa ser aplicada nas mais diferentes situações; o diferencial está na escolha correta e no bom uso dessas medidas, no entendimento da informação apurada, nos ajustes necessários das informações primárias e no reconhecimento dos limites do resultado apurado. O objetivo foi sempre o de evidenciar o cálculo dos indicadores de valor, a interpretação dos resultados, e apontar suas limitações. Assim, somos de opinião de que não existe uma única medida econômica de valor ótima, superior a todas as demais; o importante é saber identificar a melhor métrica a ser utilizada em cada caso, aquela que mais se ajusta às condições e aos objetivos da avaliação, e interpretar corretamente o significado e os limites de seus valores apurados.

Os temas *valuation* e *criação de valor* passaram a ter maior importância no Brasil, principalmente após o período de privatizações de empresas e abertura econômica, verificado principalmente a partir da década de 1980. A globalização demonstrou na prática o que a teoria de Finanças repete desde seus primórdios: as empresas devem demonstrar capacidade em produzir valor econômico para serem atraentes aos investidores de mercado, para justificarem sua existência econômica, sendo o objetivo de qualquer empresa maximizar a riqueza de seus proprietários. Não basta somente o lucro contábil, o tamanho dos ativos ou o volume de vendas, o relevante é o resultado que excede ao custo de oportunidade dos provedores de capital. Essa realidade trouxe novos parâmetros para a avaliação de empresas no Brasil, tornando o valor apurado mais confiável e próximo dos investidores.

Nesse contexto mais moderno e competitivo do mercado, passou-se a aceitar que lucro não é a simples *diferença entre receitas de vendas e despesas*, ou também que ativo não é somente a *soma dos bens, direitos e haveres* mantidos por uma empresa. Lucro e ativos são conceitos econômicos e, como tal, devem ser avaliados pelo seu valor econômico criado, pelas suas expectativas futuras em produzir um retorno em excesso e utilizando uma taxa de oportunidade que exprime adequadamente o risco do investimento. O objetivo de uma empresa para os seus acionistas não está em seu valor total de mercado, mas no valor que supera o montante do capital investido, seja ele tratado a valor histórico, de reposição ou de liquidação. É o que se entende por "riqueza econômica" e costuma ser denominado *goodwill*.

Um aspecto desafiador das métricas de valor e do processo de *valuation* é ajustar o cálculo de seus diversos parâmetros à realidade de nosso mercado. A preocupação se inicia com o conceito genuíno e a mensuração do lucro operacional, reconhecidamente mensurado de maneira errônea pela nossa Contabilidade; com as dificuldades de cálculo do custo de capital próprio no Brasil, que é processado geralmente por *benchmark*; com a realidade de nossas altas taxas de juros e dos créditos subsidiados presentes desde longa data em nosso mercado de capitais, fazendo com que o custo do dinheiro seja, muitas vezes, função da origem e não do uso dos recursos; com a dificuldade adicional de se definir uma estrutura ótima de capital pela relação incorreta entre retorno e risco, além da baixa oferta de crédito a longo prazo; com a forte concentração de capital verificada em nossas empresas, impossibilitando uma formação mais justa do preço de negociação das ações; com um mercado secundário de títulos de renda fixa ainda apresentando pouca liquidez e poder informativo; entre outras limitações.

O livro não tem a pretensão de esgotar o tema ou de criar um novo modelo de *valuation* e *criação de valor*. É uma obra que trata as várias partes do tema cobrindo seus aspectos essenciais e mais relevantes, adotando uma profundidade necessária para o aprendizado, e visa também direcionar e motivar o leitor para estudos mais avançados. O principal objetivo do livro é o de tratar as *métricas de valor e valuation* de forma moderna, crítica e utilizando técnicas e conceitos atuais.

Prof. Alexandre Assaf Neto
alexandreassafneto@gmail.com
www.institutoassaf.com.br

Estrutura do livro

A obra está dividida em 13 capítulos e oferece uma sequência lógica e ordenada dos assuntos. Os dois primeiros capítulos desenvolvem os fundamentos da Gestão Baseada em Valor e das medidas financeiras de avaliação de desempenho dos negócios.

Os Capítulos 3, 4 e 5 abordam o custo de capital e a estrutura de capital, assuntos relevantes para a avaliação de empresas. Destaque desses capítulos é a metodologia de cálculo do custo de capital próprio em economias emergentes (caso do Brasil).

Os Capítulos 6, 7 e 8 desenvolvem conceitos, formulações e aplicações das principais medidas de valor econômico. Essas medidas são classificadas pelas origens dos balanços e do mercado, e regime de caixa e competência.

Finalmente, os Capítulos 9, 10, 11 e 12 tratam das metodologias e técnicas de avaliação de empresas. O Capítulo 13 tem por objetivo trazer uma visão geral do estudo de *valuation* e rever os principais conceitos estudados.

A quem se destina

Este livro está direcionado para ser usado como texto de estudos em diversas disciplinas oferecidas em cursos de graduação em Economia, Administração e Contabilidade, e também para cursos de pós-graduação *lato sensu* – MBA.

A obra é recomendada também para analistas financeiros, consultores, gestores e profissionais de mercado que procuram atualizar-se com os temas *valuation* e *criação de valor.*

Apresentação da 5ª Edição

A elaboração da nova edição foi motivada principalmente pela crescente aceitação e pela necessidade de toda obra técnica e científica estar sempre atualizada diante das novas práticas de mercado e da evolução conceitual. Agradeço as diversas críticas e sugestões enviadas por leitores, profissionais de mercado, docentes e estudantes, as quais foram, de alguma forma, incorporadas ao texto.

Nesta 5ª edição, foi efetuada ampla revisão de todo o conteúdo do livro, envolvendo digitação, cálculos, tabelas e quadros, além de atualizações de dados de mercado e indicadores econômicos. Também fazem parte desta obra diversos casos e exemplos práticos, para tornar o estudo de *valuation* mais dinâmico e de fácil entendimento. A nova edição traz ainda um melhor detalhamento dos conceitos e das formulações mais importantes do estudo de *valuation*.

Está disponibilizada para o leitor, por meio de QR Code, uma Planilha Eletrônica Prática, com o desenvolvimento de um caso de *valuation*. O objetivo é apresentar as operações e os cálculos necessários para se chegar ao valor da empresa pela metodologia do "Fluxo de Caixa Descontado".

As premissas foram levantadas com base em informações de mercado e simuladas para a empresa. Os dados podem ser alterados livremente, e as demais guias serão automaticamente atualizadas, uma vez que elas buscam as informações de cálculo na planilha de premissas. Em cada uma das abas estão descritas as ferramentas e de onde foram coletadas para a construção final do *valuation*.

Todas as informações adotadas por *benchmark* podem ser atualizadas pelo usuário, bem como a escolha do setor de atividade da empresa, e os resultados serão automaticamente calculados.

Cabe ressaltar que todos os dados de premissas foram imputados, e os resultados espelham apenas a realidade da simulação. A metodologia e os critérios de apuração de custo de capital estão todos descritos no livro, bem como a sequência de obtenção do Fluxo de Caixa Disponível.

Importante: apesar de todos os nossos esforços e dedicação na revisão e atualização deste livro, eventuais erros de digitação e impressão podem ainda persistir, assim como diferentes interpretações nos diversos conceitos desenvolvidos. Agradecemos aos leitores toda comunicação de eventuais falhas encontradas e apresentamos, desde já, nossas desculpas.

Prof. Alexandre Assaf Neto
Setembro de 2024.

Material Suplementar

Este livro conta com o seguinte material suplementar:

- Planilha Eletrônica Prática – caso de *Valuation* (Excel).

Para acessar a planilha, basta apontar a câmera de seu *smartphone* ou *tablet* para o QR Code.

uqr.to/204w4

Sumário

1. GESTÃO BASEADA EM VALOR, 1

   1.1   Busca de valor pelos acionistas, 3

   1.2   Preço, lucro e valor, 6

       1.2.1   Valor para o acionista, 9

       1.2.2   Direcionadores de valor, 12

   1.3   Modelo de Gestão Baseada no Valor (GBV), 14

       1.3.1   GBV, pessoal e demais *stakeholders*, 15

   1.4   Capacidades diferenciadoras, 16

   1.5   Estratégias financeiras, 18

2. MEDIDAS DE DESEMPENHO DO NEGÓCIO, 25

   2.1   Resultado operacional, 25

       2.1.1   Resultado operacional amplo e restrito, 28

       2.1.2   EBITDA, 31

       2.1.3   Ativo e Investimento, 35

   2.2   Indicadores de desempenho e retorno, 37

       2.2.1   Retorno do Investimento (ROI), 38

       2.2.2   Crescimento do NOPAT, 42

   2.3   Retorno sobre o patrimônio líquido (ROE), 47

       2.3.1   Desmembrando o ROE, 48

       2.3.2   Formulação analítica do ROE, 50

       2.3.3   Crescimento do lucro líquido, 51

       2.3.4   Capital próprio reinvestido na empresa, 55

3. CUSTO DE CAPITAL DE TERCEIROS, 59

   3.1   Custo de capital de terceiros – custo da dívida, 60

   3.2   *Ratings* e taxas de juros, 65

       3.2.1   Formulações básicas de cálculo, 67

3.2.2 Custo da dívida por *benchmark*, 70

3.3 Formulações de cálculo financeiro, 71

3.3.1 Cálculo do valor presente, 72

4. CUSTO DE CAPITAL PRÓPRIO, 77

4.1 Custo de capital próprio e o modelo do CAPM, 78

4.1.1 Intercepto da reta de regressão, 82

4.2 Endividamento e beta, 85

4.3 Beta de carteiras, 89

4.4 Método do *build up* ou método dos prêmios de risco, 91

4.4.1 CAPM ajustado ao *size premium*, 93

4.5 Custo de capital em economias emergentes, 93

5. CUSTO TOTAL DE CAPITAL E ALAVANCAGEM, 101

5.1 Cálculo do WACC, 102

5.1.1 Fundamentos conceituais do WACC, 106

5.2 Estrutura de capital, 110

5.2.1 Taxas de juros e risco – caso brasileiro, 117

5.3 Alavancagem financeira, custo de capital e valor da empresa, 118

6. VALOR ECONÔMICO AGREGADO E CRIAÇÃO DE RIQUEZA, 125

6.1 Fundamentos do EVA, 125

6.2 Formulações de cálculo do EVA, 130

6.2.1 Cálculo do EVA e MVA de balanços, 134

6.3 Formação do valor econômico da empresa, 138

6.3.1 Valor da empresa e oportunidades de criação de valor, 141

6.4 Avaliação do desempenho pelo MVA, 142

6.4.1 MVA, custo de oportunidade e fluxos de rendimentos, 146

6.4.2 Projeção de EVA e criação de valor – Exemplo ilustrativo, 148

7. MEDIDAS DE VALOR DE MERCADO, 153

7.1 Valor de mercado, valor contábil e índice *market-to-book*, 153

7.2 *Refined Economic Value Added* (REVA), 156

7.3 Retorno em excesso (*excess return*), 158

7.4 Valor Econômico Futuro (VEF), 160

7.5 Valor Criado ao Acionista (VCA), 163

7.6 Taxa de Retorno Total das Ações (TRA), 166

8. MEDIDAS DE VALOR DE CAIXA E FLUXOS DE CAIXA, 171

8.1 *Cash Value Added* (CVA), 171

8.1.1 Análise comparativa: CVA × EVA, 175

8.2 *Cash Flow Return on Investment* (CFROI), 176

8.2.1 Cálculo do CFROI pela abordagem de período único, 180

8.2.2 *Cash Flow Return on Gross Investment* (CFROGI), 182

8.3 Fluxo de Caixa Disponível, 183

8.3.1 Fluxo de Caixa Disponível da Empresa (FCDE), 184

8.3.2 Fluxo de Caixa Disponível do Acionista (FCDA), 189

9. ESTRUTURA DE AVALIAÇÃO, 193

9.1 Fundamentos da avaliação, 194

9.2 Método de avaliação: Fluxo de Caixa Descontado (FCD), 196

9.2.1 Maturidade da avaliação, 198

9.3 *Drivers* do período contínuo e crescimento esperado, 202

9.3.1 Crescimento e agregação de valor, 205

9.4 Valor presente ajustado, 207

9.4.1 Avaliação de empresa usando o modelo do APV – Exemplo ilustrativo, 211

10. APLICAÇÕES PRÁTICAS DE AVALIAÇÃO, 215

10.1 Valor de empresas e metodologias de avaliação, 216

10.1.1 Valor em continuidade, 217

10.1.2 Valor de liquidação, 219

10.1.3 Avaliação por múltiplos, 220

10.1.4 Fluxo de Caixa Descontado (FCD), 222

10.2 Avaliação de intangíveis, 225

10.2.1 Valor da marca, 225

10.2.2 Avaliação de direitos autorais, 228

10.3 Fusões e aquisições (F&A), sinergias e aquisições alavancadas, 229

10.3.1 Sinergia, 232

10.4 Avaliação de empresas e ajustes no método do FCD, 234

10.4.1 Empresas cíclicas, 235

10.4.2 Conflitos e custos de agência, 236

10.4.3 Empresas em dificuldades financeiras, 239

10.4.4 Empresas de capital fechado, 241

10.5 Estrutura acionária e controle, 242

10.5.1 Valor do controle, 244

11. VALOR DA EMPRESA – *ENTERPRISE VALUE*, 249

11.1 Cálculo do FCDE pelos resultados do exercício, 251

11.2 Cálculo do FCDE pelo EBITDA, 252

11.3 Projeção do FCDE e indicadores de crescimento – valores históricos, 254

11.4 Cálculo do valor da empresa, 256

11.5 Valor da empresa e ajustes nos valores estimados, 258

11.6 Valor da empresa menor que o valor de liquidação dos ativos, 261

11.7 Valor da empresa em diferentes cenários, 264

11.8 Valor da empresa e período contínuo com e sem agregação de valor, 266

11.9 Valor da empresa, investimento em giro e ajuste na alavancagem, 269

11.10 Valor da empresa – prêmio pelo controle, 273

    11.10.1 Valor da empresa – *status quo*, 273

    11.10.2 Valor da empresa-alvo – avaliação de *status quo*, 274

    11.10.3 Valor da empresa supondo medidas ótimas de gestão, 275

12. VALOR DA EMPRESA PARA O ACIONISTA – *EQUITY VALUE* E LUCRO EM EXCESSO, 279

12.1 Cálculo do FCDA e projeções para o exercício, 281

12.2 Apuração do FCDE (empresa) e do FCDA (acionista), 283

12.3 Avaliação de ações pelas abordagens do FCDA e dividendos, 284

12.4 Taxa de crescimento dos lucros e geração de valor, 285

12.5 Fluxos de caixa cíclicos, 287

12.6 Empresa brasileira com atuação global, 288

12.7 Avaliação de empresa com diferentes ciclos de crescimento, 292

12.8 Avaliação pelo lucro em excesso (EVA), 296

    12.8.1 Taxa de desconto do lucro em excesso, 298

    12.8.2 Valor das ações pelo lucro em excesso e pelo FCDA, 300

13. VISÃO GERAL E CONCLUSÕES, 309

13.1 Objetivo da empresa, 310

13.2 Lucro econômico e valor, 310

13.3 O lucro que interessa para o *valuation*: atual ou futuro, 311

13.4 Valor Justo (*fair value*) e Valor de Mercado, 312

13.5 Mercado Eficiente, 313

13.6 *Goodwill* e ágio, 313

13.7 Valor Econômico (Intrínseco), 314

13.8 Fundamentos do valor econômico, 314

13.9 Premissas, 315

13.10 Fluxo de Caixa Disponível (*Free Cash Flow*), 315

13.11 Valor explícito e contínuo, 316

13.12 Valor econômico e *goodwill*, 317

13.13 Ativos e passivos que compõem o valor da empresa, 317

13.14 Alguns comentários sobre o WACC, 318

13.15 WACC a pesos de mercado e contábil, 319

13.16 Crescimento dos fluxos de caixa na perpetuidade, 320

13.17 Avaliação de empresas, 321

BIBLIOGRAFIA, 323

ÍNDICE ALFABÉTICO, 327

1

Gestão Baseada em Valor

A *Gestão Baseada em Valor* (GBV)[1] direciona a administração de uma empresa para seu principal objetivo, representado pela criação de valor para seus acionistas. O modelo da GBV apoia-se em diferentes medidas de valor agregado aplicadas às diversas decisões tomadas pelas empresas.

A empresa agrega valor quando produz um resultado que supera o seu custo de capital. Em outras palavras, o valor é criado quando o retorno dos investimentos é maior que a remuneração exigida pelos fornecedores de capital. O excesso de lucro em relação ao custo de oportunidade é o que se denomina *valor econômico agregado* (EVA).[2] Neste livro, adotam-se também as expressões "lucro em excesso" ou "lucro econômico" para identificar o valor econômico agregado.

O *custo de oportunidade* é um conceito econômico indispensável a todo processo de decisão. A ideia básica dessa medida é quanto se deixou de ganhar por não se aproveitarem outras oportunidades disponíveis, ao se decidir por determinada alternativa financeira. Nessa linha de pensamento, esse custo é entendido também como uma *oportunidade* renunciada. De outra forma, o custo de oportunidade nada mais é do que atribuir um custo de capital ao retorno produzido por um investimento. O conceito de custo de oportunidade é normalmente atribuído ao economista austríaco Friedrich von Wieser, no século XIX.

---

[1] *Value Based Management* (VBM), em inglês.

[2] EVA – *Economic Value Added,* marca registrada pela Stern Stewart & Co.

> Por exemplo, em uma decisão de investimento, o custo de oportunidade é o retorno (ganho) da melhor alternativa possível de ser implementada, e que foi abandonada pela decisão de se investir em outra.
>
> É importante destacar que essa comparação deve considerar sempre alternativas de *mesmo risco*. Não há como considerar que o custo de oportunidade de um negócio seja a taxa de retorno não aproveitada de uma caderneta de poupança, por exemplo. São dois ativos de natureza e riscos bastante diferentes.
>
> De maneira mais simplificada, o custo de oportunidade abrange o retorno de uma alternativa sem risco (ou de risco mínimo da economia), como a remuneração de um título público federal, acrescido de um prêmio pelo risco definido pela decisão. Equivale à remuneração mínima exigida por um investidor que remunera adequadamente o risco do capital aplicado.

Esse *lucro em excesso* constitui-se ainda em uma medida de desempenho da empresa, refletindo a criação ou destruição de valor. Deve-se destacar que o principal objetivo de uma empresa é o de *maximizar a riqueza de seus acionistas* (sócios). Isso equivale a elevar, tanto quanto possível, o valor econômico agregado ao investidor. Nesse objetivo básico, as decisões financeiras devem estar voltadas a produzir resultados que ultrapassem o custo de oportunidade do capital.

Se o valor agregado for positivo, entende-se que a empresa produz riqueza econômica. Empresas que transmitem ao mercado uma perspectiva contínua de resultados econômicos positivos são classificadas como empresas de valor, capazes de promover a maximização da riqueza econômica de seus proprietários. Essa situação costuma refletir-se na valorização dos preços de mercado das ações da empresa.

IMPORTANTE – A atratividade de investir em uma empresa é baseada em sua capacidade futura de gerar riqueza. Em operações de fusões e aquisições de empresas, *por exemplo*, o fundamento da avaliação recai sobre os benefícios econômicos positivos esperados, ou seja, sobre os valores agregados futuros que excedem o custo de capital.

A riqueza econômica é medida pelo excesso de valor de uma empresa em relação ao total do capital investido. O principal direcionador de riqueza é o *lucro econômico*, resultado apurado após se considerar todos os custos e despesas, inclusive o custo de oportunidade do capital próprio.

Assim, o lucro relevante de uma empresa é o lucro apurado em excesso ao custo de oportunidade do capital investido, o **lucro econômico**. O lucro contábil considera somente custos e despesas explícitos, ignorando os custos econômicos implícitos (de oportunidade) dos ativos da empresa.

A aplicação do modelo de GBV permite ainda que se destaque a cadeia de valor de uma empresa, identificando os principais direcionadores de valor e estratégias financeiras que promovam a maximização da riqueza dos acionistas. Direcionador de valor refere-se a toda variável que influencia o valor da empresa, como crescimento das vendas, maior giro do capital investido, evolução positiva dos resultados operacionais, maior retorno sobre o capital investido etc. A adoção de um modelo focado em valor é incentivada especialmente pela pressão de investidores, acionistas e conselhos de administração das empresas por resultados que promovam o aumento da riqueza.

A *Gestão Baseada em Valor* deve orientar as decisões da empresa no sentido de criação de valor (aumento de riqueza) aos acionistas. É um sistema que exige uma mudança de postura da empresa e de sua administração, motivando a que todos os agentes participem do processo de criação de valor. O objetivo de criação de valor deve estar presente em todos os níveis organizacionais, priorizando todas as decisões que interferem no valor econômico da empresa, privilegiando a gestão a partir de *direcionadores de valor*.

Na avaliação do processo de criação de valor, o modelo da GBV incorpora diversas métricas para identificar o valor criado. Uma importante contribuição do modelo é de contribuir para conciliar os interesses econômicos dos acionistas com os dos *stakeholders* (funcionários, fornecedores, credores, clientes etc.). *Por exemplo*, um sistema de remuneração variável dos empregados com base no valor econômico criado, e não a partir do lucro contábil, permite que todos os funcionários da organização passem a decidir como acionistas, reduzindo o conflito de interesses entre os agentes da empresa. Nesse caso, quanto maior o valor criado aos acionistas, mais elevada será a remuneração dos funcionários.

1.1 BUSCA DE VALOR PELOS ACIONISTAS

A gestão das empresas vem revelando importantes avanços em sua forma de atuação, saindo de uma postura convencional de busca do lucro e rentabilidade para um enfoque preferencialmente voltado à riqueza dos acionistas.

No mundo globalizado, torna-se cada vez mais difícil às organizações viabilizar economicamente seus investimentos por meio de decisões direcionadas ao aumento de preços e de participação de mercado, conforme consagradas por longo tempo no passado. Os consumidores em economias abertas sacrificam impiedosamente os produtos caros, exigindo preços cada vez mais competitivos. O crescimento da competitividade ainda costuma exigir vultosos investimentos para ganhos adicionais de *market share*, avaliados muitas vezes como de difícil recuperação econômica.

O conceito de *qualidade* no mercado globalizado, onde as empresas devem buscar vantagens competitivas, deixa de ter relação direta com a durabilidade do ativo, vinculando-se ao interesse despertado pelo produto e seu preço. A estratégia competitiva de qualidade é oferecer o produto que o consumidor deseja adquirir pelo preço que esteja disposto a pagar, sem maior vínculo com a qualidade material de seus componentes de fabricação.

A redução de despesas tendo como base o corte de valores monetários, outra medida adotada com ampla preferência, não introduz maior vantagem competitiva na nova ordem econômica, onde todas as empresas podem ter acesso e seguir o mesmo receituário de economia de gastos. A supremacia da empresa nesses ambientes competitivos encontra-se em descobrir suas *ineficiências operacionais* antes de seus rivais de mercado, atividade difícil e que dará o verdadeiro diferencial competitivo diante da concorrência.

O objetivo de criar valor aos acionistas demanda outras estratégias financeiras e novas medidas do sucesso empresarial, todas elas voltadas à agregação de riqueza aos seus proprietários. Criar valor para uma empresa ultrapassa o objetivo de cobrir os custos explícitos identificados nas vendas. Incorpora a remuneração dos custos implícitos (custo de oportunidade do capital próprio investido), não cotejados pela contabilidade tradicional na apuração dos demonstrativos de resultados, e consequentemente a quantificação da riqueza dos acionistas.

Essa visualização da moderna gestão das empresas, voltada à criação de valor aos seus proprietários, passa a exigir uma atuação mais destacada e sofisticada da Contabilidade, devendo cobrir as necessidades de informações dos vários agentes de mercado. Em verdade, a Contabilidade como ciência demonstra enorme potencial de seus instrumentos e modelos teóricos em atender as qualificadas exigências do mercado globalizado, necessitando, no entanto, que seus profissionais tenham melhor interpretação do atual contexto dos negócios. O mundo globalizado promoveu relevantes mudanças na gestão dos negócios, e o conceito de crise está, em sua maior parte, em não se compreender as novas tendências e regras de mercado.

Apesar de derivar de um conceito bastante antigo, a busca de valor para os acionistas constitui-se no objetivo fundamental da empresa moderna. Diversas razões podem explicar esse comportamento:

- a *abertura de mercado* demonstrou, para inúmeros executivos, que os preços são estabelecidos pela interação de oferta e demanda dos agentes econômicos, e não unicamente do ponto de vista da empresa. É o mercado quem avalia os investimentos empresariais, cabendo à unidade decisória a responsabilidade de ser eficiente em suas decisões, selecionando as melhores estratégias financeiras que adicionam riqueza aos acionistas;
- a *globalização* vem atuando de forma bastante acentuada sobre os mercados financeiros, resumindo-os praticamente a um único mercado mundial. Investidores são capazes, no ambiente globalizado, de mudar rapidamente os fluxos de seus capitais,

procurando alternativas mais atraentes em qualquer parte do mundo. Ativos que não criam valor são rapidamente identificados pelos investidores globais, repercutindo sua desvalorização em todos os mercados;

- o *mercado competitivo* atual deixa espaço somente para empresas eficientes, que se mostram capazes de agregar valor em suas decisões. A melhor medida do sucesso empresarial em mercado competitivo é a criação de valor aos seus proprietários. O lucro somente garante a continuidade de um empreendimento se conseguir, pelo menos, igualar-se ao custo de oportunidade do capital investido;
- o *desenvolvimento profissional* dos modernos executivos, e a própria preservação de seus postos de trabalho, passam necessariamente pelo atendimento das expectativas dos acionistas de maximização do valor de mercado da empresa;
- as empresas modernas estão muito focadas em produzir valor intangível: marca, *design* dos produtos, carteira de clientes, *portfólio* de produtos, tecnologia e inovação etc. Parcela cada vez maior do valor de uma empresa é representada pela riqueza intangível, reduzindo a participação dos ativos tangíveis.

Algumas dificuldades práticas de consolidação de uma gestão baseada no valor podem ser encontradas. Uma barreira inicial é a própria cultura da empresa, que impede maiores modificações em seu controle e processo decisório. Mudanças são sempre questionadas, principalmente se envolvem novos paradigmas de gestão. Experiências recentes com empresas que adotaram o valor como objetivo empresarial revelam grandes dificuldades em adequar a cultura tradicional à meta de valor, demandando às empresas maiores um prazo estimado de dois anos para adequar toda a sua estrutura à nova proposta.

Outra dificuldade identificada é o conflito entre *lucro* e *valor*. Diversas decisões promovem elevação nessas duas medidas, satisfazendo às diferentes correntes administrativas. No entanto, outras decisões são capazes de, ao mesmo tempo, valorizar uma empresa não alterando, ou até mesmo reduzindo, o seu lucro. Esta última situação é de mais difícil entendimento, principalmente ao não ser revelada de maneira explícita pelos demonstrativos financeiros convencionais, exigindo conhecimento mais apurado de seus usuários e informações privilegiadas.

É importante ressaltar, uma vez mais, que o valor econômico da empresa é apurado com base em expectativas futuras de retorno, e não pelo seu desempenho passado apresentado. Muitas empresas de grande valor de mercado não ofereceram lucros compatíveis em anos anteriores, porém sua avaliação é determinada pelos resultados futuros esperados e não pelos seus resultados passados. Por exemplo, um investidor paga $ 100,0 por uma ação com base em projeções futuras de retorno, na expectativa de apurar um ganho que remunere o capital investido, e não pelos resultados apurados em anos anteriores pela empresa. Na busca pelo valor, o lucro relevante é o lucro futuro, e não o lucro passado.

> **Recomendações para a utilização de um modelo de gestão baseada em valor**
>
> 1. Desenvolver uma medida econômica de valor que possa revelar o valor criado ou destruído para os acionistas. A medida mais adequada é o "valor econômico agregado", resultado apurado pela empresa em excesso ao seu custo de capital (lucro econômico).
> 2. Utilizar a medida de criação de valor em toda a organização.
> 3. Criar mecanismos de incentivos aos vários agentes da empresa, premiando aqueles que atuaram na criação de valor.
> 4. Desenvolver e utilizar direcionadores de valor (*value drivers*) em todos os níveis organizacionais e para todo o processo de avaliação e tomada de decisões.
> 5. Buscar metas e estratégias corporativas que levem à criação de valor para os acionistas.
> 6. Esclarecer e disseminar o conceito de valor para toda a empresa, criando uma nova cultura de gestão.

1.2 PREÇO, LUCRO E VALOR

Preço pode ser entendido como o montante de dinheiro necessário para se adquirir um ativo, e *valor* é sempre formado por expectativas futuras de retornos. *Por exemplo*: uma ação está cotada no mercado a $ 30,0; este é o preço que se paga para adquirir o ativo. O valor da ação é determinado, no entanto, pelas expectativas futuras de retornos econômicos de caixa do ativo, como valorização e distribuição de dividendos.

Valor é mais subjetivo, sendo atribuído pelo adquirente (investidor) que avalia os benefícios esperados do investimento. Um bom investimento é identificado quando o valor é maior que o preço. Nenhum investidor deve pagar por um ativo mais que o seu valor econômico.

O valor de um ativo é medido pelos fluxos futuros de benefícios econômicos (ganhos) esperados de caixa, trazidos a valor presente por uma taxa de desconto que remunera o risco. O valor econômico de qualquer ativo é sempre determinado com base em expectativas futuras de geração de benefícios econômicos de caixa.

É importante destacar que, nos limites de um prazo determinado, uma empresa pode agregar valor mesmo sem apresentar lucro no período. O lucro, conforme medido pela Contabilidade, traz algumas limitações para ser usado como uma medida econômica de desempenho, destacando-se:

- não incorpora o risco do negócio;
- não inclui o custo de capital do acionista (custo de oportunidade);
- é apurado pelo regime de competência, e não equivale a um resultado disponível de caixa;
- ignora o valor do dinheiro no tempo.

O valor de um negócio decorre de expectativas futuras de desempenho, e a inexistência de lucros na Contabilidade em certo intervalo de tempo não deve interferir no valor calculado. Muitas empresas conseguem elevar o valor de suas ações no mercado (medida fundamental de agregação de riqueza) mesmo em períodos de baixos lucros, ou até de apuração de prejuízos.

O valor criado aos acionistas surge geralmente de uma perspectiva de longo prazo, sendo proveniente da capacidade da empresa em produzir um retorno superior ao rendimento mínimo desejado pelos acionistas. A premissa fundamental de toda Gestão Baseada em Valor (GBV), uma vez mais, é de que somente existe lucro após serem computados todos os custos, **inclusive** o custo de oportunidade do capital próprio.

O lucro *genuíno* somente existe na parte que exceder o custo de capital (remuneração mínima exigida pelos investidores pelo risco assumido). A simples existência de lucro contábil não é indicação de criação de valor. A empresa deve considerar na apuração de seus resultados todos os custos de financiamento, inclusive a remuneração mínima exigida pelos seus acionistas (sócios). A criação desse valor econômico, de forma sustentada para os acionistas, é a essência da missão de uma empresa e sua principal responsabilidade social.

Por exemplo, admita que uma empresa mantenha recursos próprios (patrimônio líquido) igual a $ 100,0 mi, e os acionistas exigem um retorno mínimo equivalente a 14% a.a. Para os acionistas essa taxa mínima de retorno é um custo de oportunidade, e deve remunerar o risco do investimento.

Ao final do exercício social, a Contabilidade apura um Lucro Líquido de $ 10,0 mi. Ao se considerar o custo do capital próprio no cálculo do Resultado do exercício, conclui-se que o lucro contábil de $ 10,0 mi se transforma em prejuízo econômico de $ 4,0 mi, ou seja:

Lucro Líquido Contábil   : $ 10,0 mi

Custo de Capital Próprio

14% × PL: $ 100,0   : <u>($ 14,0)</u>

PREJUÍZO ECONÔMICO   : ($ 4,0)

A empresa demonstra que não foi capaz de remunerar os investidores na taxa de retorno mínima exigida, produzindo um prejuízo econômico de $ 4,0 mi. O investimento dos acionistas no negócio deveria gerar um retorno mínimo de $ 14,0 mi, porém produziu somente $ 10,0 mi.

A preocupação com a criação de valor econômico é bastante antiga. O tema é tratado desde o século XIX, tendo ganhado maior notoriedade nos tempos atuais de abertura de mercado e globalização da economia.

A ausência de lucros em determinados anos pode ser compensada por resultados esperados positivos e elevados no futuro. São as expectativas futuras de retornos (ganhos) que definem o valor econômico da empresa. Diversos novos negócios no ambiente econômico atual apresentaram baixos resultados nos primeiros anos de existência, porém conseguiram, com base em desempenhos futuros esperados, promover fortes valorizações em seus preços de mercado. São citadas, como exemplos bastante conhecidos, a livraria virtual *Amazon*, *Microsoft*, *Alphabet*, *Apple* e diversas empresas do setor de tecnologia e informática.

Empresas em expansão, *por exemplo*, sacrificam resultados (e mesmo fluxos de caixa) nos anos iniciais na expectativa de auferirem maiores retornos no futuro. Na visão de curto prazo, corroborando a colocação de Silva e Cunha,[3] os lucros das empresas deixam de ser importantes, pois se espera uma recompensa mais elevada dos investimentos no futuro. No entanto, na visão de mais longo prazo, o lucro é uma medida relevante; não há como admitir-se a criação de valor em empresas que projetam prejuízos futuros, sem qualquer previsão de resultados positivos.

A criação de valor é formada pela combinação de diversos fatores e estratégias acionadas pela empresa, como giro dos investimentos, planejamento tributário, margens de lucro e desempenho operacional, retorno dos investimentos, estrutura de capital, entre outros direcionadores de valor. Essas medidas devem ser identificadas e avaliadas no âmbito dos gestores de operações responsáveis.

Para focar o valor econômico como objetivo de sua gestão, as empresas costumam adotar algumas ações diferenciadoras, também discutidas por Copeland e outros.[4] São destacados:

- prioridade na geração de maiores retornos de caixa da empresa (fluxos de caixa), reduzindo a importância dos lucros medidos segundo os critérios contábeis;
- visão estratégica de longo prazo voltada para a criação de valor. O lucro por ação trimestral, *por exemplo*, deixa de revelar maior importância na avaliação econômica do desempenho;
- definição de estratégias financeiras voltadas para a valorização do negócio, ou seja, desenvolver uma visão da empresa de "fora para dentro" orientada pela maximização da riqueza dos acionistas. É importante ressaltar que o retorno do acionista é formado mais por expectativas futuras favoráveis do que por resultados correntes ou passados;
- foco principal da gestão da empresa no valor econômico que pode gerar, buscando oportunidades de negócios que produzem retornos superiores ao custo de

---

[3] SILVA, Cesar A. Tibúrcio; CUNHA, J. Reinaux. Questões para avaliação de empresas na nova economia. *ConTexto*, Porto Alegre, v. 3, nº 4, 2003.

[4] COPELAND, Tom *et al. Avaliação de empresas*. 3. ed. São Paulo: Makron Books, 2002. p. 16.

oportunidade do capital. Quanto maior a diferença entre esses dois valores – retorno esperado e custo de oportunidade –, mais elevado é o valor criado;

- disseminação em toda a empresa do conceito de valor, motivando o pessoal para a criação de riqueza. O objetivo de valor do acionista é de responsabilidade de toda a organização, de todos os *stakeholders* (ou "partes interessadas"), e deve ser perseguido de maneira contínua;

- adoção de um sistema de remuneração variável, no qual os pagamentos aos funcionários sejam estabelecidos a partir do valor criado. Um sistema de remuneração variável deve oferecer aos administradores *motivação* para que as estratégias sejam focadas na criação de valor aos acionistas; *remuneração* adequada, suficiente para mobilizar as pessoas a dedicar maiores esforços ao trabalho; e *perspectivas* de realização profissional que as motivem a permanecer na empresa, mesmo em momentos de recessão dos negócios.

Uma empresa que demonstra criação de valor traz benefícios não somente aos seus acionistas, mas também a todos os demais agentes intervenientes (*stakeholders*). Há evidências de que a geração de valor aos acionistas ocorre quando há benefícios declarados a todos os agentes interessados. Os empregados podem almejar maiores oportunidades de crescimento profissional e melhor remuneração; os fornecedores e credores ganham um cliente mais sólido e capaz de oferecer maiores garantias de continuidade; os consumidores (clientes) da empresa são também beneficiados pela melhor qualidade dos produtos e serviços oferecidos, determinada pelo maior volume de capital direcionado a investimentos; e assim por diante.

1.2.1 Valor para o acionista

O investimento do acionista revela atratividade econômica somente quando a remuneração líquida oferecida for suficiente para remunerar o custo de oportunidade do capital próprio aplicado no negócio. Por *custo de oportunidade* entende-se o retorno da melhor alternativa de investimento, abandonada em troca da aceitação de outra oportunidade de investimento, de mesmo risco.

Se uma empresa é capaz de remunerar os seus proprietários somente até o limite de suas expectativas mínimas de retorno, o seu valor de mercado restringe-se ao montante necessário que se despenderia para edificá-la, ou seja, ao valor de reposição de seus ativos (fixos e de giro). O valor é criado ao acionista somente quando as receitas de vendas superam todos os dispêndios incorridos, inclusive o custo de oportunidade do capital próprio. Nesse caso, o valor da empresa excederia o de realização de seus ativos, indicando esse resultado adicional uma agregação de riqueza pelo mercado conhecida por *market value added* (MVA)[5] ou *goodwill*.

---

[5] MVA (*Valor Agregado pelo Mercado*) é marca registrada da Stern Stewart & Co. Apesar de algumas diferenças conceituais, MVA e *goodwill* são muitas vezes utilizados como sinônimos. Neste livro, se adotarão as duas expressões para indicar riqueza econômica criada.

O valor econômico agregado pelo mercado, representado pela medida do MVA, é apurado pela diferença entre o valor de mercado da empresa, calculado a partir de retornos futuros esperados pelos investidores, e o total do capital investido, ou seja:

> MVA (*Goodwill*) = Valor de Mercado – Capital Investido

O *valor de mercado* de uma empresa é obtido com base em suas expectativas futuras de geração de resultados líquidos de caixa. Ao se trazerem esses fluxos de caixa esperados a valor presente, utilizando uma taxa de desconto que reflete o risco do investimento, calcula-se o valor de mercado da empresa (ou valor econômico).

Com base nessa medida, a *criação de riqueza* ocorrerá quando o valor de mercado exceder o montante do capital investido. O valor de mercado (ou valor econômico), conforme descrito anteriormente, equivale ao valor presente dos benefícios econômicos futuros de caixa estimados pelos investidores e descontados por uma taxa mínima de atratividade.

Ao contrário, uma empresa *destrói riqueza* quando o capital investido supera o seu valor de mercado. Nesse caso, a soma das partes (soma dos ativos investidos) é maior que o todo – valor da empresa em continuidade –, denotando inviabilidade econômica do negócio.

Quando se discute o objetivo da empresa, entende-se que sua administração deve priorizar a maximização da riqueza criada, e não o seu valor de mercado. Foi visto que uma empresa produzirá riqueza somente se apurar um retorno de seus investimentos acima do custo de capital. Quanto maior essa diferença, mais alta é a riqueza agregada pela decisão. Se o investimento remunerar exatamente o custo de capital, o valor da empresa se elevará pelo aumento do capital investido, porém a riqueza econômica se manterá inalterada.

IMPORTANTE – O valor de uma empresa é medido pela sua capacidade de gerar benefícios econômicos de caixa no futuro, pelos retornos esperados de suas decisões financeiras, e não pelo seu desempenho passado ou tamanho do capital investido.

Uma empresa *destrói valor*, mesmo apurando um resultado contábil positivo, quando o montante de lucro não é suficiente para cobrir o custo mínimo de oportunidade do capital investido (prejuízo contábil). Nesse caso, o retorno oferecido não se mostra capaz de remunerar o risco assumido pelo acionista, apurando um MVA (riqueza) negativo, indicativo de uma destruição de valor.

Os acionistas têm a expectativa de que a empresa gere um retorno superior ao custo dos recursos investidos, promovendo um aumento em seu valor de mercado, ou seja, a *criação de riqueza econômica (goodwill)*. Fica explícito nesta colocação o entendimento de criação de valor e criação de riqueza.[6] O *valor* é identificado nos próprios resultados levantados pela empresa, expressos em seus diversos relatórios financeiros, como consequência das várias estratégias e políticas adotadas. A *riqueza*, por seu lado, refere-se principalmente ao valor de mercado formado com base nas expectativas dos investidores em ações. Representa o valor em excesso ao capital investido na empresa, ou seja, quanto a empresa vale acima dos ativos investidos no negócio. A riqueza econômica é determinada pela existência de lucro econômico, conforme comentado anteriormente. Toda decisão que seja capaz de promover um valor presente líquido (NPV)[7] positivo agrega valor à empresa. Esse valor agregado é incorporado pelo mercado na avaliação das ações, gerando riqueza aos acionistas, principalmente se a empresa demonstrar competência de repassar informação e credibilidade em seus resultados aos investidores.

O *objetivo* de qualquer empresa é criar valor econômico aos seus acionistas (sócios), promovendo a maximização de sua riqueza. Existem diversas razões consagradas na literatura financeira que apontam o valor, e não o lucro ou qualquer outra medida derivada, como LPA (Lucro por Ação), retorno sobre patrimônio líquido etc., como a melhor medida de desempenho de uma empresa. O valor é uma medida bem mais completa, levando em consideração em seus cálculos a geração operacional de caixa atual e potencial, a taxa de atratividade dos proprietários de capital (credores e acionistas) e o risco associado ao investimento. É uma visão de longo prazo, vinculada à continuidade do empreendimento, a sua competitividade, indicando o poder de ganho e viabilidade econômica de um negócio.

A existência de lucro contábil não garante a remuneração do capital aplicado e, consequentemente, a atratividade econômica de um empreendimento. A sustentação de uma empresa no futuro somente se dará se ela for capaz de criar valor para os seus proprietários por meio da concepção inteligente de um negócio. Um ativo somente agregará valor se os seus fluxos operacionais de caixa esperados, descontados a uma taxa que reflita expectativas de risco dos proprietários de capital, produzirem um valor presente líquido, entendido nesse caso como *goodwill*, maior que zero, ou seja, uma riqueza absoluta.

Uma gestão baseada em valor costuma atribuir maior prioridade à continuidade da empresa, sua sobrevivência e capacidade de competir em longo prazo e gerar riqueza aos acionistas. É uma visão ampla que incorpora conceitos e instrumentos de avaliação de diferentes áreas.

É interessante acrescentar que o modelo de gestão voltado para a criação de valor atende tanto as expectativas dos acionistas como as dos demais *stakeholders*, como funcionários, fornecedores, credores e clientes.

---

[6] Estas considerações são também apresentadas em: STATEMENTS ON SMA/Institute of Management Accountants of Canada. *Measuring and managing shareholder value creation*. Statement 4AA, March 31,1997.

[7] *Net Present Value*, em inglês.

Young e O'Byrne[8] sugerem que as empresas, ao produzirem valor aos seus acionistas, estarão também gerando valor às demais partes (*stakeholders*). Caso os resultados alcançados não atendam suas expectativas, os agentes podem manifestar seu desagrado, afastando-se da empresa. *Por exemplo*, os bancos podem direcionar os créditos para outros tomadores em melhores condições, os clientes irão também procurar melhores produtos e serviços em concorrentes, os investidores irão procurar outras oportunidades mais atraentes, e assim por diante.

O exemplo ilustrativo a seguir tem o objetivo de melhor esclarecer todo o enunciado desse item, destacando principalmente os conceitos de valor e riqueza econômicos.

Admita três empresas, A, B e C, com os seguintes resultados apurados:

	EMPRESA A	EMPRESA B	EMPRESA C
Valor Econômico	$ 40,0 mi	$ 50,0 mi	$ 100,0 mi
(–) Ativos Investidos	($ 60,0)	($ 10,0)	($ 90,0)
(=) *GOODWILL*	($ 20,0)	$ 40,0	$ 10,0
LUCRO ECONÔMICO	LE < O	LE > 0	LE > 0

O valor da empresa A ($ 40,0 mi) é menor que os Ativos Investidos ($ 60,0), produzindo em consequência uma riqueza negativa. Essa estrutura revela que a empresa não demonstra capacidade em remunerar os acionistas (sócios) na taxa mínima de atratividade (LE < 0).

As empresas B e C produzem um retorno superior ao seu custo de capital (LE > 0), gerando, por isso, um valor econômico superior ao capital investido (*goodwill* positivo). O valor da empresa C é duas vezes maior que o da empresa B, porém a riqueza econômica gerada por B é quatro vezes maior, ou seja, C vale $ 100,0 mi, porém exige a necessidade de um investimento em ativos de $ 90,0 mi; B, por outro lado, apesar de valer a metade de C, requer investimentos em ativos em montante bem menor. A empresa B, apesar de ter um valor menor que C, apresenta maior riqueza econômica.

1.2.2 Direcionadores de valor

O modelo de *gestão baseada em valor* propõe uma descentralização da estrutura de tomada de decisões, eliminando o comando de "cima para baixo". As métricas de criação de valor são disponibilizadas como referência para que cada responsável pelas áreas administrativas e fabris tome as melhores decisões de criação de valor.

---

[8] YOUNG, S. David; O'BYRNE, Stephen F. *EVA e gestão baseada em valor*. Porto Alegre: Bookman, 2003. p. 27.

> *Direcionador de valor* é toda variável que afeta o valor da empresa. A escolha dos direcionadores é um processo dinâmico e exige uma reavaliação constante da correlação existente entre as variáveis. Exemplos de direcionadores de valor: margem de lucro, retorno sobre o investimento, giro dos ativos, alavancagem financeira, entre outros.

Uma parte importante de todo modelo de criação de valor é o conhecimento de todas as variáveis com potencial econômico de agregar riqueza ao negócio, identificadas por *direcionadores de valor* (*value drivers*). A criação de valor parte geralmente dessas medidas, que atuam positivamente sobre a riqueza dos acionistas. O objetivo principal da empresa, maximização da riqueza de seus proprietários, é segmentado e alocado cada parte em um nível diferente da organização (comercial, operacional, fabril etc.). Os objetivos para cada gestor podem ser *qualitativos*, como satisfação dos clientes, atendimento pós-vendas, produtividade e qualidade dos produtos, imagem de mercado e distribuição etc.; ou *quantitativos*, avaliados por diversas medidas financeiras como custos de produção, sistema de distribuição, margem operacional, escala de produção, giro dos investimentos e assim por diante.

Direcionador de valor (ou *value driver*) pode ser entendido como qualquer variável capaz de influir sobre o valor da empresa. O direcionador precisa ser identificado e avaliado pela administração da empresa, de forma que se conheça a maneira como atua sobre o valor criado, a intensidade de geração de valor e a unidade da organização responsável por cada medida (direcionador) de valor. A variável de valor permite ainda entender como são criados o valor e as estratégias que podem levar à maximização dos resultados.

> Os *value drivers* constituem-se em uma separação dos diversos fatores que compõem a medida de valor de uma empresa, visando tornar mais objetiva e viável sua aplicação aos vários níveis organizacionais. Assim, cada gestor passa a ser avaliado a partir de variáveis que melhor se identifiquem com a natureza de suas atividades e responsabilidades, e como suas decisões influenciam o valor criado pela empresa. A avaliação dos vários segmentos de uma empresa mediante uma única medida de criação de valor pode não ser justa, em razão de os respectivos gestores não serem responsáveis por todos os fatores de produção.
>
> Dessa maneira, é proposto que a *empresa* como um todo possa ser avaliada por meio de medidas mais amplas de valor, que contemplem todos os custos e despesas operacionais e o custo de todo o capital investido, e em suas *divisões* sejam utilizados direcionadores que se apresentem sob o controle de seus gestores e que sejam capazes de influir sobre o valor da empresa.

Por meio dos *value drivers*, a empresa promove sua integração para um objetivo comum: a criação de valor para o acionista que leva à maximização de sua riqueza.

Os direcionadores de valor são detalhados para os diversos níveis organizacionais que passam a ser responsáveis pelo seu desempenho. *Por exemplo*, para toda a empresa são definidos direcionadores gerais, como participação de mercado, margem operacional e giro dos investimentos. Para outros segmentos e níveis da organização, como operacional e fabril, essas medidas de valor são ajustadas às respectivas atividades que se encontram sob sua responsabilidade. *Exemplos*: porcentagem de vendas a prazo em atraso, prazo de estocagem, despesas de vendas por cliente, gastos com entregas e assim por diante.

1.3 MODELO DE GESTÃO BASEADA NO VALOR (GBV)

O modelo empresarial de gestão baseada no valor, conforme resumido no Quadro 1.1, é um conceito amplo e tem como objetivo central a maximização da riqueza dos proprietários de capital, expressa no preço de mercado das ações. O sucesso de um empreendimento é medido pela sua capacidade de adicionar riqueza aos seus acionistas em um horizonte indeterminado de tempo, e não entendido dentro de uma visão efêmera dos resultados, muitas vezes consequência de variáveis que não se repetirão no futuro. O modelo de valor prioriza essencialmente o longo prazo, a continuidade da empresa, sua capacidade de competir, ajustar-se aos mercados em transformação e agregar riqueza aos seus proprietários.

De outra maneira, a GBV como modelo de gestão tem por objetivo orientar o processo de decisão da empresa com o intuito de apurar um retorno *supranormal*, entendido como uma taxa de retorno que excede o custo de oportunidade dos investidores. Esse enfoque de criação de valor ao acionista deve ser considerado em todos os níveis hierárquicos da empresa e se inserir, ainda, em sua cultura organizacional. Todos os participantes da organização são orientados para decisões que criam valor, sendo destacados seus *value drivers* (direcionadores de valor).

A GBV é um processo contínuo, que se inicia com um planejamento estratégico, onde são identificadas as vantagens competitivas da empresa capazes de oferecer taxa de retorno superior ao custo de oportunidade do capital. Esse plano estratégico deve orientar a empresa em suas decisões financeiras, envolvendo investimentos e financiamentos. É baseado no conhecimento do setor de atividade, análise do cenário econômico, perspectivas dos negócios e potencial competitivo da empresa.

O principal indicador de agregação de riqueza é a *criação de valor econômico,* que se realiza mediante a adoção eficiente de estratégias financeiras e capacidades diferenciadoras. Para avaliar a capacidade de agregação de valor da empresa, são desenvolvidos direcionadores de valor dos negócios, cobrindo as diversas variáveis das estratégias selecionadas pela sua administração.

QUADRO 1.1 Visão sintética de uma gestão baseada no valor

> VALOR DE MERCADO – RIQUEZA
> CRIAÇÃO DE VALOR
> ESTRATÉGIAS FINANCEIRAS E CAPACIDADES DIFERENCIADORAS

Conforme descrito, *direcionador de valor* (*value driver*) pode ser entendido como qualquer variável que exprima efetivamente uma influência sobre o valor da empresa. A análise desses indicadores deve permitir que se estude toda a cadeia de resultados que agrega valor para a empresa, assim como as áreas responsáveis pelas várias decisões, identificando seus pontos fortes e débeis. Deve orientar, ainda, os esforços de toda a organização em cumprir as metas estabelecidas. *Por exemplo*, a redução da morosidade na cobrança de carteira de valores a prazo influi basicamente na seguinte sequência de valores:

$$\textit{Giro do Investimento} \Rightarrow \textit{Retorno do Investimento} \Rightarrow \textit{Retorno do Capital Próprio} \Rightarrow$$
$$\textit{Estrutura de Capital} \Rightarrow \textit{Valor de Mercado.}$$

Criação de valor – Uma empresa cria valor para seus acionistas quando consegue apurar um retorno de seus investimentos superior ao custo de oportunidade do capital aplicado. A criação de valor é mensurada a partir do resultado do negócio, calculado após a dedução de todas as despesas incorridas nas operações, *inclusive* o custo de oportunidade dos acionistas. Sempre que esse resultado econômico é positivo, entende-se que há *criação* de valor; quando negativo, ocorre *destruição* de valor.

Criação de riqueza – Está voltada preferencialmente ao valor de mercado da empresa, expresso nas expectativas dos investidores e no valor das ações.

Valor agregado pelo mercado – É medido pela diferença entre o valor de mercado do patrimônio líquido da empresa (quantidade de ações × valor da ação) e o valor do patrimônio líquido registrado pela Contabilidade (capital investido pelos acionistas). Se o valor de mercado excede ao capital dos acionistas na empresa, revela-se *agregação* de riqueza aos acionistas; se é inferior, tem-se a *destruição* de riqueza.

1.3.1 GBV, pessoal e demais *stakeholders*

A *Gestão Baseada em Valor* é um conceito bastante amplo, segundo o qual todas as ações de uma empresa devem estar orientadas para a criação de valor. Todas as pessoas que trabalham na organização, em suas diferentes hierarquias, participam da criação de valor econômico, sendo geralmente negociada uma remuneração variável com participação no valor criado.

A GBV pressupõe uma relação entre a remuneração dos empregados e o retorno dos acionistas: maior retorno apurado em excesso ao custo de capital próprio investido deve refletir maiores ganhos a todo o pessoal. O modelo pretende com isso alinhar os interesses dos empregados com os interesses da empresa e de seus acionistas.

Empresas criadoras de valor costumam oferecer, ao mesmo tempo, maiores e melhores oportunidades de trabalho, maior dinamismo e retorno aos investidores e melhores condições de competitividade. O sucesso na criação de valor permite que sejam atendidas as expectativas e interesses de todas as partes relacionadas com a empresa (*stakeholders*: fornecedores, credores, empregados, investidores, clientes, governo etc.), de maneira consistente com os objetivos dos acionistas. Em verdade, sendo competente em seu objetivo de criação de valor, a empresa demonstra continuidade em suas operações, podendo atender a demanda de todos os *stakeholders*.

1.4 CAPACIDADES DIFERENCIADORAS

Capacidades diferenciadoras são entendidas como estratégias adotadas que permitem às empresas atuar com um nível de diferenciação em relação aos seus concorrentes de mercado, assumindo vantagem competitiva e maior agregação de valor aos seus proprietários. O objetivo de uma capacidade diferenciadora é permitir que a empresa apure um retorno esperado que exceda o custo de oportunidade do capital investido, elevando o seu preço de mercado. O desempenho verificado no passado não garante o sucesso no futuro. Uma empresa somente demonstra continuidade se, mediante estratégias diferenciadoras, é capaz de executar uma gestão mais eficaz de seus negócios, atuando com vantagem competitiva no mercado.

Um importante direcionador de valor das capacidades diferenciadoras é a relação entre o valor de mercado e as receitas operacionais de vendas, indicando o sucesso esperado do negócio em relação ao seu volume de atividade. Quanto maior se apresenta essa relação, mais otimista se evidencia o sucesso esperado da empresa, movido principalmente pelas capacidades diferenciadoras e estratégias financeiras implementadas. O direcionador é importante ainda para análises comparativas do potencial de agregação de riqueza entre diferentes empresas, ressaltando as oportunidades mais atraentes de investimento.

Algumas das mais importantes capacidades diferenciadoras utilizadas pelas empresas, e sugestões de direcionadores de valor, estão ilustradas no Quadro 1.2. Todas essas premissas de gestão direcionam-se à criação de valor aos acionistas e propõem o estabelecimento de novas e relevantes medidas contábeis de controle empresarial.

Muitos dos direcionadores de valor sugeridos no Quadro 1.2 exigem da Contabilidade o uso de indicadores de natureza não financeira, estabelecidos com base nas capacidades diferenciadoras adotadas. Esses indicadores originam-se da maior complexidade tecnológica da empresa moderna e visam, em essência, revelar sua eficiência operacional. Devem complementar os informes financeiros, promovendo alterações significativas na forma como as organizações controlam e avaliam seus resultados.

QUADRO 1.2   Capacidades diferenciadoras e direcionadores de valor

Capacidades diferenciadoras	Objetivo estratégico	Direcionadores de valor
Relações de negócios	Conhecer a capacidade de relacionamento da empresa com o mercado financeiro, fornecedores, clientes e empregados, como fundamento diferenciador do sucesso empresarial.	Fidelidade dos clientes; satisfação dos empregados; atendimento dos fornecedores; alternativas de financiamento.
Conhecimento do negócio	Ter a visão ampla da empresa, a sinergia do negócio. Visa ao efetivo conhecimento de suas oportunidades e mais eficientes estratégias de agregar valor.	Necessidades dos clientes; dimensão e potencial do mercado; ganhos de escala; ganhos de eficiência operacional.
Qualidade	Desenvolver o produto que o consumidor deseja adquirir pelo preço que se mostra disposto a pagar.	Preço de venda mais baixo; produtos com maior giro; medidas de redução de custos; satisfação dos clientes com novos produtos.
Inovação	Atuar com vantagem competitiva em mercado de forte concorrência, criando alternativas inovadoras em atendimento, distribuição, vendas, produção etc.	Rapidez no atendimento; redução na falta de estoques; tempo de produção; valor da marca; tempo de lançamento de novos produtos.

Por exemplo, os direcionadores de fidelidade e satisfação dos clientes podem ser avaliados por meio do número de reclamações recebidas e solicitações para reparos/ trocas de produtos adquiridos. Uma avaliação sugerida no direcionador do nível de satisfação dos empregados é efetuada pela comparação do tempo despendido para cumprir determinada atividade, ou pela produtividade apresentada. Reduções nos custos e melhorias de eficiência operacional podem ser medidas pelo estudo de tempo de produção, índices de rejeição no processo produtivo, porcentagem de atendimento de pedidos etc. O direcionador de satisfação dos empregados é, muitas vezes, avaliado pelo número de dias de trabalho sem acidentes, índices de rotatividade e falta ao serviço, desenvolvimento profissional e assim por diante.

A habilidade demonstrada pela administração da empresa em contemporizar interesses, muitas vezes conflitantes, do mercado consumidor, funcionários, credores e acionistas, demonstra uma vantagem competitiva direcionadora de valor. A empresa deve perceber o que seus clientes estão desejando adquirir, preocupar-se em manter funcionários com nível de satisfação e motivação em atender aos consumidores, compreender o valor desejado pelos acionistas e oferecer um nível de segurança em suas decisões que atraiam os credores.

1.5 ESTRATÉGIAS FINANCEIRAS

As estratégias financeiras, assim como as capacidades diferenciadoras, são voltadas ao objetivo da empresa de criar valor aos seus acionistas. As estratégias são identificadas em três dimensões: *operacionais, de financiamento* e *de investimento,* conforme apresentadas no Quadro 1.3.

QUADRO 1.3 Estratégias financeiras e direcionadores de valor

Estratégias financeiras	Objetivo estratégico	Direcionadores de valor
Operacionais	Maximizar a eficiência das decisões operacionais, estabelecendo políticas de preços, compras, vendas e estoques etc., voltadas a criar valor.	Crescimento das vendas; prazos operacionais de cobrança e pagamentos; giro dos estoques; margem de lucro.
Financiamento	Por meio das decisões de financiamento, procura-se minimizar o custo de capital da empresa, promovendo o incremento de seu valor de mercado.	Estrutura de capital; custo do capital próprio; custo do capital de terceiros; risco financeiro.
Investimento	Implementar estratégias de investimento voltadas a agregar valor aos acionistas, mediante a obtenção de uma taxa de retorno maior que o custo de capital.	Investimento em capital de giro; investimento em capital fixo; oportunidades de investimentos; análise giro × margem; risco operacional.

O sucesso na criação de valor pelas empresas envolve a implementação de uma combinação dessas estratégias financeiras. *Por exemplo*, algumas empresas destacam-se por direcionadores de valor vinculados às estratégias operacionais de sistemas de distribuição e logísticas mais eficientes, e maior giro de seus estoques. Tipicamente, é o caso de grandes cadeias de negócios de comércio varejista e atacadista, em que o diferencial de maior atratividade está em manter estoques baixos, reduzida porcentagem de falta de produtos e preços de venda competitivos.

Diversas outras empresas vêm priorizando a estratégia de financiamento por meio da substituição de capital próprio por capital de terceiros, mais baratos. As taxas de juros inferiores ao retorno da aplicação desses recursos e os benefícios fiscais decorrentes das despesas de juros permitem que ocorra uma alavancagem financeira favorável, incrementando os resultados dos proprietários e valorizando o preço de mercado das ações.

As estratégias de investimento podem ser implementadas pela busca eficiente de novas oportunidades de mercado criadoras de valor (a **3M** é um exemplo de empresa cujo sucesso está fortemente lastreado em investimentos em novos produtos); pela redução dos investimentos sem alteração do volume de atividade (a redução de investimento operacional em circulante, *por exemplo*, permite maior giro aos ativos e, em contrapartida, maior taxa de rentabilidade); e também por meio da identificação de ativos destruidores de valor, que não conseguem produzir um retorno suficiente para remunerar o custo de capital empregado.

É fundamental esclarecer que nem todas as decisões que elevam o lucro da empresa são capazes de criar valor aos seus acionistas. Estratégias de investimento, mesmo que venham incrementar o volume de vendas e os resultados operacionais da empresa, se não produzirem um retorno suficiente para remunerar, no mínimo, o custo de oportunidade dos proprietários de capital, atuarão de maneira a destruir o seu valor de mercado.

De forma conflitante, nesses casos a distribuição de dividendos com base no lucro contábil aumenta, criando a falsa impressão de melhor desempenho da empresa. Em verdade, a distribuição de dividendos é mais bem justificada somente no caso de a empresa não vislumbrar oportunidades de reinvestimento dos lucros a uma taxa de retorno pelo menos igual à que seus acionistas aufeririam em alternativas de risco semelhante se tivessem a parcela de seus lucros em mãos. Em caso contrário, surgindo oportunidades economicamente atraentes de alocação de capital, a empresa oferece um forte indicativo para que os lucros permaneçam reaplicados em seu negócio, criando expectativas aos acionistas de maiores dividendos no futuro e valorização do preço de mercado de suas ações.

Com o intuito de melhor explicar esse conflito entre valor e lucro, *admita* que uma empresa esteja considerando a venda de um ativo (uma unidade de negócio, por exemplo) avaliado pela contabilidade em $ 70,0 milhões. O lucro operacional decorrente desse investimento (lucro antes das despesas de juros) é de $ 9,8 milhões. O ROI (retorno sobre o investimento) corporativo, calculado pela relação entre o resultado operacional líquido e o capital investido, está fixado num padrão de 12%, e o custo de capital identificado com esse ativo atinge 16%.

Em resumo, tem-se os seguintes valores da empresa e da unidade de negócio (ativo):

- valor contábil do ativo (unidade de negócio) = $ 70,0 milhões;
- lucro operacional gerado pelo ativo = $ 9,8 milhões;
- custo de capital aplicado no ativo = 16,0%;
- ROI corporativo = 12,0%.

Dentro de uma visão gerencial focada no lucro, a unidade de negócio pode ser considerada atraente, contribuindo de forma positiva na formação do resultado operacional da empresa. O retorno da unidade ($ 9,8/$ 70,0 = 14%) é atraente para a média do negócio, superando os 12% de taxa de retorno calculada para a empresa. A venda desse ativo acarretaria uma redução no lucro da sociedade, com repercussões negativas sobre os indicadores tradicionais de desempenho financeiro, fluxos de dividendos e participação sobre os lucros.

Se a prioridade da empresa é o *retorno sobre o investimento* (ROI), a decisão de manter o ativo é reforçada pela presença de um ROI superior ao da corporação. Eliminando a unidade de negócio, a taxa de retorno total do investimento se reduz, gerando dúvidas sobre a qualidade da decisão e o desempenho da empresa. Observe, uma vez mais, que o ROI da unidade de negócio de 14% é superior ao da empresa, de 12%.

No entanto, se o objetivo é agregar *riqueza econômica* aos seus acionistas, a manutenção do investimento é um indicativo de desvalorização do valor de mercado da empresa. O seu retorno de 14,0% é insuficiente para remunerar os proprietários de capital em sua rentabilidade mínima exigida no ativo de 16%, ou seja:

Lucro operacional	: $ 9,8 milhões
Custo de capital (16% × $ 70,0 milhões)	: ($ 11,2 milhões)
Valor criado:	**($ 1,4 milhão)**

Se o financiamento do ativo em avaliação estiver lastreado em recursos de terceiros, a destruição de valor será sentida em algum momento no caixa, revelando a realização de um resultado operacional ($ 9,8 milhões) inferior aos juros desembolsados da dívida ($ 11,2 milhões). A empresa, nessa condição, não gera explicitamente um resultado operacional de caixa suficiente para cobrir o desembolso dos juros, repercutindo sobre sua liquidez e tornando a situação bastante visível.

Para uma empresa que trabalha preferencialmente com capital próprio, no entanto, a destruição de valor não é tão evidente, exigindo controles financeiros mais apurados que os fornecidos tradicionalmente pela Contabilidade. O custo de oportunidade não exige desembolsos periódicos obrigatórios de caixa, assim como não é registrado como despesa nos demonstrativos de resultados, permitindo que os resultados financeiros (liquidez) e econômicos (lucros) não sejam afetados mesmo diante de estratégias que destroem valor de seus proprietários. A empresa vive o conflito de ter medidas de lucro positivas e, ao mesmo tempo, seu preço de negociação reduzido no mercado.

Omitindo-se por simplificação outros aspectos incrementais e estratégicos relevantes a esse tipo de decisão, interessa a venda do ativo por qualquer preço acima de $ 61,25 milhões, o que reduziria o valor destruído. A alienação pelo valor exato de $ 61,25 milhões produz um valor criado periódico idêntico ao valor atual oferecido pela unidade de negócio, ou seja:

Prejuízo na venda: $ 61,25 − $ 70,0	= ($ 8,75 milhões)
Custo de oportunidade	= × 16%
	($ 1,4 milhão)

Por esse valor, a decisão de manter ou vender o ativo revela-se *indiferente*.

Algumas estratégias financeiras ainda voltadas a criar valor aos acionistas podem reduzir os lucros dos demonstrativos de resultados da empresa. É o caso, por exemplo, da substituição do capital próprio por recursos de terceiros mais baratos. O baixo custo em relação ao capital dos acionistas e os demais efeitos colaterais da dívida (benefício fiscal dos juros, por exemplo) alavancam, dentro de certos limites, o valor de mercado das ações da empresa, ao mesmo tempo que reduzem o lucro pelo aumento das despesas financeiras de juros.

Parecem ser conflitantes os argumentos que justifiquem uma decisão que promova redução nos lucros e na rentabilidade da sociedade e ofereça, ao mesmo tempo, maior riqueza aos seus proprietários. A visão gerencial tradicional está fortemente vinculada a essas variáveis financeiras, inibindo as promissoras inovações potenciais da Contabilidade e a introdução de uma administração mais eficaz baseada na criação de riqueza aos acionistas. A evolução contemporânea da Contabilidade passa necessariamente pelo conceito e mensuração do valor, consequência de vantagens competitivas e estratégias financeiras desenvolvidas, restaurando a competitividade das empresas e sua atratividade econômica.

ALGUMAS CONCLUSÕES

Apesar do reconhecimento de que as medidas de desempenho com base na criação de valor não são perfeitas, é relevante admitir seus inúmeros méritos de avaliação da riqueza gerada, objetivo consagrado para toda empresa, e sua superioridade diante de outros modelos gerenciais propostos. Uma gestão baseada no valor permite ainda que as empresas desenvolvam e avaliem melhor suas estratégias financeiras e capacidades diferenciadoras, conhecimentos fundamentais para desenvolverem suas vantagens competitivas e adicionarem valor aos proprietários.

O lucro, conforme é calculado convencionalmente pela Contabilidade, é uma medida limitada da capacidade de competitividade de uma empresa, ficando geralmente referenciado a um horizonte de curto prazo. A apuração de um resultado positivo não garante necessariamente o sucesso do empreendimento, medido pela atratividade econômica em remunerar o custo de oportunidade de seu investimento.

Nesse sentido, uma importante limitação (talvez a mais importante) do lucro contábil é a de admitir o capital próprio (recursos dos acionistas) como uma fonte de financiamento sem qualquer custo. A Contabilidade somente considera como custo na apuração do resultado as despesas financeiras incorridas com o capital de terceiros, como os juros provenientes de empréstimos e financiamentos, ignorando o custo de oportunidade dos acionistas.

Isso determina que muitas empresas que produzem lucros podem estar, ao mesmo tempo, destruindo valor, demonstrando não serem capazes de remunerar o risco de suas decisões financeiras. O grande desafio de uma empresa é o de gerar um retorno acima da remuneração mínima exigida pelos acionistas ao longo do tempo, desempenho que o lucro contábil não mensura.

O indicador do Valor Econômico Agregado (VEA),[9] a ser estudado com maior profundidade em capítulos posteriores, por considerar a remuneração exigida pelos proprietários de capital, constitui-se na melhor medida de avaliação, preocupando-se com o sucesso e a continuidade da empresa.

O VEA, muitas vezes identificado por *lucro residual* ou *lucro econômico*, indica se a empresa foi capaz de gerar valor ao produzir um retorno em excesso ao seu custo de capital. É um indicador restrito de desempenho da empresa, um referencial das estratégias adotadas na gestão dos negócios.

Mediante a adoção de uma gestão baseada no valor, e não nos lucros, é possível ainda que se identifiquem os ativos que destroem valor, ou seja, que se apresentam incapazes de remunerar os capitais que lastreiam esses investimentos. Tal visão permite que se conheça mais realisticamente a riqueza econômica capaz de ser gerada pelo negócio do que as medidas convencionais de desempenho baseadas no lucro. Atuando sobre esses ativos com VEA negativo, a gestão da empresa pode oferecer maior valor econômico aos seus acionistas, tornando o investimento mais atraente e valorizado pelo mercado.

A apuração de um valor econômico exige alguns ajustes nos ativos e resultados da empresa, conforme geralmente relatados em seus demonstrativos financeiros. Algumas medidas foram sugeridas ao longo do trabalho, como a identificação do genuíno lucro operacional e a separação de imposto de renda sobre o resultado operacional (despesas) e sobre as despesas de juros (benefício fiscal). Outro ajuste proposto é a avaliação dos ativos a preços de reposição, tornando todas as medidas de valor mais próximas possível do efetivo valor de mercado.

---

[9] Tradução de *Economic Value Added* (EVA).

É importante que a empresa reconheça claramente suas estratégias financeiras e capacidades diferenciadoras, de maneira a atingir o objetivo de maximização da riqueza de seus proprietários. Todas as evidências de mercado indicam forte correlação positiva entre o valor econômico criado por retornos em excesso ao custo de capital e o preço de mercado da empresa. Aumentando o valor agregado, a administração da empresa promove aumento na riqueza de seus acionistas, tornando o investimento cada vez mais atraente.

Não se devem subestimar as dificuldades de implantação de uma gestão baseada no valor nas empresas, principalmente pelo lado das mudanças que o modelo normalmente exige, e também pela resistência cultural muitas vezes presente nas organizações. O sucesso da implantação do conceito de gestão baseada no valor depende bastante do envolvimento de todo o pessoal da empresa, assumindo as responsabilidades e os méritos determinados pelo modelo. Hão de se criar, ainda, incentivos e compensações sempre vinculados ao valor criado pelos diferentes segmentos da empresa.

É importante destacar que a Gestão Baseada em Valor (GBV) é um processo de gestão alinhado com o objetivo de maximizar o valor da empresa, apoiado em seus direcionadores de valor e capacidades diferenciadoras.

Medidas convencionais de avaliação de desempenho, como lucro, lucro por ação, crescimento do lucro, e todos os demais indicadores que não levam em consideração o custo de oportunidade do capital investido e o risco da decisão, têm pouca utilidade como critérios de decisão e controle empresariais. Devem, outrossim, dar lugar a parâmetros financeiros voltados à criação de valor para os acionistas, coerentes sempre com o objetivo de maximização de sua riqueza.

2

Medidas de Desempenho do Negócio

O Capítulo 1 propôs a criação de valor como o objetivo essencial de toda empresa. Nesse contexto, foram demonstrados todos os fundamentos e conceitos básicos de uma Gestão Baseada em Valor. Este capítulo desenvolve, por meio de um exemplo ilustrativo, as medidas financeiras fundamentais de avaliação de desempenho de um negócio. São estudados os principais indicadores financeiros básicos de desempenho operacional extraídos de relatórios patrimoniais e de resultados elaborados pelas empresas. O capítulo seguinte irá se concentrar em medidas que consideram o custo de oportunidade do capital investido, priorizando o conceito de lucro econômico (lucro residual).

2.1 RESULTADO OPERACIONAL

O genuíno resultado *operacional* é aquele proveniente das decisões de ativos, formado pela atividade principal da empresa, não sendo influenciado pela forma como a empresa é financiada.

Uma empresa pode apurar um lucro operacional em seus negócios e, ao investir em mercados derivativos para especulação, *por exemplo*, apurar um enorme prejuízo financeiro. Da mesma maneira, o lucro operacional de empresas com endividamento alto pode ser totalmente absorvido pelas despesas (juros) de financiamento. Nesses dois casos ilustrativos, a empresa, apesar de apurar um prejuízo líquido, mostra-se capaz de apurar um resultado positivo de seu negócio e, se esse resultado superar o custo de oportunidade do capital investido, revelar viabilidade econômica. O resultado operacional registra a viabilidade do investimento (ativo), se o negócio está remunerando o custo de capital (custo das fontes de financiamento), sendo o primeiro indicador de atratividade econômica.

> É importante acrescentar que o valor de uma empresa é medido pela sua capacidade de produzir retornos operacionais (econômicos) de caixa no futuro, determinados pela qualidade de suas decisões de investimento. Os resultados operacionais gerados por um negócio expõem a sua viabilidade econômica e o valor econômico do ativo.
>
> É importante destacar que atualmente muitas companhias não financeiras costumam manter altas participações financeiras em seus ativos, identificadas em aplicações de caixa, participações acionárias, créditos em moedas estrangeiras e operações de derivativos. Para uma avaliação mais analítica do negócio, é recomendado que sejam identificados o resultado operacional da atividade objeto e aquele obtido no ambiente financeiro. A empresa deve ser entendida, em primeiro lugar, como resultado de sua atividade objeto (operacional), independentemente dos resultados de especulação financeira (não operacionais). O valor de uma empresa é mensurado a partir de seus resultados operacionais, da viabilidade de seu negócio.

O resultado formado pela empresa pode ser desmembrado em duas importantes partes: *resultado operacional*, proveniente do negócio (ativos da empresa), e *resultado líquido*, formado após a dedução de todos os gastos financeiros não identificados nos ativos, e sim na forma como a empresa compôs sua estrutura de financiamento.

O *resultado líquido* da empresa é determinado pelo retorno das decisões de investimento (ativos) e também pelos custos das decisões de financiamento. O *resultado operacional*, por seu lado, é formado exclusivamente pelas decisões de ativos, pelo desempenho operacional da empresa, não sendo influenciado pelos passivos.

Graficamente, pode-se entender a estrutura de resultados de uma empresa da maneira seguinte:

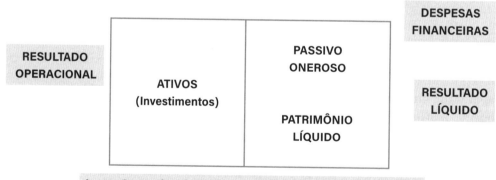

O *resultado operacional* revela o retorno do investimento na atividade objeto da empresa, o lucro gerado pelos ativos. É calculado no pressuposto de inexistência de dívidas na estrutura de capital da empresa. Em outras palavras, o resultado operacional é o resultado líquido da empresa no caso de esta ser integralmente financiada por recursos próprios. Quaisquer que sejam a dívida e seu custo financeiro, o lucro operacional não se altera, pois é mensurado antes das despesas com juros (resultado desalavancado).

O resultado operacional pertence, em outras palavras, aos *credores e acionistas*, sendo calculado pela soma das despesas com juros líquidas do IR – remuneração dos credores – mais o lucro líquido dos acionistas. A inexistência de resultado operacional denota inviabilidade do negócio, devendo as causas desse desempenho ser investigadas nos próprios ativos, como giro dos investimentos, custos e escala de produção, ociosidade, margem de lucros e assim por diante.

O principal objetivo econômico de geração de lucro operacional é o de remunerar os proprietários (provedores) de capital (credores e acionistas), por meio de juros e lucro líquido. O resultado operacional indica criação de valor econômico sempre que se apresentar superior ao custo de oportunidade das fontes de financiamento.

CÁLCULO DO LUCRO OPERACIONAL ANTES E APÓS O IR

O quadro abaixo ilustra duas estruturas de resultados. A primeira, denominada de *Societária*, não tem preocupações em atender aos conceitos financeiros, sendo estruturada segundo os preceitos da legislação societária vigente. A segunda, definida por *Resultado Ajustado*, é obtida seguindo o genuíno significado de lucro operacional, destacando o lucro gerado pelos ativos (decisões de investimento), os gastos com juros (decisões de financiamento) e o resultado líquido final.

LEGISLAÇÃO SOCIETÁRIA	R$	RESULTADO AJUSTADO	R$
Receitas de vendas	40.000	Receitas de vendas	40.000
Custo produto vendido	(28.000)	Custo produto vendido	(28.000)
Lucro Bruto	**12.000**	**Lucro Bruto**	**12.000**
Despesas operacionais	(5.000)	Despesas operacionais	(5.000)
Despesas financeiras	(2.000)	**Lucro Operacional**	
		Antes IR – LAJIR/EBIT	**7.000**
Lucro Operacional	5.000	Provisão IR (34%)	(2.380)
Provisão IR (34%)	(1.700)	**Lucro Operacional**	
		Líquido IR (NOPAT)	**4.620**
Lucro Líquido	**3.300**	Despesas financeiras	(2.000)
		Benefício fiscal juros: 34% × $ 2,000	680
		Lucro Líquido	**3.300**

Seguindo a prática geralmente adotada na literatura financeira, o Lucro Operacional Antes do IR é representado neste livro por *Earning Before Interest and Taxes* (**EBIT**), e o Lucro Operacional Líquido do IR, por *Net Operating Profit After Taxes* (**NOPAT**).

Pelo *Resultado Operacional Ajustado* é possível concluir que o lucro líquido do IR gerado pelos ativos da empresa (NOPAT) foi de $ 4.620. Parte desse lucro é destinada à remuneração dos credores de passivos onerosos (encargos de juros), e outra parte para remunerar o capital investido pelos acionistas, ou seja:

Remuneração dos Credores (Juros) Líquida do IR		
Despesas com juros:	$ 2.000	
Benefício fiscal: 34% × $ 2.000:	($ 680)	$ 1.320
Remuneração dos Acionistas (Lucro Líquido)		$ 3.300
Lucro Operacional Líquido (NOPAT)		**$ 4.620**

O imposto de renda (IR) da empresa de $ 1.700, demonstrado na estrutura societária, pode ser mais bem entendido no Resultado Ajustado:

IR Gerado pelos Ativos	($ 2.380)
Benefício Fiscal da Dívida	$ 680
IR Líquido	**$ 1.700**

2.1.1 Resultado operacional amplo e restrito

O resultado operacional pode também ser calculado em sua forma *ampla* ou *restrita*. O resultado *amplo*, geralmente adotado nas diversas avaliações, admite somente as despesas financeiras (encargos de dívidas onerosas) como não operacionais. São gastos provenientes de decisões de financiamento (passivo oneroso), e não de ativos. Nesse conceito, todas as demais receitas e despesas são entendidas como de natureza operacional (oriundas da atividade principal da empresa).

O conceito *restrito* é mais rigoroso e gerencial, e permite que seja avaliado o desempenho econômico da empresa restrito a sua atividade objeto. Para tanto, o enfoque restrito exclui, além das despesas com juros provenientes de passivos onerosos, alguns outros resultados que, mesmo oriundos de investimentos em ativos, não se enquadram na atividade principal da empresa. *Por exemplo*, para uma avaliação do negócio de uma empresa do setor de bebidas, resultados de equivalência patrimonial e ganhos extraordinários com ativos financeiros podem ser excluídos da avaliação, por não terem sido formados pela atividade objeto da empresa.

Qualquer que seja a abordagem adotada (*ampla* ou *restrita*), sempre serão desconsideradas, por definição, as *Despesas Financeiras* (Despesas com Juros de Dívidas).

Essas despesas não são oriundas das operações da empresa, de suas decisões de ativos, e sim de decisões de financiamento (passivo). O resultado operacional é entendido como *desalavancado*, e não sofre influências da forma como os ativos são financiados.

Para melhor ilustrar o cálculo do resultado operacional amplo e restrito, *admita* a seguinte demonstração de resultados publicada por uma companhia aberta:

Demonstração de Resultados	$ milhões
RECEITA LÍQUIDA DE VENDAS	480,0
(–) Custo dos Produtos Vendidos	270,9
(=) LUCRO BRUTO	*209,1*
(–) Despesas Operacionais	40,3
(+) Receitas Financeiras	4,5
(–) Resultado de Equivalência Patrimonial	1,4
(–) Outras Despesas Operacionais	22,5
(–) Despesas Financeiras	17,8
(=) RESULTADO ANTES IR/CSLL	*131,6*
(–) Provisões IR/CSLL	38,4
(=) RESULTADO LÍQUIDO	*93,2*

LUCRO OPERACIONAL AMPLO

Na apuração do *lucro operacional amplo*, conforme exposto acima, somente as despesas financeiras não são consideradas como operacionais, sendo identificadas nas decisões de financiamento. Todos os demais resultados são admitidos como formados pelo negócio (ativos). Assim, a estrutura desse resultado apresenta-se da forma seguinte:

Lucro Operacional AMPLO	$ milhões
Lucro Operacional Amplo Antes do IR – **EBIT AMPLO**[*]	149,4
(–) Provisões IR/CSLL [28,87% × (149,4 + 1,4)]	43,5
Lucro Operacional Amplo Líquido IR – NOPAT AMPLO	**105,9**
VERIFICAÇÃO DO NOPAT AMPLO	
(–) Despesas Financeiras	17,8
(+) Benefício Fiscal ($ 17,8 × 28,87%)	5,1
(=) RESULTADO LÍQUIDO	*93,2*

* EBIT AMPLO: $ 209,1 – $ 40,3 + $ 4,5 – $ 1,4 – $ 22,5 = $ 149,4

O cálculo do lucro operacional antes do IR amplo (EBIT amplo) foi desenvolvido da forma seguinte:

EBIT AMPLO = Resultado antes IR/CSLL + Despesas Financeiras
EBIT AMPLO = $ 131,6 + $ 17,8 = $ 149,4

Para a despesa de IR/CSLL, utilizou-se a alíquota da empresa obtida diretamente da demonstração de resultados, permitindo, assim, a conciliação deles, ou seja:

$$IR/CSLL = \frac{Provisões\ IR\ e\ CSLL = \$\ 38,4}{Resultado\ antes\ IR\ e\ CSLL\ exceto\ resultados\ não\ dedutíveis = \$\ 131,6 + \$\ 1,4}$$

IR/CSLL = 28,87%

O Resultado de Equivalência Patrimonial não é considerado como uma despesa dedutível ou receita tributável para fins de IR pela investidora. Por ser apurada uma despesa na demonstração de resultados, o valor dessa conta foi somado ao lucro tributável para eliminar sua influência sobre a alíquota.

LUCRO OPERACIONAL RESTRITO

Para ilustrar o cálculo do lucro operacional restrito, são considerados como não operacionais, além das despesas com juros, as Receitas Financeiras e o Resultado de Equivalência Patrimonial.

Lucro Operacional RESTRITO	$ milhões
EBIT AMPLO	149,4
(–) Receitas Financeiras	4,5
(+) Resultado de Equivalência Patrimonial	1,4
EBIT RESTRITO	146,3
(–) Provisões IR/CSLL (28,87%)	42,2
Lucro Operacional Restrito Líquido IR – NOPAT RESTRITO	104,1
VERIFICAÇÃO DO NOPAT RESTRITO	
(+) Receitas Financeiras Líquidas IR ($ 4,5 – 28,87%)	3,2
(–) Resultado de Equivalência Patrimonial	1,4
Lucro Operacional Amplo Líquido IR – NOPAT AMPLO	105,9

De maneira mais rigorosa, o retorno do negócio (lucro gerado pelos ativos estritamente operacionais) foi de $ 104,1 milhões, que equivale ao NOPAT restrito. Ao se considerarem resultados entendidos como não operacionais (não provenientes da atividade principal/objeto da empresa), o lucro dos ativos eleva-se para $ 105,9 milhões (NOPAT amplo).

CONCLUSÕES – importante considerar que o resultado operacional restrito é de caráter mais gerencial, sendo excluídos aqueles resultados (Receitas e Despesas) de ativos admitidos como "não operacionais", ou seja, não são derivados da atividade operacional principal da empresa. Alguns exemplos: resultados de alienação de ativos fixos, resultados de Equivalência Patrimonial, receitas oriundas de especulação no mercado financeiro etc.

Por outro lado, algumas Receitas ou Despesas admitidas como não operacionais em determinado negócio podem ser entendidas gerencialmente como operacionais em outros. Por exemplo, uma empresa comercial que compra predominantemente a prazo e vende à vista pode considerar as Receitas Financeiras, oriundas desse desencaixe financeiro favorável (recebem antes do pagamento a fornecedores), como operacionais. Parte dos ganhos financeiros das aplicações de caixa pode ser abatida do preço de venda, tornando os produtos mais competitivos.

Desse modo, observa-se que a formação do resultado operacional restrito pode seguir práticas gerenciais adotadas pela empresa. Não há um critério único para essa classificação. O importante é que sejam conhecidos os resultados operacionais amplo e restrito para melhor avaliação do desempenho financeiro da empresa.

2.1.2 EBITDA

O EBITDA[1] revela a capacidade operacional de uma empresa em gerar caixa em determinado período. No cálculo dessa medida **não** são considerados a *depreciação* (amortização e exaustão), por tratar-se de despesas não desembolsáveis e sem reflexos no caixa, as *despesas financeiras* (juros de dívidas referentes ao período de apuração), por não terem relação com a atividade operacional da empresa (são determinadas por decisões de financiamento, e não de ativo) e os *impostos sobre os lucros* (IR e CSLL).

As despesas de depreciação, amortização e exaustão não representam saída efetiva de caixa. São entendidas como perdas econômicas e não financeiras, sem revelar qualquer desembolso de caixa no período. Os desembolsos financeiros já foram realizados no passado, quando da aquisição do ativo, revelando reflexos no caixa somente naquele momento.

---

[1] *Earning before interest, taxes, depreciation and amortization.* Em português: Lucro antes dos juros, impostos, depreciação e amortização (LAJIDA).

O EBITDA é uma informação operacional de caixa, indicando quanto a empresa gera de recursos financeiros de sua atividade, desconsiderando dívidas, impostos s/ lucro e depreciação/amortização. A medida é usada para se avaliar a qualidade da gestão operacional de caixa da empresa, sua capacidade de geração interna de caixa.

De forma isolada, a medida é pouco reveladora. É importante que seja confrontada com algum resultado para se ter melhor dimensão da geração de caixa. *Por exemplo*, a relação entre EBITDA e vendas, medida conhecida por "Margem EBITDA", revela a capacidade de caixa da empresa, permitindo comparações com empresas concorrentes ou médias do setor; a relação entre EBITDA e despesas financeiras do período (indicador de "Cobertura de Juros") mostra quantas vezes a empresa foi capaz de gerar caixa de suas atividades (caixa operacional) em relação aos seus compromissos financeiros fixos de dívidas e assim por diante.

É *importante* destacar que o EBITDA **não** pode ser entendido como a disponibilidade efetiva de caixa da empresa, sendo mais bem interpretado como um indicador da capacidade (potencial) de geração de caixa de suas operações. Em verdade, nem todas as receitas operacionais de vendas podem ter sido recebidas em caixa no período, assim como nem todos os custos e as despesas operacionais desembolsáveis podem ter sido efetivamente pagos. Vendas realizadas e não recebidas ficam registradas em contas de Ativo como "Valores a Receber", e despesas incorridas e não pagas são classificadas, no Passivo, como "Valores a Pagar". Assim, diante do regime contábil de competência, o EBITDA expressa o *potencial* de caixa de uma empresa em determinado período, e não sua posição financeira efetiva. Por eliminar despesas com juros e depreciação, o EBITDA pode medir com maior qualidade a eficiência da gestão operacional de caixa.

Uma vez mais, o EBITDA deve ser interpretado como uma medida de geração *bruta* operacional de caixa, e não como o resultado disponível (livre) de caixa. O EBITDA **não** incorpora as necessidades de reinvestimentos da empresa em capital fixo e capital de giro. Uma parte do fluxo de caixa gerado pelas operações deve ser provisionada para repor os bens consumidos, tal como promover o seu crescimento, proporcionar maior competitividade para a empresa, financiar o desenvolvimento e agregação de novas tecnologias, e assim por diante. A medida de valor mais importante para o analista é o *Fluxo de Caixa Disponível (Livre)*,[2] calculado após as necessidades previstas de reinvestimento.

EBITDA E O VALOR DA EMPRESA

Algumas vezes, o EBITDA é usado como referência para a identificação do valor da empresa: quanto maior for essa medida, maior o valor esperado de mercado da empresa. É importante que se tome muito cuidado com essas conclusões, um pouco precipitadas.

---

[2] *Free Cash Flow*.

O EBITDA, ao não considerar as despesas financeiras, pode transmitir uma falsa impressão da efetiva situação da empresa que trabalha em nível mais elevado de alavancagem (mais alto endividamento). Agravando essa observação, deve ser considerado também que no cálculo do EBITDA é adicionada a depreciação do período, e ignorada toda e qualquer necessidade de reinvestimentos (tanto em fixo quanto em capital de giro), decisões essenciais para continuidade e geração de valor da empresa.

Não há como uma empresa não reinvestir e crescer, sob pena de perda de competitividade e de se inviabilizar como negócio; somente depreciando sem promover a reposição de seus ativos consumidos, em curto prazo os ativos se extinguem. Para manter competitividade, são necessários na realidade atual de mercado fortes investimentos em expansão, desenvolvimento de produtos, tecnologia e P&D, busca de novos mercados, produtividade etc.

Ao utilizar o EBITDA como geração de caixa para *valuation* de uma empresa, admite-se implicitamente que não há impostos sobre lucros e que, ao contrário do esperado, a empresa passará por um processo de desinvestimento ao longo do tempo, sacrificando sua continuidade. Não há reinvestimentos e também crescimento, a depreciação é retirada pelo caixa, levando à redução da vida da empresa.

De outra maneira, essa medida é muitas vezes interpretada como um *múltiplo de valor*, definido pela relação entre o valor de mercado da empresa e o seu EBITDA. O quociente expressa o valor da empresa (ou do seu patrimônio líquido) pela quantidade de EBITDAs. Se o múltiplo for igual a 14, por exemplo, conclui-se que em média o valor da empresa equivale a 14 vezes o seu EBITDA. Esse cálculo é muitas vezes utilizado como uma referência do valor de mercado das ações da empresa.

Um EBITDA mais alto pode significar melhor gestão dos recursos operacionais de caixa, e não necessariamente maior valor econômico. Os credores avaliam melhor empresas que apresentam mais alto EBITDA, como reflexo de seu potencial de caixa em honrar os compromissos financeiros assumidos.

Uma atratividade do uso do EBITDA é o seu perfil de medida *globalizada*. Ao incluir depreciação, impostos sobre vendas e despesas com juros em seu cálculo, permite melhor comparação entre empresas de diferentes países que convivem com diferentes indicadores de vida útil dos ativos (depreciação), política de juros (despesas financeiras) e alíquotas de impostos.

CÁLCULO DO EBITDA

A formulação básica de cálculo do EBITDA é desenvolvida deduzindo-se, das receitas operacionais de vendas, todos os custos e despesas operacionais desembolsáveis incorridos no exercício. Os custos e as despesas desembolsáveis desconsideram gastos que **não** apresentam reflexos financeiros no caixa, como depreciação, amortização e exaustão.

Outra forma de se apurar o EBITDA é somar ao lucro operacional antes do imposto de renda (EBIT) as despesas não desembolsáveis de depreciação, amortização e exaustão.

A estrutura básica de cálculo do EBITDA a partir de uma demonstração de resultados apresenta-se da seguinte maneira:

RECEITAS OPERACIONAIS DE VENDAS	$ $ $
Custos e Despesas Operacionais Desembolsáveis	($ $)
EBITDA (LAJIDA)	$ $ $
Despesas Não Desembolsáveis (Depreciação/Amortização/Exaustão)	($ $)
EBIT (LAJIR)	$ $ $
IR/CSLL	($ $)
NOPAT	$ $ $

A diferença entre o EBITDA e o EBIT é que o EBIT leva em consideração as despesas não desembolsáveis de depreciação/amortização/exaustão, e o EBITDA, por admitir somente os efeitos de caixa, **não** inclui (deduz) essas despesas em seu cálculo. O cálculo do EBITDA exclui, em resumo:

- Despesas Financeiras.
- Impostos s/ Lucros.
- Despesas Não Desembolsáveis.
- Todas as necessidades de reinvestimentos em capital fixo (CAPEX) e em capital de giro.

O EBITDA, a partir da Demonstração de Resultados (DRE) apurada por uma empresa, pode ser mais facilmente obtido a partir do resultado líquido apurado, da seguinte maneira:

Resultado líquido do exercício
(+) Tributos s/ Lucro (IR/CSLL)
(+) Despesas Financeiras
(+) Depreciação
(=) EBITDA/LAJIDA

O exemplo a seguir ilustra o cálculo do EBITDA a partir de uma Demonstração de Resultados apurada por uma empresa, e pelo Lucro Líquido (LL) e pelo Lucro Operacional antes do IR (EBIT/LAJIR):

DRE E EBITDA		EBITDA E LL	
RECEITA DE VENDAS	$ 30.000,0	LL (Lucro Líquido)	$ 4.600,0
CUSTOS	($ 16.000,0)	Impostos s/ Lucros	$ 2.400,0
(=) LUCRO BRUTO	$ 14.000,0	Despesas Financeiras	$ 1.500,0
DESPESAS OPERAC. DESEMBOLSÁVEIS	($ 3.500,0)	Depreciação	$ 2.000,0
(=) EBITDA	$ 10.500,0	EBITDA	$ 10.500,0
DEPRECIAÇÃO	($ 2.000,0)		
(=) EBIT/LAJIR	$ 8.500,0	EBITDA E EBIT/LAJIR	
(–) DESP FINANCEIRAS	($ 1.500,0)	EBIT/LAJIR	$ 8.500,0
(=) LAIR (Lucro antes do IR)	$ 7.000,0	Depreciação	$ 2.000,0
(–) PROVISÃO P/ IR e CSLL	($ 2.400,0)	EBITDA	$ 10.500,0
(=) LL (Lucro Líquido)	$ 4.600,0		

Indicadores Financeiros:

$$\text{Margem EBITDA} = \frac{EBITDA = \$\, 10.500,0}{RECEITAS\ DE\ VENDAS = \$\, 30.000,0} = 35,0\%$$

A capacidade de caixa operacional da empresa de $ 10.500,0 equivale a 35% de suas receitas de vendas.

$$\text{Cobertura de Juros} = \frac{EBITDA = \$\, 10.500,0}{DESP\ FINANCEIRAS = \$\, 1.500,0} = 7,0\ X$$

A empresa gerou Caixa Operacional, derivado de sua atividade principal, equivalente a 7,0 X suas despesas com juros do exercício.

No cálculo do EBITDA são, muitas vezes, considerados somente os resultados Recorrentes, ou seja, aqueles que costumam se repetir nos exercícios futuros. Exemplos: receitas de vendas, custos de produção, despesas operacionais etc. Os valores admitidos como Não Recorrentes (não ocorrem regularmente), como resultado na alienação de ativos fixos, gastos com instalações de novos sistemas etc., são desconsiderados do cálculo. Com isso, procura-se apurar uma capacidade de geração de caixa mais qualificada (Recorrente).

2.1.3 Ativo e Investimento

O Ativo Total de uma empresa não exprime o capital investido no negócio. Os ativos são financiados por *recursos próprios* e *passivos de funcionamento e onerosos. Os passivos de funcionamento* são geralmente de caráter cíclico, com maturidade de até um ano e sem ônus financeiro (não geram encargos com juros), como fornecedores, salários e encargos sociais, impostos sobre vendas e sobre lucros, dividendos a pagar e assim por diante. Ao se retirarem essas obrigações não onerosas do Ativo Total, apura-se o *Capital Investido (Investimento)* na atividade.

Assim, o *Investimento* é formado basicamente por recursos próprios (patrimônio líquido) e capitais de terceiros onerosos que incorrem em despesas com juros, como empréstimos e financiamentos. Os recursos alocados ao investimento pertencem a credores e acionistas, apresentando, por isso, um custo de capital. Os credores cobram juros dos créditos concedidos, e os acionistas exigem um retorno mínimo que remunera o risco do capital aplicado, taxa equivalente ao seu custo de oportunidade.

> *Investimento (Capital Investido)* – É todo capital proveniente de investidores – credores e acionistas – que demanda uma remuneração pelo risco incorrido. Fornecedores, salários a pagar e encargos a recolher, por exemplo, não são considerados *Investimentos*, por não exigirem qualquer remuneração explícita pelo uso desses recursos. Eventuais encargos financeiros cobrados nas compras a prazo são normalmente embutidos nos preços e considerados nos custos das mercadorias/produtos. São denominados *passivos de funcionamento*. O *Investimento* é representado basicamente por empréstimos e financiamentos (recursos onerosos de terceiros) e patrimônio líquido (recursos próprios que devem ser remunerados).
>
> INVESTIMENTO (Capital Investido) = PAS ONEROSO + PATRIMÔNIO LÍQUIDO

Ao se calcular o retorno dos capitais investidos, utiliza-se a relação entre o lucro operacional (resultado pertencente a credores e acionistas) e o Investimento realizado por esses provedores de capital (Capital Investido).

Assim, o cálculo do *Investimento* pode ser entendido pela soma do passivo oneroso e patrimônio líquido, ou por meio da simples diferença entre o ativo total e as dívidas de funcionamento classificadas como não onerosas. Para *ilustrar* o cálculo do Investimento, admita o balanço resumido a seguir:

Ativo	$	Passivo + PL	$
ATIVO CIRCULANTE	700	PASSIVO CIRCULANTE	400
Ativo Não Operacional	200	Passivo Oneroso (Empréstimos)	120
Operacional	500	Passivo Não Oneroso (Funcionamento)	280
ATIVO FIXO (NÃO CIRCULANTE)	2.300	EXIGÍVEL A LONGO PRAZO (FINANCIAMENTOS)	1.000
		PATRIMÔNIO LÍQUIDO	1.600
Total	**3.000**	**Total**	**3.000**

INVESTIMENTO = PASSIVO ONEROSO TOTAL + PATRIMÔNIO LÍQUIDO
INVESTIMENTO = ($ 120 + $ 1.000) + $ 1.600 = $ 2.720

INVESTIMENTO = ATIVO TOTAL – PASSIVO DE FUNCIONAMENTO
INVESTIMENTO = $ 3.000 – $ 280 = $ 2.720

2.2 INDICADORES DE DESEMPENHO E RETORNO

Para uma boa avaliação da empresa, é necessário que se tenha uma compreensão mais ampla dos indicadores básicos de desempenho e retorno dos investimentos. São discutidos, a seguir, os principais conceitos e medidas financeiras fundamentais de retorno e suas formulações analíticas, desenvolvidos a partir de exemplos práticos. Nesse conjunto de medidas não é considerado o custo de oportunidade do capital investido. Indicadores de desempenho que consideram esse custo implícito são tratados no Capítulo 3.

EXEMPLO ILUSTRATIVO

A partir dos relatórios financeiros apurados por uma companhia aberta, são apresentados a seguir os principais resultados operacionais essenciais para avaliação do desempenho.

Demonstrativo de resultados – Ano: 20x2 ($ milhões)	
RECEITAS DE VENDAS	600,0
Custo produtos vendidos	(310,0)
LUCRO BRUTO	290,0
Despesas com vendas	(50,0)
Despesas gerais e administrativas	(70,0)
Despesas de depreciação	(60,0)
Despesas financeiras	(38,0)
LUCRO ANTES IR/CSLL	72,0
Provisões IR/CSLL (34%)	(24,5)
LUCRO LÍQUIDO	47,5

Capital investido – Valor médio do exercício	
PASSIVO ONEROSO (Empréstimos e Financiamentos)	250,0
PATRIMÔNIO LÍQUIDO	310,0
INVESTIMENTO	560,0

2.2.1 Retorno do Investimento (ROI)

Medido pela relação entre o resultado operacional líquido do IR (NOPAT) e o capital investido no negócio,[3] ou seja:

$$ROI = \frac{NOPAT}{Investimento}$$

O capital investido equivale ao investimento realizado em ativos operacionais fixos (não circulantes), como máquinas, equipamentos, instalações, edificações, P&D, logística e distribuição, e capital de giro, recursos necessários ao desenvolvimento do negócio. Representa, em outras palavras, os capitais próprios e de terceiros deliberadamente levantados pela empresa e que sugerem um custo financeiro. Conforme demonstrado no item anterior, pode ser calculado de forma mais simples, pelo total das dívidas classificadas como onerosas (empréstimos e financiamentos, basicamente) e o capital próprio (patrimônio líquido).

A abordagem do investimento, em vez do ativo total, para cálculo do desempenho oferece melhores informações sobre o genuíno retorno gerado pelo capital investido na empresa, e que necessita ser remunerado.

Para se avaliar se o retorno agregou valor econômico, é preciso confrontar a taxa calculada com o custo total de capital da empresa (custo das fontes de financiamento – próprias e de terceiros – ponderado pelas respectivas participações no total do investimento). Uma gestão eficaz de criação de valor de uma empresa passa necessariamente pelo conhecimento dessas medidas financeiras básicas.

O lucro operacional líquido do IR (NOPAT) calculado do *exemplo ilustrativo* é igual a:

EBIT: $ 72,0 + $ 38,0	$ 110,0
IR/CSLL (34%)	($ 37,4)
NOPAT	$ 72,6

Ao se calcular o ROI, apura-se uma taxa de retorno sobre o capital investido de 13,0%, ou seja:

$$ROI = \frac{\$\ 72,6}{\$\ 560,0} = 13,0\%$$

---

[3] *Capital Employed*, em inglês. Neste livro, adota-se o ROI (*Return on investment*), ROIC (*Return on investment capital*) e ROCE (*Return on capital employed*) com o mesmo significado, apesar das pequenas sutilezas que podem diferenciar essas medidas.

O ROI revela quanto o negócio foi capaz de gerar de retorno aos proprietários de capital (credores e acionistas), ou seja, a eficiência da empresa em gerar lucros de seus ativos operacionais para remunerar seus financiamentos. Conforme comentado, esse percentual deve ser comparado com alguma alternativa de investimento equivalente que se deixou de realizar. O retorno do investimento é economicamente atraente, identificando oportunidade de criação de valor aos acionistas, quando exceder ao custo de capital da empresa. Assim, se a taxa de retorno estiver acima do custo de oportunidade do capital investido, isso indica a presença de resultados residuais que promovem a criação de riqueza econômica para a empresa.

Formulação Analítica do ROI

O ROI pode ser decomposto a partir da *margem operacional* (MO) e *giro dos investimentos* (GI), ou seja: ROI = MO × GI.

A margem operacional é uma medida de lucratividade, que indica quanto (%) das receitas de vendas se transformou em lucro operacional. O giro dos investimentos é uma medida de eficiência, revelando quantas vezes o capital investido na atividade da empresa se transformou em vendas (girou) no período. Assim:

ROI = Margem Operacional Líquida IR × Giro dos Investimentos

$$ROI = \frac{NOPAT}{Vendas} \times \frac{Vendas}{Investimento}$$

Substituindo os valores do *caso ilustrativo*:

$$ROI = \frac{72,6}{600,0} \times \frac{600,0}{560,0}$$

$$ROI = 12,1\% \times 1,0714 = 13,0\%$$

Assim, o retorno sobre o investimento pode variar a partir da lucratividade das vendas e do giro do capital investido. Toda empresa deve buscar a estrutura de margem e giro que maximize o ROI, de acordo com suas características operacionais.[4]

É importante registrar que o ROI se eleva à medida que os investimentos decrescem em relação ao NOPAT. Uma redução no capital operacional investido costuma ter uma entre duas razões: falta de oportunidades de crescimento ou maior eficiência na alocação de recursos de capital (gestão de ativos).

---

4 Indicadores médios de margem, giro e ROI dos diversos setores de atividade da economia brasileira encontram-se disponíveis em: www.institutoassaf.com.br.

A falta de alternativas de investimento é preocupante, sendo determinada geralmente por retração da atividade econômica (ou setorial), ou ainda por perda de competitividade da empresa.

Novos investimentos em ativos operacionais produzem, nos primeiros anos, um declínio na taxa de retorno pelo maior aumento do capital investido em relação aos resultados gerados. Ao longo do tempo, no entanto, o NOPAT descreve alto crescimento, compensando o baixo desempenho inicial. Se o retorno desses novos investimentos superar o custo de capital das fontes de financiamento, a expansão da atividade operacional criará valor econômico aos seus proprietários.

ALGUNS CUIDADOS NA ANÁLISE DO ROI

1. O valor do Capital Investido (Investimento) utilizado no denominador da fórmula de cálculo do ROI pode ser expresso pelo seu valor contábil ou valor de mercado. Um inconveniente de se considerar o *valor de mercado* para o investimento é que esse valor incorpora, segundo observado por Damodaran,[5] expectativas futuras de crescimento, cujos retornos esperados **não** são incluídos no NOPAT apurado (numerador da expressão de cálculo do ROI). Assim, NOPAT e investimento a valor de mercado deixam de ser consistentes para a determinação do ROI, criando um viés de cálculo.

   Por outro lado, o capital investido, expresso de acordo com as normas contábeis atuais, denota o valor de descontinuidade do ativo, tornando difícil a interpretação do ROI calculado.

2. O retorno do investimento é uma medida que deve ser avaliada levando sempre em consideração o *risco* assumido pelos investidores. A taxa ROI deve ser suficiente para remunerar o risco econômico (risco do negócio – ativos da empresa) e o risco financeiro (risco da estrutura de capital) da empresa. É sempre recomendado na análise do ROI comparar essa medida com o custo total de capital, que reflete a remuneração mínima exigida pelos credores e acionistas diante do risco. O custo de capital dos investidores será detalhado nos capítulos seguintes.

3. O ROI pode se elevar, pelo menos em curto prazo, diante de períodos de retração da atividade econômica ou, até como reflexo de cortes de despesas essenciais para a continuidade da empresa, como P&D, treinamento etc. Apesar de uma eventual elevação do ROI nessa situação, é importante ter-se em consideração na avaliação que as medidas tomadas sugerem um

---

[5] DAMODARAN, Aswath. *Return on capital (ROI), return on invested capital (ROIC) and return on equity (ROE): measurement and implications.* NYU/Stern School of Business, July 2007. Disponível em: www.damodaran.com.

CAP. 2 MEDIDAS DE DESEMPENHO DO NEGÓCIO **41**

comportamento positivo na taxa de retorno, porém com duração efêmera, podendo causar sérios problemas de competitividade para a empresa
no futuro.

Não se deve ignorar, ainda, que o ROI é uma medida de um único período,
a qual desconsidera eventos que podem ocorrer após o período de cálculo.

4. Empresas que envelhecem sem repor novas tecnologias ou deixam de promover a modernização de seu processo operacional podem também apresentar
maior crescimento do ROI no curto prazo, colocando em risco, porém, a sua
continuidade a longo prazo.

Para ilustrar, *admita* as seguintes informações de uma decisão de investimento em novos bens fixos produtivos:

Investimento (Capital Investido)	: $ 1.000
Depreciação	: 4 anos (linear)
NOPAT do Investimento	: $ 200

O quadro a seguir demonstra a posição patrimonial do Retorno do Investimento (ROI) previsto para a vida útil:

	Ano 0 Atual	Ano 1	Ano 2	Ano 3	Ano 4
Investimento Bruto	$ 1.000	$ 1.000	$ 1.000	$ 1.000	$ 1.000
Investimento Líquido	$ 1.000	$ 750	$ 500	$ 250	–
NOPAT	–	$ 200	$ 200	$ 200	$ 200
ROI	–	**26,7%**	**40,0%**	**80,0%**	–

Observe nos resultados da ilustração a tendência de crescimento do ROI
à medida que não se realizam novos investimentos para repor os bens
depreciados, ou visando agregação de novas tecnologias. Esse comportamento ascendente da taxa de retorno é motivado pela depreciação acumulada, e não pelo crescimento e qualidade dos investimentos. A empresa
torna-se "sucateada", apesar do bom desempenho do ROI, sacrificando
sua competitividade.[6]

5. Importante entender que, conforme a empresa deprecia seus ativos com o
tempo, o ROI tende a se elevar. Empresas com mercado mais estável, que
demandam investimentos menores e mais lentos, costumam apresentar ROI

---

[6] Análise crítica da taxa de retorno do investimento é desenvolvida também em: RAPPAPORT, Alfred.
Gerando valor para o acionista. São Paulo: Atlas, 2000.

maior que aquelas inseridas em ambientes mais competitivos, que exigem maiores e mais constantes investimentos.

Da mesma forma, unidades de negócios com diferentes vidas úteis apresentam diferentes ROIs, não significando essas diferenças, necessariamente, que maior ROI seja consequência de melhor desempenho operacional.

2.2.2 Crescimento do NOPAT

Uma informação essencial na avaliação de empresas é a taxa de crescimento futura esperada de seus resultados operacionais. Uma metodologia bastante adotada para estimar o crescimento dos lucros é desenvolvida a partir dos fundamentos da empresa. De outra maneira, a taxa de crescimento dos lucros é formada pelas oportunidades de investimento (reinvestimento) em ativos operacionais e pelo retorno gerado por essas decisões.

Empresas que atuam em setores estáveis, com baixa volatilidade e resultados mais consistentes, podem utilizar, em grande parte, informações históricas para projetar o seu crescimento futuro esperado. A estimativa de crescimento a partir do passado traz o inconveniente de não incorporar mudanças no ambiente econômico e de negócios da empresa. Essa abordagem embute o pressuposto básico de que o futuro tenderá a replicar o passado.

Os componentes da formulação de cálculo do crescimento esperado dos lucros são mais bem avaliados a partir dos fundamentos da economia e da empresa, como ambiente de negócios e oportunidades de novos investimentos, desempenho esperado dos indicadores da economia, capacidade de financiamento, margem de lucros etc.

Assim, a taxa de crescimento esperada do lucro operacional é medida pelo produto da taxa de reinvestimento (retenção) do lucro operacional pelo retorno do capital investido, ou seja:

Taxa de Crescimento do NOPAT	=	Taxa de Reinvestimento do NOPAT	×	Retorno sobre o Investimento
g_{NOPAT}	=	b_{NOPAT}	×	ROI

A taxa de reinvestimento (b_{NOPAT}) expressa a proporção do lucro operacional apurado no exercício que é reinvestido em ativos operacionais fixos (líquidos da depreciação), conhecidos por Gastos de Capital (ou CAPEX),[7] e capital de giro. Assim:

---

[7] *Capital Expenditures* (CAPEX). Gastos (dispêndios) realizados para aquisição ou expansão de ativos fixos produtivos, como máquinas, equipamentos, instalações, P&D, edificações etc.

$$b_{NOPAT} = \frac{CAPEX - Depreciação + Variação\ de\ Capital\ de\ Giro}{NOPAT}$$

Ao se projetarem os resultados operacionais, a taxa de crescimento deve ser calculada a partir dos valores esperados no futuro. A taxa de reinvestimento é definida a partir da expectativa de crescimento dos investimentos da empresa e dos resultados futuros esperados. Empresas com variações mais destacadas em suas atividades e, em consequência, com maior volatilidade nesses indicadores podem exigir que se adote uma taxa média anual de reinvestimento do NOPAT para esses períodos futuros. É importante ter-se em conta, ainda, que, no longo prazo, a taxa de crescimento se reduz, convergindo para uma taxa mais conservadora, ou para a média de mercado. A tendência é a taxa de crescimento, motivada em grande parte pela força da concorrência, se aproximar da média do setor. Crescimentos mais acentuados com geração de retornos residuais costumam ocorrer em ciclos de crescimento e amadurecimento da empresa, tendendo a se estabilizar no futuro.

A seguir, são desenvolvidas duas ilustrações práticas de cálculo e análise dos lucros da empresa.

EXEMPLO ILUSTRATIVO

Cálculo do crescimento e reinvestimento

Uma empresa projeta um EBIT de $ 540,0 milhões para o ano de 20x1. Sua alíquota de IR é de 34%. O ROI padrão da empresa atinge a taxa anual de 18,5%. No atual exercício de x1, a empresa realiza investimentos operacionais líquidos (CAPEX - Depreciação) de $ 114,0 milhões e investimento em giro de $ 120,0 milhões.

Determinar:

a) Taxa esperada de crescimento do NOPAT para o ano de 20x1.

Solução:

– Taxa de Reinvestimento do NOPAT:

$$b_{NOPAT} = \frac{\$\,114,0 + \$\,120,0}{\$\,540,0 \times (1 - 0,34)} = 65,66\%$$

– Taxa de Crescimento do NOPAT:

$$g_{NOPAT} = 65,66\% \times 18,5\% = 12,1\%$$

b) Admita que para o próximo exercício a empresa tenha projetado um crescimento do NOPAT de 6,9% e um ROI de 16,0%. Calcule a taxa de reinvestimento esperada.

Solução:

$$b_{NOPAT} = g_{NOPAT} / ROI$$

$$b_{NOPAT} = 6,9\% / 16,0\% = 43,1\%$$

CRESCIMENTO DO LUCRO LÍQUIDO BASEADO NO RETORNO E NO REINVESTIMENTO

Considere os resultados descritos a seguir, relativos a três empresas:

	ROE	*PAYOUT*	REINVESTIMENTO (b_{LL})	CRESCIMENTO (g_{LL})
EMPRESA **A**	12,8%	69,4%	30,6%	3,9%
EMPRESA **B**	21,4%	13,8%	86,2%	18,4%
EMPRESA **C**	32,5%	49,2%	50,8%	16,5%

O *payout* representa a porcentagem do lucro líquido paga aos acionistas na forma de dividendos. A taxa de reinvestimento é calculada pela diferença, ou seja: 1 – *payout*. Por exemplo, a empresa **A** distribuiu 69,4% de seu resultado líquido como dividendos aos acionistas, retendo (reinvestindo) 30,6% do lucro (100,0% – 69,4%).

A taxa de crescimento do lucro líquido (g_{LL}), por seu lado, é calculada pela formulação sugerida acima, ou seja:

$$g_{LL} = b_{LL} \times ROE$$

Cálculo da taxa de crescimento do lucro líquido para cada empresa:
- EMPRESA A: 30,6% × 12,8% = 3,9%
- EMPRESA B: 86,2% × 21,4% = 18,4%
- EMPRESA C: 50,8% × 32,5% = 16,5%

A EMPRESA **A** apresenta a menor taxa de crescimento do lucro líquido devido principalmente ao seu baixo retorno sobre o patrimônio líquido (ROE). Esse desempenho talvez justifique o baixo índice de retenção de lucros (MAIOR *PAYOUT*), indicando menores oportunidades de reinvestimento e crescimento. Das três empresas listadas na ilustração, A é a que mais paga dividendos aos acionistas, distribuindo 69,4% de seus resultados líquidos.

A EMPRESA **B** revela a mais alta taxa de crescimento dos lucros, explicada principalmente pelo elevado índice de retenção, indicando amplas oportunidades de reinvestimento. A empresa distribui poucos dividendos (relativamente aos seus resultados líquidos) e utiliza o retorno dos recursos próprios retidos (ROE = 21,4%) para promover o maior crescimento dos lucros.

A EMPRESA **C**, por seu lado, a de maior retorno sobre o patrimônio líquido, reinveste pouco mais da metade de seus lucros (b_{LL} = 50,8%), apurando uma taxa de crescimento dos resultados líquidos de 16,5%.

Em alguns momentos, a empresa pode revelar um volume bastante alto de investimentos, superando o próprio NOPAT (taxa de reinvestimento > 100%). Esse cenário é explicado geralmente por um ciclo de forte expansão de sua atividade, gerando expectativas de maiores retornos operacionais no futuro. Tais investimentos adicionais devem ser cobertos mediante novos aportes de capitais, sejam recursos de terceiros (empréstimos e financiamentos) ou capital próprio (maior retenção de lucros e integralização de capital).

Em situações opostas, a taxa de reinvestimento líquida da empresa pode ser negativa, indicando que os investimentos (bens fixos mais giro) do exercício ficaram abaixo da depreciação. A taxa negativa de reinvestimento é admitida como eventual, de curto prazo, resultado de um excesso de investimento no passado ou, até mesmo, de alguma retração momentânea da atividade operacional.

Taxas negativas de investimento por períodos mais longos podem denotar a liquidação da empresa, sacrificando sua continuidade. Nesse caso, os resultados futuros esperados são declinantes, indicando o esgotamento do negócio.

FORMAÇÃO DA TAXA DE CRESCIMENTO

O caso ilustrativo a seguir demonstra o cálculo dos componentes da taxa de crescimento do NOPAT de três empresas com características diferentes.

Empresa	NOPAT	Dívida Onerosa	Patrimônio Líquido	ROI
A	$ 297,0	$ 932,8	$ 1.115,2	14,5%
B	$ 765,6	$ 220,0	$ 3.080,0	23,2%
C	$ 380,9	$ 688,6	$ 2.241,4	13,0%

O retorno sobre o investimento (ROI) é calculado, conforme visto, pela relação entre o NOPAT (lucro operacional líquido do IR) e o total do capital investido (dívida onerosa + patrimônio líquido). A empresa **B**, ao contrário de **A**, é a menos alavancada (a proporção de dívidas em relação aos recursos próprios é menor) e o seu negócio apresenta-se mais rentável (maior ROI). A empresa **C** calcula o menor ROI.

Outras informações das empresas:

Empresa	Gastos de Capital (CAPEX)	Depreciação Exercício	Variação no Capital Giro	Reinvestimento Líquido	Taxa de Reinvest. (b_{NOPAT})
A	$ 82,3	$ 09,0	– $ 41,7	– $ 20,4	– 9,6%
B	$ 704,8	$ 290,0	$ 69,8	$ 484,6	63,3%
C	$ 494,3	$ 104,3	$ 218,4	$ 608,4	159,7%

O reinvestimento é calculado, para cada empresa:

Empresa A

Reinvestimento Líquido = $ 82,3 – $ 69,0 – $ 41,7   = – $ 28,4

Taxa de Reinvestimento (b_{NOPAT}) = – $ 28,4 / $ 297,0   = – 9,6%

Empresa B

Reinvestimento Líquido = $ 704,8 - 290,0 + 69,8   = $ 484,6

Taxa de Reinvestimento (b_{NOPAT}) = $ 484,6 / $ 765,6   = 63,3%

Empresa C

Reinvestimento Líquido = $ 494,3 - 104,3 + 218,4   = $ 608,4

Taxa de Reinvestimento (b_{NOPAT}) = $ 608,4 / $ 380,9   = 159,7%

A taxa de reinvestimento do lucro operacional da empresa **A** é negativa, motivada pela baixa reposição dos investimentos fixos e forte redução do investimento em giro. Com isso, o crescimento esperado do NOPAT também é negativo. Conforme comentado, esse comportamento negativo do reinvestimento deve permanecer por um período curto de tempo, tendendo a atividade da empresa a convergir no futuro aos padrões de crescimento do setor. Ao se manter essa taxa negativa por um período mais longo, a empresa submete-se a um processo de liquidação de seus ativos.

A empresa **C** apresenta taxa de reinvestimento acima de 100%, indicando encontrar-se em ciclo de alto crescimento de seus negócios. Essa situação prevê maior elevação dos resultados operacionais no futuro. É importante destacar que a geração de valor econômico desses investimentos somente ocorre se o retorno esperado superar o custo de oportunidade do capital empregado.

A taxa de crescimento do NOPAT para as duas empresas é calculada:

Empresa	Taxa de Reinvestimento (b_{NOPAT})	Retorno do Investimento (ROI)	Taxa de Crescimento (g_{NOPAT})
A	- 9,6%	14,5%	- 1,39%
B	63,3%	23,2%	14,69%
C	159,7%	13,0%	20,76%

EXEMPLO ILUSTRATIVO

Projeções do NOPAT e Reinvestimento

Este *exemplo ilustrativo* visa projetar o NOPAT, a taxa de crescimento e o reinvestimento dos resultados operacionais de uma empresa para os próximos cinco anos. Admita os seguintes resultados atuais:

- EBIT = $ 280,0 milhões

- Alíquota de IR = 34%

- Capital investido = $ 1.120,0 milhões

– Taxa de reinvestimento anual do NOPAT esperada para os próximos cinco anos = 60%.

A empresa espera manter o retorno sobre o investimento atual para os próximos cinco anos.

Solução:

– Projeções –

Ano	Taxa Crescimento g_{NOPAT}	NOPAT ($)	Taxa de Reinvestimento (%)	Reinvestimento ($)
Atual	9,9%	$ 184,80	60%	$ 110,88
Ano 1	9,9%	$ 203,10	60%	$ 121,86
Ano 2	9,9%	$ 223,20	60%	$ 133,92
Ano 3	9,9%	$ 245,30	60%	$ 147,18
Ano 4	9,9%	$ 269,58	60%	$ 161,75
Ano 5	9,9%	$ 296,27	60%	$ 177,76

NOPAT ATUAL = EBIT × (1 – IR)

NOPAT ATUAL = $ 280,00 × (1 – 0,34) = $ 184,80

A taxa de crescimento do NOPAT (g_{NOPAT}) é calculada, conforme foi demonstrado acima (item 2.2.2), pelo produto da taxa de reinvestimento (b_{NOPAT}) e o retorno sobre o investimento (ROI), ou seja:

b_{NOPAT} = 60%

$$ROI = \frac{NOPAT = \ \$\ 184,80}{Investimento = \ \$\ 1.120,00} = 16,5\%$$

g_{NOPAT} = 60% × 16,5% = 9,9%

2.3 RETORNO SOBRE O PATRIMÔNIO LÍQUIDO (ROE)

O retorno sobre o patrimônio líquido (ROE)[8] é um indicador financeiro que mede a rentabilidade do capital próprio investido na empresa. Revela, para cada $ 1,00 de recursos próprios investidos, qual o retorno auferido pelo acionista. É calculado pela expressão básica:

$$ROE = \frac{Lucro\ Líquido}{Patrimônio\ Líquido}$$

De maneira mais rigorosa, o patrimônio líquido deve ser calculado pelo seu valor médio. Da mesma forma, é sempre recomendado que se exclua o lucro líquido do exercício

---

[8] ROE – *Return on equity*, em inglês.

do patrimônio líquido para evitar que se relacionem os resultados entre si. O ROE deve expressar a taxa de retorno do capital próprio gerador desse resultado. O ROE, quando comparado com o custo de oportunidade do acionista, demonstra a capacidade da empresa em agregar valor por meio de seus recursos próprios.

A alavancagem financeira exerce forte influência sobre o ROE. Sempre que a taxa de retorno da empresa supera o custo da dívida, maior alavancagem proporciona mais alto retorno sobre o patrimônio líquido. No entanto, pelo maior risco financeiro trazido pelo endividamento crescente, a alavancagem costuma indicar um limite econômico ótimo, sinalizando um ponto máximo de endividamento que maximiza o valor da empresa.

2.3.1 Desmembrando o ROE

Enquanto o ROE reflete a taxa de retorno do capital próprio investido, o ROI apura a rentabilidade de todo o capital – próprio e de terceiros. Sempre que o ROE é maior que o ROI, isso sinaliza que a alavancagem utilizada pela empresa, medida pela participação das dívidas em relação ao total do investimento, é *favorável*. Uma alavancagem financeira é admitida como favorável quando o custo da dívida (custo dos empréstimos e financiamentos), identificado por **Ki**, é inferior ao retorno da aplicação desses recursos, contribuindo para o retorno do capital próprio. Assim:

$$\text{ROE} > \text{ROI, quando: ROI} > \text{Ki}$$

> *Alavancagem Financeira* exprime a capacidade que os recursos de terceiros apresentam, pelo custo de captação mais baixo, em elevar o retorno do capital próprio. Quanto mais alta a diferença entre os juros pagos a credores e o retorno da aplicação desses recursos, maior é o poder da empresa em alavancar ganhos aos acionistas.
>
> Muitas vezes, a alavancagem financeira é representada pela relação entre passivo oneroso (P) e patrimônio líquido (PL), ou seja: P/PL. Nesse caso, quanto maior a alavancagem financeira, mais elevado apresenta-se o risco do endividamento, exigindo o acionista maior taxa de retorno.

A diferença positiva entre o retorno do investimento (ROI) e o custo de financiamento (Ki), ponderada pela participação das dívidas na estrutura de financiamento, é creditada ao acionista, elevando sua taxa de retorno. Se o custo da dívida superar o retorno do investimento, o retorno do acionista será consumido por essa diferença negativa, apurando uma taxa de retorno inferior ao ROI.

Se a empresa fosse financiada integralmente por recursos próprios, ROE e ROI seriam iguais. A diferença entre esses dois indicadores de retorno ocorre pela alavancagem e pelo custo da dívida.

No *exemplo ilustrativo* apresentado (item 2.2), podem ser calculados:

$$ROE = \frac{LUCRO\ LÍQUIDO = \$\ 47,5}{PATRIMÔNIO\ LÍQUIDO = \$\ 310,0} = 15,3\%$$

$$ROI = \frac{NOPAT = \$\ 72,60}{INVESTIMENTO = \$\ 560,0} = 13,0\%$$

$$Ki = \frac{DESPESA\ FINANCEIRA\ LÍQ.\ IR = [\$\ 38,0 \times (1-0,34)]}{PASSIVO\ ONEROSO = \$\ 250,0} = 10,0\%$$

Algumas observações dos resultados são importantes:

- O ROE (15,3%) supera o ROI (13,0%) em razão de o custo da dívida (Ki = 10,0%) ser inferior ao retorno do investimento. O *spread* favorável formado, medido pela diferença das taxas de retorno e de custo de captação, pertence ao acionista, elevando sua taxa de retorno.

- Se a empresa não tivesse dívidas onerosas, o retorno do acionista seria igual ao ROI de 13,0%. Nesse caso, o lucro líquido seria igual ao NOPAT e o capital investido igual ao patrimônio líquido. O retorno adicional (15,3% – 13,0% = 2,3%) é explicado pela forma como a empresa foi financiada, ou seja, pelo *spread* positivo de captação de dívidas:

ROE = 15,3%   Retorno total sobre o capital próprio

<u>**ROI = 13,0%**</u>   Retorno do capital do acionista investido no negócio

   (=) 2,3%   Retorno produzido pela alavancagem financeira favorável

Ao se relacionar ROE/ROI, tem-se outra medida bastante conhecida de alavancagem financeira:

$$GAF = \frac{ROE = 15,3\%}{ROI - 13,0\%} = 1,177$$

- Essa relação é conhecida por *grau de alavancagem financeira – GAF*. Por ser maior que 1,0, indica que a presença de recursos de terceiros mais baratos (custo da dívida inferior ao retorno do investimento) elevou o retorno dos acionistas em 1,177 vez. Para cada \$ 1,0 de dívida, o capital próprio ganhou \$ 0,177, alavancando a taxa de retorno do acionista em 17,7%.

A formação do ROE desenvolvida acima foi explicada pela alavancagem financeira. Uma parte desse retorno pode também ser atribuída ao desempenho das operações da empresa, refletido nos indicadores de giro e na margem de lucro, ou seja:

$$\boxed{ROE = \text{Giro do Patrimônio Líquido (PL)} \times \text{Margem Líquida}}$$

$$ROE = \frac{Vendas}{PL} \times \frac{Lucro\,Líquido}{Vendas}$$

Utilizando os valores do exemplo ilustrativo apresentado no item 2.2, tem-se:

$$ROE = \frac{\$\ 600{,}0}{\$\ 310{,}0} \times \frac{\$\ 47{,}5}{\$\ 600{,}0}$$

$$ROE = 1{,}9355 \times 7{,}9167\% = 15{,}3\%$$

2.3.2 Formulação analítica do ROE

A taxa de retorno do capital próprio, de forma analítica, pode ser demonstrada a partir de três componentes:

- ROI: retorno do investimento;
- *spread* formado pela captação de dívidas (ROI – Ki);
- endividamento (alavancagem): P/PL. Fator de ponderação do *spread*.

Em outras palavras, o retorno do capital próprio é determinado pelo *retorno sobre o investimento* – caso a empresa não tenha dívidas, as taxas de retorno são iguais (ROE = ROI) –, *spread* da captação de dívidas formado pelo diferencial de taxas (taxa de retorno do investimento – custo da dívida), e o *endividamento* atua como alavanca do retorno do acionista.

Assim:

$$\boxed{ROE = ROI + (ROI - Ki) \times P/PL[9]}$$

Substituindo os valores do exemplo ilustrativo (item 2.2), tem-se:

$$ROE = 13{,}0\% + (13{,}0\% - 10{,}0\%) \times \frac{\$\ 250{,}0}{\$\ 310{,}0}$$

$$ROE = 13{,}0\% + 3{,}0\% \times 0{,}8065 = 15{,}3\%$$

Uma vez mais, o capital próprio investido no negócio gerou uma remuneração de 13,0%, e a alavancagem financeira favorável contribuiu com 2,3% para o retorno do patrimônio líquido.

---

[9] Formulação inspirada na proposta de Modigliani-Miller de cálculo do custo de capital e adaptada para a mensuração do retorno dos acionistas por: MARTINS, Eliseu. *Análise da correção monetária das demonstrações financeiras*. São Paulo: Atlas, 1984.

> **ALGUMAS OBSERVAÇÕES SOBRE ROE E ROI**
>
> O **ROE** não deve ser avaliado isoladamente. Observe que ele cresce à medida que a empresa se torna mais alavancada, porém sem considerar o maior risco financeiro. O ROE deve sempre ser comparado, na avaliação de desempenho de uma empresa, com o custo de capital próprio, taxa mínima de retorno exigida pelos acionistas, e que leva em consideração em seu cálculo o risco do negócio e o risco da alavancagem utilizada pela empresa.
>
> **ROE × ROI** – Essas medidas de retorno sugerem grandes limitações se aplicadas nas empresas que possuem poucos ativos registrados pela Contabilidade, sendo seus investimentos realizados prioritariamente em bens intangíveis, como treinamento, informatização, imagem de mercado, marca, pesquisa e desenvolvimento de produtos etc. Ao se relacionar o lucro da empresa com o capital efetivamente ativado pela Contabilidade, apuram-se percentuais bastante altos, muito superiores aos verificados em empresas cujos investimentos centram-se, em sua maior parte, em ativos tangíveis. Como exemplos de empresas com predomínio de ativos intangíveis, podem ser citadas Nike, Apple, Microsoft, Yahoo, entre outras.

2.3.3   Crescimento do lucro líquido

Conforme demonstrado, a taxa de crescimento do lucro líquido (LL) é formada pela parcela reinvestida na empresa (não paga como dividendos) e o retorno sobre o patrimônio líquido, ou seja:

Taxa de Crescimento do LL	=	Taxa de Reinvestimento do LL	×	Retorno sobre o PL
g_{LL}	=	b_{LL}	×	ROE

A taxa de reinvestimento é a parcela do lucro líquido não paga aos acionistas na forma de dividendos, ou seja, quanto do lucro foi retido na empresa para investimento. Sendo o *payout* a porcentagem dos dividendos distribuídos, tem-se:

$$Payout = \frac{Dividendos}{Lucro\ Líquido}$$

Taxa Reinvestimento do LL (b_{LL}) = (1 – *payout*)

Quanto maior o *payout*, menor a parcela reinvestida do lucro líquido e também mais baixa a sua taxa de crescimento esperada. *Por exemplo*, uma empresa que adota como política de dividendos distribuir 30% de seus resultados e mantém um ROE igual a 20% pode projetar um crescimento de seu lucro líquido em 14%, isto é:

$$g_{LL} = (1 - 0,30) \times 20\% = 14\%$$

DIVIDENDOS PROJETADOS

a) Admita que uma empresa tenha projetado, para cada um dos próximos três anos, um ROE de 16% e um *payout* de 25%. Pede-se estimar os dividendos anuais para cada $ 100,00 de lucro líquido.

Solução:

$g_{LL} = (1 - payout) \times ROE$

$g_{LL} = (1 - 0,25) \times 16\% = 12,0\%$

$b_{LL} = (1 - payout)$

A estimativa de crescimento do lucro líquido é de 12% ao ano para os próximos três anos. Para cada $ 100,00 de resultado líquido, pode-se demonstrar esse crescimento da maneira seguinte:

	Ano 0 (Atual)	Ano 1	Ano 2	Ano 3
Lucro Líquido	$ 100,00	$ 112,00	$ 125,44	$ 140,49
Taxa de Reinvestimento $b = (1 - 0,25) = 75\%$	(75,00)	(84,00)	(94,08)	(105,37)
Dividendos	**$ 25,00**	**$ 28,00**	**$ 31,36**	**$ 35,12**
Crescimento	**–**	**12,0%**	**12,0%**	**12,0%**

b) A partir do 4º ano, a empresa entra em um ciclo de maior estabilidade, reduzindo sua atividade e retorno. Admita que a taxa de crescimento do lucro líquido para esse período seja de 6% ao ano e o ROE, igual a 15%. Determine o índice de *payout* esperado da empresa para cada ano.

Solução:

$g_{LL} = b_{LL} \times ROE$

$b_{LL} = g_{LL} / ROE$

$b_{LL} = 6\% / 15\% = 40\%$

Logo:

Payout = (1 - 0,40) = 60%

Assim, para fazer crescer o lucro líquido em 6% ao ano, e considerando um retorno sobre o patrimônio líquido anual de 15%, a empresa deve reinvestir 40% de seus resultados, pagando aos acionistas a diferença (60%) como dividendo.

PROJEÇÕES DE RESULTADOS

Admita uma empresa que apura ROE de 20,0% em 20x1. O seu patrimônio líquido apurado ao final desse exercício é igual a $ 7.300,00 milhões.

Para os próximos quatro anos, é previsto que o ROE da empresa se reduza para uma média de 16,0% ao ano, em razão da crescente competitividade do mercado. A empresa planeja ainda manter um pagamento anual de dividendos aos seus acionistas (*payout*) de 25% de seus resultados líquidos. Pede-se projetar o lucro líquido, patrimônio líquido e os dividendos da empresa para cada um dos próximos quatro anos.

Solução:

($ milhões)

	Períodos projetados			
	20x2	**20x3**	**20x4**	**20x5**
PL_{INI}	7.300,00	8.176,00	9.157,12	10.255,97
Lucro Líquido	1.168,00	1.308,16	1.465,14	1.640,96
Dividendos	292,00	327,04	366,28	410,24

Patrimônio Líquido de Início de Cada Exercício – PL_{INI}

PL_{INI} (20x2) = $ 7.300,00, que representa o patrimônio líquido de final de 20x1

PL_{INI} (20x3) = $ 7.300,00 + [(16% × $ 7.300,00) × (1 − 0,25)] = $ 8.176,00

PL_{INI} (20x4) = $ 8.176,00 + [(16% × $ 8.176,00) × (1 − 0,25)] = $ 9.157,12

PL_{INI} (20x5) = $ 9.157,12 + [(16% × $ 9.157,12) × (1 − 0,25)] = $ 10.255,97

Lucro Líquido de Cada Exercício – LL

LL (20x2) = 16% × $ 7.300,00 = $ 1.168,00

LL (20x3) = 16% × $ 8.176,00 = $ 1.308,16

LL (20x4) = 16% × $ 9.157,12 = $ 1.465,14

LL (20x5) = 16% × $ 10.255,97 = $ 1.640,96

Dividendos de Cada Exercício – DIV

DIV (20x2) = (25% × $ 1.168,00) = $ 292,00

DIV (20x3) = (25% × $ 1.308,16) = $ 327,04

DIV (20x4) = (25% × $ 1.465,14) = $ 366,28

DIV (20x5) = (25% × $ 1.640,96) = $ 410,24

ESTRATÉGIAS FINANCEIRAS SELECIONADAS POR UMA EMPRESA

Uma empresa que atua em um setor de forte competitividade (setor de *fast food*) defrontou-se em 20x0 com os seus concorrentes praticando preços mais baixos e atraindo, em consequência, novos clientes. Para manter sua participação de mercado, a empresa teve de sacrificar sua margem operacional e estabelecer diversas estratégias operacionais para 20x1, a fim de elevar os ganhos dos acionistas.

A seguir, são revelados alguns resultados referentes ao ano de 20x0, quando se confirmou o problema de perda de vendas e participação de mercado, e os resultados apurados em 20x1 após as primeiras mudanças alcançadas pelas novas estratégias operacionais adotadas.

	20x0	20x1
Margem Operacional (líq. IR)	10,8%	9,4%
Giro de Investimentos	1,19 ×	1,28 ×
Endividamento (P/PL)	0,8148	0,9119
Custo da Dívida (líq. IR)	7,40%	6,20%
Índice de *Payout*	62,0%	49,0%

Pede-se:

a) ROE, ROI e taxa de crescimento do lucro líquido (g_{LL});

b) identifique as principais estratégias operacionais adotadas pela empresa no exercício de 20x1.

Solução:

a) ROE, ROI e g_{LL}

20x0	20x1
ROI = 10,8% × 1,19 = 12,9%	ROI = 9,4% × 1,28 = 12,0%
b_{LL} = (1 – 0,62) = 38,0%	b_{LL} = (1 – 0,49) = 51,0%
ROE = 12,9% + (12,9% – 7,4%) × 0,8148 = 17,4%	ROE = 12,0% + (12,0% – 6,2%) × 0,9119 = 17,3%
g_{LL} = 38% × 17,4% = 6,61%	g_{LL} = 51% × 17,3% = 8,82%

b) Estratégias operacionais

♦ Apesar de não ter conseguido segurar a redução da margem operacional, a empresa compensou essa perda com uma forte elevação do giro dos investimentos. Observe que a queda do ROI foi atenuada pelo aumento do giro, passando de 12,9% em 20x0 para 12,0% no ano seguinte. Para a elevação do giro, a empresa pode ter identificado e eliminado (ou reduzido) ativos em excesso, como estoques de pouco giro, morosidade em cobranças, capacidade ociosa, "terceirização" de algumas atividades, entre outras decisões.

◆ Diante da redução das taxas de juros de mercado, a empresa decidiu elevar sua alavancagem financeira, passando a atuar com uma participação de dívidas maior em sua estrutura de capital. Essa estratégia traz bons resultados para produzir reduções no custo total de capital; a partir de certo grau de endividamento, o aumento do risco produz um aumento da taxa de risco que elimina todos os benefícios do endividamento. Os Capítulos 3 a 5, a seguir, tratam com detalhes desse assunto.

◆ A empresa elevou bastante seu índice de retenção de lucros, o que se evidencia pela redução observada no índice de *payout*. Esses recursos retidos podem ter sido destinados para reforço de capital de giro, expansão dos negócios, novos produtos e assim por diante.

◆ Observe que as estratégias operacionais adotadas para recuperar a redução apresentada pela margem operacional surtiram efeitos positivos em 20x1. Pelo menos mantiveram o ROE praticamente estável no exercício. O retorno sobre o patrimônio líquido foi de 17,4% em 20x0, caindo ligeiramente para 17,3% em 20x1, conforme calculado na questão acima. Ao não adotar essas estratégias operacionais (giro do investimento) e de financiamento (maior alavancagem motivada pela redução das taxas de juros), a queda da margem operacional motivada por uma concorrência mais agressiva teria provocado perdas maiores ao retorno dos acionistas.

2.3.4 Capital próprio reinvestido na empresa

A taxa de reinvestimento do lucro líquido foi calculada a partir do índice de *payout* (b_{LL}), sendo considerada retida a parcela do resultado não distribuída aos acionistas. Uma medida mais ampla do montante de recursos próprios reinvestidos no negócio é a *taxa de reinvestimento do patrimônio líquido – b_{PL}*. Essa medida considera não somente o resultado líquido apurado, como também outros fundamentos, como os resultados de investimentos financiados por novas emissões de ações.

A diferença básica entre a taxa de reinvestimento do lucro líquido (b_{LL}) e a taxa de reinvestimento do patrimônio líquido (b_{PL}) é que a primeira medida considera os recursos que foram *retidos*, e a taxa de patrimônio líquido identifica os recursos que foram efetivamente *reinvestidos*.

Seguindo as formulações sugeridas em Damodaran,[10] tem-se:

PL REINVESTIDO NA EMPRESA = CAPEX – Depreciação + Δ Investimento em Giro – Novas Dívidas + Amortização de Dívidas

---

[10] DAMODARAN, Aswath. *Avaliação de investimentos*. 2. ed. Rio de Janeiro: Qualitymark, 2010. p. 296.

> As *Despesas de Capital*, também denominadas de *Capital Expenditures (CAPEX)*, representam todos os dispêndios (gastos) em bens fixos produtivos realizados por uma empresa em determinado período. Exemplos de CAPEX: máquinas, equipamentos, edificações, instalações, P&D e assim por diante.
>
> *Variação (Δ) do Investimento em Giro* representa todas as necessidades adicionais de investimentos em capital de giro determinadas por alterações no volume de atividade da empresa.

Assim, a *Taxa de Crescimento Esperada do Lucro Líquido* pode ser determinada pela relação entre o Patrimônio Líquido Reinvestido na empresa e o valor de seu Patrimônio Líquido, ou seja:

Taxa de Crescimento do Lucro Líquido (LL) = Patrimônio Líquido Reinvestido / Patrimônio Líquido (PL)

Como a *Taxa de Reinvestimento de Patrimônio Líquido (PL)* é calculada pela relação entre o Patrimônio Líquido Reinvestido e o Lucro Líquido (LL), a *Taxa de Crescimento Esperado do Lucro Líquido* pode também ser apurada pela seguinte formulação analítica:

Crescimento Esperado do Lucro Líquido	=	Taxa de Reinvestimento do Patrimônio Líquido	×	Retorno sobre o PL (ROE)
$\dfrac{PL\ Reinvestido}{PL}$	=	$\dfrac{PL\ Reinvestido}{Lucro\ Líquido - LL}$	×	$\dfrac{Lucro\ Líquido - LL}{Patr.\ Líquido - PL}$

Para *ilustrar* o cálculo da medida de crescimento do lucro líquido considerando os recursos efetivamente reinvestidos nos negócios, considere as informações a seguir fornecidas por duas empresas, **A** e **B**:

Fundamentos das empresas - Em $ milhões						
Empresa	Lucro Líquido (LL)	CAPEX (-) Depreciação	Δ Invest. em Giro	Novas Dívidas	Amort. de Dívidas	Patrimônio Líquido (PL)
A	1.047,3	1.320,0	660,7	485,2	312,0	5.661,0
B	546,64	525,5	- 78,2	221,9	243,4	3.849,6

A partir desses fundamentos, são calculadas as seguintes medidas de crescimento das empresas:

Empresa	ROE (LL/PL)	PL reinvestido	Taxa de reinvestimento do PL	Crescimento do LL
A	18,5%	$ 1.807,5	172,59%	31,93%
B	14,2%	$ 468,8	85,76%	12,18%

O *Patrimônio Líquido Reinvestido* foi calculado da forma seguinte:

PL REINVESTIDO (A) = $ 1.320,0 + $ 660,7 – $ 485,2 + $ 312,0 = $ 1.807,5
PL REINVESTIDO (B) = $ 525,5 – $ 78,2 – $ 221,9 + $ 243,4   = $ 468,8

Taxa de Reinvestimento do PL – Observe que a empresa A apurou uma taxa de reinvestimento do PL superior a 100%, indicando que pode ter elevado seu patrimônio líquido mediante emissão e integralização de novas ações. A empresa B reinvestiu menos, alcançando uma taxa de 85,76% de seu lucro líquido.

Os cálculos da *Taxa de Reinvestimento do PL* foram feitos da seguinte forma:

EMPR. A = ($ 1.807,5 / $ 1.047,3) × 100   = 172,59%
EMPR. B = ($ 468,8 / $ 546,64) × 100   = 85,76%

Crescimento do Lucro Líquido – Considerando os recursos que foram efetivamente investidos, e não somente os retidos, a empresa A é a que apresenta a maior taxa de crescimento do lucro líquido, projetando uma variação anual de 31,93%. Esse desempenho foi determinado principalmente pelo maior retorno do capital próprio investido na empresa A (ROE = 18,5%) em relação ao apurado por B (ROE = 14,2%), e também alavancado pela mais alta taxa de reinvestimento.

O crescimento do lucro líquido foi calculado para as duas empresas segundo as seguintes formulações:

EMPR. A = ($ 1.807,5 / $ 5.661,0) × 100 = 31,93%
EMPR. B = ($ 468,8 / $ 3.849,6) × 100   = 12,18%

3

Custo de Capital de Terceiros

Custo de capital é a taxa de desconto selecionada pelos investidores (financiadores) de uma empresa para cálculo do valor presente dos fluxos futuros esperados de benefícios de caixa. É a taxa de retorno mínima que possa justificar a aceitação de um investimento. O investidor somente aceita aplicar seus recursos em algum ativo específico se não encontrar alternativa mais atraente, que possa substituir com vantagem econômica a decisão financeira (*princípio da substituição*).

O custo de capital é a expressão econômica do *custo de oportunidade*. Em outras palavras, representa o melhor retorno disponível no mercado, de risco comparável, que foi rejeitado. Um componente fundamental do custo de capital é a comparabilidade. Quando uma empresa gera um retorno superior ao seu custo de capital em suas decisões de investimento, tem-se a geração de valor econômico. Toda empresa tem por objetivo apurar um retorno em excesso ao seu custo de capital, criando valor aos seus proprietários.

As principais informações levantadas para a estimativa do custo de capital originam-se do mercado, entendido como o universo de investidores que negociam determinado ativo. Observe que o custo de capital é sempre um retorno *esperado*, uma taxa de desconto *estimada*.

O custo de capital é formado pelo mercado e deve seguir o risco do investimento. Alternativas de maior risco devem oferecer retornos também mais elevados; oportunidades de baixo risco produzem também menor remuneração. *Importante:* é o risco da decisão de investimento (aplicação) quem define o custo de oportunidade, e não a fonte (origem) desses recursos.

As expressões *custo de capital, taxa de desconto, taxa mínima de atratividade* ou *taxa requerida de retorno* são usadas como sinônimos, significando o retorno mínimo que remunera o risco do investimento.

O custo de capital é calculado para cada componente da estrutura de financiamento (*estrutura de* capital) da empresa. Assim, tem-se o *custo do capital de terceiros* (Ki), calculado de forma explícita a partir das dívidas onerosas mantidas, *custo do capital próprio* (Ke), que representa a remuneração mínima exigida pelos acionistas, e o *custo total de capital* (WACC[1]), calculado como uma média ponderada dos custos das várias fontes de financiamento.

O custo do capital de terceiros (ou custo da dívida), objeto de estudo deste capítulo, é um custo *explícito*, mensurado pela taxa de desconto que iguala, em determinado momento, as entradas com as saídas de caixa. Vejamos o conceito, em Matemática Financeira, de "Taxa Interna de Retorno". O custo de capital próprio, por outro lado, representa a remuneração mínima exigida pelos acionistas (sócios) de maneira a remunerar adequadamente o risco do investimento. É entendido como um custo *implícito*, um custo de oportunidade, identificado na taxa de retorno da melhor alternativa financeira que seria descartada em troca da opção por outra.

Uma empresa é avaliada a partir de expectativas futuras de geração de benefícios econômicos de caixa, expressos a valor presente e descontados pelo custo de capital das diversas fontes de financiamento, o qual incorpora o risco do investimento.

Este capítulo dedica-se ao entendimento e cálculo do custo de capital de terceiros (Ki), ou seja, a remuneração mínima exigida pelos credores dos recursos investidos na empresa. O custo de capital próprio é tema do capítulo seguinte.

3.1 CUSTO DE CAPITAL DE TERCEIROS – CUSTO DA DÍVIDA

O *custo de capital de terceiros*, ou custo da dívida, equivale ao custo atual que uma empresa incorre ao obter empréstimos e financiamentos no mercado. É um custo explícito de capital, calculado pela taxa de desconto que iguala entradas com saídas de caixa em um único momento de tempo. As diversas modalidades de dívidas podem assumir diferentes taxas de juros ao tomador de recursos. As variáveis estudadas para compreender essas diferenças são, de acordo com proposta do CEMEC: *prazos de vencimento, risco de não pagamento e liquidez.*[2]

Prazos de vencimento – A relação entre as taxas de juros de títulos de dívida e o prazo de vencimento é descrita como a *Estrutura a Termo das Taxas de Juros* (ETTJ). Para a construção dessa curva a termo, devem ser considerados títulos iguais cuja única diferença centra-se no prazo de vencimento. Em geral, quanto maior a maturidade do título, mais alta a taxa de juros esperada. Nesse caso, a ETTJ é tida como normal, desenhando uma curva com inclinação positiva (ou ascendente). Caso ocorra de as taxas de juros caírem diante de aumento da maturidade, a ETTJ é definida como invertida, ou negativamente inclinada.

---

[1] *Weighted Average Cost of Capital,* em inglês.

[2] Ver: CEMEC – Centro de Estudos de Mercado de Capitais. Metodologia de estimação do custo de capital de terceiros: debêntures. *TDI CEMEC* 03, out. 2010.

A Figura 3.1 descreve a curva de rendimentos dos títulos em relação à maturidade.

FIGURA 3.1   Curva de rendimentos (*yield curve*)

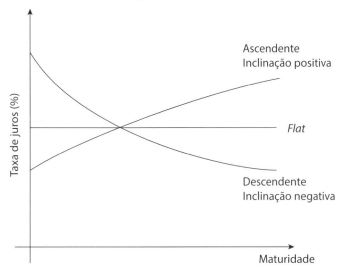

Inclinação positiva – Mercado projeta que as taxas de juros à vista no futuro sejam superiores às taxas à vista verificadas no momento atual.

Inclinação negativa – Mercado projeta uma redução das taxas de juros à vista no futuro em patamares inferiores aos atuais.

A taxa nominal de juros de mercado é estabelecida a partir principalmente das seguintes variáveis:

- R_F = taxa livre de risco, geralmente baseada nos juros pagos pelos títulos públicos federais, admitidos como os de mais baixo risco;
- Δ INF = prêmio pela inflação esperada;
- Δ RISCO = prêmio pelo risco do título, definido pela possibilidade de o devedor (emissor do título) não pagar os juros e/ou o principal da dívida;
- Δ LIQ = prêmio pela liquidez.

Assim, a **taxa nominal de juros** é função de:

$$\text{TAXA NOM JUROS} = f\,(R_F + \Delta \text{INF} + \Delta \text{RISCO} + \Delta \text{LIQ})$$

A partir desses fatores, pode-se representar graficamente a taxa nominal de juros de mercado, assumindo uma curva de rendimentos ascendente, da forma seguinte:

FIGURA 3.2 Taxa nominal de juros de mercado

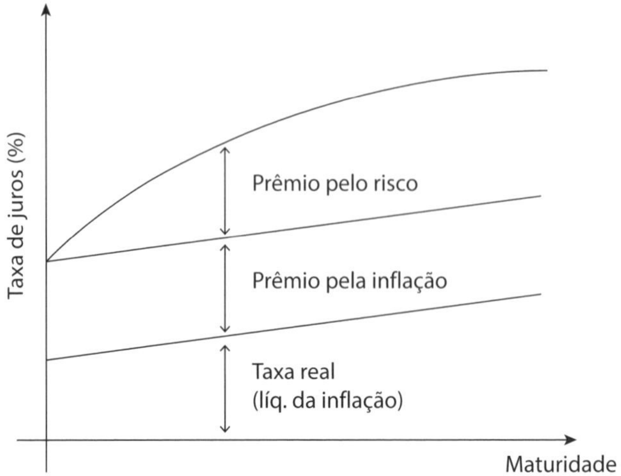

A ETTJ pode ser usada como um importante indicador do comportamento futuro da atividade econômica e inflação, fornecendo relevantes informações a todos os agentes de mercado.

A formação dos juros pode ser estudada por meio de duas teorias: *teoria das expectativas não viesadas* e *teoria de preferência pela liquidez*.

A *teoria das expectativas* sugere que as taxas de juros de longo prazo representem a média geométrica das taxas de curto prazo previstas para todo o horizonte de tempo do título de maior maturidade. Assim, pode-se entender, pela teoria, que a taxa de juros a termo é consequência das expectativas das taxas de juros correntes previstas.

> O pressuposto básico da teoria das *expectativas não viesadas* é que a estrutura a termo das taxas de juros equivale à média geométrica das taxas de juros de curto prazo (correntes) e futuras. Em outras palavras, a teoria admite que as taxas de juros de longo prazo sejam balizadas pelas taxas de curto prazo previstas para o futuro.

Por exemplo, se um título de um ano de maturidade paga juros efetivos de 8,16% a.a. (ou 4% a.s.), e um título de curto prazo (maturidade de um semestre) remunera à taxa semestral de 3,5%, é de se esperar que os juros do segundo semestre atinjam 4,5% [(1,0816/1,035) – 1], remuneração superior à taxa atual de 3,5%. O mercado espera que a taxa à vista no futuro supere a taxa atual pela possibilidade de arbitragem que pode ser feita. Ao verificarem taxas de juros maiores nos títulos de longo prazo, os investidores migram do curto prazo para o longo prazo, promovendo a redução dos juros pela maior oferta de recursos (liquidez); e vice-versa.

Pela teoria das expectativas, os investidores admitem como pressuposto que aplicações sucessivas em títulos de curto prazo produzam, pela capitalização das taxas, o mesmo retorno esperado dos títulos de longo prazo. Aplicar um capital por um ano em um título que remunera à taxa anual de 8,16% produz o mesmo retorno que aplicar em títulos de maturidade menor. A taxa de juro de 3,5% do primeiro semestre, quando capitalizada pela taxa prevista de 4,5% do segundo semestre, produz um retorno total anual de 8,16%, igual à remuneração prevista para o título de longo prazo.

É **importante destacar** que essa teoria, apesar da lógica que pode apresentar, não leva em consideração o risco dos juros. A taxa de juro de longo prazo é mais incerta que a de curto prazo, devendo oferecer um prêmio (compensação) por esse risco adicional. Esse prêmio previsto para títulos de maior maturidade é proposto pela teoria de preferência pela liquidez.

A *teoria de preferência pela liquidez* tem por objetivo explicar a relação entre as taxas de juros de curto prazo e as de longo prazo. Essa teoria defende que as taxas a termo incorporem um prêmio pelo risco de variação dos juros, determinando que essas taxas superem a taxa à vista de juros esperada. Esse prêmio tem por objetivo recompensar os investidores em operações de longo prazo, que embutem riscos mais elevados. Assim, taxas de longo prazo devem assumir valores mais altos que as taxas de juros à vista esperadas no futuro.

> A *teoria de preferência pela liquidez* surge pela necessidade de se compensar a incerteza associada aos títulos de longo prazo. Pelo enunciado dessa teoria, a estrutura a termo das taxas de juros apresenta geralmente uma curva com inclinação positiva (inclinação para cima). A inclinação negativa (inclinação para baixo) indica uma redução esperada das taxas de juros à vista no futuro.

Risco de não pagamento – O risco de inadimplência (ou risco de falta de pagamento) destaca a probabilidade de o credor não receber o empréstimo concedido no prazo de vencimento. Para compensar esse risco, é acrescido aos juros da operação um prêmio por risco, de forma a remunerar a possibilidade de *default*.

Default pode ser entendido como a falta de cumprimento de alguma cláusula de um contrato de crédito, estabelecido em comum acordo por credores e devedores.

Os passivos das empresas e de seus títulos de dívidas negociados no mercado recebem uma avaliação de risco de crédito desenvolvida por agências de *rating*, revelando a opinião de analistas financeiros especialistas a respeito da qualidade do título de dívida. Em outras palavras, um *rating* é atribuído ao emissor da dívida (devedor), e indica sua capacidade financeira de resgatar corretamente seus compromissos à medida que ocorram seus vencimentos. Um estudo mais detalhado de *ratings* é desenvolvido na seção 3.2.

PRINCIPAIS CARACTERÍSTICAS DO CUSTO DE CAPITAL DE TERCEIROS

A seguir, são apresentadas as principais características do custo da dívida, envolvendo aspectos de risco, custo e dedutibilidade fiscal.

– A taxa de juros deve ser coerente com o risco do tomador de recursos e com as condições presentes no mercado. Empresas e projetos podem captar as diferentes taxas de juros, de acordo com o risco.

Por se tratar de uma expectativa de pagamento futuro, está sempre presente a possibilidade de a liquidação da dívida não ocorrer segundo as condições previamente contratadas. Essa incerteza é o que se denomina *risco de crédito*, ou *risco de inadimplência*. A avaliação do risco de crédito se torna mais complexa quanto maior for o prazo da operação. Mais longo o prazo de liquidação do crédito, maior o risco de não realização.

– A empresa evidencia dois tipos de risco: risco econômico e risco financeiro. O *risco econômico* é consequência das decisões de ativos (investimentos) da empresa, do negócio. É determinado basicamente pelo setor de atuação, onde se destaca a presença de atividade cíclica, concorrência de mercado, dependência tecnológica, e assim por diante; e também por certos aspectos próprios da empresa, como grau de alavancagem operacional, estrutura dos portfólios de ativos etc.

O *risco financeiro*, por seu lado, é determinado pelo nível de endividamento mantido pela empresa, na proporção utilizada de capital próprio e dívidas (passivos) onerosas no financiamento dos ativos.

– Os encargos financeiros da dívida produzem um benefício fiscal, pois reduzem o lucro tributável. Essa economia de imposto aumenta segundo se eleva a proporção de capital de terceiros.

– O custo das dívidas costuma ainda ser mais barato que o custo de capital próprio, fornecendo um atrativo para a alavancagem financeira. O credor de dívida assume um risco menor que o acionista, explicado pela prioridade no recebimento da remuneração do capital emprestado e no ressarcimento em caso de descontinuidade da empresa.

– Aumento na participação de dívidas na estrutura de capital determina maior risco de falência para a empresa e maiores custos aos acionistas. Com maior endividamento, o acionista passa a exigir um retorno mínimo maior, onerando o custo de capital próprio da empresa. Da mesma forma, o credor irá exigir uma taxa de juro maior conforme a empresa eleve a proporção de dívidas financiando seus ativos. A metodologia de avaliação de empresas deve procurar identificar o ponto ótimo na relação dívidas/patrimônio líquido, aquele que minimiza o custo total de capital da empresa ou, em outras palavras, que maximiza o seu valor econômico.

– Na hipótese de um endividamento maior não alterar os custos financeiros (as taxas de juros mantêm-se constantes), a empresa é incentivada a aumentar seu endividamento diante dos ganhos auferidos nos benefícios fiscais da dívida.

3.2 *RATINGS* E TAXAS DE JUROS

O *rating* é um sistema de classificação de risco de títulos com diferentes graduações, elaborado por uma agência classificadora especializada em risco de crédito. A medida é amplamente utilizada pelo mercado financeiro e serve como uma referência de que os compromissos serão honrados nas condições de pagamento e prazo contratadas.

É importante destacar que o *rating* representa a avaliação corrente de analistas financeiros, emitida a partir de um fluxo de informações, sobre a capacidade de pagamento do emissor do título.

Os juros cobrados pelos credores costumam sofrer fortes influências do *rating* dado ao crédito. Empresas com *ratings* mais baixos, revelando maior probabilidade de falta de pagamento, costumam pagar juros maiores para remunerar o mais alto risco de crédito. Por outro lado, taxas menores de juros são verificadas em emitentes de títulos com maior *rating,* identificados como de menor chance de falta de pagamento. Assim, pode-se concluir que há uma forte correlação no mercado entre os *ratings* de crédito calculados por agências classificadores e as taxas de juros cobradas nos créditos concedidos.

As agências classificadoras de risco, como Moody's, Standard & Poor's (S&P), Fitch, entre outras, divulgam os *ratings* sobre o risco para títulos de dívida de longo prazo, com maturidade mínima de um ano. Essas medidas exprimem a possibilidade de uma obrigação não ser honrada de acordo com as condições previamente contratadas.

> Agências de *rating* são empresas que têm por objetivo, a partir de uma análise fundamentalista adequada, atribuir classificação de risco (*rating*) a emissores de instrumentos de dívidas (pessoas, empresas ou países) de que não irão cumprir com seus compromissos financeiros (risco de *default*). Exprimem, em outras palavras, a capacidade de um devedor (emissor de um título) de honrar com suas obrigações financeiras, liquidando o valor integral prometido no prazo acertado.
>
> O *rating* equivale a uma medida de previsão do potencial de perda de um crédito pela inadimplência. É uma referência importante para a precificação do risco de títulos de dívidas, como debêntures, obrigações (*bonds*), notas, entre outros papéis negociados no mercado. Os *ratings* auxiliam os agentes de mercado na emissão e negociações de títulos de dívidas, fornecendo uma medida de referência do risco relativo.

Os *ratings* de crédito são divulgados obedecendo a uma classificação ordenada (escalas de *rating*) de forma a indicar os títulos de maior risco de falta de pagamento e os de mais baixo risco. As diversas agências utilizam expressões próprias de classificação da qualidade do crédito, indicando geralmente por AAA (*triple A*) as de maior capacidade de pagamento (ou menor risco), e por D as que apresentam maior probabilidade de inadimplência.

A escala de *rating* é composta por diversas graduações, sendo geralmente divididas em duas partes: *grau de investimento* e *grau especulativo*.

Ratings e opiniões da Standard & Poor's		
Grau de investimento	**AAA**	*Rating* mais elevado. Capacidade extremamente forte para honrar compromissos financeiros.
	AA	Capacidade muito forte para honrar compromissos financeiros.
	A	Forte capacidade para honrar compromissos financeiros, porém é de alguma forma suscetível a condições econômicas adversas e a mudanças circunstanciais.
	BBB	Capacidade adequada para honrar compromissos financeiros, porém mais sujeito a condições econômicas adversas.
	BBB –	Nível mais baixo da categoria de grau de investimento pelos participantes do mercado.
Grau especulativo	**BB +**	Grau mais alto da categoria de grau especulativo pelos participantes de mercado.
	BB	Menos vulnerável no curto prazo, porém enfrenta atualmente grande suscetibilidade a condições adversas de negócios, financeiras e econômicas.
	B	Mais vulnerável a condições adversas de negócios, financeiras e econômicas, porém atualmente apresenta capacidade para honrar compromissos financeiros.
	CCC	Atualmente vulnerável e dependente de condições favoráveis de negócios, financeiras e econômicas para honrar seus compromissos financeiros.
	CC	Atualmente fortemente vulnerável.
	C	Um pedido de falência foi registrado ou ação similar impetrada, porém os pagamentos das obrigações financeiras continuam sendo realizados.
	D	Inadimplente em seus compromissos financeiros.

Fonte: Disponível em: www.standardpoor.com. Um Guia sobre a Essência dos *Ratings* de Crédito.

Liquidez – Refere-se à capacidade de negociação do título de dívida no mercado, ou seja, à rapidez com que pode ser convertido em dinheiro. O prazo de negociação tem geralmente uma correlação inversa com o preço de venda do título. Maior rapidez implica, muitas vezes, mais alto deságio (desconto) do título, tornando-o mais atraente ao investidor e mais oneroso ao tomador de recursos. Importante concluir que quanto menor for o desconto concedido ao título e mais rápida for sua negociação no mercado, mais elevada se apresentará sua liquidez. Assim, na formação do custo do capital de terceiros, principalmente quando expresso em títulos de dívidas para negociação no mercado, pode ser acrescentado também um prêmio pela liquidez do título.

Para *ilustrar* a relação apontada entre o *rating* de um título de crédito e a taxa de juros paga, admita o gráfico da Figura 3.3, representativo da curva de rendimentos de títulos emitidos por empresas, conforme negociados no mercado.

FIGURA 3.3   Retorno de títulos de dívida × *rating*

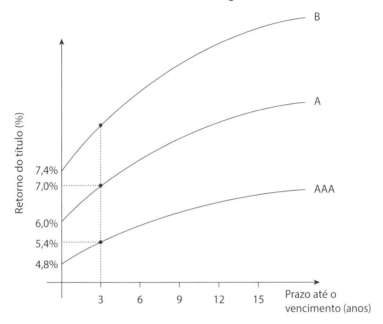

Observe na Figura 3.3 que as taxas de juros se elevam conforme se reduz a qualidade do *rating* e também de acordo com o aumento do prazo do título até o vencimento. Essas curvas de rendimento podem ser construídas para todas as classificações de *rating* a partir de informações financeiras divulgadas no mercado por empresas especializadas.

Por exemplo, um título de crédito de três anos até o vencimento e classificado com *rating A* apresenta, na data do levantamento das informações e construção do gráfico, uma taxa de juro em torno de 7% ao ano; um título *AAA* promete uma taxa de juro de 5,4% ao ano; e assim por diante. Essas curvas devem ser continuamente atualizadas de acordo com as novas informações do mercado.

3.2.1   Formulações básicas de cálculo

O custo de capital de terceiros (Ki) representa o custo de oportunidade de mercado dos recursos de terceiros (dívidas onerosas) utilizados no financiamento dos investimentos.

Envolve basicamente empréstimos e financiamentos captados pela empresa em moeda nacional e estrangeira. É recomendado que essa taxa seja atualizada para a realidade corrente de mercado, evitando-se trabalhar com médias passadas para exprimir custos atuais de financiamento.

O custo do capital de terceiros é determinado, basicamente, pela seguinte expressão:

$$Ki = Risk\ Free + Spread\ \text{de Risco da Empresa} - \text{Benefício Fiscal}$$

A *taxa livre de risco* (*risk free*) é a remuneração oferecida por um ativo admitido como sem risco (ou de risco mínimo), onde não há incerteza com relação ao valor a ser recebido no vencimento (desvio-padrão nulo). Além de admitir a inexistência de risco de não pagamento (*default*), admite-se na formação dessa taxa que o investidor mantenha o título em seu poder até o vencimento. Caso o investidor decida renegociar o título antes de seu vencimento no mercado secundário (vender ou reinvestir ou valores recebidos de juros), surge o *risco de variação das taxas de juros*, determinado pela possibilidade de o título ser negociado por um preço diferente do seu valor esperado, modificando a taxa de juro contratada para a operação.

Essa taxa livre de risco é formada, de acordo com a teoria econômica, pelo sacrifício dos indivíduos em postergar o consumo. Segundo Fischer,[3] ainda, esse sacrifício é maior quanto mais baixa for a renda. Países emergentes com elevados níveis de risco costumam apresentar altas taxas de juros, dificultando o entendimento da taxa *risk free* como a taxa pura de juros da economia.

Uma aproximação geralmente usada para um título livre de risco são os juros prometidos pelos títulos públicos federais. Títulos da dívida externa brasileira de maior liquidez e maturidade são usados como aproximação para a determinação da taxa livre de risco. Nos EUA, são geralmente utilizados os *T-Bonds* (*Treasury Bonds*) como representativos da taxa *risk free* da economia. Em verdade, os *T-Bonds* são admitidos como livres de risco para todas as economias mundiais (títulos de mais baixo risco), sendo a remuneração desses títulos usada como medida de referência para o cálculo do prêmio pelo risco-país.

O *spread* de risco de inadimplência, conforme comentado, é geralmente determinado por empresas de *rating* especializadas em classificação de risco. Quanto mais alto o risco, mais elevado o *spread* apurado; riscos menores supõem *spreads* também mais baixos. A classificação de risco e o respectivo *spread* de inadimplência são geralmente publicados pelas agências de *rating*, balizando as taxas de empréstimos do mercado com medidas padronizadas (*ratings*).

É importante ressaltar, uma vez mais, que o prazo da dívida pode também afetar o seu custo. Títulos com maior maturidade costumam oferecer melhor remuneração aos investidores, como forma de compensar o maior risco assumido em relação à capacidade de pagamento do emissor e, também, o risco de variação das taxas de juros.

---

[3] FISCHER, Irwing. *Theory of interest*. New York: Macmillan, 1946.

O custo do capital de terceiros deve ser calculado após a dedução do imposto de renda (IR/CSLL) sobre os encargos financeiros apropriados por competência em cada exercício. Esses benefícios fiscais da dívida referem-se à economia dc impostos proporcionada pelos juros da dívida, dedutíveis para fins de apuração do tributo. A dedutibilidade fiscal reduz, assim, o custo líquido do tomador de recursos pelo montante dos encargos e a alíquota de IR praticada pela empresa.

Por exemplo, sendo de 15% a.a. a taxa de juro cobrada de um financiamento, o seu custo líquido, para uma alíquota de IR de 34%, atinge 9,9%, ou seja:

$$\text{Custo da Dívida (líq. do IR)} = 15\% \times (1 - 0,34) = 9,9\%$$

De forma genérica, e partindo-se da expressão de cálculo enunciada acima, o custo da dívida (Ki) deduzido do benefício fiscal pode ser calculado:

Custo da Dívida (Ki) = (*Risk Free* + *Spread* de Risco da Empresa) × (1 – IR)

EXEMPLO ILUSTRATIVO

Estimativa do custo de capital de terceiros – Ki

Conforme exposto, um produto importante de uma agência de *rating* é divulgar uma classificação de risco das empresas para cálculo do *spread* de risco de inadimplência, sendo largamente utilizado na determinação do custo da dívida. Essa classificação é geralmente elaborada pela relação entre a capacidade de geração operacional bruta de caixa da empresa (EBITDA) e as obrigações com os juros da dívida. Assim, para cada intervalo de cobertura é atribuída uma classificação e consequente *spread* de inadimplência associado ao risco. As medidas de *ratings* foram tratadas nos itens iniciais deste capítulo.

Admita como *ilustração* que uma companhia aberta, com classificação **A**, tenha um custo 1,6% acima da taxa livre de risco (*spread* de inadimplência = 1,6%). Para uma taxa efetiva de título público de longo prazo igual a 7,5% ao ano, considerado como uma boa aproximação de ativo *risk free*, o custo da dívida total antes do benefício fiscal soma-se a:

Ki (Antes do IR) = 7,5% + 1,6% = 9,1%[4]

Usando uma alíquota marginal de IR igual a 34%, padrão para as companhias brasileiras, o custo da dívida após o benefício fiscal atinge:

Ki (Líquido do IR) = 9,1% × (1 - 0,34) = 6,0 % a.a.

---

[4] A agregação do *spread* de risco na formação da taxa de juro é geralmente processada de forma linear, ou seja, somando o *spread* à taxa referência de juros. De outra maneira, esse cálculo pode ser efetuado pelo critério mais rigoroso de juros compostos: [(1,075 × 1,016)] – 1 = 1,0922, ou: 9,22%.

> É importante acrescentar que somente as empresas que produzem lucros tributáveis no exercício podem usufruir do benefício fiscal. No caso de não auferirem resultados positivos, não se deve excluir a economia do imposto de renda do custo da dívida no exercício, considerando-se igual o custo de capital antes e após o IR. A dedutibilidade somente é calculada nos exercícios em que são previstos lucros líquidos sujeitos à tributação.

3.2.2 Custo da dívida por *benchmark*

Quando uma empresa emite títulos de dívida e os negocia no mercado, a taxa interna de retorno desse fluxo financeiro de captação de recursos – pagamentos de juros e principal – representa o custo efetivo explícito da dívida. Para títulos cotados no mercado, essa taxa de juros é conhecida por YTM – *Yield to Maturity* (rendimento até o vencimento).

O custo de dívida de uma empresa com obrigações negociadas no mercado pode ser calculado pela YTM da taxa de retorno dos títulos até o vencimento. Para uma empresa que não possui instrumentos de dívidas negociados no mercado, geralmente são utilizadas as taxas de juros de dívidas de empresas similares cotadas em negociações públicas.

Em países emergentes, o custo da dívida é onerado pelo risco-país, que reflete o risco de inadimplência (*default*) da economia. É proposto que nenhuma empresa pode tomar recursos no exterior pagando uma taxa de juros menor que aquela que o país desembolsaria,[5] carregando sempre o risco-país em todas as suas operações realizadas no mercado financeiro internacional. Nesse pressuposto, pode ser sugerido o cálculo do custo da dívida (Ki) de uma empresa em economia emergente por meio da seguinte expressão:

> **Custo da Dívida (Ki) = *Risk Free* + *Spread* da Empresa + Risco País**

Muitos autores argumentam que algumas empresas podem apresentar risco de inadimplência diferente da economia. Se for menor, indicando que está menos exposta ao risco que o país como um todo, irá sentir-se prejudicada por incorporar um *spread* de *default* mais alto no cálculo de seu custo de capital. Na prática, verifica-se que alguns bancos brasileiros são classificados como *AAA* para operarem no país, porém recebem um *rating* mais baixo ao captarem recursos no exterior por carregarem o risco da economia.

O *spread* de risco de inadimplência de uma economia é geralmente calculado pela diferença entre os juros pagos pelos títulos públicos da economia emergente e a remuneração prometida pelos *T-Bonds*, títulos emitidos pelo governo dos EUA e considerados de mais baixo risco no mundo.

---

[5] DAMODARAN, Aswath. *Avaliação de investimentos*. 2. ed. Rio de Janeiro: Qualitymark, 2010. p. 219.

CASO PRÁTICO

Admita que uma empresa brasileira, com classificação de risco *BB*, tenha títulos de dívida negociados no mercado financeiro internacional. Por informações do *rating* da empresa identifica-se um prêmio de risco de crédito de 1,98%.

A taxa livre de risco (*risk free*), como média do mercado global, é igual a 3,95%. O prêmio pelo risco país atinge 2,32% (ou 232 pontos-base).

O custo da dívida (Ki) da empresa atinge:

Ki (Nominal em US\$) = 3,95% + 2,32% + 1,98%   = 8,25%

Excluindo-se a inflação do mercado dos EUA supostamente calculada em 2,75%, tem-se o custo real da dívida em dólar norte-americano:

Ki (Real em US\$) = 8,25% – 2,75%   = 5,5%

ou:

Ki (Real em US\$) = $[\frac{1,0825}{1,0275}] - 1$ = 5,35%

Por outro lado, ao se adicionar a taxa de inflação brasileira (meta de inflação da economia) de 4,5%, chega-se à taxa nominal de juro no Brasil antes do benefício fiscal:

Ki (Nominal em R\$) = 5,5% + 4,5%   = 10,0%

Para uma alíquota de IR de 34%, tem-se a seguinte taxa nominal líquida em moeda nacional:

Ki (Nominal em R\$) Líq. IR = 10% × (1 – 0,34)   = 6,6%

3.3 FORMULAÇÕES DE CÁLCULO FINANCEIRO

O **Valor Presente (PV)**[6] é o valor equivalente hoje de fluxos futuros de caixa descontados por uma taxa de juros que remunera o custo de capital. É interpretado como a quantia máxima que poderia ser investida na expectativa de se obter algum ganho econômico.

Em um mercado considerado eficiente, o valor presente dos benefícios esperados de caixa de um ativo expressa o seu valor econômico, também conhecido por *fair value* (valor justo). Se o preço de mercado for menor que o valor presente, diz-se que o ativo

---

[6] *Present Value*, em inglês. Será adotada essa notação em razão de seu uso generalizado em calculadoras, planilhas financeiras e publicações internacionais.

está barato, sendo negociado por um preço inferior ao seu valor justo. Nesse caso, há criação de riqueza. O ativo deixa de ser economicamente atraente quando o preço de mercado supera o seu valor justo, ocorrendo destruição de valor.

3.3.1 Cálculo do valor presente

Para um fluxo de caixa (**FC**) com ocorrência prevista em momento **n** no futuro, e admitindo uma taxa de desconto **K**, o valor presente é calculado:

$$PV = \frac{FC}{(1+k)^n}$$

Para mais de um fluxo de caixa, a formulação do valor presente da série de **n** períodos é a seguinte:

$$PV = \frac{FC_1}{(1+k)} + \frac{FC_2}{(1+k)^2} + \frac{FC_3}{(1+k)^3} + \ldots + \frac{FC_n}{(1+k)^n}$$

Generalizando:

$$PV = \sum_{j=1}^{n} \frac{FC_j}{(1+k)^j}$$

Nesse caso, o *valor presente* (PV) é a soma dos valores atualizados de cada um dos *fluxos de caixa* (FC), descontados por uma taxa de juros que remunera o risco. Equivale, conforme comentado, ao valor justo (*fair value*) do investimento. Ao pagar esse valor presente por um ativo, o investidor adquire o direito de receber os fluxos de caixa esperados futuros, considerando um custo de oportunidade K.

Por exemplo, o valor de um título que promete pagamentos anuais de $ 80 de juros durante cinco anos, com reembolso do principal de $ 1.000 junto com a última parcela de juros ao final do prazo, supondo uma taxa de desconto de 10% a.a., pode ser calculado da forma seguinte:

PV = $ 924,18   80   80   80   80   1.080

Hoje   1   2   3   4   5 (anos)

$$PV = \frac{80}{1,10} + \frac{80}{1,10^2} + \frac{80}{1,10^3} + \frac{80}{1,10^4} + \frac{1.080}{1,10^5}$$

PV = $ 924,18

Este é o preço justo (*fair value*) de negociação do título.

FLUXOS DE CAIXA COM DURAÇÃO INDETERMINADA

Um fluxo de caixa é definido como *indeterminado* (ou *perpétuo*) quando os valores ocorrem de forma perpétua, para sempre. Alguns títulos emitidos por instituições financeiras, conhecidos por *consols*, por exemplo, não preveem resgate do principal, remunerando o investidor com juros de forma contínua. Ao não se estimar um prazo de encerramento das atividades de uma empresa, o seu fluxo futuro esperado de benefícios de caixa é também tratado como perpétuo.

$$PV = \frac{FC_1}{(1+k)} + \frac{FC_2}{(1+k)^2} + \frac{FC_3}{(1+k)^3} + ... + \frac{FC_\infty}{(1+k)^\infty}$$

que equivale a: $PV = \dfrac{FC}{K}$

A identidade de valor presente sugerida para a perpetuidade é válida desde que os fluxos de caixa sejam sempre de mesmo valor e ocorram de maneira periódica, em cada intervalo igual de tempo.

Por exemplo, uma ação promete pagamentos anuais de dividendos iguais a $ 0,60/ação indeterminadamente. Se a taxa de retorno desejada pelo investidor for de 15% a.a., o *fair value* desse papel para negociação no mercado atingirá:

$$\textbf{Preço da Ação (PV)} = \frac{\$\,0,60}{0,15} = \$\,4,00/\text{ação}$$

Esse é o preço máximo que um investidor, com custo de oportunidade de 15% a.a., estaria disposto a pagar pela ação. Investindo $ 4,00 na aquisição da ação, o fluxo de dividendos futuros previstos de $ 0,60/ano, por um prazo indeterminado, remunera o capital exatamente na taxa de retorno desejada. Qualquer valor inferior a $ 4,00 nas condições estabelecidas promove um retorno acima do custo de oportunidade, criando riqueza ao investidor.

A metodologia de cálculo do valor presente é importante para esclarecer que o preço justo de um ativo é determinado pela sua capacidade de gerar benefícios econômicos de caixa no futuro, considerando-se uma taxa de desconto que remunere o risco do investimento.

> Em verdade, ao se avaliar uma empresa, o principal objetivo é precificar sua capacidade de gerar benefícios econômicos de caixa no futuro. Os ativos possuem valor econômico na medida em que produzem fluxos de caixa disponível aos investidores. Ativos tangíveis (edificações, máquinas, equipamentos etc.) e intangíveis (marcas, patentes etc.) somente apresentam valor econômico ao demonstrarem capacidade em gerar retornos de caixa disponíveis no futuro.

Admitindo que os fluxos de caixa cresçam indeterminadamente a uma taxa constante periódica (**g**), os fluxos de caixa apresentam-se:

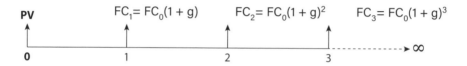

O cálculo do valor presente é desenvolvido pela denominada formulação de Gordon:

$$PV = \frac{FC_1}{K - g}$$

Premissas para aplicação da fórmula:

– taxa de crescimento (**g**) constante dos fluxos de caixa;
– taxa de desconto (**K**) > taxa de crescimento (**g**).

No exemplo ilustrativo acima, supondo que os dividendos cresçam a uma taxa constante anual (g) de 5%, o preço da ação sobe para $ 6,30, ou seja:

$$\textbf{PV (Preço da Ação)} = \frac{\$\,0{,}60 \times 1{,}05}{0{,}15 \times 0{,}05} = \$\,6{,}30/\text{ação}$$

FLUXO DE CAIXA COM PERÍODO FINITO E INDETERMINADO

Um fluxo de caixa pode ser estimado para um número finito de anos, com valores previsíveis, seguido de um comportamento estável dos fluxos quando cessar a capacidade de previsão de geração de caixa de forma indeterminada. Esse é basicamente o padrão de *valuation* de empresas, nas quais são previstos valores de caixa seguindo um padrão próprio de comportamento por um período previsível (dez anos, por exemplo). Após esse período denominado de *explícito*, não é mais possível prever a geração futura de resultados, adotando-se geralmente um comportamento estável nos fluxos de caixa (valores constantes ou taxa de crescimento constante).

Para *ilustrar*, admita uma empresa que projeta os seguintes fluxos de caixa por um período previsível de seis anos:

($ milhões)

ANO	1	2	3	4	5	6
	$ 28,0	$ 31,0	$ 36,0	$ 60,0	$ 80,0	$ 92,0

Após esse período previsível na avaliação, estima-se que os fluxos de caixa se estabilizarão em $ 100,0/ano (fluxo de caixa previsto no ano 7), crescendo a partir daí a uma taxa constante anual (g) de 2%. A taxa de desconto desses fluxos de caixa está definida em 14% a.a.

O cálculo do *valor presente* (PV) dessa avaliação representa o valor econômico da empresa (*fair value*), sendo detalhado a seguir.

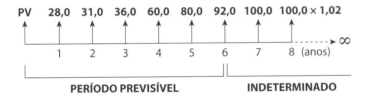

Período Previsível – 6 anos

$$PV = \frac{28,0}{1,14} + \frac{31,0}{1,14^2} + \frac{36,0}{1,14^3} + \frac{60,0}{1,14^4} + \frac{80,0}{1,14^5} + \frac{92,0}{1,14^6}$$

PV (Previsível) = $ 191,7

O valor calculado representa o valor presente dos fluxos de caixa previstos para cada um dos próximos seis anos, entendidos como *Período Previsível*.

Período Indeterminado – a partir do 7º ano

$$PV = \left[\frac{100,0}{0,14-0,02}\right] / (1,14)^6$$

PV = $ 833,3 / (1,14)^6

PV = $ 379,7

Representa o valor no momento atual dos fluxos de caixa indeterminados estimados para após o período previsível, ou seja, a partir do ano 7.

Valor Total = $ 191,7 + $ 379,7 = $ 571,4

4

Custo de
Capital Próprio

Uma empresa pode financiar seus investimentos por meio de *recursos próprios* – obtidos por emissões de novas ações (aumentos de capital) e retenção de lucros – e *recursos de terceiros* – identificados em empréstimos e financiamentos. Apesar de poder financiar-se integralmente mediante capital próprio, a empresa costuma alavancar seus investimentos pela utilização de recursos de terceiros. Uma importante razão para o uso de dívidas em sua estrutura de capital é seu menor custo financeiro em relação ao capital próprio, mais oneroso.

Todas as fontes de recursos embutem um custo de oportunidade, representado pelo retorno mínimo exigido pelos proprietários de capital (investidores). O investidor de capital próprio (acionista) assume maior risco em relação ao credor, exigindo, em consequência, maior taxa de retorno do investimento.

Toda empresa deve demonstrar aos acionistas capacidade de apurar uma taxa de retorno da aplicação dos recursos próprios superior, para gerar riqueza econômica, ou igual, visando manter a riqueza, à taxa mínima de atratividade exigida.

O cálculo do custo de capital próprio é bastante discutido na literatura de Finanças, seja pela dificuldade natural em mensurar o prêmio pelo risco, seja pela grande importância dessa métrica para as decisões de alocação de capital. Apesar de todos os esforços despendidos e progressos apresentados, o custo de capital próprio encontra-se ainda vinculado a certos pressupostos restritivos, incorporando alguma dose de subjetividade em sua apuração.

O custo de capital próprio, medida geralmente representada por **Ke**, expressa a taxa mínima de retorno que os investidores (acionistas) exigem ao aplicarem seus recursos próprios na empresa. Representa o ganho mínimo que possa justificar a aceitação de um investimento.

O investidor somente aceita aplicar seus recursos em algum ativo específico se não encontrar outra alternativa mais atraente, que possa substituir com vantagem econômica a decisão (*princípio da substituição*).

O custo de capital próprio é um custo *implícito*, e, por isso, mais difícil de ser apurado comparativamente ao custo explícito da dívida, conforme estudado no Capítulo 3. É uma taxa mínima de retorno de referência para as decisões financeiras praticamente "descoberta" no mercado, e deve seguir o risco do investimento. Alternativas de maior risco devem oferecer retornos também mais elevados; oportunidades de baixo risco produzem também menor remuneração. *Importante:* é o risco da decisão de investimento (aplicação) que define o custo de oportunidade, e não a fonte (origem) desses recursos.

Este capítulo estuda o cálculo do custo de capital próprio por meio principalmente do modelo de precificação de mercado de ativos, conhecido por *Capital Asset Pricing Model* (CAPM),[1] proposto pela moderna teoria de finanças e amplamente adotado na prática. É dada atenção ainda a metodologias de apuração do custo de capital próprio em economias emergentes.

4.1 CUSTO DE CAPITAL PRÓPRIO E O MODELO DO CAPM

O *custo de capital próprio* (Ke) é uma medida implícita que revela as expectativas de retorno dos recursos próprios investidos na empresa, calculada com base em taxas de juros de mercado e no risco. Pode ser entendido como a remuneração mínima que viabiliza economicamente um investimento, ou seja, a que produz um retorno capaz de cobrir o custo de oportunidade do capital investido.

Apesar de outras abordagens disponíveis na literatura financeira para estimar o custo de capital próprio, será utilizado neste livro o modelo de precificação de ativos (*Capital Asset Pricing Model* – CAPM), amplamente difundido no mercado e que possui fundamentação econômica.

O modelo do CAPM encontra-se desenvolvido com maior profundidade em livros de Finanças,[2] não se preocupando este capítulo com seu aprofundamento e formulações fundamentais. Para esse modelo de precificação, o custo de oportunidade de capital próprio é estimado considerando a remuneração de *ativos livres de risco*, acrescido do *prêmio pelo risco de mercado* ponderado pelo *risco da empresa*. Se a empresa apresenta um risco igual ao da carteira de mercado, definido por *risco sistemático*, o custo de capital próprio é igual à taxa livre de risco acrescida do ágio de risco de mercado.

O modelo do CAPM admite que os acionistas sejam investidores bem diversificados, convivendo somente com a parcela do risco sistemático. A taxa de retorno esperada

---

[1] Trabalho original publicado por: SHARPE, William F. Capital asset prices: a theory of market equilibrium under conditions of risk. *Journal of Finance*, Sept. 1964.

[2] Ver, entre outros: ASSAF NETO, Alexandre. *Finanças corporativas e valor*. 8. ed. São Paulo: Atlas, 2020.

deve remunerar o risco que não foi eliminado, com o qual o acionista deve conviver, denominado *risco sistemático*.

A formulação básica da taxa de retorno esperada (custo de capital próprio) de uma companhia pelo método do CAPM é apresentada a seguir:

$$Ke = R_F + \beta \, [R_M - R_F]$$

$$\underbrace{\qquad\qquad}_{\text{Risco de Mercado}}$$

$$\underbrace{\qquad\qquad\qquad}_{\text{Risco da Empresa}}$$

em que:

Ke = custo de capital próprio;

R_F = taxa de juro livre de risco;

β = coeficiente beta da ação;

R_M = retorno da carteira de mercado;

$R_M - R_F$ = prêmio pelo risco de mercado;

$\beta \times (R_M - R_F)$ = prêmio pelo risco do ativo.

EM RESUMO – O custo de capital próprio é o retorno mínimo exigido pelos investidores para adquirirem ações de uma empresa. Essa taxa de atratividade, usada para descontar os fluxos de caixa previstos de um investimento, é formada pela expressão básica de cálculo do modelo do CAPM, pela taxa livre de risco, prêmio de risco de mercado e o risco da empresa em relação ao de mercado (coeficiente beta). Ou seja:

Custo de Capital Próprio = Taxa Risk Free + Prêmio de Risco de Mercado + Risco da Empresa em Relação ao Mercado.

Taxa Livre de Risco – R_F – A taxa de juros classificada como *risk free* revela o retorno de um ativo livre de risco, no qual o investidor tem certeza de que receberá o principal aplicado, acrescido dos juros prometidos, exatamente na data de vencimento prevista. Esses ativos pressupõem um desvio-padrão da taxa de retorno igual a zero. Os juros *risk free* oferecidos ao investidor visam remunerar somente a postergação do consumo, oferecendo um prêmio por esse adiamento.

Para um título ser considerado como livre de risco, ainda, supõe-se que sua maturidade seja igual ao prazo no qual o investidor deseja mantê-lo em carteira. Caso os prazos não coincidam, o conceito teórico de *risk free* admite que o investidor possa negociar o título no mercado secundário pelo seu valor esperado, não ocorrendo valorização (ágio) ou perda em seu preço. Conforme comentado, uma boa aproximação de um ativo livre de risco é o retorno dos títulos públicos prefixados emitidos pelo governo federal por meio do Tesouro Nacional, com maturidade geralmente adotada de dez anos.

Prêmio pelo Risco de Mercado ($R_M - R_F$) – Representa o ágio pelo risco de mercado. O retorno da *carteira de mercado* (R_M) é obtido geralmente pela remuneração do índice de bolsa, sendo o prêmio pelo risco de mercado calculado pela diferença entre o retorno da carteira de mercado e a taxa de juro livre de risco da economia. Esse prêmio pelo risco de mercado pode ser mensurado a partir de dados históricos, média dos últimos dez anos, *por exemplo*, ou por meio de estimativas de comportamento futuro. Ao se basear em dados históricos, admite-se que o passado se repete no futuro; o modelo *ex-ante* incorpora previsões do futuro. Copeland e outros[3] discutem bastante o uso desses dois critérios para se projetar o prêmio pelo risco de mercado, apontando seus aspectos favoráveis e críticos.

Coeficiente Beta – β – Mede o risco (volatilidade) de uma empresa em relação ao risco sistemático (não diversificável) de mercado. Para companhias com ações negociadas em bolsa, o beta pode ser obtido pela inclinação da reta de regressão linear do retorno da ação com o retorno de mercado. O beta equivale ao coeficiente angular dessa reta (inclinação da regressão), ou seja: $COVARIÂNCIA_{Rj,Rm}$ / $VARIÂNCIA_{Rm}$. Na prática, os betas das ações podem ser encontrados em publicações e *sites* especializados.

O beta de uma carteira bem diversificada, como a carteira de mercado, é igual a 1,0. Todo o risco variável foi eliminado pela diversificação, restando somente o risco sistemático (não diversificável). No Brasil é utilizado geralmente o índice Bovespa (IBOVESPA) como indicador de referência da carteira de mercado.

Ações com beta igual a 1,0 apresentam o mesmo risco médio da carteira de mercado; papéis com betas superiores a 1,0 revelam risco maior que o risco sistemático de mercado; betas menores que 1,0 indicam risco baixo, inferior ao risco médio da carteira de mercado.

EXEMPLO ILUSTRATIVO

Estimativa do beta e do custo de capital próprio

Uma abordagem bastante utilizada para cálculo do coeficiente beta de uma empresa é desenvolvida por meio de dados históricos de mercado. A técnica estatística empregada é a regressão dos retornos da ação em confronto com os retornos da carteira de mercado. Os índices Ibovespa e NYSE ou S&P são geralmente usados para representar a carteira de mercado no Brasil e nos EUA, respectivamente.

A regressão linear das taxas de retorno de uma ação e dos retornos do índice de mercado é ilustrada a seguir. Foi considerado um período de sete anos para a regressão, sendo identificadas na reta as taxas de cada ano.

---

[3] COPELAND, Tom *et al. Avaliação de Empresas*. 3. ed. São Paulo: Makron Books, 2002. p. 221.

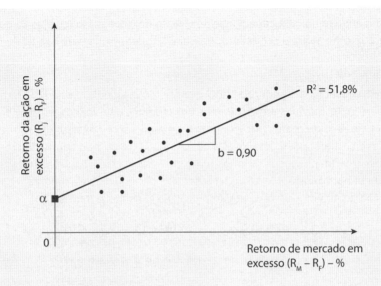

Inclinação da Reta de Regressão (b = 0,90)

É o coeficiente beta da empresa, calculado a partir dos retornos anuais para o intervalo de sete anos (período sugerido de regressão). Por ser menor que 1,0, indica que a empresa apresenta um risco menor (menor volatilidade) que o risco sistemático da carteira de mercado. Assim, para um prêmio de risco de mercado de 8,0% ($R_M - R_F$), *por exemplo*, a compensação no cálculo do custo de capital próprio é de 7,2% [0,90 × 8,0%].

É importante ressaltar, uma vez mais, que a carteira de mercado, representada pelo índice de bolsa de valores, é admitida como a carteira mais diversificada e, portanto, de menor risco. O beta dessa carteira, que contém somente risco sistemático, é igual a 1,0.

Coeficiente de Determinação (R^2 = 51,8%)

Medida estatística calculada pelo quadrado da correlação (**R^2 = CORR^2**). O coeficiente de determinação é importante para se avaliar a qualidade do ajuste da reta de regressão. O **R^2** ilustrado na figura acima indica, do ponto de vista financeiro, que 51,8% dos pontos ajustam-se perfeitamente à reta de regressão, sugerindo que 51,8% do risco da empresa (variância das taxas de retorno) são formados pelo risco do mercado (*risco sistemático*). A diferença de 48,2% (1 – R^2) é determinada por fatores específicos de risco da empresa (alavancagem, liquidez, margem de lucro, estrutura de custos etc.), sendo por isso interpretada como *risco diversificável (não sistemático)*.

Custo de Capital Próprio (Ke)

Ao se admitir um retorno esperado de mercado de R_M = 16,5% e uma taxa livre de risco de R_F = 5,0%, o custo de capital próprio da empresa pela utilização do modelo básico do CAPM atinge:

E (Rj) = Ke = 5,0% + 0,90 (16,5% – 5,0%) = 15,35%

O investimento demonstra capacidade de criação de valor aos acionistas somente em caso de o retorno sobre o capital próprio (ROE) superar o custo de capital de 15,35%.

Beta Ajustado ($\beta_{Ajustado}$)

O mercado trabalha, em geral, com expectativas de crescente diversificação das empresas no tempo, movidas principalmente por produtos e mercados, aproximando seu beta ao beta médio de mercado. A carteira de mercado é considerada como a mais diversificada, sendo o seu beta igual a 1,0. Em razão disso, é comum a determinação, principalmente em projeções de longo prazo, do *beta ajustado*, o qual segue as evidências de uma aproximação de 1,0, igual à carteira diversificada de mercado. Usando a formulação geralmente adotada por empresas de consultoria, tem-se:

$$\beta_{AJUSTADO} = (\beta_{CALCULADO} \times 2/3) + (\beta_{MERCADO} \times 1/3)$$

$$\beta_{AJUSTADO} = (0,90 \times 2/3) + (1,00 \times 1/3) = 0,933$$

Incorporando o beta ajustado no cálculo do custo de capital próprio pelo modelo do CAPM, tem-se:

$$E(R_j) = K_e = 5,0\% + 0,933\,(16,5\% - 5,0\%) = 15,73\%$$

4.1.1 Intercepto da reta de regressão

A formulação da reta de regressão em sua forma mais completa apresenta-se:

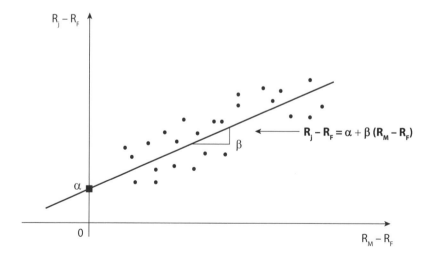

em que: α = Coeficiente alfa. Parâmetro linear (intercepto) da reta de regressão.

Rearranjando a equação:

$$R_j = R_F + \alpha + [\beta (R_M - R_F)]$$

O CAPM costuma adotar o pressuposto de $\alpha = 0$, ou seja, admite que a reta de regressão, em condições de equilíbrio de mercado, parte da origem. Nessas condições, a expressão de cálculo assume o formato proposto:

$$R_j = R_F + \beta (R_M - R_F) \text{ – Equação do CAPM}$$

Damodaran[4] demonstra o coeficiente alfa como indicador de desempenho do investidor no período de regressão, de acordo com o modelo do CAPM. Rearranjando, conforme proposto pelo autor, a equação do CAPM, tem-se:

$$R_j = R_F - \beta R_F + \beta R_M$$
$$R_j = R_F (1 - \beta) + \beta R_M \qquad (y = a + bx)$$

A partir dessa expressão, é possível avaliar o retorno da ação no período de regressão mediante a comparação do intercepto da reta (α) com a medida $R_F (1 - \beta)$. Pelo modelo do CAPM, Damodaran conclui que, se $\alpha > R_F (1 - \beta)$, o ativo apresentou um desempenho melhor que o esperado no intervalo de regressão, considerando o risco e o retorno de mercado. Para $\alpha < R_F (1 - \beta)$, o desempenho apresentado pelo investimento esteve abaixo do esperado, e se $\alpha = R_F (1 - \beta)$, o retorno foi igual ao esperado no período de regressão.

A ilustração de cálculo do beta e custo de capital desenvolvida no boxe da página 74 informou em 5,0% a taxa livre de risco anual média do período de regressão, e o beta da ação em 0,9. Na figura da linha de regressão, admita que o parâmetro linear seja igual a 3,5%. Assim:

Intercepto da Reta: $(\alpha) - R_F (1 - \beta)$

3,5% – 5% (1 – 0,90) = 3,0%

O resultado indica que a ação obteve um retorno de 3,0% acima do esperado, dado o desempenho de mercado e risco. Nesse caso, a ação ganhou em retorno do mercado. Esse retorno adicional é calculado em relação aos pressupostos do CAPM e ao período de regressão de sete anos.

Damodaran conclui que esse resultado não garante uma boa *performance* da ação no futuro, e nem a origem desse retorno superior (quanto é explicado pelo comportamento do setor de atividade e quanto pode ser creditado ao desempenho da própria empresa). É recomendado para uma análise mais conclusiva comparar o desempenho da empresa com a média do setor e de outras empresas concorrentes. As diferenças encontradas poderiam ser atribuídas a fatores específicos da empresa.

---

[4] DAMODARAN, Aswath. *Avaliação de investimentos*. 2. ed. Rio de Janeiro: Qualitymark, 2010. p. 188.

AVALIAÇÃO DO DESEMPENHO DA AÇÃO

A reta de regressão linear obtida do confronto entre a taxa anual de retorno de uma ação e a taxa de mercado referente aos últimos sete anos apresentou as seguintes medidas:

R ao Quadrado (R^2) = 0,35

Coeficiente Beta (β) = 0,68

Coeficiente Alfa (α) = – 1,2% (Interseção da reta)

a) Com base nos valores demonstrados, calcular a expectativa de retorno de um investidor, admitindo uma taxa livre de risco anual de 6% e um retorno da carteira de mercado igual a 16%.

Solução:

$E(R_j)$ = 6% + 0,68 (16% – 6%)

$E(R_j)$ = 6% + 6,8% = 12,8%

Esta taxa de 12,8% indica a remuneração mínima exigida pelo investidor para remunerar o risco do investimento. É formada pela taxa de juro sem risco de 6%, mais um prêmio de risco igual a 6,8%. Somente há criação de valor econômico quando o retorno supera o custo de oportunidade.

b) A partir da interseção da reta de regressão (coeficiente alfa), demonstre o desempenho da ação em relação ao mercado.

Solução:

Desempenho = Interseção (α) – $[R_F (1 - \beta)]$

Desempenho = – 1,2% – [6% (1 – 0,68)]

Desempenho = – 1,2% – 1,92% = – 3,12%

Ao se comparar $R_F (1 - \beta)$ = – 1,92% com o parâmetro alfa (α) = – 1,2%, pode-se concluir que o desempenho da ação foi pior que o retorno esperado do mercado.

A partir do **R^2 = 35%** calculado para a reta de regressão, pode-se avaliar que 35% do risco é sistemático, e 65% representa o risco específico da empresa que pode ser eliminado pela diversificação.

É importante acrescentar que o modelo do CAPM é *unifatorial*, pois considera somente um fator de risco, o "prêmio pelo risco de mercado" $(R_M - R_F)$. O coeficiente beta mede, assim, o risco de um ativo em relação à carteira de mercado.

Outros modelos mais complexos, conhecidos por *multifatoriais*, admitem outros fatores de risco, como risco cambial, risco conjuntural e assim por diante. Há certo consenso, no entanto, de que o prêmio pelo risco de mercado seja capaz de exprimir o risco para os diversos setores de atividade.

O modelo conhecido por *Arbitrage Pricing Theory* (APT), desenvolvido por Ross,[5] relaciona o retorno mínimo de um investidor com mais de um fator de risco. Esses fatores costumam ser associados a eventos econômicos, como taxa de inflação, PIB, taxas de juros etc., e também a fatores específicos da empresa, como valor de mercado, tamanho, retorno esperado de seus ativos etc.

O modelo de Fama e French[6] identifica fatores econômicos a serem considerados no cálculo do retorno esperado, apurando o prêmio esperado de risco para cada variável. Foram propostos no modelo três fatores explicativos para descrever a parcela de retorno não revelada pelo CAPM: fator de *mercado*, conforme adotado pelo CAPM, *tamanho* e *capitalização* (valor) da empresa.

4.2 ENDIVIDAMENTO E BETA

O risco de uma empresa pode ser classificado em dois grandes grupos: *risco econômico* e *risco financeiro*.

O *risco econômico* reflete o risco do negócio da empresa (risco dos ativos), determinado principalmente pela concorrência, dependência tecnológica, atividade cíclica ou estável, estrutura dos custos e alavancagem operacional, qualidade dos créditos concedidos, natureza dos produtos comercializados e assim por diante. É o risco operacional da empresa que depende de como ela se encontra financiada.

O *risco financeiro*, por outro lado, retrata o risco do endividamento, a capacidade financeira da empresa de saldar corretamente seus compromissos com terceiros. Quanto maior a alavancagem, entendida como a participação de dívidas em relação a recursos próprios, mais elevado se apresenta o risco de não pagamento. No extremo, uma empresa totalmente financiada por recursos próprios não apresenta risco financeiro, incorrendo somente em risco econômico.

Assim, ao se calcular o coeficiente beta de uma empresa, usando a inclinação da reta de regressão dos retornos das ações e do mercado, apura-se uma medida representativa do risco total da empresa (risco econômico e risco financeiro), também conhecido por *beta total* ou *beta alavancado*, sendo representado por somente β, β_{TOT} ou β_L. O coeficiente beta que exprime unicamente o risco do negócio (risco econômico) é denominado de *beta desalavancado* (β_u).

O modelo de apuração do beta alavancado e desalavancado utilizado neste livro e amplamente adotado na literatura de Finanças é baseado na proposta de Hamada,[7]

---

[5] ROSS, Stephen. The arbitrage theory of capital asset pricing. *Journal of Economic Theory*, v. 13, 1976.

[6] FAMA E.; FRENCH, R. Common risk factors in the returns on stocks and bonds. *Journal of Financial Economics*, v. 33, 1993.

[7] HAMADA, Robert. Portfolio analysis, market equilibrium and corporate finance. *Journal of Finance*, p. 13-31, Mar. 1969.

que sugere a seguinte formulação desenvolvida a partir dos pressupostos do modelo do CAPM e de Modigliani e Miller (MM):

$$\beta = \beta_{TOT} = \beta_L = \beta_u \times [1 + P/PL \times (1 - IR)]$$

sendo:

$\beta = \beta_{TOT} = \beta_L =$ beta total ou beta alavancado (*levered*), medida que incorpora tanto o risco econômico como o risco financeiro;

$\beta_u =$ beta desalavancado (*unlevered*), que exprime somente o risco do negócio, ou risco dos ativos. Beta da empresa na suposição de ser financiada exclusivamente por capital próprio;

$P/PL =$ relação entre passivo oneroso (dívidas com juros) e patrimônio líquido;

$IR =$ alíquota de IR praticada pela empresa.

Observe que o fator $[1 + P/PL \times (1 - IR)]$ incorpora o risco financeiro (beta alavancado) ou exclui o risco financeiro (beta desalavancado) do beta, conforme seja utilizado na fórmula: multiplicando β_u ou dividindo β_L.

Para *ilustrar*, admita as seguintes informações de uma empresa:

- Coeficiente beta (beta total) = 1,10
- P/PL = 48%
- IR = 34%

O beta de 1,10, apurado para essa empresa, representa o risco do seu negócio e o risco financeiro, baseado no índice de endividamento (relação P/PL) de 48%. Para se conhecer somente o risco do negócio, é necessário desalavancar o coeficiente beta. Utilizando a formulação de Hamada sugerida anteriormente, tem-se:

$$\beta_u = \frac{\beta}{\left[1 + \dfrac{P}{PL} \times (1 - IR)\right]}$$

$$\beta_u = \frac{1,10}{[1 + 0,48 \times (1 - 0,34)]}$$

$$\beta_u = 0,8354$$

Assim, pode-se representar o beta total da empresa:

Beta Total (Alavancado) para P/PL de 48%	: 1,10
Risco Econômico (Risco do Negócio)	: 0,8354
Acréscimo pelo Risco de Endividamento	: 0,2646

Ao se admitir uma taxa livre de risco anual (R_F) de 6% e um prêmio pelo risco de mercado anual ($R_M - R_F$) igual a 9%, pode-se determinar o custo de capital próprio para diferentes estruturas de capital (diferentes níveis de alavancagem) utilizando o modelo do CAPM desenvolvido:

P/PL	Coeficiente beta	Custo de capital próprio
0%	$\beta_u = 1{,}10 / [1 + 0{,}48 \times (1 - 0{,}34)] = 0{,}8354$	$Ke = 6\% + 0{,}8354 \times 9\% = 13{,}5\%$
50%	$\beta = 0{,}8354 \times [1 + 0{,}50 \times (1 - 0{,}34)] = 1{,}11$	$Ke = 6\% + 1{,}11 \times 9\% = 16{,}0\%$
60%	$\beta = 0{,}8354 \times [1 + 0{,}60 \times (1 - 0{,}34)] = 1{,}17$	$Ke = 6\% + 1{,}17 \times 9\% = 16{,}5\%$
70%	$\beta = 0{,}8354 \times [1 + 0{,}70 \times (1 - 0{,}34)] = 1{,}22$	$Ke = 6\% + 1{,}22 \times 9\% = 17{,}0\%$
80%	$\beta = 0{,}8354 \times [1 + 0{,}80 \times (1 - 0{,}34)] = 1{,}28$	$Ke = 6\% + 1{,}28 \times 9\% = 17{,}5\%$
90%	$\beta = 0{,}8354 \times [1 + 0{,}90 \times (1 - 0{,}34)] = 1{,}33$	$Ke = 6\% + 1{,}33 \times 9\% = 18{,}0\%$
100%	$\beta = 0{,}8354 \times [1 + 1{,}0 \times (1 - 0{,}34)] = 1{,}39$	$Ke = 6\% + 1{,}39 \times 9\% = 18{,}5\%$
150%	$\beta = 0{,}8354 \times [1 + 1{,}5 \times (1 - 0{,}34)] = 1{,}66$	$Ke = 6\% + 1{,}66 \times 9\% = 21{,}0\%$

Observe no boxe acima que o custo de capital próprio se eleva à medida que cresce o endividamento da empresa, como reflexo do maior risco financeiro (maior endividamento). Maior alavancagem indica maior risco de não cumprimento dos pagamentos, incorporando maior prêmio de risco financeiro ao custo de capital.

CÁLCULO DO BETA POR *BENCHMARK*

Muitas vezes, o beta é obtido pela média do setor de atividade formada de empresas comparáveis. Nesse caso, é geralmente utilizado o conceito de *beta desalavancado*, onde é deduzido o risco da alavancagem calculado do *benchmark*, sendo posteriormente o beta alavancado pela estrutura de capital e alíquota de IR definidas para a empresa em análise.

Por exemplo, admita que uma empresa brasileira esteja calculando seu beta por *benchmark* do mercado dos EUA. Para tanto, foram selecionadas companhias norte-americanas do mesmo setor de atividade e com características operacionais bastante próximas da empresa brasileira.

As informações básicas necessárias para o cálculo do beta são as seguintes:

Valores Médios das Empresas Comparáveis do Mercado dos EUA – *Benchmark*	Empresa Brasileira
P/PL = 102,2% Alíquota de IR = 36% Beta Total = 1,11	P/PL = 72,5% Alíquota de IR = 34%

A medida do beta representativa do risco do negócio no mercado de referência – beta desalavancado (β_u) – é calculada da forma seguinte:

$$\beta_u = \frac{1,11}{[1 + 1,022 \times (1 - 0,36)]} = \mathbf{0,671}$$

Alavancando o beta para os padrões de IR e alavancagem definidos para a empresa brasileira, tem-se:

$$\beta = 0,671\,[\,1 + 0,725 \times (1 - 0,34)] = \mathbf{0,992}$$

A empresa brasileira apresenta um risco total praticamente igual ao risco médio da carteira de mercado.

Ao se alterar a estrutura de capital da empresa, assim como seu risco econômico, o beta também se altera e, em cadeia, o custo de capital e o valor da empresa. Se a empresa projetar alterações em sua estrutura de capital nos próximos anos, deverá reavaliar a medida do beta e sua taxa de custo de capital, calculando assim taxas de desconto diferentes no período de ajuste. Diferentes estruturas de capital alteram os níveis de risco financeiro, interferindo nas taxas de juros de mercado das dívidas e no retorno exigido pelos acionistas.

Em contrapartida ao maior risco revelado, o aumento da alavancagem permite, em certo intervalo de P/PL, a diminuição do custo total de capital (WACC) pela maior participação de dívidas na estrutura de financiamento, as quais apresentam, por definição, custo inferior ao do capital próprio. Pelo maior risco assumido, o acionista exige um retorno superior ao do credor, cujos encargos oferecem ainda o atrativo de dedutibilidade fiscal (os juros das dívidas são considerados como despesas financeiras dedutíveis para efeitos fiscais).

Muito dificilmente o aumento do custo de capital pelo risco de maior alavancagem e a sua redução diante do ganho pelo uso de fontes de recursos de terceiros mais baratos (custo da dívida é menos oneroso que o do capital próprio) se compensam. Em sua proposição original, Modigliani e Miller[8] descreveram essa igualdade, porém demonstrada a partir de diversos pressupostos de muito difícil realização prática.

Em geral, a alavancagem produz a redução do WACC até certo nível de endividamento, elevando-se bastante a partir desse ponto pelo alto risco assumido. Dessa forma, é muitas vezes proposto que existe uma estrutura de capital ótima, ou seja, uma proporção de recursos próprios e de terceiros que minimiza o custo total de capital (WACC)

---

[8] MODIGLIANI, Franco; MILLER, Merton. The cost of capital, corporation finance and the theory of investment. *American Economic Review*, v. 48, June 1958.

CAP. 4 CUSTO DE CAPITAL PRÓPRIO **89**

e maximiza, ao mesmo tempo, o valor da empresa. Diversas outras teorias discutem a existência dessa estrutura ótima, conforme será discutido no Capítulo 5, que desenvolve a determinação da alavancagem que produz o menor custo total de capital (WACC).

4.3 BETA DE CARTEIRAS

O beta de uma carteira é calculado pela média ponderada dos betas de cada ativo que a compõe, por meio da seguinte expressão básica de cálculo:

$$\beta_p = \sum_{j=1}^{n} W_j \times \beta_j$$

sendo: β_p = beta da carteira calculado como média ponderada;
   W_j = proporção do ativo "j" na carteira;
   β_j = beta de cada ativo da carteira.

Como *exemplo ilustrativo*, considere a seguinte carteira formada por três ativos: A, B e C:

Ativo	Valor de Mercado	Beta
A	$ 14.968	1,10
B	$ 9.275	0,80
C	$ 25.601	1,15
TOTAL	$ 49.844	

$$\beta_P = \left(1,10 \times \frac{14.968}{49.844}\right) + \left(0,80 \times \frac{9.275}{49.844}\right) + \left(1,15 \times \frac{25.601}{49.844}\right)$$

$$\beta_p = 1,07$$

EXEMPLO ILUSTRATIVO

Beta Conjugado em Aquisições de Empresas

Admita que a empresa AB tenha adquirido a empresa WZ. Quando da aquisição, as duas empresas apresentavam as seguintes informações financeiras.

	Cia. AB	Cia. WZ
Valor de Mercado do Patrimônio Líquido (PL)	$ 586,3 milhões	$ 339,7 milhões
Valor de Mercado do Passivo Oneroso (Títulos de Dívida)	$ 97,8 milhões	$ 18,6 milhões
Valor de Mercado da Empresa (PL + Dívidas)	$ 684,1 milhões	$ 358,3 milhões
Beta Alavancado (β_L)	1,18	0,87
Alíquota de IR	34%	34%

 # Beta combinado das empresas: AB + WZ – Mesma Estrutura de Capital

As duas empresas pretendem manter a mesma estrutura de capital. Isso significa que a Cia. AB adquire a Cia. WZ utilizando $ 339,7 milhões de recursos próprios e assumindo os $ 18,6 milhões de dívidas.

O *beta combinado* representa o beta da carteira formada pelos dois ativos: Cia. AB e Cia. WZ. É calculado ponderando o beta de cada ativo pela participação do ativo no total da carteira.

Como não são previstas alterações na estrutura de capital das empresas, o novo beta que surge da união (AB + WZ) pode ser calculado pela média ponderada da participação de cada ativo no valor total. Assim, o beta combinado da nova empresa que surge pela aquisição da empresa WZ pela empresa AB atinge:

$$\beta_L \, (\text{AB + WZ}) = \left[1{,}18 \times \frac{\$ \, 684{,}1}{\$ \, 684{,}1 + \$ \, 358{,}3}\right] + \left[0{,}87 \times \frac{\$ \, 358{,}3}{\$ \, 684{,}1 + \$ \, 358{,}3}\right] = \mathbf{1{,}073}$$

 # Beta Combinado das Empresas: AB + WZ – Nova Estrutura de Capital

Admita, por outro lado, que a Cia. AB pretende adquirir a WZ com uma estrutura de capital mais alavancada, planejando utilizar 70% de recursos de terceiros para financiar o negócio. Com isso, na compra da Cia. WZ, avaliada em $ 358,3 milhões, seriam utilizados $ 250,8 milhões (70% × $ 358,3) de dívidas, e $ 107,5 mil ($ 358,3 milhões × 30%) com recursos próprios.

A nova estrutura de capital resultante da fusão das duas empresas seria:

PL: $ 586,3 + $ 107,5   = $ 693,8
Dívidas: $ 97,8 + $ 250,8   = $ 348,6
Valor Total (AB + WZ)   = $ 1.042,4

Para o cálculo do beta total combinado, deve-se primeiro calcular o beta desalavancado de cada empresa, apurar seu valor ponderado, e posteriormente alavancar esse beta combinado pela nova estrutura de capital usada na aquisição.

– Beta desalavancado de cada empresa:

$$\beta_U \, (\text{Cia. AB}) = 1{,}18 \, / \left[1 + \frac{\$ \, 97{,}8}{\$ \, 586{,}3} \times (1 - 0{,}34)\right] = \mathbf{1{,}063}$$

$$\beta_U \, (\text{Cia. WZ}) = 0{,}87 \, / \left[1 + \frac{\$ \, 18{,}6}{\$ \, 539{,}7} \times (1 - 0{,}34)\right] = \mathbf{0{,}840}$$

– Beta desalavancado combinado (AB + WZ):

$$\beta_u \, (\text{AB + WZ}) = \left[1{,}063 \times \frac{\$ \, 684{,}1}{\$ \, 684{,}1 + \$ \, 358{,}3}\right] + \left[0{,}840 \times \frac{\$ \, 358{,}3}{\$ \, 684{,}1 + \$ \, 358{,}3}\right]$$

$$\beta_u \, (\text{AB + WZ}) = 0{,}9863$$

– Beta alavancado da nova empresa (AB + WZ):

$$\beta_L \text{ (AB + WZ)} = 0,9863 \times \left[1 + \frac{\$\,348,61}{\$\,693,79} \times (1 - 0,34)\right] = \mathbf{1,313}$$

O maior valor da alavancagem é refletido no aumento do coeficiente beta conjugado da empresa, revelando maior risco financeiro.

4.4 MÉTODO DO *BUILD UP* OU MÉTODO DOS PRÊMIOS DE RISCO

A estimativa do custo de capital próprio em empresas fechadas, que não possuem valores mobiliários cotados em bolsas de valores, é uma tarefa mais complicada, principalmente pela dificuldade de se mensurar o risco do ativo. Os modelos de cálculo da taxa de retorno exigida disponíveis, em sua ampla maioria, utilizam as companhias de capital aberto, pela maior facilidade em obter informações e *benchmark* de mercado.

Entre os métodos desenvolvidos para se estimar o custo de capital próprio de empresas fechadas, destaca-se o *Build Up Method* (ou Método dos Prêmios de Risco), o qual considera diversos prêmios de risco em sua formulação. O *build up* é proposto por Ibbotson e Pratt[9] pela taxa livre de risco acrescida de prêmios que expressam os retornos adicionais exigidos pelos investidores para cobrir determinados riscos. O modelo básico de cálculo do custo de capital sugerido tem a seguinte formulação:

$$\text{E (Rj)} = \text{R}_F + \text{ERP} + \textit{SIZE PREMIUM} + \text{Outros Prêmios de Risco}$$

em que:

R_F – taxa de retorno de ativo livre de risco (remuneração de títulos públicos federais);

EQUITY RISK PREMIUM (ERP) – prêmio pelo risco do mercado de ações. Essa medida é geralmente calculada por meio de dados históricos de longo prazo, pelo retorno em excesso do mercado de ações sobre os rendimentos de títulos livres de risco, ou seja: $\text{R}_M - \text{R}_F$;

FIRM SIZE PREMIUM (Prêmio de Risco para o Tamanho da Empresa) – Alguns trabalhos desenvolvidos no mercado dos EUA sugerem que empresas de menor porte apresentam maior risco financeiro e econômico que as de maior porte, mostrando, em consequência, um custo de capital mais elevado. Nesses casos de empresas menores, o modelo de estimação do custo de capital deve registrar o prêmio pelo

---

[9] IBBOTSON Associates. *Valuation yearbook*. Chicago: Morningstar, 2012; PRATT, Shannon. *Cost of capital*: estimation and applications. 2. ed. New York: John Wiley, 2002.

maior risco formado pelo menor porte da empresa. Esse prêmio adicional de risco pode ser calculado pela diferença entre o retorno das ações de empresas menores e o retorno das ações de empresas de maior porte.

Dados de mercado dos EUA apurados e divulgados por *Ibbotson* revelam retornos maiores para os segmentos de atividade formados por empresas de menor porte. O estudo tem como conclusão que os investidores exigem retornos maiores do capital aplicado em empresas de menor tamanho pelo seu maior risco.

No Brasil, não há ainda estudos conclusivos sobre o prêmio pelo tamanho das empresas. Algumas pesquisas realizadas no mercado brasileiro[10] indicam que empresas menores apresentam retorno inferior ao das de maior porte, sugerindo, ao contrário das conclusões do mercado dos EUA, um prêmio pelo risco negativo.

OUTROS PRÊMIOS DE RISCO – é possível incluir no modelo outros prêmios específicos de acordo com as características do investimento, como o prêmio pelo risco específico da empresa, prêmio de risco de inflação, prêmio de risco de liquidez das ações e assim por diante.

No *build up*, cada prêmio de risco equivale a uma recompensa do investidor por incorrer em um risco específico. O modelo admite, ainda, uma mesma sensibilidade a todos os fatores de risco, com beta igual a 1,0.

EXEMPLO ILUSTRATIVO

Admita que uma empresa de determinado setor de atividade esteja envolvida no cálculo de seu custo de capital. Foram obtidos os seguintes dados de mercado:

♦ taxa livre de risco apurada pela média histórica de títulos públicos de longo prazo: 3,8%;

♦ prêmio pelo risco de mercado calculado pela diferença entre o retorno médio do mercado de ações e a taxa livre de risco: 6,2%;

♦ prêmio de risco pelo tamanho da empresa: 2,4%;

♦ prêmio pelo risco específico da empresa (risco sistemático): 1,1%.

Esse prêmio de risco específico pode ser calculado pelo retorno do mercado menos o retorno das empresas do setor. A taxa positiva indica que a empresa apresenta maior risco que o mercado em geral; se negativa, pode indicar que o setor é menos arriscado que a média do mercado.

Com base nessas informações levantadas, pode-se calcular o custo de capital da empresa a partir de prêmios pelo risco:

$$E\ (Rj) = 3,8\% + 6,2\% + 2,4\% + 1,1\% = 13,5\%$$

---

[10] Ver, principalmente: LEAL, Ricardo P. C. *Revisão da literatura sobre estimativa de custo de capital aplicada no Brasil*. UFRJ, 2000.

> Conforme também destacado por Leal,[11] cada fator de risco considerado na formulação apresenta um beta igual a 1,0. Por outro lado, se a empresa tivesse um risco sistemático menor que o de mercado de ações, o prêmio de risco específico seria negativo, reduzindo o seu custo de capital.

4.4.1 CAPM ajustado ao *size premium*

O modelo do CAPM não considera no cálculo do custo de capital do ativo o prêmio pelo porte da empresa – *size risk premium*. Alguns autores admitem que os betas das empresas pequenas não são capazes de contemplar todos os riscos presentes nessas empresas, sugerindo o seguinte modelo do CAPM ajustado ao prêmio pelo tamanho:

$$E(Rj) = R_F + \beta \times (R_M - R_F) + \textit{SIZE PREMIUM}$$

Ibbotson[12] seleciona o prêmio pelo porte da empresa de acordo com a sua capitalização de mercado, divulgando as médias percentuais de risco adicional. Para ilustrar, admita que se deseja estimar o custo de capital de uma empresa de determinado setor de atividade pelo método do CAPM ajustado ao *size premium*. Para tanto, foram levantadas as seguintes informações:

- taxa livre de risco = 4,0%;
- coeficiente beta = 0,82;
- prêmio pelo risco de mercado $(R_M - R_F)$ = 6,2%;
- prêmio de risco pelo tamanho (*size risk premium*) = 3,7%.

A taxa de retorno esperado atinge:

E (Rj) = 4,0% + (0,82 × 6,2%) + 3,7% = 12,78%

4.5 CUSTO DE CAPITAL EM ECONOMIAS EMERGENTES

Conforme ficou demonstrado, o custo de capital deve refletir as condições com que a empresa levanta seus recursos de financiamento no mercado de capitais, sendo representado pelo custo de capital próprio (Ke), custo da dívida ou custo de capital de terceiros (Ki) e Custo Médio Ponderado de Capital (WACC).

O custo de capital de terceiros (Ki) é um *custo explícito* obtido como a taxa de desconto que iguala, em determinado momento de tempo, as entradas de caixa (valor liberado do financiamento) com os respectivos desembolsos de caixa provenientes de

---

[11] Ob. cit.

[12] Ob. cit.

amortizações e juros. Esse custo equivale à taxa interna de retorno dos fluxos financeiros – entradas e saídas de caixa – provenientes de um financiamento. O item 3.1 abordou esse assunto, sugerindo uma metodologia adicional de cálculo do custo da dívida, a partir de medidas de juros e *spread* de inadimplência de mercado.

O custo de capital próprio (Ke), tratado no item 4.1 pelo modelo do CAPM, é um *custo de oportunidade*, representando a melhor oportunidade de retorno possível abandonada pelo acionista pela decisão de investir em certa empresa (*princípio de substituição*). Relevante destacar que as duas alternativas de investimentos (abandonada e selecionada) devem apresentar *riscos similares* para que se configure o custo de oportunidade.

O custo de capital do acionista é um custo *implícito*, sendo identificado pela empresa a partir de fundamentos de mercado e risco da decisão. A principal dificuldade em processar esse custo é a inexistência de um modelo definitivo, que forneça um resultado que atenda plenamente o risco da decisão financeira. O custo de capital próprio é considerado o componente mais difícil de ser estimado no cálculo do WACC.

O modelo do CAPM, bastante adotado para precificação de ativos usando a relação risco e retorno, deve, no entanto, sofrer alguns ajustes quando aplicado às condições de mercado típicas de economias emergentes. Nesse item são discutidas as limitações da aplicação direta do CAPM à realidade brasileira e é proposta uma metodologia de cálculo mais ajustada às características do mercado nacional.

ASPECTOS DO MERCADO DE CAPITAIS BRASILEIRO

A aplicação da fórmula do modelo do CAPM demanda as seguintes informações fundamentais: taxa de juro livre de risco (R_F), coeficiente beta da ação (β) e retorno da carteira de mercado (R_M). Essas variáveis embutem sérias limitações de cálculo na realidade de mercado brasileira, destacando-se, entre outras:

- forte *concentração de capital*.[13] É verificado no mercado acionário brasileiro que um acionista mantém, em média, mais de 50% das ações ordinárias emitidas por uma companhia aberta [www.economatica.com (abril/2024)];
- forte predomínio de ações preferenciais nas negociações em bolsa de valores;
- *viés estatístico*: 5% das companhias abertas com ações negociadas em bolsa de valores são responsáveis por mais de 64% do movimento do mercado acionário, tornando as bolsas bastante dependentes dessas poucas empresas. O índice de bolsa e, em consequência, o retorno da carteira de mercado são formados por poucas ações, não expressando uma representatividade desejada do mercado;

---

[13] Principais dados da pesquisa disponível em: www.institutoassaf.com.br. Ver também: ASSAF NETO, Alexandre; LIMA F. Guasti; ARAÚJO, A. M. Procópio. A realidade da concentração de capital no Brasil: um estudo comparativo com outras economias emergentes. *Revista de Administração da USP/RAUSP*, v. 43, nº 1, jan./mar. 2007.

CAP. 4 CUSTO DE CAPITAL PRÓPRIO **95**

- elevada *volatilidade* das taxas de juros livres de risco da economia, assim como dos rendimentos anuais da carteira de mercado, impedindo que se trace uma tendência de comportamento mais confiável.

Diante dessa realidade, o custo de capital é mais bem mensurado ao ter-se como referência o mercado de uma economia mais consolidada. Ao obterem-se os parâmetros do custo de capital por *benchmark*, em seu cálculo deve ser incluído o *spread* pelo risco de *default* da economia, ou seja, o prêmio pelo risco-país. Nesse *benchmark* serão utilizadas as informações do mercado dos EUA para o cálculo do custo de capital próprio de empresas brasileiras.

Conforme apresentado no item 3.3, a equação fundamental do CAPM para apuração do retorno esperado de um investimento é a seguinte:

$$E(R_j) = R_F + \beta \times (R_M - R_F)$$

A partir dessa expressão, e substituindo seus valores pelas medidas econômicas do mercado dos EUA escolhido como *benchmark*, é possível apurar a taxa de retorno exigida (custo de capital) de um acionista no Brasil, ou seja:

$$E(R_j) = Ke_j = [R_F + \beta_j \times (R_M - R_F)] + RISCO_{BR}$$

	↑	↑	↑	↑	↑
	T-Bond	*Média Setor*	*NYSE S & P*	*T-Bond*	*Prêmio Risco-País*

Detalhando:

- taxa livre de risco (R_F): representa a remuneração nominal dos bônus emitidos pelo Tesouro dos EUA (*treasury bonds*), determinada pela *yield to maturity* (YTM) dos fluxos de rendimentos esperados;
- coeficiente beta (β_j): média dos betas das empresas norte-americanas comparáveis com a companhia brasileira em avaliação. Essa medida é obtida de forma desalavancada como *benchmark* e alavancada de acordo com a estrutura de capital mantida pela empresa e alíquota de IR. As formulações para alavancar e desalavancar o beta foram desenvolvidas no item 4.2;
- rentabilidade da carteira de mercado (R_M): obtida geralmente pela taxa de retorno da carteira NYSE (bolsa de valores de Nova York) ou da carteira S&P (Standard & Poor's);
- risco-país: incluído na formulação em razão de o investimento ser avaliado no mercado brasileiro, que apresenta historicamente um risco de *default* superior ao do mercado referência da avaliação. De maneira mais simples, o prêmio pelo risco-país é determinado pela diferença entre as taxas de juros dos títulos da dívida externa brasileira e dos bônus do Tesouro dos EUA (*T-Bonds*), considerados os de mais baixo risco.

De forma mais pura, o modelo do CAPM deve conter somente fatores de risco sistemático (não diversificáveis). Dessa forma, pode-se discutir a inclusão do risco-país na formulação do modelo por se tratar, segundo avaliação de alguns autores, de um risco de caráter diversificável. Há, no entanto, uma parte relevante de autores[14] que divergem dessa visão, apontando que nem sempre é possível o risco-país ser eliminado pela diversificação. A conclusão é que o risco de uma economia tende a afetar as outras, tornando esse risco pouco diversificável.

A taxa final apurada (Ke) representa o custo nominal de capital próprio. Para o cálculo dessa taxa em termos reais, taxa depurada da inflação, deve-se excluir a taxa de inflação dos EUA e acrescentar a taxa de inflação do Brasil, ou seja:

$$\text{Ke em US\$} = R_F + \beta \times (Rm - R_F) + RISCO_{BR} + \textit{Size Premium}$$
$$\text{Ke Real (R\$)} = R_F + \beta \times (Rm - R_F) - \text{INF USA} + RISCO_{BR} + \textit{Size Premium}$$
$$\text{Ke NOM (R\$)} = R_F + \beta \times (Rm - R_F) + (\text{INF BR} - \text{INF USA}) + RISCO_{BR} + \textit{Size Premium}$$

EXEMPLO ILUSTRATIVO

Admita os seguintes valores para cálculo do Custo de Capital Próprio (Ke) de uma empresa:

♦ Taxa Livre de Risco (R_F)	= 3,5%
♦ Prêmio p/Risco de Mercado (Rm – Rf)	= 6,0%
♦ Beta Total	= 1,12
♦ Risco-País	= 3,2%
♦ *Size Premium* (SP)	= 1,6%
♦ Inflação BR	= 4,0%
♦ Inflação USA	= 2,1%

Cálculos do Custo de Capital:

Ke em US\$ = 3,5% + (1,12 × 6,0%) + 3,2% + 1,6%	= 15,0%
Ke Real (R\$) = 3,5% + (1,12 × 6,0%) – 2,1% + 3,2% + 1,6%	= 12,9%
Ke Nom (R\$) = 3,5% + (1,12 × 6,0%) + (4,0% – 2,1%) + 3,2% + 1,6%	= 16,9%

O laudo de avaliação da Sadia em recente fusão com a Perdigão destaca, como premissa utilizada no trabalho, que a taxa de desconto utilizada foi calculada com base em: (i) beta desalavancado de empresas comparáveis da indústria; (ii) estrutura ótima de capital com base em empresas comparáveis do setor com a administração da Sadia; (iii) risco-país; e (iv) estimativas de custo de dívida líquido de benefício fiscal de IR e CSLL.

Fonte: www.brasilfoods.com (avaliação realizada em 19.5.2009).

---

[14] Ver, entre outros: DAMODARAN, Aswath. *Avaliação de investimentos*. 2. ed. Rio de Janeiro: Qualitymark, 2010.

Importante acrescentar que diversos outros trabalhos corroboram[15] as necessidades de ajustes no cálculo do custo de capital em economias emergentes. Esses estudos propõem modelos conceituais similares ao sugerido, introduzindo algumas sofisticações de cálculo ou diferenças particulares de metodologia.

CASO PRÁTICO
Avaliação da Embratel

Sabe-se que no processo de privatização da Embratel – Empresa Brasileira de Telecomunicações, ocorrido na década de 1990, o custo de capital próprio para o segmento de longa distância foi determinado tendo como *benchmark* o mercado dos EUA. Nessa avaliação, foram levantadas as seguintes informações e medidas de mercado:

- Taxa livre de risco (R_F) = 5,75%

   Foi usada a taxa média dos títulos do Tesouro dos EUA de 10 anos.
- Beta total (β) = 0,86

   Média dos betas de empresas dos EUA do setor de telecomunicações. O beta médio obtido do mercado de referência é o beta desalavancado, sendo alavancado pela estrutura de capital (P/PL) e alíquota de IR da companhia brasileira.

- Retorno da carteira de mercado (R_M) = 13,15%

   Média das taxas de retorno das ações de mercado dos EUA.
- Prêmio pelo risco-país = 4%.

Cálculo do custo de capital próprio da Embratel:

$$E\ (R_j) = Ke = [5,75\% + 0,86 \times (13,15\% - 5,75\%)] + 4,0\%$$

$$E\ (R_j) = Ke = 16,11\%$$

Essa taxa representa o retorno mínimo a ser requerido pelos investidores em capital próprio (acionistas) no Brasil, de forma a remunerar o risco assumido no investimento na empresa.

Avaliação da Sadia S.A.

A tabela a seguir ilustra como foi determinada a taxa de desconto (WACC) utilizada na avaliação da Sadia S.A. (13.7.2006).

---

[15] Citam-se, entre outros, SANVICENTE. A. Zoratto; MINARDI, A. M. A. Fonseca. *Problemas de estimação do custo de capital no Brasil*. IBMEC, Relatório de Pesquisa; DAMODARAN, A. *Finanças corporativas*. 2. ed. Bookman, 2008. Sugerem-se ainda os materiais produzidos pelo CEMEC – Centro de Estudos em Mercado de Capitais/IBMEC e disponíveis em: www.cemec.com.br.

- Beta alavancado: 0,80 (média das empresas do setor)
- Taxa livre de risco: 5,2% (*YTM* dos *T-Bonds* de 10 anos)
- Prêmio pelo risco de mercado: 5,0% (S&P – *T-Bonds* últimos 50 anos)
- Risco-Brasil: 3,1% (média últimos 12 meses)

Custo Capital Próprio Nominal (Ke) = [5,2% + 0,80 × 5,0%] + 3,1%
Ke = 12,3%

- Custo capital de terceiros bruto: 6,9%
- Taxa de IR/CSLL no Brasil: 34,0%

Custo Capital de Terceiros Líquido (Ki) = 4,55%

- Valor do PL/valor da firma: 89,4%
- Dívida líquida/valor da firma: 10,6%

WACC Nominal em US$ = (12,3% × 0,894) + (4,55% × 0,106)

WACC Nominal em US$ = 11,48%

- Taxa de inflação dos EUA: 2,0%

WACC Real US$ = 9,48%

- Inflação média brasileira esperada: 4,1%

WACC Nominal em R$ = 13,58%

Avaliação do BM&FBOVESPA S.A.

Cálculo do Custo de Capital verificado em abril/2016 por ocasião do processo de combinação de suas operações com a CETIP S.A., conforme relatório disponibilizado em: www.cvm.org.br

Taxa Livre de Risco (Fonte: Bloomberg)	= 3,0%
Inflação EUA (Fonte: *Economist*)	= 1,8%
Inflação Brasileira (Fonte: BACEN)	= 5,1%
Beta Alavancado	= 1,2
Prêmio de Risco de Mercado (Fonte: Damodaran)	= 4,5%
Risco-país (Fonte: Bloomberg)	= 3,1%
Prêmio p/ Tamanho da Empresa – *Size Premium*	= 1,0%
(Fonte: Ibbotson Associates)	
Custo de Capital Próprio Nominal – Ke Nominal	= 15,8%
Ke (R$) = 3,0% + (1,2 × 4,5%) + (5,1% – 1,8%) + 3,1% + 1,0%	

COMPARAÇÕES DO CUSTO DE CAPITAL PRÓPRIO DAS EMPRESAS BRASILEIRAS

O quadro a seguir ilustra, para cada ano do período 2017-2019, o custo de capital próprio médio das companhias abertas brasileiras listadas na BM&FBovespa e a taxa Selic média, admitida como a de menor risco da economia.

O *Prêmio pelo Risco* é a remuneração apurada pelo investidor (ROE) em excesso à taxa mínima exigida de retorno (Custo de Capital Próprio – Ke). Em outras palavras, quanto o investidor obteve de retorno acima de seu custo de capital (prêmio). Retorno igual ao custo de capital não produz ganhos econômicos ao investidor, remunerando somente o risco incorrido na aplicação do capital.

Custo de capital das companhias abertas brasileiras

	2023	2022	2021
Custo de capital próprio – Ke	12,49%	13,76%	12,22%
ROE	15,65%	24,03%	30,63%
Prêmio pelo Risco (ROE – Ke)	3,16%	10,27%	18,41%

Fonte: www.institutoassaf.com.br.

Interessante também é a comparação do custo médio de capital próprio entre as companhias abertas brasileiras e dos EUA, conforme apresentado a seguir. De acordo com o esperado, a taxa de retorno exigida pelos investidores no Brasil supera a remuneração requerida das companhias norte-americanas. A explicação desse diferencial, considerando empresas similares (natureza dos ativos e alavancagem), pode ser atribuída a três variáveis:

- diferencial de inflação;
- prêmio pelo risco-país;
- prêmio de risco pelo tamanho (*size premium*).

Custo de capital próprio BR x EUA

	2023	2022	2021
Ke BR	12,49%	13,76%	12,22%
Ke USA	8,93%	11,56%	6,38%

Fonte: Ke/BR – www.institutoassaf.com.br; Ke/EUA – www.damodaran.com.

5

Custo Total de Capital e Alavancagem

O *Custo Médio Ponderado de Capital* (WACC)[1] é adotado como uma taxa mínima de atratividade dos proprietários de capital (credores e acionistas) nas decisões financeiras. Em outras palavras, o WACC é o retorno mínimo que todos os investidores esperam receber de forma a remunerar o custo de oportunidade dos recursos aplicados. O custo de oportunidade, conforme estudado, é uma comparação de alternativas financeiras de riscos próximos: quanto um investidor deixou de ganhar por ter aplicado seu capital em uma empresa em vez de outra, ambas admitidas com risco semelhante.

Na avaliação do desempenho econômico e controle operacional, o WACC surge como uma medida de referência, indicando a eficácia da gestão financeira no período assinalado de tempo. Sempre que o retorno dos capitais investidos pertencentes a credores e acionistas, conhecido por ROI,[2] supera o WACC, apura-se um resultado econômico positivo, conhecido na literatura por *Valor Econômico Agregado* (EVA).[3] Um resultado positivo do EVA indica que os investidores auferiram um ganho acima de seu custo de oportunidade, promovendo a criação de valor.

> O *custo de capital* apresenta estreita relação com a criação de valor de uma empresa. A orientação básica é que somente há criação de valor e, portanto, atratividade econômica na decisão financeira quando

---

[1] WACC – *Weighted Average Cost of Capital*, em inglês.

[2] ROI – *Return on Investment*, em inglês, conforme amplamente estudado no Capítulo 2.

[3] EVA – *Economic Value Added*. Marca registrada da Stern Stewart & Co., estudada nos Capítulos 1 e 2.

os retornos gerados pelo capital investido excedem o seu custo de oportunidade. Em caso de os ganhos obtidos não remunerarem o risco do investimento expresso no custo de capital, há uma destruição de valor no capital investido do acionista, ou seja, o valor em continuidade da empresa é menor que seu valor de liquidação. No mundo globalizado dos negócios, as empresas buscam criar valor econômico por meio da apuração de EVAs positivos.

Essa medida de agregação de valor é considerada bastante relevante para a avaliação de desempenho e viabilidade de um negócio, uma vez que não somente os custos explícitos são considerados na apuração dos resultados, mas também os custos implícitos (custos de oportunidade) do capital próprio e o sucesso das estratégias financeiras adotadas pela empresa, como maior giro dos investimentos, redução dos riscos do negócio etc.

Na avaliação econômica de ativos, o WACC é a taxa de custo de capital utilizada para descontar os fluxos operacionais futuros disponíveis esperados de caixa para o momento atual (valor presente), apurando assim o valor da empresa para todos os investidores identificados como credores e acionistas.

Recordando – Existe lucro genuíno somente após ser considerado o custo de oportunidade do capital próprio que financia as operações. O valor econômico gerado é uma medida mais ousada e completa em relação à mensuração contábil tradicional do lucro, permitindo uma visão mais correta do desempenho.

A criação de valor econômico ocorre sempre que o retorno sobre o investimento (ROI) supera o custo total de capital (WACC), criando um *spread* econômico positivo (ROI – WACC). De acordo com o exposto no Capítulo 2, a medida do ROI é consequência de maior competência da empresa na gestão de seus ativos e margens operacionais de lucros. O WACC é determinado pelo risco econômico da empresa identificado nas decisões de investimento (ativos), na seleção de uma estrutura de capital (proporção entre recursos próprios e de terceiros utilizados para financiar o negócio) que minimiza o risco financeiro, e pelos custos de captação de recursos no mercado para financiar os ativos.

5.1 CÁLCULO DO WACC

O custo total de capital da empresa depende dos custos das diversas fontes de financiamento (acionistas e credores) e da estrutura de capital selecionada. É calculado como o custo médio ponderado dos capitais próprios e de terceiros mantidos pela empresa, sendo geralmente representado por WACC.[4]

---

[4] WACC – *Weighted Average Cost of Capital*, ou: CMPC – Custo Médio Ponderado de Capital.

O WACC é usado como custo de oportunidade dos capitais investidos na empresa, indicando o retorno mínimo necessário que ela deve auferir para remunerar as expectativas de ganhos dos proprietários de capital (credores e acionistas). A empresa agrega valor se for capaz de produzir um retorno em sua atividade que supere o seu custo de capital. O WACC é a taxa de desconto aplicada aos fluxos futuros previstos disponíveis de caixa da empresa para determinação de seu valor econômico (*fair value*).

A formulação básica amplamente adotada de cálculo do custo total de capital tem a seguinte expressão:

$$WACC = \left(Ke \times \frac{PL}{P + PL}\right) + \left[Ki \times (1 - IR) \times \frac{P}{P + PL}\right]$$

em que:

WACC = custo total de capital (Custo Médio Ponderado de Capital);

Ke = custo de oportunidade do capital próprio. Taxa mínima de retorno exigida pelos acionistas considerando o risco do capital investido, conforme estudado no Capítulo 4;

Ki = custo explícito de capital de terceiros (dívidas onerosas), amplamente estudado no Capítulo 3;

IR = alíquota de imposto de renda;

P = capital oneroso de terceiros (passivos com juros: empréstimos e financiamentos) a valor de mercado;

PL = capital próprio a valor de mercado: quantidade de ações emitidas × preço (cotação) de mercado de cada ação;

P+PL = total do capital investido na empresa a valor de mercado;

$\dfrac{P}{P + PL}$ = participação do capital de terceiros onerosos no montante investido no negócio;

$\dfrac{PL}{P + PL}$ = participação do capital próprio (patrimônio líquido) no total investido no negócio.

O capital de terceiros é calculado na formulação do WACC pela sua *taxa líquida do imposto de renda*. São consideradas nessa fonte de financiamento somente as dívidas onerosas, ou seja, os passivos que geram encargos financeiros, como empréstimos e financiamentos. Outras dívidas correntes da empresa, destinadas ao seu funcionamento, como fornecedores a pagar, salários etc., mesmo que eventualmente incorporem algum custo financeiro (juros), têm esses gastos considerados na estrutura de custos e despesas operacionais, sendo mais bem considerados no cálculo dos resultados da empresa.

CÁLCULO DO CUSTO TOTAL DE CAPITAL – WACC

Admita uma empresa que mantenha uma relação capital de terceiros onerosos (P – passivos com juros) e capital próprio (PL – patrimônio líquido), a valores de mercado, igual a 98% (P/PL = 98%). O custo de capital próprio (Ke), calculado de acordo com o modelo do CAPM, é igual a 16% a.a., e o custo efetivo das dívidas onerosas, antes do benefício fiscal, é 14% a.a. A empresa trabalha com uma alíquota de IR de 34%.

Cálculo do WACC

Pelo enunciado, tem-se que: P/PL = 98%. Assim, a partir dessa relação pode-se calcular o peso de cada fonte de financiamento no total do investimento:

P = 49,5%

PL = 50,5%

Essa estrutura é equivalente à relação: [P = 49,5% / PL = 50,5%] = 0,98

Conclui-se que 49,5% do valor do capital total investido na empresa são financiados por recursos de terceiros onerosos (empréstimos e financiamentos), participando o capital próprio com 50,5%. Logo:

WACC = (16,0% × 0,505) + [14,0% × (1 – 0,34) × 0,495]

WACC = 12,65%

O WACC se altera diante de modificações nos custos das diversas fontes de financiamento (Ke e Ki) e em caso de ocorrerem alterações na estrutura de capital (P/PL).

Na ilustração, a empresa demonstra viabilidade econômica somente em caso de apurar um retorno sobre o capital investido pelo menos igual ao WACC calculado. Com esse ganho mínimo, é capaz de remunerar suas fontes de financiamento (credores e acionistas) pela taxa mínima de retorno exigida. A criação de valor econômico surge quando o retorno do investimento excede o custo total de capital.

EXEMPLO ILUSTRATIVO 1

Admita uma empresa com a seguinte estrutura de capital:

– Financiamento Banco "A" (Ki = 9,9% a.a.)   = $ 22.500,0 mi.

– Financiamento Banco "B" (Ki = 8,4% a.a.)   = $ 18.000.0 mi.

– Capital Próprio (Ke = 15,0% a.a.)   = $ 49.500,0 mi.

Os juros dos financiamentos estão expressos em taxas brutas (antes do IR).

A alíquota de IR é de 34%

PEDE-SE determinar o Custo Total de Capital da empresa (WACC)

Solução

FINANCIAMENTO	VALOR	%	CUSTO LÍQUIDO - Ki (%)	CUSTO LÍQUIDO ($)
Banco "A"	$ 22.500,0	25,0%	9,9% × (1 – 0,34) = 6,534%	$ 1.470,2
Banco "B"	$ 18.000,0	20,0%	8,4% × (1 – 0,34) = 5,544%	$ 997,9
Capital Próprio	$ 49.500,0	55,0%	15,0%	$ 7.425,0
CUSTO TOTAL DE CAPITAL	$ 90.000,0	100,0%	–	$ 9.893,1

WACC = (15,0% × 0,55) + (6,534% × 0,25) + (5,544% × 0,20) = 10,99%

WACC = = 10,99%

EXEMPLO ILUSTRATIVO 2

Uma empresa divulga ao final do exercício de X2 um EBIT (LAJIR: Lucro Antes dos Juros e IR) de $ 920,0 mi. A alíquota de IR é de 34%.

A estrutura de capital da empresa é a seguinte:

- Passivo = $ 1.922,8 mi
- Patrimônio Líquido = $ 3.177,2 mi

PEDE-SE:

a) Calcular o ROI da empresa no exercício

Solução

$$ROI = \frac{NOPAT: \$ 920,0 \times (1 - 0,34)}{Investimento: \$ 1.922,8 + \$ 3.177,2} = 11,9\%$$

b) O custo das dívidas antes do IR é de 12,2% a.a. e o custo de capital próprio está estimado em 18,5%. Calcular o WACC da empresa.

Solução

Estrutura de Capital:

PASSIVO = $ 1.922,8 mi – 37,7%

PL = $ 3.177,2 mi – 62,3%

$ 5.100,0 mi – 100,0%

WACC = [18,5% × 0,623] + [12,2% × (1 – 0,34) × 0,377] = 14,56%

5.1.1 Fundamentos conceituais do WACC

A metodologia de cálculo e aplicações práticas do Custo Médio Ponderado de Capital (WACC), como taxa de retorno de oportunidade exigida pelos investidores, envolve alguns fundamentos conceituais importantes, conforme são comentados a seguir.

Coerência do WACC com os fluxos de caixa

O WACC quando aplicado na avaliação de empresas deve assumir algumas coerências.

A estrutura do WACC deve ser coerente com a formação dos fluxos de caixa a serem descontados. O custo total de capital representa o custo médio ponderado de todas as fontes de recursos, próprias e de terceiros, que financiam a atividade, e deve ser aplicado aos fluxos de caixa disponíveis a todos os proprietários de capital (credores e acionistas). Em outras palavras, o WACC mensurado pela ponderação de capitais próprios e de terceiros representa a taxa de desconto de fluxos de caixa operacionais, os quais incluem os resultados dos acionistas e credores.

O WACC é calculado após o imposto de renda, devendo descontar fluxos de caixa também líquidos desse tributo. Da mesma forma, se os fluxos de caixa são estimados em valores correntes, que incorporam uma expectativa de inflação, a taxa de desconto deve também ser expressa em bases nominais; ao contrário, para fluxos de caixa em moeda constante, o WACC deve ser calculado em taxa real, depurado dos efeitos da inflação.

WACC formado por recursos de longo prazo

A estimativa do WACC considera como pressuposto a empresa manter uma estrutura de financiamento em condições de *equilíbrio financeiro*. Isso significa que todas as necessidades circulantes (sazonais) de recursos devem ser financiadas com fundos de curto prazo, e as de longo prazo cobertas por capitais de maturidade similar. O montante de recursos de longo prazo, composto de capital de terceiros (dívidas) e próprios, é determinado pela estrutura de equilíbrio financeiro, verificando-se uma compensação (equilíbrio) entre os prazos de captação e aplicação de recursos.[5]

A economia brasileira possui algumas características próprias, que exigem certos ajustes nos modelos financeiros. É observada nas empresas nacionais uma participação relevante de financiamentos de curto prazo que, pela prática de renovação contínua, podem ser entendidos como de natureza permanente. Os recursos de longo prazo na economia brasileira ou são escassos, como os créditos de longo prazo, ou são seletivos e de cara manutenção, como o acesso à bolsa de valores, ou cobram juros muito elevados, inviabilizando a alocação desses capitais. Somente grandes companhias têm acesso a fontes de crédito de longo prazo de forma mais vantajosa, como as oferecidas pelo sistema BNDES, ou aquelas disponíveis no mercado de capitais internacional.

---

[5] Para um estudo mais profundo da estrutura de equilíbrio financeiro, recomenda-se: ASSAF NETO, Alexandre. *Finanças corporativas e valor*. 8. ed. 2022, cap. 26.

Assim, na ponderação do WACC no Brasil, diante da carência de capitais de longo prazo para muitos segmentos de empresas, é possível nesses casos serem incluídas dívidas onerosas de curto prazo, principalmente se mantidas de forma contínua pelas empresas.

WACC a pesos de mercado

No cálculo do WACC, a ponderação das fontes de financiamento deve ser efetuada a valor de mercado, procurando refletir a realidade econômica de cada recurso.

Em outras palavras, para a estimativa do WACC é necessário que se pondere cada capital (próprio e de terceiros), considerando seus respectivos valores de mercado. Todos os passivos de funcionamento, entendidos como as dívidas sem ônus da empresa (livres de juros), não são incluídos no cálculo do WACC. Esses passivos não possuem custos financeiros ou, se possuem, encontram-se de alguma forma implícitos nos resultados operacionais e fluxos de caixa da empresa.

Reconhecidamente, o capital próprio é mais oneroso que o capital de terceiros (Ke > Ki). Como o valor de mercado do patrimônio líquido de uma empresa costuma ser superior ao seu valor contábil, o WACC a pesos de mercado é também maior que o contábil, produzindo menor valor presente.

Para ilustrar, admita as seguintes estruturas de capital de uma empresa avaliadas a preços de mercado e de acordo com os critérios contábeis.

	Vr Contábil	Vr Mercado	
PASSIVO	$ 40,0 – 40%	$ 40,0 – 25%	Ki (Líq IR) = 9,0% a.a.
PL	$ 60,0 – 60%	$ 120,0 – 75%	Ke = 16% a.a.

WACC (Contábil) = (16% × 0,60) + (9% × 0,40) = 13,20%
WACC (Mercado) = (16% × 0,75) + (9% × 0,25) = 14,25%

O WACC Contábil, por ser geralmente MENOR que o calculado a pesos de mercado, "ELEVA" o valor da empresa. Esse acréscimo no valor não se origina, no entanto, de uma melhor capacidade da empresa em produzir maiores resultados econômicos esperados de caixa, mas do critério de avaliação de suas fontes de financiamento. Maior participação de Capital Próprio na estrutura de financiamento da empresa determina um aumento na taxa de desconto dos fluxos de caixa esperados (Custo Total de Capital – WACC) em razão de o Custo de Capital Próprio ser superior ao Custo do Capital de Terceiros (Ke > Ki).

WACC e estrutura de capital

O WACC é estimado para determinada estrutura de capital da empresa em avaliação. Entende-se por estrutura de capital a proporção entre dívidas (Passivos Onerosos: empréstimos e financiamentos) e recursos próprios (Patrimônio Líquido) utilizada pela empresa para financiar seus ativos.

A metodologia de apuração do custo total de capital (WACC) tem como pressuposto que a empresa mantenha uma estrutura de capital entendida como *ideal*, ou seja, aquela proporção de capital próprio e capital de terceiros que minimize o custo total e seja capaz de promover, ao mesmo tempo, a maximização do valor da empresa. Se a empresa não apresenta no momento da avaliação essa estrutura ótima de capital, é esperado que ao longo do tempo procure ajustar seu *mix* de financiamento até atingir essa proporção recomendada.

É razoável esperar-se que a estrutura de capital, por alterações em sua composição ou por mudanças no valor de mercado de seus títulos, não se mantenha imutável no tempo. Assim, ocorrendo alterações na estrutura de capital ao longo do tempo, pode-se utilizar um WACC diferente para cada ano. Na prática, no entanto, costuma ser utilizada somente uma taxa de WACC para todo o período de previsão, o que nem sempre corresponde com a realidade.

Como o cálculo do WACC é desenvolvido a partir de ponderações a valor de mercado, isso somente é possível se for previamente conhecido o valor de mercado do capital próprio e do capital de terceiros. Para o cálculo do capital próprio a mercado, devem-se projetar os benefícios futuros esperados de caixa e descontar esses resultados a valor presente usando-se o WACC, taxa não conhecida até então. Essa situação descreve o "problema de circularidade" identificado por Copeland, Koller e Murrin:[6] não é possível conhecer o valor de mercado da empresa sem antes saber a taxa de desconto de seus fluxos de caixa previstos; para o cálculo da taxa de desconto, é necessário conhecer previamente o valor de mercado da empresa para ponderação do custo total.

Copeland sugere nessas situações a adoção de uma estrutura de capital *meta*, ou seja, uma proporção de dívidas e capital próprio descrita como objetivo da empresa. A proposta de uma estrutura de capital meta para o WACC, e não a corrente, tem como principal vantagem evitar o denominado "problema de circularidade" inerente em seu cálculo. A estrutura de capital corrente pode ainda não refletir a composição das fontes de financiamento que se espera manter ao longo da vida futura da empresa.

PRÁTICA DE CÁLCULO DO CUSTO DE CAPITAL NO BRASIL

Custo de Capital Próprio

Uma recomendação bastante usual no Brasil é a estimativa do custo de capital próprio em dólar por *benchmark* do mercado dos EUA (mercado utilizado como referência), e a seguir sua conversão em reais. O capítulo anterior detalhou essa metodologia, desenvolvendo inclusive um exemplo prático de apuração do custo de capital em economias emergentes. As informações necessárias para esses cálculos estudadas são apresentadas no exemplo ilustrativo a seguir:

---

[6] COPELAND, Tom; KOLLER, Tim; MURRIN, Jack. *Avaliação de empresas*. 3. ed. São Paulo: Makron Books, 2002. p. 209.

- taxa livre de risco em dólar = 3,7%. Essa taxa representa a remuneração dos títulos do Tesouro dos EUA com maturidade de 10 anos, conforme negociados no mercado;
- beta global do setor = 0,96. Essa medida é obtida no mercado de referência dos EUA para o setor de atividade da empresa. O beta deve ser ajustado se a empresa mantém uma estrutura de capital (P/PL) diferente da média das empresas que compõem o setor. O Capítulo 4 detalha esses cálculos de ajuste do beta por *benchmark*;
- prêmio pelo risco de mercado: retorno da carteira de mercado – retorno dos títulos livres de risco = 6,2%. O prêmio é calculado para o mercado de referência (EUA) como média histórica de longo prazo.

Custo de Capital Próprio Global – Referência: Mercado dos EUA

$$Ke\ (Global - US\$) = 3,7\% + (0,96 \times 6,2\%) = 9,65\%$$

Para a estimativa do custo de capital próprio em reais, são necessárias as seguintes informações adicionais:

- prêmio pelo risco-país: 1,6%;
- a inflação esperada do Brasil é de 4,5% e da economia dos EUA, de 2,0%.

O diferencial de inflação de 2,5% deve ser adicionado ao custo de capital próprio global (em US$) para ser estimado o custo de capital no Brasil (em R$).

Assim, admitindo que a empresa tenha uma estrutura de capital similar à do setor de atividade, tem-se a estimativa do custo de capital em reais nominais (R$):

$$Ke\ (Brasil - R\$) = Ke\ (Global - US\$) + \text{Prêmio Risco-País} + \text{Diferencial de Inflação}$$
$$Ke\ (Brasil - R\$) = 9,65\% + 1,6\% + (4,5\% - 2,0\%) = 13,75\%$$

Custo de Capital de Terceiros – Ki

O custo de capital de terceiros pode ser obtido do relatório de dívidas mantidas pela empresa em determinado exercício, e disponível em Notas Explicativas de suas demonstrações contábeis publicadas. De forma alternativa, o Ki pode ainda ser conhecido a partir do *rating* da empresa e maturidade de suas dívidas, conforme estudado no Capítulo 3.

Admitindo um custo bruto da dívida (antes do benefício fiscal) de 8,2% ao ano, a taxa líquida após o IR de 34% atinge:

$$Ki\ (Líq.\ IR) = 8,2\% \times (1 - 0,34) = 5,41\%$$

Custo Total de Capital – WACC

Após a apuração do custo de cada fonte de financiamento – capital próprio e capital de terceiros –, a estimativa do WACC exige a definição da estrutura de capital a ser adotada pela empresa, ou seja, a proporção de recursos próprios e de dívidas que irão financiar seus ativos.

110 VALUATION · ASSAF NETO

Admitindo na prática ilustrativa uma participação de capital próprio de 58% e de 42% de recursos de terceiros, tem-se o seguinte custo total de capital em reais (R$):

WACC = (13,75% × 0,58) + (5,41% × 0,42) = 10,25%

Principais *sites* financeiros que podem ser consultados para a construção do custo de capital no Brasil:

www.institutoassaf.com.br

www.bondsonline.com

www.globalrates.com

www.bloomberg.com

www.economatica.com

www.finance.yahoo.com

www.ibbotson.com

www.damodaran.com

5.2 ESTRUTURA DE CAPITAL

A teoria da estrutura de capital estuda a composição das fontes de financiamento de uma empresa, distribuídas entre dívidas onerosas (P) e recursos próprios (PL), identificando a relação P/PL que minimiza o custo total de capital e maximiza, ao mesmo tempo, o seu valor econômico. Quando uma empresa eleva seu endividamento, por exemplo, duas forças atuam em sentidos contrários sobre o percentual do WACC. Maior endividamento eleva o risco financeiro e, em contrapartida, a remuneração exigida pelos investidores. Por outro lado, maior participação de dívidas, por definição mais barata que capital próprio, reduz o custo médio ponderado das fontes de financiamento (WACC).

A discussão básica das teorias de estrutura de capital é se esses efeitos sobre o WACC se anulam ou não, ou seja, se o maior custo incorrido pela mais alta alavancagem (risco financeiro) se anula pelos ganhos por usar fontes de financiamento de terceiros mais baratas em proporção maior. Em outras palavras, a questão essencial é avaliar se é possível definir uma composição ótima de financiamento, que produza o menor WACC e maximize, ao mesmo tempo, o valor da empresa.

Para o cálculo do WACC, há diversas teorias embasando o entendimento da estrutura de capital ideal. Algumas dessas teorias são resumidas a seguir.

Teoria de Modigliani e Miller

Modigliani e Miller (MM) desenvolveram nos anos 1950 uma importante teoria de custo e estrutura de capital que ficou conhecida por "teoria MM". Os autores sugeriram em seu trabalho pioneiro[7] que a empresa mantém o mesmo valor independentemente da estrutura de capital escolhida. O maior custo gerado pelo aumento do risco financeiro (mais alta alavancagem financeira) é compensado, segundo os autores, pelo benefício fiscal oferecido pelas dívidas crescentes. Alguns importantes pressupostos que lastreiam essa teoria são:

- inexistência de imposto de renda;
- não há *distress cost*, ou seja, custos de dificuldades financeiras. O custo de capital de terceiros é constante, qualquer que seja o endividamento da empresa;
- é possível a um investidor realizar uma "alavancagem caseira" (*home leverage*). Em outras palavras, o investidor pode captar recursos no mercado pagando a mesma taxa de juros da empresa, obtendo com isso os mesmos ganhos de alavancagem.

Atendidos esses pressupostos, o WACC será igual para qualquer relação P/PL, não afetando o valor da empresa. O valor dos ativos, com e sem alavancagem, é o mesmo, concluindo MM pela inexistência de uma estrutura de capital ótima.

Em trabalho posterior, no ano de 1963, MM abandonam o pressuposto de inexistência de IR e demonstram como os ganhos fiscais podem beneficiar o valor da empresa. Ao considerar o benefício fiscal da dívida, o WACC diminui, promovendo a elevação do valor da empresa conforme a alavancagem for aumentando.

As conclusões da proposta de Modigliani e Miller são bastante lógicas, tendo como base os pressupostos que lastreiam a teoria. A desconsiderar o imposto de renda, a estrutura de capital não exerce influência sobre o valor da empresa; ao se admitir a dedutibilidade fiscal dos juros da dívida, a conclusão é de que a empresa deve se financiar ao máximo (100%) com capital de terceiros. Dificilmente uma empresa atinge, na realidade, esse limite.

Empréstimos subsidiados por meio do sistema BNDES, que mantém geralmente suas taxas de juros inalteradas até níveis mais altos de endividamento, podem se constituir em exemplos da realidade da teoria de MM no Brasil. Pelas condições de custos financeiros bastante vantajosos, juros inferiores aos livremente praticados no mercado, e por não repassarem em sua totalidade o prêmio pelo risco financeiro às taxas de juros, as empresas são motivadas a priorizar essas fontes de recursos, maximizando sempre que possível a alavancagem em certos projetos de investimento.

Há grandes discussões no mundo acadêmico a respeito da validade dessas propostas de MM, centrando as críticas geralmente sobre os pressupostos da teoria, principalmente o *distress cost*. Deve-se admitir que as teorias de MM são bastante importantes para as Finanças, influenciando muitos trabalhos. Apesar de não encontrar maior aplicabilidade na prática, principalmente em mercados emergentes, os trabalhos de MM são considerados como referência para a "Moderna Teoria de Finanças".

---

[7] MODIGLIANI, Franco; MILLER, Merton. The cost of capital, corporation finance and the theory of investment. *American Economic Review*, v. 48, June 1958.

Teoria convencional

A "teoria convencional", também conhecida por *trade off*, defende que existe uma estrutura ótima de capital, ou seja, uma proporção de capital próprio e dívidas que minimizam o custo total de capital (WACC).

A utilização de capital de terceiros no *mix* de financiamento traz duas vantagens e um alerta para a empresa. As dívidas da empresa apresentam um custo de oportunidade menor que o de capital próprio, gerando um incentivo maior para a alavancagem. Admite-se que o credor enfrenta um risco menor que o acionista, exigindo por isso um retorno mais baixo. A dívida é uma obrigação contratual com exigências de pagamento mais rígidas e previamente estabelecidas, além de apresentar prioridade no recebimento em caso de dificuldades financeiras e falência da empresa.

O acionista, por seu lado, tem o retorno do capital investido dependente do sucesso do empreendimento, não assumindo nenhuma garantia de ressarcimento do capital investido em caso de incapacidade de pagamento da empresa. Enfrenta, em consequência, maior risco.

Outra vantagem do uso de capitais de terceiros é a dedutibilidade fiscal dos encargos financeiros das dívidas para efeitos de imposto de renda, proporcionando um importante benefício fiscal e redução de seu custo.

O alerta para o uso de maior endividamento na estrutura de capital é a elevação do risco de descontinuidade da empresa. Quanto maior a alavancagem (mais alta participação de recursos de terceiros), mais elevado é o risco financeiro da empresa, exigindo que o acionista e os credores aumentem a taxa de retorno exigida de seus capitais investidos, onerando o custo de oportunidade da empresa.

Em resumo, pode-se sugerir que, diante de uma variação na alavancagem financeira da empresa, medida pela relação entre passivos onerosos e patrimônio líquido (P/PL), dois comportamentos antagônicos são observados na formação do WACC: maior risco pela participação mais elevada de dívidas e maior participação de fontes de recursos mais baratas.

Assim, por exemplo, ao se decidir elevar a participação de dívidas na estrutura de capital da empresa – maior alavancagem financeira –, verifica-se:

- **Aumento do WACC**
  O risco financeiro se eleva pela maior participação de dívida na composição do capital, refletindo sobre os custos das várias fontes de financiamento (Ke e Ki) e aumentando o custo total ponderado de capital. O WACC se eleva à medida que P/PL também for maior.

- **Redução do WACC**
  Como o custo da dívida (Ki) é menor que o custo de capital próprio (Ke), maior alavancagem financeira (maior P/PL) reduz o custo total de capital calculado pela ponderação das diversas fontes de financiamento (WACC).

Pela teoria do *trade off*, essas duas variações não se anulam, sendo possível obter-se uma proporção entre recursos próprios e recursos de terceiros que reduz o WACC ao mínimo. A teoria do *trade off* propõe que existe uma estrutura ótima de capital que promove a minimização do WACC.

Existem diversas outras teorias que procuram explicar a existência, ou não, de uma estrutura ótima de capital, ou seja, aquela que pelo custo de capital mínimo maximiza o valor econômico da empresa.

Teoria de Pecking Order

A teoria de *Pecking Order* prevê que a seleção da estrutura de capital, voltada ao financiamento dos ativos da empresa, segue certa "ordem ou hierarquia de preferências" ótima, explicada pela assimetria de informações observada nas decisões de financiamento. Esse desequilíbrio informacional admite que os agentes internos (gestores) possuem informações não disponíveis aos agentes externos (credores de mercado) a respeito da efetiva situação da empresa.

O *Pecking Order* prevê que a empresa irá financiar seus investimentos preferencialmente com lucros retidos (acumulados). Ao necessitar de recursos adicionais para investir, a empresa, segundo a hierarquia de importância, irá buscar empréstimos e financiamentos, e por fim emitir novas ações.

Estudos realizados sustentam a teoria do *Trade Off* na formação da estrutura de capital ideal; outros apoiam a teoria do *Pecking Order*. No Brasil, há certo predomínio de preferência pelo endividamento subsidiado, cujo custo financeiro é bastante inferior ao praticado no mercado e apresenta ainda pouca alteração diante de variações na alavancagem financeira. Exemplos dessa situação, conforme comentado, são as linhas de crédito oferecidas pelo sistema BNDES. A hierarquização das fontes de financiamento das empresas brasileiras não segue o *Pecking Order*, buscando as empresas, com maior prioridade, capitais de terceiros de custos e prazos mais atraentes e vantajosos aos seus objetivos de maximização de valor.

EXEMPLO ILUSTRATIVO

Estrutura de capital com custo mínimo

Para ilustrar a determinação da estrutura e custo total de capital para diferentes alavancagens, admita o cálculo do WACC para os valores simulados na tabela a seguir:

P/PL	P/(P + PL)	Ke	Ki (líq. IR)	WACC
0%	0,0%	13,5%	4,5%	13,5%
50%	33,3%	16,0%	4,9%	12,3%

(continua)

(*continuação*)

P/PL	P/(P + PL)	Ke	Ki (líq. IR)	WACC
60%	37,5%	16,5%	5,1%	12,2%
70%	41,2%	17,0%	5,6%	12,3%
80%	44,4%	17,5%	6,4%	12,6%
90%	47,4%	18,0%	7,4%	13,0%
100%	50,0%	18,5%	8,8%	13,7%
150%	60,0%	21,0%	12,9%	16,1%

A *primeira* coluna (**P/PL**) indica os vários níveis de endividamento usados na simulação, conforme previstos na tabela.

A *segunda* coluna [**P/(P+PL)**] calcula, para cada estrutura de capital simulada apresentada na primeira coluna, a proporção de capital de terceiros que financia os investimentos totais. Assim, para P/PL igual a 50%, sabe-se que a empresa financia seus investimentos totais com 33,3% de dívidas e 66,7% de recursos próprios e assim por diante.

A *terceira* coluna (**Ke**) reproduz o custo de oportunidade do capital próprio, identificado por Ke, para cada estrutura de capital prevista. O cálculo do custo de capital próprio seguiu a metodologia desenvolvida no Capítulo anterior. Observe que o custo de capital se eleva como forma de remunerar o maior risco financeiro (maior P/PL) de forma linear, conforme é o pressuposto do CAPM.

Na *quarta* coluna (**Ki líquido do IR**), são informados os custos da dívida, líquidos do IR, para cada nível de endividamento. Esses percentuais podem ser obtidos de *ratings* de mercado para diferentes níveis de risco financeiro (P/PL). O Capítulo 3 demonstrou esses cálculos. Observe que, de maneira similar ao custo de capital próprio, as taxas de juros crescem com o maior risco financeiro observado em estruturas mais alavancadas. A diferença é que o custo de capital próprio apresenta um comportamento linear, conforme modelo do CAPM, e o custo da dívida costuma apresentar um crescimento menor no início e mais pronunciado em níveis mais elevados de endividamento.

A *quinta* coluna (**WACC**) calcula o custo médio ponderado de capital para cada estrutura considerada na simulação. Esse custo é obtido pelo custo de cada fonte de capital (própria e de terceiros) ponderada pela sua participação relativa no total do financiamento. O WACC se reduz até certo nível de P/PL, elevando-se a seguir pelo maior risco financeiro incorporado por alavancagens mais elevadas. Pode-se concluir que a estrutura de capital [P/PL] que apresenta o menor WACC, para as taxas de custo sugeridas, situa-se entre 60% e 70%. A partir de P/PL = 70%, o custo de capital se eleva, tornando desinteressante a alavancagem.

É importante destacar que essa estrutura de custos é orientada não somente pelo risco da alavancagem, mas também pelo risco do negócio (risco econômico). Mesmo que a empresa não tenha dívidas (teoricamente sem risco financeiro), o custo de capital de 13,5% tem por finalidade remunerar o risco econômico. Assim, a escolha de estrutura e custo de capital apresenta resultados diferentes de acordo com o segmento de atividade em que atua a empresa. Exemplos de setores de maior risco econômico: seguradoras, aviação comercial, tecnologia, bens de consumo, *fast food*, entre outros. Setores de menor risco econômico: eletricidade, saneamento básico, alimentação, mineração, entre outros.

É importante destacar ainda que a presença de créditos subsidiados na economia pode alterar esse comportamento, priorizando maior endividamento pelo ganho financeiro temporário oferecido. Um exemplo bastante evidente no Brasil são as linhas de financiamento do BNDES (créditos diretos e repasses), que costumam oferecer recursos para as empresas, em determinadas linhas de atuação, a taxas sensivelmente inferiores às praticadas no mercado, sem ainda incluir uma remuneração adicional pelo maior risco financeiro apresentado pelos projetos.

REPRESENTAÇÃO GRÁFICA

FIGURA 5.1 Comportamento do custo total de capital

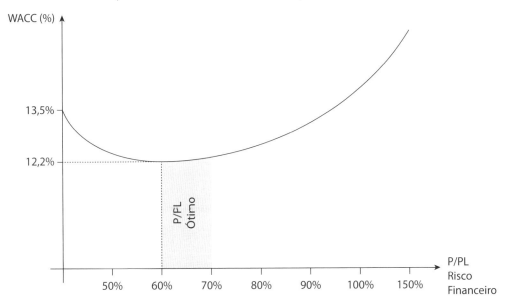

Observe na Figura 5.1 que o WACC decresce até determinado nível de endividamento (P/PL), minimizando o custo total de capital e maximizando, ao mesmo tempo, o valor da empresa. Nesse intervalo de queda do WACC, pode-se concluir que o ganho pelo uso crescente de dívidas mais baratas do que os recursos próprios supera o aumento do custo de capital total (WACC) determinado pelo maior risco financeiro.

A partir de um custo mínimo, identificado como a *estrutura de capital ideal*, o WACC retoma uma trajetória de crescimento, indicando não ser mais atrativa a alavancagem financeira. O custo total de capital se eleva, e o valor da empresa, em contrapartida, recua pela maior taxa de desconto. No gráfico, esse ponto ótimo na composição do financiamento situa-se próximo a um P/PL igual a 60%.

Estruturas de Capital (P/PL) à esquerda do intervalo ideal são consideradas muito capitalizadas: há excesso de recursos próprios financiando os ativos da empresa. À direita, são identificadas estruturas de capital com mais alta alavancagem. Tanto as estruturas mais capitalizadas como as mais alavancadas produzem custos de capital mais elevados, reduzindo o valor presente da empresa. O P/PL ótimo minimiza o WACC e maximiza o Valor Presente.

CRITÉRIOS PARA CÁLCULO DO CUSTO TOTAL DE CAPITAL (WACC)

O *Custo Total de Capital* (WACC) é a taxa de desconto dos fluxos disponíveis de caixa de todos os investidores (credores e acionistas), e deve incluir o retorno mínimo requerido por cada um deles. A apuração do WACC deve cumprir as seguintes orientações:

- o custo de capital representa uma expectativa de retorno dos investidores formada a partir do montante de recursos aplicado em um negócio. Todos os custos de oportunidade dos investidores da empresa e benefícios fiscais apurados pelo uso de capitais de terceiros (empréstimos e financiamentos) devem ser considerados no cálculo do custo de capital;
- as taxas de retorno de todos os investidores devem considerar as respectivas remunerações exigidas pelo *risco*. Em outras palavras, o custo de capital incorpora uma taxa de juros, calculada livre de risco (ou de risco mínimo), e um prêmio pelo risco definido na avaliação. Essas variáveis são formadas no mercado, e sua determinação costuma embutir algum grau de subjetividade;
- o custo de capital é formado pelas expectativas dos investidores e consenso do mercado formador dessas estimativas. O *mercado* pode ser entendido como um conjunto de investidores com capacidade de poupança e dispostos a realizar investimentos em oportunidades economicamente atraentes, que produzem retorno superior ao custo de oportunidade da decisão. É necessário ter sempre em consideração que os investidores não se apresentam totalmente racionais em suas decisões, assim como o funcionamento do mercado não atende sempre a eficiência desejada, provocando desvios no cálculo do custo de capital;
- a média ponderada do WACC é determinada considerando *pesos de mercado* na participação das fontes de financiamento, e não baseada em valores contábeis. Desde que os fluxos de caixa sejam apurados líquidos do imposto de renda, as taxas de desconto devem também ser obtidas após a dedução do benefício fiscal;

- o custo de capital é apurado em valores nominais ou reais acompanhando sempre o critério adotado na mensuração dos fluxos de caixa. Se os fluxos de caixa estão expressos em valores correntes, o desconto deve ser efetuado pelo custo *nominal* de capital. Caso contrário, se os fluxos financeiros de caixa são determinados em moeda constante e a valor presente, a taxa de desconto é a taxa *real*, calculada líquida da inflação;

- o custo de capital deve ser estabelecido a partir de uma *estrutura ideal de capital* (composição das fontes de financiamento, próprias e de terceiros), ter seus pesos de ponderação corretamente estabelecidos e incorporar os riscos dos investimentos. A construção do custo de capital deve ser realista com os cenários previstos, não parecendo lógico esperar grandes retornos em cenários de recessão e crise, e deve ser definida como uma referência, como uma *meta* a ser buscada pela empresa no horizonte de tempo do investimento. A participação dos capitais deve seguir uma estrutura de capital alvo (*target*) da empresa;

- ao se analisar o desempenho esperado de uma empresa em determinado período de tempo, é recomendado excluir os *efeitos não recorrentes*, de modo que eventos extraordinários verificados em alguma época não prejudiquem um melhor entendimento dos resultados de outro momento, impedindo conclusões mais acertadas sobre o seu efetivo desempenho;

- a *maturidade* dos títulos utilizados para a estimativa do custo de capital deve ser compatível com o prazo dos fluxos de caixa;

- em períodos de investimentos mais longos, o custo de capital calculado no momento inicial da decisão pode sofrer adaptações em decorrência de novos eventos não previstos, com o intuito de ajustá-lo de maneira contínua às novas realidades de mercado. Não há como definir e manter esse custo constante e imutável no tempo, principalmente no longo prazo; a economia é bastante dinâmica com diversos eventos sistemáticos (não controláveis), produzindo alterações em estratégias e resultados das empresas e exigindo ajustes em seus principais indicadores financeiros.

5.2.1 Taxas de juros e risco – caso brasileiro

As taxas de juros são conceitualmente determinadas pelo risco do uso (aplicações) dos recursos, e não pela sua origem. Em diversos créditos praticados no Brasil, notadamente aqueles direcionados (ou subsidiados, como recursos do BNDES, crédito imobiliário, crédito agrícola, regiões de incentivo e assim por diante), percebe-se que as taxas de juros são função da *Natureza* das fontes de financiamento e não do *Risco* das aplicações.

Importante observar que essas taxas subsidiadas de juros estão "viabilizando" muitas empresas, mascarando sua efetiva viabilidade econômica e continuidade. O valor econômico de uma empresa é definido pela *qualidade de seus investimentos*, pelos seus ativos, e não pela forma como a empresa é financiada.

Observe, na Figura 5.2, que o Custo do Capital de Terceiros (Ki) no Brasil não é representado por uma linha contínua, mas por uma linha segmentada determinada pela natureza das fontes de financiamento. Alguns créditos são oferecidos a taxas livremente praticadas no mercado (Taxas de Mercado), outros a um custo muito elevado, geralmente maior que a taxa exigida do capital próprio (Ki > Ke), e outros ainda são fontes subsidiadas de recursos, algumas vezes praticando taxas negativas de juros.

Nessa situação, não há como calcular a estrutura ideal de capital (P/PL) sem se conhecer a natureza das fontes de financiamento. Como o subsídio ao crédito é um desequilíbrio da economia e não pode durar por longo prazo, na avaliação de empresa costuma-se calcular o seu Ki utilizando-se as taxas de juros efetivamente praticadas por um período previsível, adotando-se posteriormente as taxas de mercado. *No longo prazo, os valores tendem a convergir ao mercado.*

FIGURA 5.2   Custo de capital no Brasil

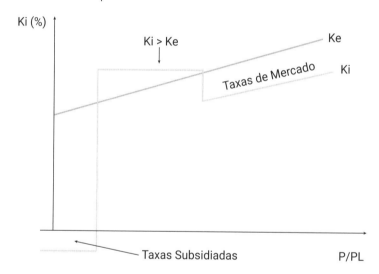

Uma empresa não pode ter um valor maior por usar créditos subsidiados. Seu genuíno valor econômico origina-se de seu negócio e de suas vantagens competitivas, como tecnologia, escala, margem de lucros, portfólio de produtos, marca, competitividade e assim por diante.

5.3   ALAVANCAGEM FINANCEIRA, CUSTO DE CAPITAL E VALOR DA EMPRESA

A alavancagem financeira traz algumas implicações sobre a mensuração do valor da empresa. As *despesas* financeiras (despesas com juros) produzem benefícios fiscais porque esses encargos financeiros reduzem o lucro tributável. Os juros das dívidas são encargos dedutíveis para efeitos de cálculo do imposto de renda da empresa, produzindo uma economia de IR (benefício fiscal). Para os titulares dessas dívidas onerosas, no entanto, os juros são *receitas* tributáveis dos credores dos passivos, resultando geralmente em impostos a pagar.

Outra vantagem apontada para o endividamento é que o capital de terceiros apresenta custos menores que o capital próprio. O Capítulo 3 demonstrou que o menor risco do investidor em títulos de dívida, em relação ao acionista da companhia, e a economia de imposto de renda proporcionada pelos juros reduzem o custo da dívida.

Pelas vantagens enunciadas, os ganhos fiscais podem trazer a falsa impressão de que, quanto mais dívidas com juros, melhor o desempenho da empresa e mais alto o seu valor de mercado. Isso talvez fosse verdade se se ignorassem os *custos de dificuldades financeiras*.[8] Esses custos e o risco de falência funcionam como um freio ao endividamento da empresa, elevando o custo de capital.

Os custos de dificuldades financeiras e o risco de falência podem reduzir bastante o valor da empresa. O risco de falência se eleva à medida que a participação do endividamento na estrutura de capital aumenta: *mais alta a relação dívidas/recursos próprios, maior geralmente se apresenta a probabilidade da empresa em não honrar os compromissos financeiros assumidos com os credores de dívidas.* Os custos associados ao risco de falência são elevados e costumam superar os ganhos fiscais do endividamento.

Ross[9] e outros classificam os custos de dificuldades financeiras em dois grandes grupos: *custos diretos* e *custos indiretos*.

Os *custos diretos* de falência resumem-se em gastos administrativos e legais vinculados ao processo de falência, como pagamentos a assessorias e consultorias financeiras, honorários de advogados e despesas legais, contadores e auditores, custos de renegociação com credores, entre outros.

Os *custos indiretos* de falência são todos os gastos assumidos pela empresa para evitar a sua insolvência, assim como aqueles relacionados às repercussões negativas que as dificuldades financeiras determinam sobre os negócios. Alguns exemplos desses custos indiretos de insolvência podem ser identificados em possível retração dos consumidores, principalmente para produtos e serviços que devem transmitir alguma imagem de confiança, como medicamentos e aviação comercial, e também nos produtos protegidos por garantias pós-vendas, como veículos novos, aparelhos eletrônicos etc.

Nesses casos de custos indiretos de falência, os consumidores costumam ficar relutantes diante de empresas em dificuldades financeiras, colocando em dúvida a manutenção da qualidade dos produtos e serviços prestados e a capacidade futura da empresa em preservar as garantias e assistências pós-vendas, gerando perda de valor.

A partir de certa proporção de endividamento, os custos adicionais de dificuldades financeiras reduzem o valor da empresa. A preocupação básica na definição do WACC

---

[8] *Distress cost,* em inglês.

[9] ROSS, Stephen A.; WESTERFIELD, Randolph W.; JORDAN, Bradford D. *Administração financeira.* 8. ed. São Paulo: McGraw Hill, 2008. p. 568.

é selecionar uma estrutura de capital que combine recursos próprios e recursos de terceiros, capaz de produzir um custo total de capital (WACC) mais baixo possível. Nessa estrutura de custo mínimo de capital, espera-se que os custos de dificuldades financeiras sejam plenamente compensados pelo benefício fiscal do capital de terceiros, e o valor da empresa seja maximizado.

A estrutura de capital admitida como ótima é difícil de ser calculada e, principalmente, ser mantida na prática. O mercado e os negócios da empresa são bastante dinâmicos, alterando com frequência a composição das fontes de financiamento e, em consequência, o custo de capital. Os administradores devem, em processo contínuo, ir ajustando a participação dos recursos próprios e de terceiros para uma estrutura de capital considerada como ideal (meta) para a empresa, seja retendo mais lucros ou distribuindo mais dividendos aos acionistas, ampliando o endividamento, entre outras estratégias financeiras.

> A *estrutura ideal de capital* é aquela que produz um custo total mínimo (menor WACC) e, ao mesmo tempo, maximiza o seu valor de mercado. Considerando os diversos custos e riscos associados às dívidas e recursos próprios, a estrutura *ideal* (ou ótima) deve refletir a composição de financiamento de menor custo, de forma a promover a maximização do valor da empresa.

Se a empresa estiver fortemente alavancada, trazendo alto risco de insolvência, devem ser tomadas decisões de modo a reduzir o seu endividamento. Algumas medidas que podem ser adotadas pela empresa: alienação de ativos ociosos, eliminação de atividades ociosas, redução na distribuição de dividendos, aporte de novos recursos próprios pelos acionistas, inclusive avaliando a troca de dívidas por ações etc. Da mesma forma, estrutura mais capitalizada eleva o WACC pela maior participação de recursos próprios, com custo de oportunidade mais alto que o de recursos de terceiros. Nessa composição de financiamento mais conservadora, com participação em excesso de capital próprio, a recomendação para se atingir a estrutura ideal de capital é incentivar a alavancagem da empresa, mediante substituição de recursos próprios por dívidas. Empresas com alta participação de capital próprio procuram ajustar sua estrutura de capital pagando geralmente maiores dividendos aos acionistas lastreados em novas dívidas.

Nesse ambiente mais dinâmico de definição do *mix* de financiamento, as empresas costumam trabalhar com uma estrutura *meta* de capital, que possa oferecer o mais baixo custo total. Ao definir o *mix* recomendado de passivos (P)/patrimônio líquido (PL), o qual deve ser mantido ao longo do período de projeção, a gestão da empresa deve acionar medidas para elevar ou reduzir a sua alavancagem sempre que as condições modificarem a estrutura ideal.

Deve ser destacada também a possibilidade de a empresa, com alto endividamento, apresentar um conflito de interesses entre credores e acionistas, apurando custos de agência que podem contribuir para a destruição de seu valor econômico.

Esses custos de agentes ocorrem quando os objetivos e as relações entre credores e acionistas se verificam de forma conflitante. O principal foco desses custos, de acordo com Jensen e Meckling,[10] são os controles e as restrições impostas pelos credores aos gestores de empresas mais alavancadas. Normalmente, são consideradas cláusulas nos contratos de financiamento que limitam novos empréstimos e a distribuição de lucros aos acionistas, e preservam a manutenção dos ativos e de um nível mínimo de liquidez, entre outras medidas restritivas e de controle.

Na estrutura de alto endividamento, ainda, os acionistas costumam usar o capital de terceiros, captado para financiar projetos de risco baixo, em alternativas de investimentos de risco mais elevado. Em geral, os acionistas usam seus recursos próprios em projetos mais conservadores, com maiores chances de sucesso. Caso o investimento produza um retorno positivo, acima do custo de oportunidade, os acionistas recebem a sua parcela do valor econômico criado; em caso de insucesso, os prejuízos são repassados, em sua maior parte ou na totalidade, aos credores por meio do não pagamento das dívidas contraídas.

Dessa forma, o conflito de agentes pode elevar o custo de capital da empresa, reduzindo seu valor de mercado.

CÁLCULO DO WACC AJUSTADO PARA AUMENTO DA ALAVANCAGEM

Suponha que uma empresa apresente a seguinte estrutura de capital em determinado exercício:

- passivos onerosos: $ 120,0 milhões;
- patrimônio líquido: $ 450,0 milhões;
- P/PL: 26,67%;
- custo da dívida antes do IR: 9,4% a.a.;
- alíquota de IR: 34%.

A empresa deseja avaliar o desempenho de seus investimentos e, para tanto, necessita conhecer seu custo total de capital. São obtidas as seguintes informações no mercado dos EUA, tido como referência (*benchmark*) para o cálculo do custo de capital:

- beta desalavancado: 0,90;
- taxa de juros *risk free* – Rf: 4,5%;
- prêmio pelo risco de mercado – R_m: 7,5%;
- prêmio pelo risco-país: 1,8%.

Cálculo do WACC para o Exercício Atual – Estrutura de Capital Corrente

- custo da dívida líquida do IR (Ki): 9,4% × (1 − 0,34) = 6,20%;

---

10 JENSEN, Michael; MECKLING, William H. Theory of the firm: managerial behavior, agency costs and ownership structure. *Journal of Financial Economics*, v. 3, 1976.

- custo de capital próprio (Ke):
  $\beta = 0{,}90 \times [(1 + \$\,120{,}0/\$\,450{,}0 \times (1 - 0{,}34)] = 1{,}06$;
  $Ke = 4{,}5\% + (1{,}06 \times 7{,}5\%) + 1{,}8\% = 14{,}25\%$;
- WACC $= (14{,}25\% \times \$\,450{,}0/\$\,570{,}0) + (6{,}20\% \times \$\,120{,}0/\$\,570{,}0)$.
  WACC $= 12{,}56\%$.

A empresa avalia que sua estrutura de capital está pouco alavancada, e pretende reduzir o seu custo total de capital elevando a participação de recursos de terceiros em sua composição de financiamento. Para esse objetivo, está projetando aumentar seu índice de endividamento (P/PL) para 1,0 (Passivo = PL = 50%) nos próximos anos.

Diante dessa nova alavancagem pretendida, que proporciona maior risco financeiro aos investidores, admita que os credores passam a exigir um *spread* adicional de risco de 0,25 pp (pontos percentuais) a ser acrescido diretamente à taxa de juro cobrada.

Cálculo do WACC para a Nova Estrutura de Capital Projetada

- $\beta = 0{,}90 \times [1 + 1{,}0\,(1 - 0{,}34)] = 1{,}49$;
- $Ki = (9{,}4\% + 0{,}25\%) \times (1 - 0{,}34) - 6{,}37\%$;
- $Ke = 4{,}5\% + (1{,}49 \times 7{,}5\%) + 1{,}8\% = 17{,}48\%$;
- como P/PL previsto é igual a 1,0 (100%), isso indica que a empresa pretende financiar seus investimentos com 50% de capital próprio e 50% de dívidas.

Assim, o custo total de capital (WACC) atinge a:

$$WACC = (17{,}48\% \times 0{,}50) + (6{,}37\% \times 0{,}50) = 11{,}93\%$$

Uma alavancagem maior produziu redução no custo total de capital da empresa de 12,56% para 11,93%. Essa menor taxa de desconto permite que se aumente o valor presente dos fluxos futuros esperados de caixa dos investimentos, agregando maior valor econômico à empresa.

Por exemplo, para um fluxo de caixa indeterminado de $ 1.000.000,00/ano, e seguindo as formulações de cálculo apresentadas no Capítulo 3, o valor presente para cada WACC calculado nas estruturas de capital propostas atinge:

Estrutura de Capital Alavancada – P/PL = 100%

$$PV = \frac{\$\,1.000.000{,}00}{0{,}1193} \qquad = \$\,8.382.229{,}7$$

Estrutura de Capital Corrente – P/PL = 26,67%

$$PV = \frac{\$\,1.000.000{,}00}{0{,}1256} \qquad = \underline{\$\,7.961.783{,}4}$$

VALOR AGREGADO $\qquad\qquad$ $ 420.446,3

Esse valor agregado denota um incremento no valor econômico dos ativos determinado pela melhor composição – *estrutura ótima de capital* – de suas fontes de financiamento.

CAP. 5 CUSTO TOTAL DE CAPITAL E ALAVANCAGEM **123**

CASO PRÁTICO

Uma empresa está avaliando a aquisição de outra (fusão).

A empresa está muito capitalizada, com um excesso de capital próprio (PL) estimado em $ 1,0 bi.

Decisão: A empresa adquirente levantou um empréstimo de $ 1,0 bi e distribuiu estes valores a seus acionistas.

Questões:

a) Qual a repercussão aos acionistas se a empresa adquirente fizesse a fusão com a sua atual estrutura de capital (P/PL)?

- O WACC atual da empresa adquirente está mais alto que o ideal pela alta participação de recursos próprios, reduzindo seu valor econômico na negociação. Os benefícios (ganhos) futuros de caixa seriam descontados por uma taxa de juros mais elevada, sacrificando parte de seu valor. A empresa entraria em desvantagem no negócio.

- O aumento da alavancagem é importante para reduzir o WACC, taxa de desconto de cálculo do valor, e valorizar a empresa na fusão. Na estrutura ideal de capital (P/PL), o valor da empresa é maximizado.

- O excesso de recursos próprios dos acionistas da empresa adquirente (capitalizada) seria, de alguma forma, compartilhado com os acionistas da empresa adquirida se a fusão (união das empresas) fosse realizada mantendo o P/PL atual.

b) O que ocorreu com o Lucro Líquido Contábil da empresa?

A Contabilidade não calcula o custo de capital próprio da empresa na apuração do lucro. Somente os juros do capital de terceiros (empréstimos e financiamentos) são considerados. Dessa forma, ao elevar a participação de dívidas em sua estrutura de capital, a empresa adquirente passou a incorrer contabilmente em novas despesas financeiras (juros das dívidas), dedutíveis dos resultados. Com isso, o resultado contábil é menor (pela maior participação de dívidas) do que seria se a empresa fosse mais capitalizada.

Há uma incoerência no procedimento da Contabilidade quando admite que o capital próprio não tem custo. No caso descrito, que representa uma situação real, a empresa apurou lucro contábil MENOR pela dedução das despesas financeiras e MAIOR valor de mercado, por apresentar um WACC menor. Em outras palavras, a empresa mostrou uma valorização com menos lucro contábil.

6

Valor Econômico Agregado e Criação de Riqueza

As medidas (ou métricas) de valor têm por objetivo mensurar o *lucro em excesso* de uma empresa, ou seja, o resultado gerado acima do custo de oportunidade dos acionistas. Indicam a criação de valor para os acionistas, sendo as medidas determinadas após a dedução de todos os custos incorridos pela empresa, inclusive o custo de capital próprio.

Uma empresa cria valor a seus acionistas quando aufere um retorno maior que o custo de oportunidade dos investidores. As medidas de desempenho tradicionais estudadas no Capítulo 2 não levaram em consideração o custo de oportunidade do capital próprio e o risco do negócio.

Neste capítulo, é desenvolvida a medida de lucro residual (ou lucro em excesso) apurado a partir de informações e relatórios financeiros divulgados pelas companhias. As medidas internas de valor que serão estudadas são o *Economic Value Added* (EVA)[1] e o *Market Value Added* (MVA).[2]

As medidas de valor que buscam fundamentos de mercado e as baseadas nos resultados de caixa serão estudadas nos capítulos seguintes (Capítulos 7 e 8).

6.1 FUNDAMENTOS DO EVA

O EVA expressa quanto uma empresa ganhou de lucro acima de seu custo de capital, sendo entendido, de forma mais ampla, como um parâmetro de *desempenho econômico e sistema de gestão*. É uma medida de lucro *genuíno,* do resultado econômico apurado por uma empresa

---

[1] Marca registrada da Stern Stewart & Co. Valor econômico agregado, em português.

[2] Marca registrada da Stern Stewart & Co. Valor agregado pelo mercado, em português.

que excede a remuneração mínima exigida pelos proprietários de capital (credores e acionistas). Indica, em outras palavras, se a empresa está criando ou destruindo valor aos acionistas.

O fundamento do conceito de EVA é o *lucro residual*, também definido por *lucro econômico*, que resta após serem deduzidos todos os custos e encargos de capital incorridos, inclusive o custo de capital próprio. É o lucro na visão dos acionistas. O lucro residual considera como genuíno somente o valor que resta após ser deduzido o custo de capital, que exprime o custo de oportunidade dos investimentos renunciados.

Na metodologia do lucro residual, o encargo de capital é entendido como custo de oportunidade, ou custo de capital. Esse custo equivale à taxa mínima de retorno exigida pelos acionistas de maneira a remunerar o risco assumido. Muitas vezes, a medida de valor econômico agregado é representada pelo conceito de *lucro econômico*.

O conceito original de EVA como valor agregado ou adicionado por uma empresa foi proposto por economistas no século XIX, assumindo a medida diversas denominações e propostas ao longo do tempo. Em 1820, por exemplo, foi definido por David Ricardo como *lucro supranormal*. Posteriormente, ficou conhecido por *lucro econômico ou residual*. Mais recentemente (anos 1980), uma empresa de consultoria (*Stern Stewart & Co.*) adotou alguns ajustes e registrou o nome dessa medida como EVA – *Economic Value Added* (Valor Econômico Agregado).[3]

O **lucro residual** é calculado após serem descontados todos os lucros e as despesas incorridos, inclusive o custo de capital dos acionistas (custo de capital próprio). Permanece o conceito de *resíduo*, ou seja, o valor que resta após a dedução de todos os custos, inclusive o custo de oportunidade do acionista. A Economia muitas vezes denomina esse resultado residual de **lucro econômico**.[4] O **EVA** *(valor econômico agregado)* apresenta um conceito similar, diferenciando-se basicamente pelos ajustes efetuados em seu cálculo, revendo alguns critérios contábeis de medição do lucro e de cálculo do custo de capital.

As expressões *Lucro Residual, Lucro em Excesso, Lucro Econômico e Valor Econômico Agregado* podem ser entendidas como medidas de criação de valor e serão utilizadas como sinônimos neste livro. Apresentam valores positivos sempre que o retorno dos investimentos situar-se acima do custo de capital. O uso dessas medidas permite melhor conhecimento da empresa, identificando as decisões financeiras que efetivamente agregam valor aos acionistas.

---

[3] Ver: STEWART III, Bennett G. *Em busca do valor.* Porto Alegre: Bookman, 2005.

[4] Essa expressão é adotada por COPELAND, T. *et al. Avaliação de empresas.* 3. ed. São Paulo: Makron Books.

> A expressão *Valor Econômico Agregado* (EVA) é marca registrada da empresa de consultoria Stern Stewart & Co. desde os anos 1980. Pela sua popularidade, este livro adota, em sua maior parte, a denominação de *EVA* para a medida de valor, destacando sempre que se trata de uma marca registrada.
>
> As ideias dessas medidas de criação de valor não são novas nem originais, mas conhecidas há bastante tempo. No século XIX, há diversos autores que formulam e discutem o conceito de lucro extraordinário ou supranormal. Ver, entre outros, Alfred Marshall[5] e David Ricardo.

INTERPRETANDO O EVA E O *GOODWILL*

Por exemplo, se a taxa mínima de retorno exigida pelos investidores de uma empresa é de 15%, ganhos acima desse percentual indicam agregação de valor econômico. Assim, se o capital investido é de $ 100,0 milhões e o custo de oportunidade de 12%, o EVA atinge:

Retorno: 15% × $ 100,0	= $ 15,0 milhões
Custo de Capital: 12% × $ 100,0	= ($ 12,0 milhões)
EVA	**= $ 3,0 milhões**

Sempre que o EVA é **maior que zero**, indica a presença de uma taxa de retorno superior à remuneração mínima exigida pelos proprietários de capital. Um EVA positivo é um desafio para a empresa, devendo assumir o compromisso de manter essa vantagem competitiva pelo maior tempo possível. No longo prazo, torna-se bastante difícil manter essa posição de criação de valor econômico, em razão principalmente da atuação mais competente da concorrência.

Se o EVA projetado para a empresa é maior que zero, pode-se concluir que o seu valor econômico (*fair value*) supera o capital investido em seus ativos, criando uma riqueza econômica conhecida por *goodwill*. Assim, a riqueza (ou *goodwill*) é entendida como a diferença entre o valor econômico da empresa, calculado pelo valor presente de seus rendimentos esperados futuros, e o montante do capital investido no negócio. O *goodwill* favorável é formado sempre que a empresa remunera os seus investidores acima de suas expectativas mínimas de retorno, produzindo uma valorização no preço de negociação de suas ações.[6]

---

[5] MARSHALL, Alfred. *Principles of economy.* New York: Macmillan, 1890.

[6] O *goodwill* é muitas vezes definido como a diferença entre o valor econômico da empresa e o valor de descontinuidade de seus ativos.

Um resultado de EVA **igual a zero** não indica que a empresa nada ganhou; nesse caso, a conclusão é de que o retorno auferido foi exatamente igual ao exigido pelos investidores. A empresa atendeu adequadamente as expectativas de ganhos de seus credores e acionistas, remunerando os capitais investidos pelo custo de oportunidade requerido.

Importante: o valor de uma empresa que projeta uma taxa de retorno igual ao seu custo de capital (EVA = 0) é igual ao valor que seria despendido em sua construção, ou seja, o total do capital investido em seus ativos. Ninguém pagaria mais que esse valor para receber um retorno exatamente igual ao custo de oportunidade (taxa de desconto dos fluxos futuros esperados de caixa). Não há agregação nem destruição de valor, sendo o valor da empresa definido pelo capital investido.

Um EVA **negativo** revela que os lucros da empresa ficaram abaixo de seu custo de capital, indicando destruição de valor. Em outras palavras, o capital investido não gerou um retorno que justificasse o risco, devendo ser entendido como um alerta para a empresa identificar as causas desse desempenho. Várias razões podem explicar esse resultado negativo, como mercado em recessão, períodos de grandes investimentos na empresa para expansão dos negócios, crise pontual do setor econômico, estratégias equivocadas e assim por diante.

Uma empresa que não revela condições futuras de criação de valor aos seus acionistas pode ser considerada como economicamente inviável. Não há atratividade econômica em investir em negócios que prometem geração de EVAs negativos, que não são capazes de remunerar o risco assumido, quaisquer que sejam as estratégias adotadas. Em casos de inviabilidade econômica identificados quando EVA < 0, o valor dos ativos negociados em separado (individualmente) supera o valor da empresa em funcionamento, denotando destruição de valor. Em outras palavras, pode-se entender nessa situação que *a soma das partes é maior que o todo, indicando descontinuidade do negócio.*

O lucro residual de uma empresa pode ser elevado basicamente a partir de:

- aumento dos resultados operacionais da empresa, determinado principalmente por melhor eficiência operacional;
- eliminação de ativos ociosos e consequente redução do capital oneroso investido;
- redução do custo de capital pela diversificação do risco ou melhor composição de suas fontes de financiamento;
- realização de novos investimentos que produzem um retorno supranormal, acima do custo de oportunidade.

A Figura 6.1 destaca a representação gráfica da formação da riqueza para os três casos possíveis de EVA: *positivo, negativo* e *nulo.*

FIGURA 6.1 Casos possíveis de EVA

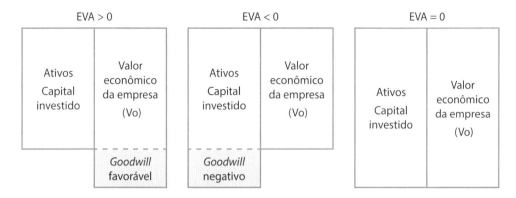

CONCEITO DE *GOODWILL*

Goodwill é a parcela do valor de uma empresa classificada como intangível, como marca, patentes registradas, qualidade e competência dos recursos humanos, imagem de mercado, fidelidade dos clientes, fornecedores, tecnologia, portfólio de produtos e assim por diante. Para a formação de um *goodwill* favorável, esses intangíveis devem contribuir para o sucesso do negócio, produzindo um lucro acima do custo de oportunidade (EVA).

Alguns desses ativos intangíveis podem ser diretamente identificados, como marcas e patentes, por exemplo; outros, no entanto, são de mais difícil identificação, como imagem da empresa, capital intelectual, qualidade dos produtos etc.

O *goodwill* surge somente quando a empresa demonstra capacidade em gerar lucro acima de seu custo de capital. Essa riqueza intangível é mensurada pelo valor presente descontado dos benefícios futuros extraordinários (em excesso) esperados de caixa. Entende-se por *benefícios extraordinários* de caixa os lucros gerados que superam aqueles interpretados como normais para o setor, suficientes para remunerar o custo de oportunidade do capital investido.

A presença desses bens intangíveis explica por que uma empresa pode ser avaliada por preço superior ao montante do capital investido. Um *goodwill* positivo reflete boa reputação da empresa, indicando potencial futuro de lucros acima do normal esperado para o negócio, ou seja, ganhos em excesso ao custo de oportunidade do capital investido.

A formulação básica do *goodwill* é a seguinte:

> *Goodwill* = Valor Econômico Total da Empresa – Ativos (Capital Investido)

Os ativos são mensurados por diferentes critérios, encontrando-se expressões a valor histórico, valor de reposição e valor individual de mercado ou valor de descontinuidade. Neste último caso, adotado pelas regras contábeis vigentes, os ativos são mensurados individualmente, sem considerar eventuais ganhos de sinergia.

A empresa Stern Stewart utiliza a denominação *Market Value Added* (MVA), como marca registrada para expressar o *goodwill* em sua ideia básica.

6.2 FORMULAÇÕES DE CÁLCULO DO EVA

Valor Econômico Agregado (EVA) é uma medida de criação de valor identificada no desempenho da própria empresa, conforme retratado pelos relatórios financeiros. O seu cálculo exige algumas adaptações nos demonstrativos de resultados, procurando, entre outras medidas, evidenciar sua parte operacional legítima, a segmentação do imposto de renda sobre os resultados da atividade e os benefícios fiscais provenientes do uso de capital de terceiros.

A medida de valor econômico agregado pode ser determinada a partir do lucro operacional (NOPAT, conforme estudado no Capítulo 2) e do lucro líquido (LL).

VALOR ECONÔMICO AGREGADO CALCULADO PELO NOPAT

A estrutura básica de cálculo do EVA apresenta-se da seguinte maneira:

> Lucro Operacional Líquido do IR (NOPAT) : XXX
> (–) Custo Total de Capital
>   (WACC × INVESTIMENTO)   : XX
> **(=) VALOR ECONÔMICO AGREGADO** **: XXX**
>
> **EVA = NOPAT – (WACC × INVESTIMENTO)**

O EVA pode ainda ser apurado por meio de uma formulação mais analítica:

EVA =	**(ROI** –	**WACC)** ×	**INVESTIMENTO**
	Estratégias Operacionais	**Estratégias Financeiras**	**Estratégias de Investimento**
	Giro × Margem	Custo e Estrutura de Capital	Oportunidade de Crescimento com EVA Positivo

onde **ROI** é o retorno sobre o capital investido, formado pelo produto do giro do investimento e margem operacional; **WACC**, o custo total de capital exigido pelas diversas fontes de financiamentos, próprias e de terceiros; e **investimento**, o total dos recursos próprios e de terceiros deliberadamente levantados pela empresa e aplicados em seu negócio (capital de giro mais capital fixo).

A expressão **[ROI – WACC]** é conhecida também por *ROI residual* (RROI) ou *spread econômico da empresa*, indicando em quanto o retorno dos investimentos superou as expectativas de remuneração dos proprietários de capital (credores e acionistas). Pode ser entendido ainda por *spread* econômico da empresa, indicativo do potencial das estratégias financeiras adotadas em agregar valor aos acionistas.

Por meio da análise de medidas financeiras tradicionais (lucro e rentabilidade), é impossível identificar se a empresa está criando ou destruindo valor. O EVA é importante porque, entre outras contribuições relevantes, associa o custo de oportunidade do capital ao investimento realizado, ressaltando a eficácia da administração da empresa. Empresas que convivem com uma gestão baseada no valor têm visão mais direcionada à concepção dos negócios, à continuidade do empreendimento e ao objetivo de maximização da riqueza de seus acionistas.

O EVA também é capaz de revelar inúmeras outras oportunidades de ganhos econômicos, como aquelas provenientes de melhor gestão do risco, escolha da melhor estrutura de capital, maior giro, entre outras, não vislumbradas pela Contabilidade tradicional. É preciso registrar que, em um mundo globalizado e altamente competitivo, torna-se cada vez mais difícil a uma empresa agregar valor mediante aumento de lucros provenientes de preços de venda mais elevados ou maior participação de mercado. São as estratégias financeiras e capacidades diferenciadoras, conforme estudadas, que formarão as vantagens competitivas da empresa em relação aos seus concorrentes e à continuidade do empreendimento.

O sucesso de uma gestão baseada em valor está atrelado no envolvimento de todo o pessoal da empresa, avaliando e remunerando cada função operacional com base no valor criado e identificado nos direcionadores de valor selecionados para as diversas atividades.

VALOR ECONÔMICO AGREGADO CALCULADO PELO LUCRO LÍQUIDO (LL)

A determinação do valor econômico agregado pelo lucro líquido segue a expressão:

Lucro Líquido	: XXX
(–) Custo de Capital Próprio – Ke	
(Ke × Patrimônio Líquido)	: XX
VALOR ECONÔMICO AGREGADO	**: XXX**

$$EVA = LUCRO\ LÍQUIDO - (Ke \times PL)$$

Ke = taxa mínima de retorno exigida pelos acionistas (custo de capital próprio), conforme estudada no Capítulo 5;

PL = patrimônio líquido.

O EVA pode também ser apurado da forma seguinte:

$$EVA = (ROE - Ke) \times Patrimônio\ Líquido$$

ROE = Retorno sobre o patrimônio líquido (LL/PL).

A expressão **[ROE – Ke]** é o *spread econômico do acionista*, indicando o retorno do capital próprio investido em relação ao seu custo de oportunidade. Quando positivo, indica agregação de valor econômico.

EXEMPLO ILUSTRATIVO

Cálculo do valor econômico agregado e *spread* econômico

A seguir, são apresentadas as principais demonstrações financeiras publicadas por uma companhia aberta. Os relatórios foram simplificados para facilidade de análise.

- Resultados -

VENDAS	$ 10.000
CPV	5.500
(=) LUCRO BRUTO	$ 4.500
DESPESAS COM VENDAS	(500)
DESPESAS GERAIS E ADMINISTRATIVAS	($ 1.000)
(=) EBITDA	$ 3.000
DEPRECIAÇÃO	580
(=) LOP ANTES DO IR	$ 2.420
DESPESAS FINANCEIRAS	420
(=) LUCRO ANTES DO IR	$ 2.000
IR (34%)	(680)
(=) LUCRO LÍQUIDO	$ 1.320

- Investimento Médio -

PASSIVO ONEROSO	$ 3.000
PATRIMÔNIO LÍQUIDO	6.000
INVESTIMENTO	$ 9.000
CUSTO DE OPORTUNIDADE DO CAPITAL PRÓPRIO	$K_E = 17\%$

Cálculo do EVA pelo NOPAT

♦ $\text{NOPAT} = [\$\ 2.420,0 \times (1 - 0,34)] = \$\ 1.597,2$

♦ $\text{ROI} = \dfrac{NOPAT = \$\ 1.597,2}{INVESTIMENTO = \$\ 9.000,0} = 17{,}75\%$

♦ Custo da Dívida (Ki) = $\dfrac{\$\,420,0\,(1-0,34)}{\$\,3.000,0}$ = 9,24%

♦ WACC = (17% × 6/9) + (9,24% × 3/9) = 14,41%

EVA = $ 1.597,2 – (14,41% × $ 9.000,0) = $ 300,0

EVA = (17,75% – 14,41%) × $ 9.000,0 = $ 300,0

Cálculo do EVA pelo LL

♦ ROE = $\dfrac{LL=\$\,1.320,0}{PL=\$\,6.000,0}$ = 22,0%

EVA = $ 1.320,0 – (17% × $ 6.000) = $ 300,0

EVA = (22,0% – 17,0%) × $ 6.000 = $ 300,0

Spread econômico

Uma medida de valor derivada do EVA é o *spread econômico* do acionista e da empresa, conforme foi demonstrado. A atratividade econômica de um negócio será reconhecida sempre que o *spread* for positivo, indicando uma agregação de riqueza aos acionistas pela valorização do preço de mercado de suas ações.

O *spread econômico do acionista* é calculado pela diferença entre o retorno sobre o capital próprio (ROE) e o custo de capital próprio (Ke). O *spread econômico da empresa*, também definido por RROI (ROI Residual), é medido pela diferença entre o ROI (retorno sobre o investimento) e o custo total de capital (WACC).

No exemplo ilustrativo em desenvolvimento, tem-se:

Desempenho da empresa:

ROI   = 17,75%

WACC = 14,41%

Spread Econômico da Empresa = 17,75% – 14,41% = 3,34%

Esse resultado indica que a empresa gerou um retorno em excesso (acima do custo total de capital) de 3,34% sobre o capital investido de $ 9.000,0, totalizando um valor agregado residual de: 3,34% × $ 9.000,0 = $ 300,0.

Desempenho do acionista

ROE   = 22,0%

Ke   = 17,0%

Spread Econômico do Acionista = 22,0% – 17,0% = 5,0%

O acionista obteve um retorno de 5% acima de seu custo de oportunidade, totalizando, para um capital próprio investido de $ 6.000,0, o mesmo ganho econômico de $ 300,0.

6.2.1 Cálculo do EVA e MVA de balanços

Este caso propõe-se a desenvolver as medidas de retorno e criação de valor dos acionistas a partir das demonstrações financeiras elaboradas por uma empresa. Os quadros a seguir ilustram as principais informações divulgadas pela companhia referentes aos exercícios sociais encerrados em 31.12.01 e 31.12.02.

– Demonstrativos de Resultados –

	31.12.01	31.12.02
RECEITA OPERACIONAL DE VENDAS	3.800.000	3.320.000
Custo dos produtos vendidos	(1.693.600)	(1.690.000)
LUCRO BRUTO	2.106.400	1.630.000
Despesas com vendas	(294.800)	(299.400)
Despesas administrativas	(231.400)	(242.100)
Despesas financeiras	(838.400)	(586.100)
Receitas financeiras	126.400	61.700
LUCRO ANTES DO IR/CS	868.200	564.100
IR e CS	(25.900)	(111.100)
RESULTADO LÍQUIDO DO EXERCÍCIO	842.300	453.000

Obs.: em razão de prejuízos acumulados de exercícios anteriores, a empresa provisiona um valor bastante reduzido de impostos sobre lucros dos exercícios de 01 e 02. No cálculo do EVA, será utilizada a alíquota da empresa de 34%.

– Estrutura Patrimonial –

	31.12.01	31.12.02
ATIVO TOTAL	20.046.000	19.940.700
(–) PASSIVOS NÃO ONEROSOS	1.146.000	740.700
(=) INVESTIMENTO TOTAL	18.900.000	19.200.000
PASSIVO ONEROSO	6.000.000	6.600.000
PATRIMÔNIO LÍQUIDO	12.900.000	12.600.000

– Custo de Oportunidade do Capital Próprio –

	31.12.01	31.12.02
Custo de Oportunidade do Capital Próprio	13,9%	14,6%

O *custo do capital próprio* reflete a taxa de retorno mínima exigida pelos acionistas para remunerar o capital investido diante do risco do negócio e financeiro. No exercício de 02, houve um incremento desse custo em função da variação verificada no índice de endividamento da empresa, revelando maior risco financeiro.

Diferenças nos resultados devem-se a arredondamentos efetuados nos cálculos.

- **CÁLCULO DO EVA**

– Resultado Operacional Líquido Ajustado –

	31.12.01	31.12.02
RECEITA OPERACIONAL DE VENDAS	3.800.000	3.320.000
Custo dos Produtos Vendidos	(1.693.600)	(1.690.000)
LUCRO BRUTO	2.106.400	1.630.000
Despesas com Vendas	(294.800)	(299.400)
Despesas Administrativas	(231.400)	(242.100)
Receitas Financeiras	126.400	61.700
RESULTADO OPERACIONAL BRUTO	1.706.600	1.150.200
IR/CS s/ Resultado Operacional (34%)	(580.244)	(391.068)
RESULTADO OPERACIONAL LÍQUIDO – NOPAT	**1.126.356**	**759.132**
Despesas Financeiras Brutas	(838.400)	(586.100)
Economia de IR/CS (34%)	285.056	199.274
DESPESAS FINANCEIRAS LÍQUIDAS	(553.344)	(386.826)
RESULTADO LÍQUIDO DO EXERCÍCIO	**573.012**	**372.206**

– Conciliação do Resultado Líquido –

	31.12.01	31.12.02
RESULTADO LÍQUIDO	573.012	372.306
IR/CS s/ Resultado Operacional	580.244	391.068
Economia de IR/CS – despesas com juros	(285.056)	(199.274)
IR/CS DE COMPETÊNCIA EXERCÍCIO	295.188	191.794
IR/CS Calculado no Demonstrativo de Resultado	(25.900)	(111.100)
RESULTADO LÍQUIDO DO EXERCÍCIO	842.300	453.000

- Cálculo do Custo Total de Capital e do Valor Agregado -

Estrutura de capital	31.12.01	31.12.02
Investimento Total	18.900.000 100,0%	19.200.000 100,0%
Passivo Oneroso	6.000.000 31,7%	6.600.000 34,4%
Patrimônio Líquido	12.900.000 68,3%	12.600.000 65,6%
Custo de Captação [(A / B)]	9,2%	5,9%
A. Despesa Financeira Líquida	553.344	386.826
B. Passivo Oneroso	6.000.000	6.600.000
C. Custo da Dívida (Ki)	9,22%	5,86%
Custo de Capital Próprio	13,9%	14,6%
WACC	12,4%	11,6%

- Cálculo do EVA pelo ROI -

	31.12.01	31.12.02
A. RETORNO S/ INVESTIMENTO - ROI Lucro operacional Líquido Investimento Total	5,96% 1.126.356 18.900.000	3,95% 759.132 19.200.000
B. WACC	12,4%	11,6%
C. INVESTIMENTO TOTAL	18.900.000	19.200.000
D. EVA [D = (A - B) × C]	(1.220.088)	(1.467.294)

- Cálculo do EVA pelo NOPAT -

	31.12.01	31.12.02
A. NOPAT	1.126.356	759.132
B. WACC	12,4%	11,6%
C. Investimento Total	18.900.000	19.200.000
D. EVA [D = A - (B × C)]	(1.220.088)	(1.467.294)

CAP. 6   VALOR ECONÔMICO AGREGADO E CRIAÇÃO DE RIQUEZA   **137**

– Cálculo do EVA pelo ROE –

	31.12.01	31.12.02
A. Lucro Líquido	573.012	372.206
B. Patrimônio Líquido	12.900.000	12.600.000
C. Retorno s/ PL – ROE (A / B)	4,44%	2,95%
D. Custo de Capital Próprio	13,9%	14,6%
E. EVA [E = (C - D) × B]	(1.220.088)	(1.467.294)

– Cálculo do EVA pelo Lucro Líquido –

	31.12.01	31.12.02
A. LUCRO LÍQUIDO	573.012	372.306
B. CUSTO DE CAPITAL PRÓPRIO	13,9%	14,6%
C. PATRIMÔNIO LÍQUIDO	12.900.000	12.600.000
D. EVA [D = A - (B × C)]	(1.220.088)	(1.467.294)

- **FORMULAÇÕES ANALÍTICAS**

– Formulação Analítica do ROI –

	31.12.01	31.12.02
A. GIRO DO INVESTIMENTO	0,201	0,173
Receitas Operacionais de Vendas	3.800.000	3.320.000
Investimento Total	18.900.000	19.200.000
B. MARGEM OPERACIONAL	29,6%	22,8%
Lucro Operacional Líquido	1.126.356	759.132
Receitas Operacionais de Vendas	3.800.000	3.400.000
RETORNO S/ INVESTIMENTO - ROI (A × B)	5,95%	3,95%

– *Spread* Econômico do ROE –

	31.12.01	31.12.02
A. ROE	4,44%	2,95%
Lucro Líquido do Exercício	573.012	372.306
Patrimônio Líquido	12.900.000	12.600.000
B. CUSTO DO CAPITAL PRÓPRIO	13,9%	14,6%
C. *SPREAD* ECONÔMICO (A - B)	- 9,46%	- 11,65%

– Valores que Afetam o ROE –

	31.12.01	31.12.02
A. ROI	5,96%	3,95%
B. CUSTO DE CAPTAÇÃO (Ki)	9,2%	5,9%
C. *SPREAD* DE CAPTAÇÃO (A – B)	– 3,3%	– 2,0%
D. ENDIVIDAMENTO (P/PL)	0,4651	0,5238
E. CONTRIBUIÇÃO DO *SPREAD* DE CAPTAÇÃO AO ROE (C × D)	– 1,5%	– 1,0%
F. ROE [F = (A + E)]	4,46%	2,95%

Valor de Mercado – Modelo Stern Stewart[7]

	31.12.01	31.12.02
LUCRO LÍQUIDO	573.012	372.306
Valor Econômico Agregado – EVA	(1.220.088)	(1.467.294)
Custo Médio Ponderado de Capital	12,4%	11,6%
MVA	(9.827.494)	(12.653.484)
INVESTIMENTO TOTAL	18.900.000	19.200.000
VALOR DE MERCADO DA EMPRESA [INVEST. TOTAL + MVA]	**9.072.506**	**6.546.516**

6.3 FORMAÇÃO DO VALOR ECONÔMICO DA EMPRESA

As empresas agregam valor sempre que o retorno esperado de seus projetos excede o custo de capital associado à decisão. A geração de valor econômico acrescenta riqueza ao acionista, valorizando o capital investido na empresa.

A medida do *Valor Presente Líquido* (NPV)[8] expressa a diferença entre o valor presente dos benefícios econômicos futuros esperados de caixa e o valor presente de todos os desembolsos de caixa (investimentos). Equivale, em outras palavras, à riqueza econômica agregada pela decisão de investimento. Se o retorno esperado, medido pela taxa interna de retorno (IRR[9]), supera o custo de capital (entendido como a taxa mínima de atratividade da decisão financeira), o NPV calculado é positivo, indicando que o valor econômico do projeto supera o capital investido. O investimento se revela

---

[7] STEWART III, G. Bennett. *Em busca do valor*. Porto Alegre: Bookman, 2005.

[8] *Net Present Value*, em inglês.

[9] *Internal Rate of Return*, em inglês.

> economicamente viável, produzindo riqueza ao investidor. Caso o NPV seja negativo – o capital investido é menor que o seu valor econômico –, o negócio destrói valor, apresentando-se como inviável ao investidor.

Por exemplo, admita um projeto de investimento que produza um *valor presente líquido* (NPV) positivo. A presença de um NPV > 0 indica que o retorno da decisão de investimento, medido pela *taxa interna de retorno* (IRR), supera o custo de capital dos investidores, valorizando o capital investido pela riqueza gerada. Assim, se foram investidos $ 100,0 milhões em um projeto com duração prevista de cinco anos, e se foram estimados em $ 36,0 milhões/ano os fluxos futuros de caixa esperados decorrentes do investimento, e considerando uma taxa de desconto (custo de capital) igual a 16% ao ano para a decisão financeira, o valor econômico desse investimento atinge:

$$\textbf{Valor do Investimento (PV)} = \frac{(\$\,36,0)}{1,16} + \frac{(\$\,36,0)}{1,16^2} + \frac{(\$\,36,0)}{1,16^3} + \frac{(\$\,36,0)}{1,16^4} + \frac{(\$\,36,0)}{1,16^5}$$

Valor do Investimento (PV) = $ 117, 9 milhões

O *valor do investimento* é determinado pelo valor presente das entradas futuras esperadas de caixa. Esse resultado equivale ao valor econômico – valor justo ou *fair value* – do ativo (investimento), considerando as expectativas futuras de retorno de caixa de $ 36,0 milhões/ano e o custo de oportunidade de 16%. Como foram investidos $ 100,0 milhões, conclui-se que o projeto está avaliado em $ 17,9 milhões acima do montante de capital investido, indicando a riqueza econômica criada (valor presente líquido – NPV).

Para criar valor econômico, o investimento deve apresentar uma taxa de retorno (IRR = 23,43%) superior ao custo de capital (remuneração mínima exigida) de 16%, sendo o valor presente líquido (NPV) entendido como a *riqueza econômica* gerada pelo investimento.

Assim:

NPV = Valor Econômico do Investimento – Capital Investido

NPV = $ 117,9 – $ 100,0 = $ 17,9 milhões

Para remunerar exatamente o custo de capital de 16% ao ano, os fluxos de caixa anuais poderiam atingir somente $ 30,54 milhões, e não os $ 36,0 milhões. O valor presente dos cinco fluxos anuais de caixa de $ 30,54 milhões deve totalizar exatamente os $ 100,0 milhões do capital investido. Nessa situação, a IRR é igual ao custo de capital de 16% e o NPV, igual a zero.

Houve, assim, um excesso de geração econômica de caixa de $ 5,46 milhões/ano. Essa diferença é que criou a riqueza econômica do investimento (*goodwill*). Dessa maneira, pode-se interpretar a avaliação do projeto da forma seguinte:

Capital Investido	= $ 100,0 milhões
Riqueza Gerada pelo Investimento:	
$\dfrac{\$\,5,46}{1,16} + \dfrac{\$\,5,46}{1,16^2} + \dfrac{\$\,5,46}{1,16^3} + \dfrac{\$\,5,46}{1,16^4} + \dfrac{\$\,5,46}{1,16^5}$	= $ 17,9 milhões
Valor do Projeto	**= $ 117,9 milhões**

Pelo exemplo ilustrativo, é possível concluir que o valor de uma empresa (Vo) é formado pelo capital investido no negócio mais a riqueza gerada pelas várias decisões financeiras tomadas. *Recordando:* a riqueza (*goodwill*) será formada sempre que os ganhos esperados forem maiores que o custo de oportunidade dos capitais investidos. Expressando o valor da empresa:

> **Valor da Empresa (Vo) = Capital Investido + Riqueza Gerada (*Goodwill*)**

Como o valor econômico de um negócio depende de suas expectativas futuras de geração de caixa, a geração de riqueza (ou *goodwill*) passa a depender das oportunidades de crescimento da empresa e de seu retorno esperado em relação ao custo de oportunidade, ou seja, de seu *spread econômico*.

IMPORTANTE – o valor de uma empresa pode ser entendido como o valor atual em condições de estabilidade mais a riqueza gerada pelas oportunidades futuras de crescimento. *Por exemplo*, para um fluxo de caixa atual e estável de $ 50,0 milhões/ano, e considerando um custo de capital de 20% ao ano, seu valor econômico é estimado em $ 250,0 milhões, ou seja:

$$Valor\ da\ Empresa\ sem\ Crescimento = \frac{\$\,50,0\ milhões}{0,20} = \$\,250,0\ milhões$$

O valor calculado da empresa de $ 250,0 milhões foi determinado unicamente pelo desempenho atual, como se ele se repetisse indeterminadamente, não levando em consideração expectativas de valorização futuras determinadas pelas oportunidades de crescimento.

Ao se projetarem oportunidades de crescimento para a empresa, por meio de expansão de suas atividades, novos mercados e novos negócios, o valor da empresa deve incorporar essa geração futura esperada de valor, calculada a valor presente. Com isso, o valor econômico de uma empresa é formulado pela seguinte expressão básica:

> | Valor da | = | Valor sem | + | Riqueza Gerada pelas |
> |---|---|---|---|---|
> | **Empresa** | | **Crescimento** | | **Oportunidades de Crescimento** |

Ao se precificar uma empresa, devem-se sempre estabelecer premissas futuras de crescimento e retorno das atividades, ficando o valor encontrado dependente da realização desses pressupostos. Empresas avaliadas, *por exemplo*, na suposição de forte crescimento do mercado no futuro e redução exponencial dos custos, como foram diversos setores de tecnologia no passado (telefonia, ponto-com etc.), apresentam seus preços de mercado bastante sensíveis ao comportamento desses indicadores, refletindo alta volatilidade de suas ações.

O *Valor da Empresa* (Vo) é o valor econômico de seus ativos. Esse valor é formado pelos valores de mercado do capital próprio (patrimônio líquido) e capital de terceiros (dívidas onerosas), ou seja:

Valor da Empresa **(Vo)** = Patrimônio Líquido + Passivo Oneroso

Por exemplo, ao se admitir que 40% do investimento a valor de mercado da empresa sejam financiados por fontes onerosas de terceiros (empréstimos e financiamentos geradores de despesas com juros), tem-se a seguinte estrutura de capital:

| Ativo
Valor Econômico
do Projeto (Vo)
$ 117,9 milhões | **Passivos**
(40%)
$ 47,2 milhões |
| | **Patrimônio Líquido**
(60%)
$ 70,7 milhões |

Do valor total de $ 117,9 milhões do projeto de investimento, $ 70,7 milhões pertencem aos acionistas, e $ 47,2 milhões representam as dívidas com terceiros (empréstimos e financiamentos). Um eventual adquirente do ativo desembolsa $ 70,7 milhões para pagamento aos atuais acionistas e assume as obrigações de empréstimos e financiamentos de $ 47,2 millhões.

6.3.1 Valor da empresa e oportunidades de criação de valor

Quanto maiores as expectativas futuras de crescimento e geração de lucros em excesso ao custo de capital (lucro econômico), mais alta é a riqueza agregada ao valor da empresa. Assim, o valor de uma empresa depende fundamentalmente de sua capacidade em criar riqueza econômica futura, por meio da geração de lucros em excesso ao custo de capital. Uma vez mais, a criação de valor econômico no futuro significa produzir um retorno acima da taxa de remuneração mínima esperada dos investidores.

Por exemplo, admita uma empresa com $ 300,0 milhões de capital investido e um EVA corrente de $ 20,0 milhões. O custo total de capital (WACC) da empresa está calculado em 12,5%. Assim, ao se admitir que o lucro em excesso ao custo de capital apurado no corrente ano se manterá inalterado de forma contínua, o valor presente dos EVAs futuros é definido por MVA, e o valor da empresa atinge:

Valor da Empresa = Capital Investido + MVA

Substituindo os valores do *exemplo ilustrativo*:

$$\textbf{Valor da Empresa} = \$\,300{,}0 + \frac{EVA = \$\,20{,}0}{WACC = 0{,}125} = \$\,460{,}0 \text{ milhões}$$

Se o valor de mercado da empresa nesse ano for de $ 600,0 milhões, *por exemplo,* essa posição revela que os investidores estão otimistas com relação ao desempenho futuro da empresa, revelando expectativas de ganhos maiores (EVAs). Para esse valor de mercado de $ 600,0 milhões, os investidores projetam a geração de um EVA de $ 37,5 milhões/ano por prazo indeterminado, ou seja:

$$\$\,600{,}0 = \$\,300{,}0 + \frac{EVA}{0{,}125}$$

Logo: *EVA* = $ 37,5 milhões/ano

O mercado projeta que a empresa é capaz de produzir um *retorno esperado futuro superior à sua taxa corrente*, cobrindo com maior folga o custo de capital determinado pelas suas oportunidades de crescimento. Assim, ao se prever um resultado positivo de EVA maior que zero no futuro, o valor de mercado da empresa deve crescer com base nessa riqueza criada, indicando um valor econômico superior ao capital investido em seus ativos.

Por outro lado, se uma empresa produz um *retorno exatamente igual ao seu custo de oportunidade*, o seu valor de mercado deve se igualar ao valor do capital investido no negócio. A empresa não produz riqueza econômica (MVA), pois seu EVA é nulo (ROI = WACC), e seu valor de mercado é o próprio capital que foi aplicado em seus ativos. Assim, para um EVA igual a zero, tem-se:

Valor da Empresa = Capital Investido ($ 300,0 milhões)

Retorno futuro esperado do investimento inferior à remuneração mínima exigida pelos proprietários de capital indica uma formação de lucro residual (EVA) negativo, sinalizando destruição de valor econômico. A empresa é avaliada abaixo do capital investido em seus ativos, sendo mais atraente se negociada em partes do que em funcionamento. Em outras palavras, nesse caso a soma *das partes supera o valor do todo*, indicando inviabilidade econômica do negócio.

6.4   AVALIAÇÃO DO DESEMPENHO PELO MVA

A medida de valor agregado pelo mercado (MVA – *Market Value Added*) reflete a expressão monetária da riqueza gerada aos proprietários de capital, determinada pela capacidade operacional da empresa em produzir resultados superiores ao seu custo de oportunidade. Pode indicar, dentro de outra visão, quanto a empresa vale adicionalmente ao que se gastaria para repor todos os seus ativos a preços de mercado.

É uma avaliação do futuro, calculada com base nas expectativas do mercado com relação ao potencial demonstrado pelo empreendimento em criar valor. Nesse enfoque, o MVA pode ser apurado pela diferença entre o valor total de mercado da empresa e o montante de capital investido pelos acionistas e credores (investimento total).

> É importante destacar, uma vez mais, que a riqueza econômica gerada pelo retorno em excesso pode ser calculada pelo valor econômico da empresa em relação ao capital monetário investido (definição da medida do MVA), ou ao valor de reposição dos ativos (modelo do **Q de Tobin**) ou, ainda, ao valor de mercado de cada ativo individualmente (valor de descontinuidade sugerido pela Contabilidade).

O valor total de uma empresa pelo mercado pode ser determinado pelo produto do preço de mercado de suas ações e a quantidade em circulação, mais o valor de mercado de seus passivos. Como as limitações práticas a esse cálculo costumam ser grandes, principalmente quando o controle acionário não é negociado no mercado, é sugerido o **método do Fluxo de Caixa Descontado**, por meio da projeção do *free operating cash flow* (fluxo de caixa operacional disponível) e de uma taxa de desconto que representa as expectativas mínimas de retorno de credores e acionistas. A avaliação de empresas pelo critério de Fluxo de Caixa Descontado é desenvolvida, com maior profundidade, no Capítulo 9.

Esse resultado econômico em excesso (valor de mercado *menos* investimento total) constitui-se no valor do intangível do negócio, no *goodwill* produzido pela qualidade de sua gestão. Representa quanto uma empresa foi capaz, pelas estratégias financeiras e capacidades diferenciadoras implementadas, de agregar riqueza a seus acionistas, objetivo básico de qualquer empreendimento.

A comparação do desempenho de diferentes empresas por meio do MVA deve cotejar também o tamanho da empresa. Para tanto, pode ser utilizada a relação entre o MVA e o patrimônio líquido apurado em determinado momento, ou ainda o indicador econômico **Q de Tobin**, calculado pela relação entre o valor de mercado da empresa e o valor de reposição de seus ativos. Esses indicadores revelam o potencial de valorização da empresa, a riqueza agregada pelo mercado como reflexo de seu desempenho.

Se o **Q de Tobin** é superior a 1,0, isso indica que a empresa possui um valor de mercado que excede o preço de reposição de seus ativos. É reflexo de criação de riqueza para os acionistas, constituída pela capacidade do investimento de produzir uma remuneração acima das expectativas de retorno de seus proprietários.

Em caso contrário, quando o **Q de Tobin** é inferior a 1,0, o investimento revela destruição de valor motivada por uma gestão incapaz de satisfazer o custo de oportunidade do capital aplicado no negócio. Se a empresa fosse vendida pelo preço fixado pelo mercado, os recursos apurados seriam insuficientes para cobrir o valor de reposição de seus ativos.

Q DE TOBIN

É uma medida que utiliza informações de mercado, tendo sido proposta por James Tobin[10] em 1969, como referência atual do desempenho econômico futuro de uma empresa.

---

[10] STEWART III, G. Bennett. *The quest for value*. New York: HarperBusiness, 1991.

O indicador é calculado pela relação entre o valor de mercado da empresa e o valor de reposição de seus ativos. Assim:

$$\text{Q de Tobin (q)} = \frac{\textit{Valor de Mercado da Empresa} - Vo}{\textit{Valor de Reposição dos Ativos}}$$

Vo = Valor de Mercado do PL + Valor de Mercado das Dívidas

O valor de mercado do patrimônio líquido (PL) é igual ao produto do preço de negociação das ações pela quantidade emitida.

O valor de reposição dos ativos é o gasto necessário para repor os ativos físicos da empresa, incluindo o estado atual de tecnologia.

Se o Q de Tobin é maior que 1,0, isso indica que o valor de mercado da empresa supera o valor de reposição dos ativos, concluindo pela formação de *goodwill* favorável. Em caso contrário (q < 1,0), tem-se a destruição de riqueza (*goodwill* negativo), indicando que o valor econômico da empresa é inferior ao valor de reposição de seus ativos físicos.

....

Uma metodologia gerencial de avaliação do MVA é efetuada, conforme demonstrada em várias partes deste capítulo, por meio do valor presente do lucro econômico (EVA), segundo proposta por Stewart:[11]

$$\text{MVA} = \text{EVA} / \text{WACC}$$

Para *ilustrar* uma análise do MVA, admita os seguintes valores obtidos de uma companhia aberta:

Capital Investido	= $ 1.000,0 mi.
P/PL	= 1,50 (PL = 40%; P = 60%)
NOPAT	= $ 210,0 mi.
EVA	= $ 30,0 mi.
WACC	= 17%, sendo Ke = 20% e Ki Líq. IR = 15%

O MVA é obtido usando a formulação sugerida anteriormente:

EVA = (ROI – WACC) × Investimento
EVA = [($ 210,0/$ 1.000,0) – 17%] × $ 1.000,0 = $ 40,0 milhões
MVA = [EVA: $ 40,0/WACC: 0,17] = $ 235,3 mi.

---

[11] STEWART III, G. Bennett. *The quest for value*. New York: HarperBusiness, 1991.

Logo, o valor de mercado da empresa é constituído de:

Investimento total	: $ 1.000,0
Goodwill (MVA)	:$ 235,3
Valor de Mercado (Vo)	**: $ 1.235,3 mi.**

Os resultados das estratégias financeiras implementadas podem ser quantificados nessa formulação básica de cálculo da riqueza dos acionistas. Se a empresa for mais eficiente na gestão de seus ativos e reduzir, por exemplo, o volume de seus estoques e a morosidade apresentada na cobrança de suas vendas a prazo, sem afetar o volume de atividade, ela será capaz de agregar valor aos seus acionistas sem que seja expresso necessariamente em maiores lucros.

FIGURA 6.2   Representação do MVA

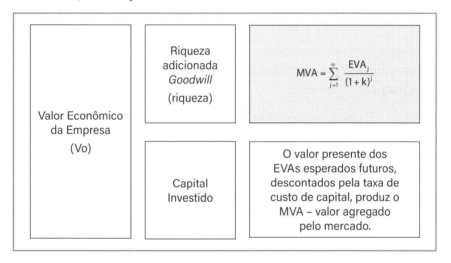

Eliminando 6% do total de seus investimentos, *por exemplo*, e considerando somente essa operação, o ROI da empresa sobe para: [$ 210 / ($ 1.000 – 6%)] = 22,3%. Admitindo que os 6% de redução dos investimentos eliminam passivos onerosos e patrimônio líquido na proporção atual, o custo total de capital da empresa (WACC) não sofre alteração, permanecendo em 17%, ou seja:

WACC = [20% × ($ 400 – $ 24)/ $ 940] + [15% × ($ 600 – $ 36)/ $ 940]
WACC = 17,0%

Observe que a redução do capital investido de 6% equivale à eliminação de $ 60,0 (6% × $ 1.000,0) de ativos. Admite-se que essa redução de investimento não influenciou a atividade da empresa, mantendo a mesma capacidade de produção e vendas.

No entanto, por reduzir o montante dos investimentos e, por consequência, o custo de oportunidade do capital aplicado, a empresa passa a adicionar maior valor econômico, valorizando seu MVA para $ 295,3, ou seja:

146 VALUATION • ASSAF NETO

- ROI = $ 210 / ($ 1.000 – $ 60) = 22,34%
- EVA = (22,34% – 17%) × ($ 1.000 – $ 60) = $ 50,2

ou:

EVA = $ 210 – [17% × ($ 1.000 – $ 60)] = $ 50,2
- MVA = $ 50,2 / 0,17 = $ 295,3

A maior eficiência demonstrada em liberar capital investido sem afetar os resultados operacionais permitiu uma elevação na riqueza agregada pela empresa em relação aos recursos aplicados pelos credores e acionistas.

Uma redução de 6% nos investimentos proporcionou, de outra forma, uma valorização de 36% no MVA. A riqueza produzida pela empresa aos seus proprietários passou de 23,53% ($ 235,3/$ 1.000) para 31,41% ($ 295,3/$ 940), evidenciando maior eficiência da empresa na formação de valor.

Se, por outro lado, diante das inúmeras opções que se apresentam para aplicar os 6% obtidos da redução de seus investimentos, a empresa decidisse eliminar patrimônio líquido (pagando dividendos e/ou recomprando suas próprias ações), o custo de capital total cairia para 16,8%, ou seja:

WACC = [20% × ($ 400 – $ 60) / $ 940] + [15% × $ 600/$ 940] = 16,8%

O capital próprio, por definição, é mais oneroso que o de terceiros, proporcionando uma redução na taxa de desconto da empresa. Considerando o incremento do EVA para $ 52,1 [(22,34% – 16,8%) × $ 940], determinado pela redução do custo de capital, o valor do MVA se eleva para $ 310,1 [$ 52,1/0,168], demonstrando uma valorização de mercado igual a 31,8% [($ 310,1/$ 235,3) – 1] no *goodwill* e de 1,2% [($ 940,0 + $ 310,1)/($ 1.235,3) – 1] no preço de mercado da empresa, diante de uma redução de 6% no total de seus investimentos.

Em outras palavras, se antes a empresa apresentava um *goodwill* de $ 235,3 para um investimento de $ 1.000,0, o maior giro proporcionado aos seus ativos com a consequente devolução de capital aos acionistas elevou a riqueza adicionada para $ 310,1 diante de um investimento total de $ 940.

Diversas outras estratégias financeiras podem ser avaliadas em seu impacto sobre a criação de riqueza ao acionista, seguindo-se o mesmo raciocínio demonstrado.

6.4.1 MVA, custo de oportunidade e fluxos de rendimentos

Ficou detalhado nas explicações anteriores que uma empresa gera riqueza econômica quando seu valor de mercado supera o valor do capital investido no negócio. Essa riqueza foi denominada de MVA – *Valor Agregado pelo Mercado* (ou *goodwill*), sendo mensurada com base no valor do investimento mantido pela empresa.

> Uma empresa demonstra geração de riqueza econômica quando seu valor de mercado supera o montante de capital investido no negócio. Essa riqueza foi demonstrada como MVA, ou *goodwill* baseado no valor do capital investido.

Ao se definir o MVA como o valor em excesso da empresa (valor que supera o capital investido no negócio), essa medida precisa considerar em seu cálculo o custo de oportunidade do capital investido e também os fluxos de benefícios de caixa pagos pela empresa no período.

Young & O'Byrne[12] discutem essa limitação por meio de um pequeno e esclarecedor *exemplo ilustrativo*, cuja ideia central é retratada a seguir.

Admita uma empresa sem dívidas com patrimônio líquido (PL) de $ 200,0 milhões, cujo capital foi investido há quatro anos. Essa empresa está atualmente precificada no mercado, com base no valor corrente de suas ações, por $ 290,0 milhões. Assim, com base nessa comparação entre o capital próprio investido há quatro anos e o valor de mercado atual de suas ações, a riqueza gerada pelo mercado (MVA) atinge:

$$\mathbf{MVA} = \$ \, 290,0 - \$ \, 200,0 = \$ \, 90,0 \text{ milhões.}$$

Ao se admitir que o acionista exija um retorno mínimo de 14% ao ano, o capital investido há quatro anos na empresa deve representar na data atual: [$ 200,0 \times (1,14)^4 =] = \$ 337,79$ milhões.

Observe que, pela medida do MVA, a empresa criou $ 90,0 milhões de riqueza para seus acionistas. Por outro lado, a expectativa do mercado é que a empresa deve valer, no mínimo, $ 337,79 milhões. Como o preço de mercado é de somente $ 290,0 milhões, conclui-se que **não** houve criação de valor econômico. Ocorreu, em verdade, uma destruição de riqueza no montante de $ 47,79 milhões ($ 337,79 – $ 290,0).

Para os autores, o problema do MVA é que a medida não considera o custo de oportunidade no tempo do capital investido na empresa. Outra limitação apontada é que o MVA não considera pagamentos de lucros ao longo dos anos. O MVA é medido simplesmente pela diferença entre o valor de mercado e o capital investido em determinado momento, sem considerar os retornos de caixa auferidos pelos acionistas, como dividendos e juros sobre o capital próprio, e o custo de oportunidade dos recursos aplicados.

Resumo – Ao se considerar o MVA como o valor em excesso da empresa em relação ao capital investido no negócio, essa medida precisa incluir em seu cálculo o custo de oportunidade do investimento e os fluxos de benefícios pagos pela empresa no período.

---

[12] YOUNG, S. David; O'BYRNE, Stephen F. *EVA e gestão baseada em valor*. Porto Alegre: Bookman, 2003. p. 40.

6.4.2 Projeção de EVA e criação de valor – Exemplo ilustrativo

Uma empresa em fase de avaliação dividiu seu planejamento financeiro em dois cenários econômicos previstos: *período de crescimento* e *estabilidade*. Para ilustrar projeções de EVA (lucro econômico) e criação de valor, serão estudados três casos de avaliação do patrimônio líquido, conforme identificados a seguir.

CASO 1
EVA constante e indeterminado

Valores com ocorrência prevista por tempo indeterminado:

- patrimônio líquido no início do primeiro ano – (PL_{INI}): $ 480,0 milhões;
- retorno s/o patrimônio líquido (ROE): 18% a.a.;
- custo de capital próprio (Ke): 15%.

O valor de mercado do patrimônio líquido é calculado pelo PL inicial mais o valor presente dos EVAs futuros projetados e representado pelo MVA, ou seja:

$$PL = PL_{INI} + MVA$$

O EVA atinge $ 14,4 milhões/ano por tempo indeterminado, isto é:

EVA = (18% – 15%) × $ 480,0 = $ 14,4 milhões/ano

PL = $ 480,0 + [$ 14,4/0,15] = $ 576,0 mil.

CASO 2
Criação de valor por prazo determinado

Valores projetados:

- PL_{INI} = $ 480,0 milhões;
- ROE = 18% a.a. nos cinco primeiros anos. A partir do 6º ano, o ROE é de 15% a.a., igual ao custo de capital;
- Ke = 15% a.a. para todo o período da avaliação;
- *payout* = 100%. A empresa distribui integralmente seu lucro anual aos acionistas na forma de dividendos.

Para uma taxa de desconto de 15% a.a., o valor do PL atinge:

$$PL = \$ \, 480{,}0 + \left[\frac{14{,}4}{1{,}15} + \frac{14{,}4}{1{,}15^2} + \frac{14{,}4}{1{,}15^3} + \frac{14{,}4}{1{,}15^4} + \frac{14{,}4}{1{,}15^5} \right]$$

$$PL = \underbrace{\$ \, 480{,}0}_{PL_{INI}} + \underbrace{\$ \, 48{,}27}_{MVA} = \$ \, 528{,}27 \text{ milhões}$$

Após o 5º ano, a empresa espera continuar crescendo indeterminadamente, porém sem agregar valor econômico. Em outras palavras, espera-se que o retorno do capital próprio investido pelos acionistas (ROE) seja igual ao seu custo de oportunidade (Ke), apurando um EVA = 0.

É importante destacar que EVA nulo não significa que a empresa não irá auferir lucro algum; a premissa básica é de que se espera que produza um retorno exatamente igual ao seu custo de capital, não agregando valor econômico.

Pela hipótese simplista de um *payout* de 100% (a empresa distribui todo seu resultado líquido aos acionistas), o caixa disponível do acionista é o próprio lucro líquido. Assim, para os primeiros cinco anos os fluxos disponíveis de caixa atingem $ 86,4/ano (18% × $ 480,0), e para os anos seguintes, de forma contínua, os valores se reduzem para $ 72,0/ano (15% × $ 480,0), diante da queda prevista no retorno esperado (ROE = 15%).

Ao se descontarem esses fluxos de caixa disponíveis dos acionistas pela taxa de atratividade de 15% a.a., o valor presente dos fluxos de lucros pagos equivale ao valor do patrimônio líquido da empresa, atingindo:

LL $ 86,4 $ 86,4 $ 86,4 $ 86,4 $ 86,4 $ 72,0

  0   1   2   3   4   5   6 (anos)   ∞

$$PL = \left[\frac{86{,}4}{1{,}15} + \frac{86{,}4}{1{,}15^2} + \frac{86{,}4}{1{,}15^3} + \frac{86{,}4}{1{,}15^4} + \frac{86{,}4}{1{,}15^5} \right] + \left[\frac{72{,}0}{0{,}15} \right] / (1{,}15)^5$$

$$PL = \$ \, 289{,}63 + \$ \, 238{,}64 = \$ \, 528{,}27$$

Observe, uma vez mais, que ao não se considerarem reinvestimentos anuais dos lucros (*payout* = 100%) não são também previstos crescimentos dos fluxos de caixa dos acionistas, mantendo-se o valor distribuído constante.

CASO 3
Criação de valor e crescimento por prazo indeterminado

Este caso considera o reinvestimento de uma parcela do lucro previsto. É uma situação mais real na prática, pois dificilmente uma empresa pode prescindir totalmente de seus lucros para lastrear seus investimentos, ou também ajustar sua estrutura de capital

150 VALUATION · ASSAF NETO

(P/PL) para uma posição risco-retorno desejada. Com isso, o PL deve ser calculado em cada ano com base no retorno auferido pelo resultado retido para reinvestimento.

Valores projetados:

- PL_{INI} = $ 480,0 mil;
- ROE = 18% a.a. nos cinco primeiros anos. A partir do 6º ano, o ROE é de 15%, igual ao custo de capital;
- Ke = 15% a.a. por todo o período;
- *payout* = 40%. A empresa distribui uma parcela (40%) de seu lucro anual aos acionistas na forma de dividendos, reinvestindo os 60% restantes em seu negócio. Pretende manter essa política de dividendos indeterminadamente. Com isso, além do retorno do capital inicial, aufere também um retorno da parte que foi reinvestida.

Projeção do EVA para os próximos cinco anos

	Ano 1	Ano 2	Ano 3	Ano 4	Ano 5
PL_{INI} – PL no início do ano	$ 480,0	$ 531,8	$ 589,3	$ 652,9	$ 723,4
Lucro Líquido (ROE × PL_{INI})	$ 86,4	$ 95,7	$ 106,1	$ 117,5	$ 130,2
LL Disponível aos Acionistas (LL × *Payout*)	$ 34,6	$ 38,3	$ 42,4	$ 47,0	$ 52,1
Custo de Capital (Ke × PL)	$ 72,0	$ 79,8	$ 88,4	$ 97,9	$ 108,5
EVA = LL – Custo de Capital	$ 14,4	$ 15,9	$ 17,7	$ 19,6	$ 21,7

PL: patrimônio líquido; ROE: retorno sobre PL; LL: lucro líquido; Ke: custo de capital próprio.

Cálculo do PL_{INI}:

PL_{INI} (Ano 1): $ 480,0. Informação inicial fornecida na descrição do caso.

PL_{INI} (Ano 2): PL_{INI} + (ROE × PL_{INI}) × (1 – *Payout*)

                      PL no início   LL do exercício   Parcela do LL retida

PL_{INI} (Ano 2): $ 480,0 + (18% × $ 480,0) × (1 – 0,40) = $ 531,8 mil.

PL_{INI} (Ano 3): $ 531,8 + (18% × $ 531,8) × (1 – 0,40) = $ 589,3 mil.

PL_{INI} (Ano 4): $ 589,3 + (18% × $ 589,3) × (1 – 0,40) = $ 652,9 mil.

PL_{INI} (Ano 5): $ 652,9 + (18% × $ 652,9) × (1 – 0,40) = $ 723,4 mil.

Pela premissa da projeção dos resultados da empresa, após o final do ano 5 a empresa irá auferir um retorno igual ao seu custo de capital (Ke = ROE), apurando um EVA nulo. A partir do ano 6, a empresa espera remunerar seus acionistas pelo seu custo de oportunidade, não adicionando valor econômico ao capital investido.

Os valores projetados do patrimônio líquido da empresa para o início dos anos 6 e 7 atingem:

PL_{INI} (Ano 6): $ 723,4 + (18% × $ 723,4) × (1 – 0,40) = $ 801,5 mil.

PL_{INI} (Ano 7): $ 801,5 + (15% × $ 801,5) × (1 – 0,40) = $ 873,7 mil.

	Ano 6	**Ano 7**
PL_{INI}	$ 801,5	$ 873,7
Lucro Líquido: 15% × PL_{INI}	$ 120,2	$ 131,1
Custo de Capital: 15% × PL_{INI}	$ 120,2	$ 131,1
EVA	0	0

Valor do PL pelo EVA:

$$\mathbf{PL} = \$ \ 480{,}0 + \left[\frac{\$ \ 14{,}4}{1{,}15} + \frac{\$ \ 15{,}9}{1{,}15^2} + \frac{\$ \ 17{,}7}{1{,}15^3} + \frac{\$ \ 19{,}6}{1{,}15^4} + \frac{\$ \ 21{,}7}{1{,}15^5} \right]$$

$\mathbf{PL} = \$ \ 480{,}0 + \$ \ 58{,}1 = \$ \ 538{,}1$

Valor do PL pelo lucro disponível aos acionistas:

$$\mathbf{PL} = \$ \ 480{,}0 + \left[\frac{\$ \ 34{,}6}{1{,}15} + \frac{\$ \ 38{,}3}{1{,}15^2} + \frac{\$ \ 42{,}4}{1{,}15^3} + \frac{\$ \ 47{,}0}{1{,}15^4} + \frac{\$ \ 52{,}1}{1{,}15^5} \right] + \left[\frac{\$ \ 120{,}2}{0{,}15} \right] / (1{,}15)^5$$

$\mathbf{PL} = \$ \ 139{,}7 + \$ \ 398{,}4 = \$ \ 538{,}1$

Como a empresa não agrega valor após o ano 5 (ROE = KE), o valor desse período indeterminado pode ser calculado pelo valor presente do lucro líquido previsto.

7

Medidas de Valor de Mercado

As medidas de desempenho e valor podem ser relacionadas com parâmetros contábeis, apuradas a partir de demonstrações financeiras divulgadas pelas companhias, como as desenvolvidas no Capítulo 2. Outras vezes, esses indicadores têm como referência os resultados residuais, apurados após a dedução de todos os custos, inclusive o custo de oportunidade do capital próprio. Nesse grupo, a medida mais adotada, amplamente estudada no Capítulo 6, é o *Valor Econômico Agregado* (EVA).[1] Algumas medidas de desempenho e valor, conforme serão estudadas no Capítulo 8, podem ainda se relacionar com indicadores de fluxos de caixa.

Este capítulo dedica-se ao estudo de indicadores de valor para os acionistas obtidos pelos fundamentos de mercado, como o EVA Ajustado (REVA), Valor Econômico Futuro (EFV), Valor Adicionado ao Acionista (SVA), Retorno Total do Acionista (TRA), entre outros.

7.1 VALOR DE MERCADO, VALOR CONTÁBIL E ÍNDICE *MARKET-TO-BOOK*

O *valor de mercado* de uma empresa, obtido pelo produto da quantidade de ações emitidas pelo seu preço de negociação em determinada data, não costuma se igualar ao valor contábil do patrimônio líquido. Em geral, o valor de mercado supera o valor contábil; em alguns casos, o valor reconhecido pela Contabilidade pode superar o valor de mercado. Essas diferenças são explicadas principalmente porque o mercado considera em sua precificação o valor em continuidade da empresa, incorporando em seu cálculo projeções futuras de retorno

---

[1] Marca registrada da Stern Stewart & Co.

e oportunidades de crescimento. A medida contábil é um valor de descontinuidade (encerramento das atividades), admitindo que a empresa irá encerrar suas atividades ao final do exercício.

O VALOR DOS ATIVOS E A CONTABILIDADE

Os ativos de uma empresa são avaliados pela Contabilidade seguindo as regras vigentes. O modelo contábil atual considera que os ativos sejam precificados admitindo a descontinuidade da empresa. Com isso, a Contabilidade admite que o desempenho da empresa em um dado exercício social seja uma tendência a ser mantida indeterminadamente. O pressuposto da descontinuidade de um empreendimento é uma das limitações dos balanços contábeis.

Os ativos de uso da empresa são avaliados individualmente pelo seu valor justo de mercado (*fair value*), no pressuposto de sua descontinuidade. O valor definido pela Contabilidade para os ativos somente tem relevância na hipótese de descontinuidade; inexistindo essa possibilidade de encerramento de suas atividades, a informação do valor da empresa fornecida pela Contabilidade não apresenta maior relevância. A avaliação executada pela Contabilidade para diversos ativos não reflete uma tendência futura de valor para esses ativos.

Em outras palavras, pode-se concluir que um balanço, elaborado com base no *fair value* individual de seus ativos, aproxima-se do valor da empresa somente no pressuposto de sua descontinuidade, do encerramento de suas atividades. O verdadeiro valor econômico da empresa deve exprimir o seu *valor em funcionamento*.

É importante entender que a soma dos valores de mercado (*fair value*) dos ativos em uso não representa o genuíno valor de mercado da empresa, pois não considera principalmente a sinergia entre eles. A avaliação de uma empresa não se faz por valores expressos em seus balanços patrimoniais; o valor econômico deve expressar o TODO e não a soma das PARTES.

O foco dos investidores (acionistas) não está no valor individual dos ativos, mas no todo, no *valor do negócio em continuidade*. Os investidores concentram sua atenção nos fluxos de caixa, no retorno dos investimentos, na combinação ótima de ativos e passivos alocados ao processo produtivo da empresa. O genuíno valor econômico de uma empresa incorpora as expectativas futuras de geração de benefícios econômicos como um todo, dos ativos em funcionamento. A importância de se conhecer o valor da empresa não está em sua descontinuidade, mas no seu valor em atividade, entendendo a empresa como um negócio em continuidade.

Em termos econômicos, o ativo não representa a soma de bens, direitos e haveres, conforme definição muitas vezes adotada. Representa, mais efetivamente, um fluxo futuro esperado de benefícios de caixa trazidos a valor presente por uma taxa de juro (taxa de desconto) que remunera adequadamente seu risco. *O ativo é um conceito econômico.*

O *goodwill*, em sua versão clássica, indica quanto uma empresa vale a mais do que seria gasto em sua edificação (construção). Equivale, conforme estudado no Capítulo 6, à riqueza econômica gerada pelo negócio, determinada pela sua capacidade em auferir retorno acima do custo de oportunidade do capital investido. Um balanço, avaliado plenamente a *fair value* (pelo seu valor econômico justo), deveria admitir a *continuidade* da empresa. O valor de uma empresa no pressuposto da continuidade é geralmente maior que o valor apurado pela Contabilidade, o qual adota o pressuposto contrário, de encerramento de suas atividades (descontinuidade).[2]

O excedente entre o valor de mercado e o valor contábil do patrimônio líquido (PL) pode ser interpretado como o reflexo das oportunidades futuras de criação de valor da empresa, sendo um indicador importante de gestão e desempenho. O patrimônio líquido (PL) a mercado é mensurado pelo valor em que as ações da empresa são precificadas nas negociações de mercado, e o valor contábil é definido pelas normas contábeis.

A relação entre o valor de mercado das ações de uma empresa e o seu valor contábil, conforme registrado nas demonstrações contábeis, é conhecido como índice *market-to-book*. O inverso desse índice (*book-to-market* = valor contábil do PL/valor de mercado do PL), seguindo a colocação de Gilio,[3] indica o percentual em que a Contabilidade está expressando o valor da empresa capturado pelo mercado. Ao contrário, o índice *market-to-book* revela quanto do valor de mercado está inserido no valor contábil.

Empresas com baixo *book-to-market* (índice menor que 1,0), ou alto *market-to-book* (maior que 1,0), podem revelar que suas ações estejam sobreavaliadas no mercado. As ações estão sendo negociadas por um preço maior que seu valor contábil. Por outro lado, ações com índice *market-to-book baixo* (inferior a 1,0), ou alto indicador *book-to-market*, podem sugerir que estejam subavaliadas, com potencial de atrair novos investidores.

Por exemplo, admita uma companhia com ações negociadas em bolsa de valores estando cotadas, em determinada data, a $ 7,2/ação. O valor contábil registrado das ações é igual a $ 10,0/ação na mesma data. O índice *market-to-book* da ação atinge $ 7,20/$ 10,0 = 0,72, indicando que somente 72% do valor de mercado da ação se encontra inserido em seu valor contábil. A medida inferior a 1,0 (igual a 0,72) pode sugerir uma subavaliação da ação de 27%, ou seja, seu valor econômico de mercado (valor de continuidade) é 28% inferior ao seu valor contábil (valor obtido na suposição de descontinuidade do empreendimento). Nesse caso, o mercado não incorpora na formação do preço da ação as expectativas presentes nas demonstrações contábeis da empresa.

Empresas que apresentam baixos investimentos tangíveis, como as do setor de tecnologia, costumam apresentar elevado índice *market-to-book*. Nesses casos, os reduzidos

---

[2] Sobre o assunto, recomenda-se: MARTINS, Eliseu; DINIZ, J. Alves; MIRANDA, G. José. *Análise avançada das demonstrações contábeis*. 3. ed. São Paulo: Atlas, 2020.

[3] GILIO, Luciano. Análise da capacidade explicativa de informações contábeis para o índice *market-to-book* de empresas listadas no IBOVESPA. *In*: CONGRESSO DE CONTABILIDADE FEA/USP. Disponível em: www.congressousp.fipecafi.org. Acesso em: 18 mar. 2021.

ativos físicos (tangíveis) registrados pela Contabilidade não refletem, de forma mais correta, o valor do negócio.

O índice *market-to-book* diferencia-se do Q de Tobin, estudado no Capítulo 6, principalmente em razão de Tobin ter usado o valor de reposição dos ativos físicos da empresa, e não seu valor apurado pelas regras da Contabilidade. O Q de Tobin é uma medida que relaciona o valor de mercado de uma empresa com o custo de reposição de seus ativos físicos.

> O *valor de mercado* de uma empresa é o valor de negociação de suas ações, preço que os investidores estariam dispostos a pagar. Esse preço representa o valor presente de um fluxo futuro esperado de rendimentos econômicos de caixa descontados por uma taxa que remunera adequadamente o risco do investimento. É um valor em *continuidade* da empresa, incorporando expectativas futuras de reinvestimento dos lucros e crescimento.

7.2 *REFINED ECONOMIC VALUE ADDED* (REVA)

Em essência, o REVA[4] pode ser entendido como uma medida ajustada do EVA, destacando-se por ser calculado a valores de mercado. Para o cálculo do EVA, conforme estudado no Capítulo 6, é considerado o custo total de capital (WACC), baseado em pesos e taxas de mercado, aplicado sobre o total do investimento expresso em valores contábeis, conforme obtidos dos balanços patrimoniais apurados. A proposta apresentada por Bacidore é o cálculo do EVA, considerando também o capital investido, porém avaliado a valores de mercado. Para os proponentes do REVA, o critério de considerar todos os itens de cálculo do EVA a valor de mercado permite que se avalie com maior rigor a riqueza gerada aos acionistas.[5]

Uma crítica muitas vezes feita ao EVA refere-se ao fato de o cálculo do custo de oportunidade do capital investido ser efetuado com base em valores contábeis, e não em valores de mercado. Em verdade, os acionistas esperam receber um retorno baseado no valor de mercado do patrimônio, e não determinado segundo pressupostos contábeis. Ao considerar somente o valor de mercado, o investimento passa a refletir melhor os custos de capital atual dos investidores.

---

[4] Ver: BACIDORE, J. M. *et al.* The search for the best financial performance measure. *Financial Analysts Journal*, May/June 1997.

[5] Damodaran discute argumentos contra o uso do capital investido a valores de mercado na apuração do índice de retorno sobre o investimento, privilegiando a adoção do investimento a valor contábil. Ver: DAMODARAN, Aswath. *Return on capital, return on invested capital, and return on equity*: measurement and implications. July, 2007. Disponível em: www.damodaran.com. Acesso em: 18 mar. 2021.

De acordo com Bacidore,[6] o REVA é calculado pela seguinte expressão:

$$REVA = NOPAT - (WACC \times CAPITAL_{MERC})$$

em que:

REVA = *Refined Economic Value Added* (EVA ajustado ou EVA refinado);

NOPAT = lucro operacional líquido do IR, conforme estudado no Capítulo 2;

WACC = Custo Médio Ponderado de Capital, conforme estudado no Capítulo 5;

$CAPITAL_{MERC}$ = investimento total (valor da empresa) avaliado a preços de mercado.

O valor da empresa a preços de mercado ($CAPITAL_{MERC}$), por seu lado, pode ser determinado pela soma do patrimônio líquido (PL_{merc}) com as dívidas onerosas, todos os valores avaliados a mercado. Assim:

$$CAPITAL_{MERC} = PL_{MERC} + \text{Dívidas Onerosas}$$

O valor do patrimônio líquido a mercado (PL_{MERC}) pode ser calculado, conforme discutido anteriormente, pela seguinte expressão:

$$PL_{MERC} = \text{Quantidade de Ações} \times \text{Cotação de Mercado}$$

O valor da empresa pode ser entendido como o valor do capital total investido ($CAPITAL_{MERC}$). A diferença entre o valor de mercado dos ativos de uma empresa e seu valor contábil apurado em determinada data representa o valor econômico gerado pelas estratégias adotadas e futuras oportunidades de investimento previstas. É a riqueza gerada aos acionistas – quanto a empresa vale a mais do que a soma do valor individual de cada ativo utilizado em seus negócios –, geralmente identificada por *goodwill*, conforme estudado no Capítulo 6.

Quando essa diferença é positiva, denota uma alocação mais eficiente de capital em oportunidades de investimento geradoras de valor.

O REVA pode ser avaliado como um EVA ajustado. A principal diferença entre essas medidas é que o REVA utiliza o valor de mercado do investimento (valor de mercado da empresa), e o EVA considera o seu valor contábil (valor de balanço).

Para ilustrar, considere uma empresa com custo de capital de 12%, precificada em valores de mercado e pela Contabilidade, que apresenta os seguintes resultados de criação de valor:

---

[6] Ob. cit.

NOPAT	Valor contábil do investimento	Valor de mercado do investimento
$ 1.200,0	$ 9.000,0	$ 12.000,0
EVA = $ 1.200,0 - (12% × $ 9.000,0) = $ 120,0		
REVA = $ 1.200,0 - (12% × $ 12.000,0) = ($ 240,0)		

Considerando o valor de mercado da empresa, o REVA indica uma destruição de valor para o acionista de $ 240,0; a medida do EVA, ao contrário, demonstra uma criação de valor econômico igual a $ 120,0.

A diferença dos valores é explicada pela mensuração do valor do capital investido (ativos da empresa). O EVA baseia-se nos ativos existentes, reconhecidos pela Contabilidade, e o REVA destaca o valor presente líquido (riqueza econômica) gerado pelos investimentos futuros, não incluído nos balanços. Assim, para o REVA, o custo de capital é calculado pelo valor de mercado da empresa, e não sobre os valores contábeis de seus ativos.

Importante repetir que o REVA, ao considerar o valor de mercado do investimento, incorpora as estratégias estabelecidas pela empresa e o desempenho futuro esperado. O EVA, por seu lado, restringe o cálculo ao valor tangível do balanço, ou a seu valor de descontinuidade. O REVA, ao trabalhar com o valor de mercado da empresa (valor presente de uma expectativa futura de benefícios econômicos de caixa), torna-se mais preditivo que o EVA, mais consistente para os objetivos dos acionistas, sendo recomendado para análise dos investidores.

7.3 RETORNO EM EXCESSO (*EXCESS RETURN*)

O Valor Agregado pelo Mercado (MVA), conforme estudado no Capítulo 6, é uma medida pontual, obtida em uma data específica, e não considera os fluxos de benefícios pagos aos acionistas ao longo dos anos, como dividendos e outros ganhos. Essa limitação foi discutida no Capítulo 6 (item 6.4.1) e detalhada por meio de um exemplo ilustrativo.

Nesse cenário de limitação do MVA, destaca-se a proposta da medida do **Retorno em Excesso**,[7] que exprime a riqueza cumulativa criada por uma empresa. O retorno em excesso é calculado pela diferença entre a riqueza corrente e a riqueza esperada definida para um período de avaliação, ou seja:

RETORNO EM EXCESSO = Riqueza Corrente – Riqueza Esperada

A *riqueza corrente* é representada pelo valor futuro dos fluxos de caixa de cada um dos anos do período de avaliação, corrigidos pelo custo de capital próprio. Em outras

---

[7] *Excess Return.*

palavras, expressa o valor no momento atual dos benefícios econômicos de caixa verificados no período de avaliação. O diagrama dos fluxos de caixa (ganhos dos acionistas) apresenta-se da seguinte forma:

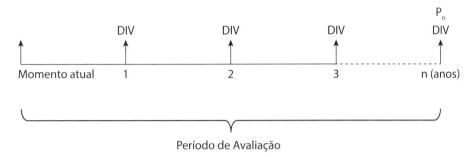

em que:

DIV = pagamentos diversos efetuados aos acionistas na forma de dividendos, juros sobre o capital próprio e recompra de ações;

P_n = preço de mercado da ação ao final do período de avaliação (ano "n");

Período de Avaliação – ou Período de Mensuração. Representa o tempo transcorrido desde o investimento inicial na empresa (data da criação da empresa), ou outro momento passado escolhido, até o momento atual;

n = número de anos considerado para a avaliação da riqueza corrente.

Formulação de cálculo:

$$\text{RIQUEZA CORRENTE} = [DIV_1 (1 + Ke)^{n-1} + DIV_2 (1 + Ke)^{n-2} + \ldots DIV_n) + P_n]$$

A *riqueza esperada* no momento atual "n" é igual ao preço inicial da ação (ou valor do capital investido) corrigido pelo custo de oportunidade do capital próprio (*Ke*) pelo período de avaliação, ou seja: $P_n = P_0 \times (1 + Ke)^n$.

Assim, o *retorno em excesso* é calculado:

$$\text{RETORNO EM EXCESSO} = \text{Riqueza Corrente} - [P_0 \times (1 + Ke)^n]$$

Observe que, enquanto o MVA denota o resultado econômico em um momento específico de tempo, o retorno em excesso calcula o valor acumulado (riqueza) em um intervalo de tempo definido para a avaliação.

Por admitir o valor de mercado de toda a empresa, torna-se mais difícil o uso do *retorno em excesso* para avaliar divisões de negócios. O EVA, ao contrário, por trabalhar com resultados operacionais pode ser utilizado em diferentes níveis organizacionais.

EXEMPLO ILUSTRATIVO

Para ilustrar o cálculo dessa medida de riqueza cumulativa, admita que no início de 20x6 uma empresa esteja mensurando o seu *retorno em excesso*. O período de mensuração escolhido foram os últimos cinco anos, cobrindo os anos de 20x1 a 20x5. Os seguintes fluxos financeiros ocorreram nesse intervalo de tempo:

ANO	EVENTO	VALOR
20x1	Dividendos	$ 3,8 milhões
20x2	Dividendos	$ 3,2 milhões
	Juros s/ capital próprio	$ 1,2 milhão
20x3	Recompra de ações	$ 6,5 milhões
20x4	Aumento de capital por novas ações	$ 16,4 milhões
20x5	Dividendos	$ 3,5 milhões
	Valor de mercado da empresa	$ 300,0 milhões

Os fluxos financeiros são considerados ao final de cada exercício.

O capital investido avaliado ao final de 20x0 era de $ 150,0 milhões.

A empresa considera um custo de oportunidade do capital próprio de 14,0% ao ano.

A partir dessas informações, são obtidos os seguintes valores necessários para a medida do *retorno em excesso*:

Riqueza Esperada = $ 150,0 × $(1,14)^5$ + $ 16,4 × (1,14) = $ 307,5 milhões.

A *riqueza esperada* é o valor dos investimentos efetuados em datas passadas, corrigidos pelo custo de capital para o momento atual.

Riqueza Corrente = [$ 3,8 × $(1,14)^4$ + ($ 3,2 + $ 1,2) × $(1,14)^3$ + $ 6,5 × $(1,14)^2$ + $ 3,5] + $ 300,0

Riqueza Corrente = $ 24,9 + $ 300,0 = $ 324,9 milhões.

O *retorno em excesso* da empresa no início de 20x6 totaliza:

$ 324,9 – $ 307,5 = $ 17,4 milhões.

Em outras palavras, a riqueza acumulada da empresa no período é positiva, atingindo a $ 17,4 milhões no período. É uma posição estática, não identificando o comportamento ao longo do período e os motivos que determinaram esse resultado.

7.4 VALOR ECONÔMICO FUTURO (VEF)

Valor Econômico Futuro (VEF)[8] é uma medida de valor criado que incorpora uma expectativa futura de valor. Ao contrário do EVA, que é calculado geralmente a partir

---

[8] *Economic Future Value* (EFV), em inglês. Medida formulada pela Stern Stewart & Co.

de desempenho ocorrido, o VEF apura o valor econômico criado com base em uma expectativa futura de retornos.

Na formulação sugerida, o VEF é calculado pela seguinte expressão simplificada:

$$\text{VEF} = \text{MVA}_F - \text{MVA}_A$$

em que:

MVA = *Market Value Added* (valor agregado pelo mercado), indicador de riqueza criada conforme estudado no Capítulo 6;

MVA_F = riqueza adicionada com base em expectativas de desempenho futuro da empresa;

MVA_A = riqueza calculada no exercício passado a partir de balanço publicado pela empresa.

A diferença $MVA_F - MVA_A$ exprime a riqueza criada pela empresa com base em expectativas futuras de mercado. Muitas vezes, uma companhia pode ter desempenho insatisfatório em determinado exercício, expresso por um EVA baixo ou até negativo, e apresentar valorização de mercado de suas ações com base em expectativas futuras favoráveis. O contrário também pode ocorrer. Empresas com bom desempenho de EVA no exercício podem sofrer desvalorização em suas ações justificadas por dificuldades futuras de criação de valor.

EXEMPLO ILUSTRATIVO 1

Para ilustrar o cálculo do VEF, admita os seguintes valores contábeis e de mercado de uma empresa em determinado momento.

VALORES DE MERCADO

- Quantidade de Ações Emitidas

    Ordinárias   : 12,5 milhões

    Preferenciais   : 6,9 milhoes

- Preço de Mercado das Ações

    Ordinárias   : \$ 14,2/ação

    Preferenciais   : \$ 12,4/ação

- Dívidas Onerosas a Mercado: \$ 120,0 milhões

VALORES CONTÁBEIS, conforme publicados no Balanço

- Capital Investido: \$ 280,0 milhões

- WACC   : 15%

- EVA   : (\$ 120.000,0), indicando uma destruição de valor

- O *goodwill* gerado pelos *resultados contábeis* publicados (MVA_A) atinge:

$$MVA_A \text{ (Riqueza Atual)} = \frac{EVA = (\$\,120.000,0)}{WACC = 0,15} = (\$\,800.000,0)$$

Baseada em valores apurados nos balanços publicados, a empresa, por produzir um retorno abaixo de seu custo de oportunidade, destruiu $ 800.000,0 de valor econômico. Como tem $ 280,0 milhões de capital investido, seu valor corrente de mercado reduz-se para:

Valor Corrente da Empresa = $ 280.000.000,0 – $ 800.000,0

Valor Corrente da Empresa = $ 279.200.000,0

- Baseada nas *expectativas de mercado,* a riqueza futura esperada atinge:

Patrimônio Líquido:

(12,5 milhões × $ 14,2) + (6,9 milhões × $ 12,4) =	$ 263.060.000,0
Passivos (Dívidas)	$ 120.000.000,0
Valor de Mercado da Empresa	*$ 383.060.000,0*
Capital Investido	($ 280.000.000,0)
MVA_F *(Riqueza Futura Esperada)*	$ 103.060.000,0

Valor Econômico Futuro (VEF)

VEF = $ 103.060.000,0 – (– $ 800.000,0) = $ 103.860.000,0

ou:

VEF = $ 383.060.000,0 – $ 279.200.000,0 = $ 103.860.000,0

Young e O'Byrne[9] denominam o VEF como *Valor de Crescimento Futuro* (VCF). Os autores destacam a importância dessa métrica baseada no mercado por dois motivos. De início, o VEF revela a expectativa dos investidores de mercado com relação ao desempenho esperado da empresa, ao seu valor econômico futuro. Observe que o VEF é calculado pela diferença entre o valor de mercado da empresa e o seu valor corrente, obtido dos demonstrativos financeiros publicados no período atual.

A métrica do VEF é importante também, ainda de acordo com Young e O'Byrne, para vincular metas estabelecidas para o EVA ao preço de mercado das ações da empresa. Melhorias no EVA proporcionam crescimento do VEF, incentivando a empresa a superar as expectativas do mercado.

---

[9] YOUNG, David S.; O'BYRNE, Stephen F. *EVA e gestão baseada em valor.* Porto Alegre: Bookman, 2003.

EXEMPLO ILUSTRATIVO 2

Admita uma empresa com as seguintes informações:

Informações Contábeis Extraídas do Balanço – Exercício X8
- Capital Investido (Ativos)   : $ 4.070,0 mi
- EVA (Lucro Econômico)   : ($ 32,0 mi)
- Custo Total de Capital (WACC)   : 16,5%

A partir dessas informações publicadas é possível calcular o montante da riqueza econômica gerada no exercício de X8 (*goodwill*):

$$- \text{MVA } (Goodwill) = \frac{LE: (\$ \, 32,0 \, mi)}{WACC = 0,165} = (\$ \, 193,9 \, mi)$$

Pelos dados contábeis referentes ao exercício de X8, a empresa destruiu $ 193,9 mi de valor. Esse resultado indica que o retorno do investimento foi inferior ao custo de capital, produzindo um resultado econômico negativo de $ 32,0 mi.

Informações de Mercado

PL (Qtd de Ações c/ Cotação Média)   : $ 3.240,0 mi
Passivo Oneroso (Emprést. e Financ.)   : $ 1.180,0 mi
    VALOR DE MERCADO DA EMPRESA $ 4.420,0 mi
Ativos (Capital Investido)   ($ 4.070,0 mi)
Goodwill ($ 4.420,0 - $ 4.070,0) $ 350,0 mi

As informações de mercado refletem expectativas futuras expressas a valor presente.

Observe, no caso ilustrativo desenvolvido, que a empresa apurou um MVA negativo no exercício de X8 ($ 193,9 mi), porém, pelas informações de mercado que incorpora expectativas futuras de desempenho da empresa, a riqueza econômica criada (MVA) foi positiva. É possível concluir pelos resultados que a empresa produziu um Valor Econômico Futuro (VEF) positivo de $ 543,9 mi, ou seja:

$$VEF = \$ \, 350,0 \, mi - (- \$ \, 192,9 \, mi) = \$ \, 543,9 \, mi$$

7.5   VALOR CRIADO AO ACIONISTA (VCA)

O *Valor Criado ao Acionista* (VCA) é outra métrica de valor baseada no mercado. A análise completa de cálculo do VCA é desenvolvida a seguir a partir da metodologia sugerida por Fernández,[10] a qual considera os seguintes indicadores:

_____

[10] FERNÁNDEZ, Pablo. *A definition of shareholder value creation*. IESE/University of Navarra. Research paper, nº 448, 2002.

- variação no valor de mercado do patrimônio líquido (PL) da empresa;
- proventos e outros pagamentos de lucros realizados pela empresa e desembolsos realizados pelos acionistas;
- custo de oportunidade do capital próprio e retorno do acionista;
- valor criado ao acionista.

VARIAÇÃO NO VALOR DE MERCADO DO PL

O valor de mercado do patrimônio líquido (PL) de uma empresa, conforme foi desenvolvido no item 7.1, é determinado pelo produto da quantidade de ações emitidas pelo seu preço de negociação. A *variação* no valor de mercado do patrimônio em determinado exercício é medida pela diferença entre o valor do PL ao final do período e o seu valor apurado no início do mesmo intervalo de tempo. Essa variação pode ser negativa ou positiva, indicando modificações nos preços de mercado das ações ou na quantidade emitida. Assim:

$$\text{VARIAÇÃO DO PL} = \text{PL}_{\text{FINAL}} - \text{PL}_{\text{INÍCIO}}$$

PROVENTOS, OUTROS PAGAMENTOS E DESEMBOLSOS DOS ACIONISTAS

Este item inclui os rendimentos distribuídos (pagos) aos acionistas, como dividendos, juros sobre o capital próprio, bonificações em dinheiro e recursos pagos por recompra de ações. Devem ser deduzidos desses valores os desembolsos dos acionistas destinados para subscrição de aumento de capital.

A soma da variação do patrimônio líquido com os proventos pagos e desembolsos efetuados no exercício é conhecida por *Shareholder Value Added* (SVA). Essa medida revela a variação da riqueza mantida pelo acionista em determinado exercício.

Para *ilustrar* o cálculo do SVA, admita os seguintes valores divulgados por uma companhia aberta e referentes a um exercício social:

($ milhões)

	Ano 0	Ano 1	Ano 2	Ano 3
Valor de Mercado do PL	$ 902,8	$ 1.080,0	$ 960,5	$ 1.240,0
Variação do PL	–	$ 177,2	($ 119,5)	$ 279,5
Proventos Pagos	–	$ 85,8	$ 96,4	$ 123,2
Desembolsos p/ Aumento de Capital	–	–	–	($ 44,3)
Recompra de Ações	–	$ 20,0	–	–
Shareholder Value Added (SVA)	–	$ 283,0	($ 23,1)	$ 358,4

CUSTO DE CAPITAL DO ACIONISTA E CRIAÇÃO DE VALOR

O *custo de capital do acionista* (Ke) representa a taxa de retorno mínimo exigida para remunerar o risco do capital investido. Conceitos e metodologias de cálculo do custo de capital próprio foram amplamente tratados no Capítulo 4. Uma empresa cria valor econômico quando oferece aos seus acionistas um retorno superior ao custo de capital próprio. Admita no *exemplo ilustrativo* em análise que a taxa de retorno mínima exigida pelos acionistas seja de 15% a.a.

O *retorno do acionista* a mercado, na metodologia sugerida por Fernández, é calculado pela relação entre o SVA e o valor de mercado do patrimônio líquido apurado ao final do exercício imediatamente anterior (início do ano), ou seja:

$$\text{RETORNO DO ACIONISTA} = \frac{SVA_t}{\text{VALOR DE MERCADO DO PL}_{t-1}}$$

No exercício ilustrativo em desenvolvimento, o *retorno do acionista* é calculado para cada ano, usando-se a formulação proposta, e atinge os seguintes resultados:

($ milhões)

	Ano 0	Ano 1	Ano 2	Ano 3
Valor de Mercado do PL	$ 902,8	$ 1.080,0	$ 960,5	$ 1.240,0
SVA	–	$ 283,0	($ 23,1)	$ 358,4
Retorno do Acionista	**–**	**31,3%**	**– 2,1%**	**37,3%**

O *Valor Criado ao Acionista* (VCA) é o retorno em excesso do acionista em relação ao seu custo de oportunidade. Pode ser calculado pelas seguintes formulações:

$$\text{VCA} = \text{VALOR DE MERCADO DO PL} \times (\text{RETORNO DO ACIONISTA} - \text{Ke})$$

ou:

$$\text{VCA} = \text{SVA} - (\text{VALOR DE MERCADO DO PL} \times \text{Ke})$$

Resumindo os resultados apurados no exemplo ilustrativo em desenvolvimento no quadro a seguir, pode-se calcular o VCA para cada ano:

	Ano 0	Ano 1	Ano 2	Ano 3
Valor de Mercado do PL	$ 902,8	$ 1.080,0	$ 960,5	$ 1.240,0
SVA	–	$ 283,0	($ 23,1)	$ 358,4
Retorno do Acionista	–	31,3%	– 2,1%	37,3%
Custo de Capital – Ke	15%	15%	15%	15%
VCA	–	$ 147,6	– $ 185,1	$ 214,3

7.6 TAXA DE RETORNO TOTAL DAS AÇÕES (TRA)

Uma ação oferece basicamente dois potenciais ganhos aos acionistas: *dividendos* e *ganhos (ou perdas) de capital*.

Os *dividendos*, além do valor dos lucros distribuídos aos acionistas, incluem todos os demais proventos pagos pela ação, como os juros sobre o capital próprio, bonificações em dinheiro e pagamentos por recompra de ações.

A taxa de rendimento do acionista determinada pela distribuição desses proventos, denominada *Dividend Yield* (DY), é calculada pela relação entre os dividendos pagos no decorrer do período e o preço de mercado da ação verificado no início do exercício (ou final do exercício anterior). O índice DY tem a seguinte formulação de cálculo:

$$DIVIDEND\ YIELD\ (DY) = \frac{DIV}{PREÇO\ AÇÃO\ INI.}$$

em que:

DIV = dividendos e outros proventos pagos no período;

PREÇO AÇÃO INI. = preço da ação no início do período.

Um índice DY mais alto indica maior volume de pagamento de proventos aos acionistas, proporcionando resultados correntes de caixa mais elevados. Em geral, empresas pagam maiores dividendos de acordo com a natureza de suas atividades geradoras de caixa, e revelam necessitar de menores reinvestimentos em seus negócios. Essas ações costumam também oferecer menores *ganhos de capital* (valorizações em seus preços de mercado) e também riscos mais baixos. Esses papéis são classificados como investimentos conservadores, como ações de empresas do setor elétrico, serviços públicos, saneamento, telefonia etc.

Índice mais baixo de *dividend yield* pressupõe maior reinvestimento dos lucros e mais alta taxa de crescimento dos resultados da empresa, sugerindo maior potencial de valorização das ações (*ganho de capital*). Esse perfil de ações revela um risco maior, e o ganho do acionista concentra-se na valorização de seus preços de mercado.

Os *ganhos ou perdas de capital*, conforme demonstrado no cálculo do indicador do *Valor Criado ao Acionista* (VCA), são determinados por variações nos preços de mercado das ações, sendo a taxa de retorno calculada pela relação entre a variação no preço de mercado da ação (preço da ação ao final do período menos seu preço no início do período) e o preço da ação no início do mesmo período, ou seja:

$$\text{TAXA DE GANHOS DE CAPITAL} = \frac{\text{PREÇO AÇÃO FIM} - \text{PREÇO AÇÃO INI.}}{\text{PREÇO AÇÃO INI.}}$$

A taxa de retorno é um resultado potencial do investimento, sendo o ganho ou perda de capital realizado financeiramente somente quando da alienação da ação.

A *Taxa de Retorno Total da Ação* (TRA) é formada pela soma dos rendimentos de dividendos e ganhos de capital, ou seja:

TRA = *Dividend Yield (DY) + Taxa de Retorno de Ganhos de Capital*

$$\text{TRA} = \frac{\text{DIV}}{\text{PREÇO AÇÃO INI.}} + \frac{\text{PREÇO AÇÃO FIM} - \text{PREÇO AÇÃO INI.}}{\text{PREÇO AÇÃO INI.}}$$

Somando as duas expressões, tem-se:

$$\text{TRA} = \frac{\text{DIV} + (\text{PREÇO AÇÃO FIM} - \text{PREÇO AÇÃO INI.})}{\text{PREÇO AÇÃO INI.}}$$

Por exemplo, admita uma ação cotada a $ 11,2 no início de determinado ano. Ao longo desse período, a empresa pagou $ 0,45/ação como proventos aos seus acionistas. Ao final do ano, o preço de mercado da ação subiu para $ 11,8.

Demonstração da *Taxa de Retorno Total da Ação – TRA*:

$$DIVIDEND\ YIELD = \frac{\$\,0,45}{\$\,11,20} \qquad\qquad = 4,0\%$$

$$\text{TAXA DE GANHO DE CAPITAL:}\ \frac{(\$\,11,8 - \$\,11,2)}{\$\,11,2} \quad = \underline{5,1\%}$$

$$\text{TRA} = \frac{\$\,0,45 + (\$\,11,8 - \$\,11,2)}{\$\,11,2} \qquad\qquad = 9,4\%$$

Uma importante vantagem do uso da TRA para se avaliar o desempenho de uma empresa é a medida considerar não somente os pagamentos de dividendos aos acionistas (ganhos de caixa), mas também a variação no preço de mercado das ações (ganhos de capital). Permite, com isso, que se identifique a principal influência sobre a taxa de retorno da ação: ganho de capital, gerado por uma taxa de retorno do investimento superior ao retorno esperado, ou o fluxo de pagamentos de dividendos calculados sobre lucros disponíveis crescentes.

O quadro a seguir demonstra *ilustrativamente* a formação da TRA de uma companhia aberta nos últimos quatro anos.

	Ano 3	Ano 4	Ano 5	Ano 6
A. Dividendo/ação	$ 0,80	$ 0,69	$ 0,74	$ 0,54
B. Preço da ação no início do ano	$ 19,8	$ 22,7	$ 26,2	$ 27,1
C. Preço da ação no final do ano	$ 22,7	$ 26,2	$ 27,1	$ 24,7
D. *Dividend Yield* (A/B)	4,04%	3,04%	2,82%	1,99%
E. Taxa de Ganho de Capital [(C − B)/B]	14,65%	15,42%	3,43%	− 8,86%
F. TRA (D + E)	**18,69%**	**18,46%**	**6,25%**	**− 6,87%**

A TRA é decrescente ao longo dos anos, apurando uma taxa negativa no último exercício (ano 6). Isso pode ser explicado, em sua maior parte, por forte redução na taxa de ganho de capital. No ano 6, a ação sofreu uma desvalorização em seu preço de mercado, produzindo uma perda de capital aos investidores.

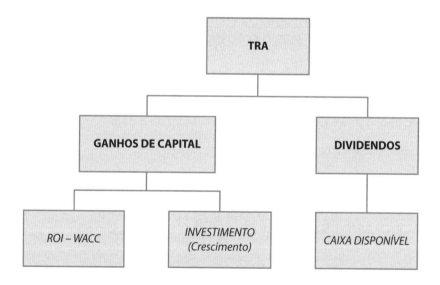

A empresa de consultoria *Boston Consulting Group* (BCG) adota a nomenclatura internacional *Total Shareholder Return* (TSR) para expressar o retorno total do acionista. Na análise desenvolvida[11] pelo BCG, a medida é segmentada em três di-

---

[11] BOSTON CONSULTING GROUP/EAESP-FGV. *O desafio da geração de valor para o acionista*. Mimeo.

recionadores de retorno, conforme descrito na figura, elaborada com base na proposição do BCG.

Ganhos de capital

O investimento deve ser incentivado pela empresa sempre que as oportunidades financeiras prometem uma taxa de retorno maior que o custo de capital. Nesse caso, o acionista é remunerado acima de sua taxa de retorno mínimo requerida, gerando valorização (ganho de capital) de suas ações. Maior investimento promove, ao mesmo tempo, o crescimento dos lucros da empresa.

Dividendos

O *caixa disponível* é usado geralmente para amortizar dívidas, financiar recompra de ações ou pagar dividendos aos acionistas. Maior capacidade de geração de um fluxo de caixa disponível permite que a empresa remunere melhor seus acionistas, elevando sua taxa total de retorno. O Capítulo 8 irá abordar, com mais detalhes, o "fluxo de caixa disponível".

De acordo com o BCG,[12] ainda, a TRA é a medida mais completa para explicar a geração de valor da empresa, incorporando ganhos de capital e pagamentos de dividendos. A TRA está sujeita, no entanto, a algumas críticas, como a de se concentrar nos investidores atuais, e gerar nos investidores reações de rejeição a propostas de aumento de capital para financiar novas oportunidades de investimento.

---

[12] BOSTON CONSULTING GROUP/EAESP-FGV.

8

Medidas de Valor de Caixa e Fluxos de Caixa

As medidas baseadas no caixa privilegiam em seus cálculos o conceito de realização de caixa em substituição ao regime de competência adotado pela Contabilidade na apuração dos lucros.

Neste capítulo, são estudados o *Cash Value Added* (CVA),[1] o *Cash Flow Return on Investment* (CFROI),[2] *Cash Flow Return on Gross Investment* (CFROGI)[3] e os fluxos disponíveis de caixa (*free cash flow*) da empresa e dos acionistas.

8.1 *CASH VALUE ADDED* (CVA)

Da mesma forma que a medida do EVA, o *Cash Value Added* (CVA)[4] é apurado a partir do conceito de **lucro residual**, lucro que excede o custo de oportunidade do capital investido. O CVA representa o excedente de caixa, como retorno adicional ao mínimo desejado. É calculado a valor presente, sendo os caixas futuros previstos descontados pelo custo total de capital da empresa.

> O CVA exprime o valor gerado baseado em fluxos de caixa. O EVA apura o valor econômico adicionado a partir dos lucros da empresa.

---

[1] Valor Adicionado em Base de Caixa. Medida desenvolvida pela empresa de consultoria Boston Consulting Group.

[2] ROI Base Caixa. Marca registrada da HOLT Value Associates.

[3] Retorno do Investimento Bruto Base Caixa.

[4] "Valor Agregado ao Caixa", em português. Medida desenvolvida pelo Boston Consulting Group. Marca registrada.

Para melhor compreensão do CVA, considere o *exemplo ilustrativo* descrito a seguir. Admita um investimento de $ 40.000,0 com vida útil prevista de quatro anos, e taxa de atratividade calculada em 15% ao ano. São esperados os seguintes resultados do investimento:

	Ano 1	Ano 2	Ano 3	Ano 4
Receitas de Vendas	52.000	52.000	52.000	52.000
Despesas Operacionais	(35.000)	(35.000)	(35.000)	(35.000)
Depreciação ($ 40.000/4 anos)	(10.000)	(10.000)	(10.000)	(10.000)
EBIT	*7.000*	*7.000*	*7.000*	*7.000*
IR (34%)	(2.380)	(2.380)	(2.380)	(2.380)
NOPAT	*4.620*	*4.620*	*4.620*	*4.620*
Depreciação	10.000	10.000	10.000	10.000
Fluxo de Caixa Operacional	**14.620,0**	**14.620,0**	**14.620,0**	**14.620,0**

O valor presente líquido (NPV) desse investimento atinge $ 1.739,8, ou seja:

$$\text{NPV} = \left[\frac{14.620}{1,15} + \frac{14.620}{1,15^2} + \frac{14.620}{1,15^3} + \frac{14.620}{1,15^4} \right] - 40.000 = \$\ \mathbf{1.739,8}$$

Como o retorno mínimo exigido pela empresa é de 15% ao ano, o investimento de $ 40.000 deve produzir um resultado econômico de caixa de $ 14.010,6 para remunerar exatamente o custo de capital, ou seja:

$$40.000,0 = \left[\frac{FC}{1,15} + \frac{FC}{1,15^2} + \frac{FC}{1,15^3} + \frac{FC}{1,15^4} \right]$$

Resolvendo a expressão, tem-se o resultado equivalente anual de caixa de:

Fluxo de Caixa (FC) = 14.010,6

Esse é o resultado líquido operacional de caixa que o projeto deveria gerar anualmente, visando remunerar o capital investido na taxa mínima requerida de 15% a.a.

Cálculo do NPV e do FC com o auxílio da calculadora financeira HP 12-C					
Valor presente líquido (NPV)			Fluxo de caixa (FC)		
40.000	CHS g	CF_0	40.000	CHS	PV
14 620	g	CF_j	15	i	
4	g	Nj	4	n	
15	i		PMT		[Resp: $ 14.010,6]
f	NPV	[Resp: $ 1.739,8]			

O fluxo de caixa esperado do projeto de $ 14.620,0 apresenta-se superior em $ 609,4 ao caixa mínimo exigido de $ 14.010,6. Esse caixa em excesso é o ***Cash Value Added*** (CVA) produzido pelo investimento, ou seja, o resultado anual de caixa que excede o custo de capital. Observe que o valor presente do CVA é igual ao Valor Presente Líquido (NPV) do projeto, ou seja:

$$\text{NPV} = \left[\frac{609,4}{1,15} + \frac{609,4}{1,15^2} + \frac{609,4}{1,15^3} + \frac{609,4}{1,15^4} \right] = \$ 1.739,8$$

O cálculo do CVA pode ser efetuado a partir da seguinte formulação:

$$\textbf{CVA = FCO – DEPRECIAÇÃO ECONÔMICA}$$

em que: FCO = Fluxo de Caixa Operacional.

Utilizando os valores do *exemplo ilustrativo*, tem-se:

CVA = $ 14.620,0 – $ 14.010,6 = **$ 609,4/ano**

O CVA inclui em seu cálculo somente resultados de caixa, sendo interpretado como o *resultado residual de caixa*. **Importante**: o CVA pode ser entendido como se fosse o valor presente líquido de um investimento apurado em cada período. Enquanto o NPV é um valor único apurado geralmente no momento atual, o CVA tem o poder de distribuir o valor presente líquido calculado ao longo do período de análise.

Uma forma mais analítica de cálculo do CVA é a seguinte:

$$\textbf{CVA = FCO – DEPRECIAÇÃO ECONÔMICA – CUSTO DE CAPITAL}$$
$$\textbf{DO INVESTIMENTO (ATIVOS OPERACIONAIS)}$$

A *depreciação econômica* é um valor equivalente anual capitalizado por uma taxa de juros, geralmente o custo total de capital (WACC), que preserva o valor dos ativos ao final de sua vida útil. Representa o custo equivalente anual constante de um investimento. No *exemplo ilustrativo* em avaliação, a depreciação contábil do investimento de $ 40.000,0, com uma vida útil estimada de quatro anos, atinge:

$$\textit{Dep. Contábil} = \frac{\textit{Valor do Ativo} = \$ 40.000}{\textit{Vida Útil} = 4 \textit{ anos}} = \$ 10.000,0/\text{ano}$$

Por outro lado, admitindo a possibilidade de reinvestimento dos fluxos de caixa da empresa pela sua taxa de atratividade (WACC) de 15% ao ano, pode-se calcular a depreciação econômica do ativo por meio da expressão de valor futuro de um fluxo de caixa constante com duração determinada:[5]

---

[5] Para melhor compreensão e demonstração da fórmula de valor futuro (FV), recomenda-se: ASSAF NETO, Alexandre. *Matemática financeira e suas aplicações*. 15. ed. São Paulo: Atlas, 2022 (especialmente o Capítulo 7).

$$Valor\ do\ Ativo\ (FV) = Dep.\ Econômica\ (PMT) \times \frac{(1+i)^n - 1}{i}$$

$$Depreciação\ Econômica = \frac{Valor\ do\ Ativo}{\frac{(1+i)^n - 1}{i}}$$

$$\textbf{Depreciação Econômica} = \textbf{Valor do Ativo} \times \frac{i}{(1+i)^n - 1}$$

Substituindo os valores do exemplo ilustrativo na fórmula sugerida de cálculo da depreciação econômica, tem-se:

$$Depreciação\ Econômica = \$\ 40.000 \times \frac{0,15}{1,15^4 - 1} = \$\ 8.010,6$$

O *custo de capital do investimento*, por seu lado, é obtido pela aplicação da taxa mínima de retorno requerida (15% a.a.) sobre o capital investido ($ 40.000,00), totalizando $ 6.000,0.

Utilizando-se a expressão mais analítica de cálculo, apura-se o CVA de $ 609,4 conforme demonstrado acima, ou seja:

> **CVA = FCO – CUSTO DE CAPITAL – DEPRECIAÇÃO ECONÔMICA**

CVA = $ 14.620,0 – (15% × $ 40.000,0) – $ 8.010,6 = **$ 609,4**

O CVA é uma medida econômica do investimento e revela seus resultados em excesso de caixa. Quando atualizados pela taxa de custo de capital, expressam o valor presente líquido do investimento. O quadro a seguir resume os resultados do CVA por todo o horizonte de tempo do investimento em avaliação (quatro anos).

	Ano 1	Ano 2	Ano 3	Ano 4
FLUXO DE CAIXA OPERACIONAL (FCO)	14.620,0	14.620,0	14.620,0	14.620,0
CAPITAL INVESTIDO	$ 40.000,0	$ 40.000,0	$ 40.000,0	$ 40.000,0
CUSTO DE CAPITAL (15% × $ 40.000,0)	$ 6.000,0	$ 6.000,0	$ 6.000,0	$ 6.000,0
DEPRECIAÇÃO ECONÔMICA	$ 8.010,6	$ 8.010,6	$ 8.010,6	$ 8.010,6
CASH VALUE ADDED (CVA)	$ 609,4	$ 609,4	$ 609,4	$ 609,4

Observe ainda que a medida do CVA mantém-se constante por toda a vida útil do investimento em razão de o custo de capital ser determinado sempre sobre o valor bruto de $ 40.000,0. A metodologia de cálculo do CVA, ao contrário do EVA, não deprecia o investimento para obter o custo de capital periódico.

8.1.1 Análise comparativa: CVA × EVA

As medidas do *Cash Value Added* (CVA) e *Economic Value Added* (EVA) são utilizadas em avaliação de desempenho e criação de valor, e ambas estão voltadas ao objetivo de maximização de riqueza para o acionista. O uso de medidas de valor visa facilitar o entendimento de gestão e objetivo da empresa e permite ainda reduzir os conflitos de agentes e seus custos, contribuindo para conciliar as visões de credores, acionistas e executivos.

Não obstante seus objetivos similares, as medidas do EVA e do CVA apresentam algumas diferenças importantes.

Uma diferença geralmente apontada se refere à estabilidade nos valores do CVA no tempo em relação aos resultados apurados pelo EVA. A medida do EVA tem como tendência aumentar seu valor no tempo conforme o ativo for sendo reduzido pela depreciação contábil. Valores líquidos decrescentes dos ativos determinam reduções no custo de capital e elevações no valor econômico criado.

O CVA, ao contrário, é um valor constante no tempo, considerando que a depreciação econômica adotada em sua formulação mantém-se inalterada por todo o período previsto de análise.

Para *ilustrar* uma comparação entre o EVA e o CVA, considere o seguinte *exemplo:*

> Investimento (totalmente depreciável): $ 100.000,0;
>
> Custo de Capital: 12%;
>
> Vida Útil Esperada: 4 anos;
>
> Valor residual: nulo;
>
> Depreciação Linear (Contábil): $ 25.000,0/ano;
>
> NOPAT: $ 15.000/ano.

São desenvolvidas a seguir avaliações por meio da medida do EVA e do CVA.

Avaliação pelo EVA	Ano 1	Ano 2	Ano 3	Ano 4
ATIVO TOTAL INÍCIO DO ANO (LÍQUIDO DA DEPRECIAÇÃO)	100.000,0	75.000,0	50.000,0	25.000,0
CUSTO DE CAPITAL: 12% × ATIVO TOTAL LÍQUIDO	12.000,0	9.000,0	6.000,0	3.000,0
NOPAT	15.000,0	15.000,0	15.000,0	15.000,0
ROI	**15,0%**	**20,0%**	**30,0%**	**60,0%**
EVA = NOPAT (–) CUSTO DE CAPITAL	**3.000,0**	**6.000,0**	**9.000,0**	**12.000,0**

Avaliação pelo CVA	Ano 1	Ano 2	Ano 3	Ano 4
FLUXO DE CAIXA OPERACIONAL (FCO): NOPAT + DEPREC ($ 15.000,00 + $ 25.000,00)	40.000,0	40.000,0	40.000,0	40.000,0
DEPRECIAÇÃO ECONÔMICA	20.923,4	20.923,4	20.923,4	20.923,4
CUSTO DE CAPITAL	12.000,0	12.000,0	12.000,0	12.000,0
CVA = FCO (–) depreciação econômica – custo de capital	7.077,6	7.077,6	7.077,6	7.077,6

A *depreciação econômica* é obtida pela expressão de cálculo sugerida a seguir:

$$\text{Depreciação Econômica} = \frac{\$\,100.000,0}{\dfrac{(1,12)^4 - 1}{0,12}} = \$\,20.923,4$$

O EVA cresce ao longo dos anos à medida que o investimento total decresce por depreciações anuais. Esse comportamento não reflete a realidade do investimento, o qual projeta retornos estáveis no período de análise. A medida do EVA nessa situação pode induzir a uma conclusão equivocada a respeito da efetiva situação do investimento.

O ROI calculado para cada ano também aumenta, motivado não por melhor desempenho, mas pela depreciação do capital investido. Independentemente de qualquer nova estratégia ou decisão financeira por parte da empresa, o EVA cresce ao longo do tempo.

No primeiro ano, o EVA é igual a $ 3.000,0, e o ROI alcança 20%. Conforme o capital investido perde valor pela depreciação, essas medidas de desempenho econômico melhoram, atingindo o EVA o valor de $ 12.000,0 e o ROI, 60% no quarto ano.

O CVA calculado para cada ano, ao contrário, não se altera durante a vida prevista do investimento, apresentando valores iguais. Observe ainda que o valor presente do EVA e do CVA, ambos os fluxos descontados à taxa de 12% a.a., é o mesmo, igual a $ 21.494,0, revelando a mesma riqueza total gerada pela decisão de investimento.

8.2 *CASH FLOW RETURN ON INVESTMENT* (CFROI)

O CFROI é uma medida de valor econômico baseada nos fluxos de caixa existentes, e tem por objetivo calcular a taxa média de retorno implícita dos investimentos de uma empresa. Muitas vezes, o CFROI é utilizado para projetos em andamento, cujas decisões de implementação tenham ocorrido no passado e se deseje avaliar seu desempenho atual. A metodologia de cálculo do CFROI segue os procedimentos adotados na mensuração da *Taxa Interna de Retorno* (IRR), comparando a geração de caixa periódica com o total do investimento gerador desses fluxos de caixa.

Uma vez mais, é importante destacar a *diferença* entre IRR e CFROI. A IRR é uma técnica normalmente utilizada para decisões futuras, envolvendo fluxos de caixa previstos. O CFROI é uma medida de desempenho aplicada para investimentos em execução, permitindo que se avalie, em determinado momento, investimentos em andamento.

Os resultados das duas técnicas não devem ser comparados. No cálculo dessa medida, são considerados fluxos de caixa operacionais geralmente ajustados pelos efeitos da inflação.

Da mesma forma que a IRR, o CFROI calculado é avaliado comparativamente com o custo total de capital (WACC) dos investidores, indicando se a empresa foi capaz de gerar valor econômico aos seus acionistas. Quanto maior a diferença entre a taxa do CFROI e o custo de capital (WACC), maior a capacidade demonstrada pela empresa em maximizar seu valor econômico.

O CFROI é calculado, em sua estrutura de *multiperíodos*, pela taxa de desconto que iguala, na data atual, os fluxos operacionais de caixa previstos para a vida útil da empresa com o investimento total bruto, ou seja:

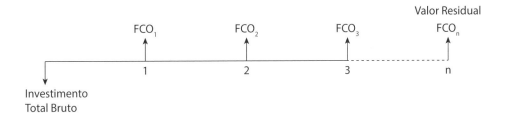

$$\frac{Investim.}{Total\ Bruto} = \frac{FCO}{(1+CFROI)} + \frac{FCO}{(1+CFROI)^2} + \frac{FCO}{(1+CFROI)^3} + ... + \frac{FCO + RESID.}{(1+CFROI)^n}$$

em que:

Investimento Total Bruto – soma de todos os investimentos (fixos e giro) realizados pela empresa e avaliados pelo seu valor bruto, ou seja, repondo-se a depreciação acumulada dos bens depreciáveis;

Fluxo de Caixa Operacional (FCO) – resultados operacionais de caixa líquidos do imposto de renda. O FCO é calculado pela soma do NOPAT[6] com as despesas não desembolsáveis, como depreciação, amortização e exaustão, ou seja: FCO = NOPAT + DEPRECIAÇÃO;

Vida Útil Estimada – tempo produtivo esperado de duração do investimento. Nos balanços, a vida útil pode ser estimada pela relação entre os ativos depreciáveis brutos (considerando a depreciação acumulada) e a depreciação do exercício, ou seja:

$$\frac{Vida\ Útil}{Estimada} = \frac{Ativos\ Depreciáveis + Depreciação\ Acumulada}{Depreciação\ do\ Exercício}$$

---

[6] NOPAT – lucro operacional líquido do IR, conforme amplamente estudado no Capítulo 2.

Valor Residual – total dos ativos não depreciáveis que apresentam algum valor ao final da vida útil.

Além de sua aproximação com o método da taxa interna de retorno, ambas medidas que levam em conta o valor do dinheiro no tempo, o CFROI demonstra ainda ligação com o Retorno sobre o Investimento (ROI). Enquanto o ROI relaciona resultados contábeis estáticos com o capital investido, o CFROI avalia os fluxos de caixa futuros como valor presente do capital investido. Em verdade, é muitas vezes colocado que o CFROI é o ROI da matemática financeira.

Importante destacar, uma vez mais, que os valores monetários considerados para cálculo do CFROI são geralmente expressos em moeda constante e a valor presente. Ao trabalhar em moeda deflacionada, o CFROI calculado deve ser confrontado com a taxa real do custo de capital.

EXEMPLO ILUSTRATIVO

Para *ilustrar* o cálculo do CFROI, admita uma empresa com as seguintes informações contábeis divulgadas ao final de um exercício social:

Investimentos depreciáveis (valores líquidos da depreciação acumulada)	: $ 800.000
Depreciação acumulada	: $ 400.000
Investimento líquido em giro	: $ 50.000
Depreciação anual	: $ 120.000
Terrenos (bens não depreciáveis)	: $ 100.000
Lucro operacional líquido do IR (NOPAT)	: $ 42.000

Para se aplicar a formulação de cálculo do CFROI, são apurados os seguintes resultados:

Vida Útil da Empresa (N)

$$N = \frac{Investimento\ Depreciável\ Bruto = \$ 800.000 + \$ 400.000}{Depreciação\ Anual = \$ 120.000} = 10\ anos$$

Fluxo de Caixa Operacional (FCO): NOPAT + Depreciação Anual

$$FCO = \$ 42.000 + \$ 120.000 = \$ 162.000$$

Esse valor representa o fluxo de caixa corrente, apurado no exercício de cálculo do CFROI, sem alterações em seu valor. O CFROI é uma medida de desempenho corrente, não incorporando estimativas futuras. Martin e Petty[7] sugerem, corroborando a prática adotada pelo *BCG*,[8] que o modelo prioriza o cálculo da taxa de retorno *atual*,

---

[7] MARTIN, John D.; PETTY, J. William. *Gestão baseada em valor*. Rio de Janeiro: Qualitymark, 2004. p. 126.

[8] Boston Consulting Group.

não prevendo qualquer variação nos fluxos de caixa reais ao longo da vida útil prevista. Os autores justificam a proposta afirmando que o modelo do CFROI exprime o desempenho (taxa média de retorno implícita) de todos os investimentos da empresa em
determinado período.

Investimento Bruto Total (INV$_b$)

INV$_b$ = $ 800.000 + $ 400.000 $ + 50.000 + $ 100.000

INV$_b$ = $ 1.3500.000

A apuração do investimento bruto total inclui os investimentos (ativos) depreciáveis, o
investimento líquido em giro (capital circulante líquido) e os ativos não depreciáveis.

Valor Residual (VR)

VR = $ 100.000 + $ 50.000 = $ 150.000

Valor a ser recuperado pela empresa ao final da vida útil estimada, também denominado de *valor terminal*. No valor residual são considerados os ativos não depreciáveis
(terrenos) e o investimento em giro. Caso seja possível estimar um valor recuperável
aos bens depreciáveis, esse valor deve também ser adicionado ao residual.

Cálculo do CFROI

Distribuição dos Fluxos de Caixa

	Ano 0 (Atual)	Ano 1 a Ano 9	Ano 10
INV$_b$	$ 1.350.000	–	–
FC Operacionais	–	$ 162.000/ano	$ 162.000
Valor Residual	–	–	$ 150.000

Cálculo da Taxa do CFROI

$$1.350.000 = \frac{162.000}{(1+CFROI)} + \frac{162.000}{(1+CFROI)^2} + \frac{162.000}{(1+CFROI)^3} + ... \frac{162.000+150.000}{(1+CFROI)^{10}}$$

Resolvendo a expressao da mesma forma que se calcula a taxa interna de retorno, tem se:

CFROI (Multiperíodos) = 4,9% a.a. (taxa de retorno real).

Essa taxa de retorno, conforme foi comentado, deve ser comparada com o custo total de capital (WACC), sendo ambas as taxas expressas livres da inflação (taxa real).
Quanto maior o CFROI em relação ao custo de capital, mais alta é a geração de valor
da empresa aos seus acionistas.

8.2.1 Cálculo do CFROI pela abordagem de período único

Com o intuito de minimizar eventuais dificuldades práticas de cálculo do CFROI, propõe-se sua determinação pela abordagem de *período único* em substituição ao modelo de *multiperíodos*, conforme desenvolvido no item 8.2. A expressão de cálculo do CFROI para um único período é a seguinte:

$$\text{CFROI (Período Único)} = \frac{\textit{Fluxo de Caixa Sustentável}}{\textit{Investimento Bruto Total}}$$

O *Fluxo de Caixa Sustentável* é obtido pela soma do lucro operacional líquido do IR (NOPAT) com os rendimentos financeiros das aplicações dos recursos oriundos da depreciação anual dos ativos. Assim:

Lucro Operacional Líquido IR (NOPAT)	XX
(+) Depreciação do Exercício (Contábil)	<u>X</u>
Fluxo de Caixa Operacional (FCO)	XX
(–) Depreciação Econômica	<u>(X)</u>
Fluxo de Caixa Sustentável	XX

A *depreciação econômica* equivale ao valor anual (periódico) com que podem ser reaplicados os fundos gerados pela provisão, em alguma alternativa financeira que produza um retorno sobre o capital, de modo que a empresa acumule, ao final da vida útil prevista, o capital investido no ativo. A diferença entre a depreciação contábil e a depreciação econômica pode ser entendida como o retorno da aplicação financeira produzido pela depreciação anual.

Por exemplo, se uma empresa espera repor um ativo daqui a cinco anos no valor de $ 100.000, e admitindo que possa reinvestir a depreciação anual linear de $ 20.000 ($ 100.000/5 anos) a uma determinada taxa de retorno, o valor da depreciação anual de forma a acumular o montante ao final da vida útil é menor que a contábil (linear). Considerando os juros ganhos na alternativa financeira, a depreciação anual de $ 20.000 com a capitalização dos ganhos irá produzir um montante superior aos $ 100.000 previstos. O valor da depreciação, considerando a possibilidade de reaplicação dos valores anuais de caixa, deve ser calculado pelas regras da matemática financeira, ou seja, pelo valor da prestação de uma série de fluxos de caixa que produz determinado montante.

A *depreciação econômica,* conforme tratada no cálculo do CFROI para período único, equivale ao valor de cada fluxo de caixa que, reinvestido a uma taxa de retorno, produz um montante igual ao capital aplicado (ativo depreciável). Pela capitalização dos

> ganhos financeiros no valor de cada provisão, a depreciação econômica é menor que a depreciação contábil linear.

Ao se admitir que a taxa de retorno (juros) do reinvestimento da depreciação anual seja a mesma da calculada para o CFROI *multiperíodos*, as duas abordagens de cálculo produzem o mesmo resultado, ou seja, a mesma taxa de retorno de 4,9% ao ano. Assim, para o *exemplo ilustrativo* em desenvolvimento, e usando-se a mesma expressão de cálculo da depreciação econômica sugerida no item 8.1, tem-se:

Cálculo da Depreciação Econômica

Fórmula do Montante[9]
$$FV = PMT \times \frac{(1+i)^n - 1}{i}$$

em que:

FV = montante. Valor do investimento depreciável;

PMT = prestação. Valor anual da depreciação econômica;

i = taxa de juros. Taxa admitida de reinvestimento periódico dos fluxos de caixa da depreciação;

n = prazo. Vida útil prevista do investimento.

Substituindo os valores do exemplo ilustrativo em desenvolvimento:

$$800.000 + 400.000 = PMT \times \frac{(1,049)^{10} - 1}{0,049}$$

Calculando-se: **Depreciação Econômica (PMT)** = $ 95.851,7/ano

A depreciação econômica de $ 95.851,7/ano, na hipótese de reinvestimento de cada parcela à taxa de 4,9% ao ano, produz o mesmo montante de $ 1.200.0000 ao final da vida útil de 10 anos. A depreciação contábil, ao não considerar esses ganhos financeiros, expressa um valor anual maior. Assim, para o exemplo ilustrativo em análise, tem-se:

Lucro Operacional Líquido do IR (NOPAT)	$ 42.000,0
Depreciação Contábil	$ 120.000,0
FLUXO DE CAIXA OPERACIONAL	$ 162.000,0
Depreciação Econômica	($ 95.851,7)
FLUXO DE CAIXA SUSTENTÁVEL	*$ 66.148,3*

---

[9] Ver: ASSAF NETO, Alexandre. *Matemática financeira e suas aplicações*. 15. ed. São Paulo: Atlas, 2022.

Cálculo do Investimento Bruto Total

O *Investimento Bruto Total* (INV) soma:

INV = ($ 800.000 + $ 400.000 + $ 100.000 + $ 50.000)

INV = $ 1.350.000,0

Cálculo do CFROI Período Único

$$\text{CFROI (Período Único)} = \frac{\$\,66.148,3}{\$\,1.350.000,0} = 4,9\% \text{ ao ano.}[10]$$

O cálculo do CFROI pela abordagem do período único apura a mesma taxa da abordagem multiperíodos. Isso ocorre, conforme comentado, quando se usa como custo de oportunidade a própria taxa interna de retorno para cálculo da depreciação econômica. Outras taxas de oportunidade poderiam ser usadas, como taxa livre de risco, taxa de retorno média da empresa (ROI), e assim por diante. A utilização dessas taxas diferentes produzirá também taxas diferentes para o CFROI multiperíodo e período único. No exemplo ilustrativo, adotou-se a mesma taxa com o intuito de melhor descrever a metodologia e demonstrar a conciliação entre as duas abordagens.

8.2.2 *Cash Flow Return on Gross Investment* (CFROGI)[11]

O CFROGI revela a eficiência dos ativos operacionais utilizados pela empresa, denominados de *base de ativos,* em gerar caixa. A medida pode ser interpretada também como a "lucratividade dos investimentos". Da mesma forma que a medida do CFROI, o CFROGI calcula o retorno da empresa com base no fluxo de caixa operacional e o capital bruto investido.

O CFROGI é calculado de acordo com a seguinte formulação:

$$\text{CFROGI} = \frac{\textbf{FLUXO DE CAIXA OPERACIONAL – FCO}}{\textbf{CAPITAL BRUTO INVESTIDO (BASE ATIVOS)}}$$

em que:

FCO – fluxo de caixa operacional = Receitas de vendas (–) despesas operacionais desembolsáveis, em que se excluem despesas sem reflexos no caixa, como depreciação e amortização, líquido do IR. FCO = NOPAT + Depreciação/Amortização;

Base de Ativos = recursos totais investidos no negócio, formados por capital fixo e capital de giro. Em outras palavras, representa os recursos aplicados pelos provedores

---

[10] Eventuais diferenças nas casas decimais são motivadas por arredondamentos efetuados nos cálculos.

[11] Retorno do Investimento Bruto Base Caixa. Métrica desenvolvida pelo Boston Consulting Group (BCG).

de capital, credores e acionistas, que possuem um custo de oportunidade e precisam ser remunerados.

O capital fixo investido é muitas vezes calculado pelo seu valor bruto, ou seja, antes da depreciação acumulada. Com isso, a medida do CFROGI desconsidera o período de vida útil dos ativos, procurando eliminar uma das críticas feitas ao ROI, ao comparar o lucro operacional com ativos de diferentes maturidades.

Comparação do CFROGI – a medida deve ser analisada comparativamente ao WACC acrescido de um fator de depreciação econômica. Esse fator é calculado em relação somente ao capital fixo bruto. Para demonstrar atratividade, o CFROGI deve ser maior que: (WACC + d), sendo *d* o fator da depreciação econômica.

A *taxa de depreciação econômica* (d) revela a parcela do investimento permanente depreciável que precisa ser retida (reinvestida) pela empresa para manter a continuidade do negócio no tempo. Essa taxa (d) pode ser calculada da forma seguinte:

$$d = \textbf{Taxa depreciação ativos permanentes} \times \frac{\textit{Ativos Permanentes Depreciáveis}}{\textit{Investimento Total Bruto}}$$

Em essência, o CFROGI segue a mesma estrutura do CFROI para um único período, diferenciando-se somente na inclusão da depreciação econômica na medida. O CFROI considera em seu cálculo a depreciação econômica, e o CFROGI não a inclui.

8.3 FLUXO DE CAIXA DISPONÍVEL

O *Fluxo de Caixa Disponível ou Livre* (FCD)[12] é o valor de caixa que uma empresa é capaz de gerar livre das despesas, das necessidades de reinvestimentos e investimento em giro. É o caixa *livre* (*disponível*) da empresa, ou somente do acionista, que pode ser efetivamente utilizado para pagamento ou distribuição aos proprietários de capital.

O FCD reflete, em outras palavras, o resultado de caixa obtido além do necessário para financiar seus investimentos e prover crescimento da empresa.

O FCD pode ser de dois tipos:

* Fluxo de Caixa Disponível (Livre) da Empresa (FCDE);[13]
* Fluxo de Caixa Disponível (Livre) do Acionista (FCDA).[14]

O *Fluxo de Caixa Disponível (ou Livre) da Empresa* (FCDE) é o excesso operacional de caixa pertencente aos credores e acionistas (proprietários de capital), sendo calculado a partir do resultado operacional líquido do IR (NOPAT). É um fluxo de caixa *livre* por

---

[12] *Free Cash Flow,* em inglês.

[13] *Free Cash Flow to the Firm* (FCFF), ou *Free Operating Cash Flow* (FOCF).

[14] *Free Cash Flow to Equity* (FCFE).

ser calculado após os reinvestimentos em ativos fixos e capital de giro necessários para continuidade e crescimento futuro da empresa, e *desalavancado* por ser obtido antes das despesas financeiras (juros sobre dívidas).

O *Fluxo de Caixa Disponível do Acionista* (FCDA) é o caixa livre dos acionistas, calculado a partir do resultado líquido e, portanto, após a dedução das despesas financeiras. O FCDA é também determinado após os reinvestimentos em ativos fixos e giro, sendo um valor livre e disponível aos acionistas. Por ser entendido como o valor que resta ao acionista, após deduzir todos os custos, despesas e retenções de lucros para reinvestimento, o FCDA pode ainda ser interpretado como o montante de dividendos que uma empresa pode e deve distribuir aos seus acionistas.

Em condições normais de funcionamento, empresas com baixo fluxo de caixa disponível (FCD) demonstram maiores montantes de reinvestimento em seus ativos que outras concorrentes com volumes mais elevados de caixa livre. Empresas com FCDA mais altos são geralmente pagadoras de maiores dividendos; as de menor fluxo de caixa disponível, por outro lado, prometem maiores crescimentos no futuro, oferecendo, por consequência, expectativas de maiores ganhos de capital (valorizações nos preços de mercado das ações).

É sempre importante avaliar as causas das variações verificadas nos fluxos de caixa disponíveis, se oriundos dos resultados da empresa no exercício ou de suas oportunidades de crescimento.

O *valor econômico* de uma empresa (ou de suas ações) é determinado projetando-se o fluxo de caixa disponível por um período indeterminado, e calculando seu valor presente descontando esses fluxos por uma taxa de oportunidade apropriada.

8.3.1 Fluxo de Caixa Disponível da Empresa (FCDE)

O *Fluxo de Caixa Disponível da Empresa* (FCDE) é calculado pelo fluxo de caixa operacional (FCO), obtido pela soma do NOPAT e as despesas não desembolsáveis, como a depreciação, e deduzido de todos os investimentos necessários para suportar o crescimento da empresa. A seguir, é sugerida a estrutura básica de apuração do FCDE a partir do resultado operacional líquido do IR (NOPAT):

NOPAT – Resultado Operacional Líquido IR	**XX**
Depreciação/Amortização	**X**
FLUXO DE CAIXA OPERACIONAL	**XX**
(–) Δ CAPEX – *Capital Expenditures*	**(X)**
(–) Δ Variação do Investimento em Giro	**(X)**
FLUXO DE CAIXA DISPONÍVEL DA EMPRESA (FCDE)	**XX**

Os reinvestimentos previstos no cálculo do FCDE são o *Capital Expenditures* (CAPEX) e o investimento em giro. A seguir, são detalhados os cálculos desses desembolsos.

CAPEX – *CAPITAL EXPENDITURES*

O CAPEX representa todos os gastos (dispêndios ou despesas) de capital da empresa, os quais incluem bens tangíveis e intangíveis com vida útil esperada superior a um ano, como edificações, máquinas e equipamentos, gastos com pesquisa e desenvolvimento, patentes, investimentos em tecnologia e sistemas. Esses ativos têm por objetivo a atualização tecnológica da empresa, crescimento dos negócios e de sua capacidade produtiva, modernização e substituição de ativos existentes.

Os ativos classificados no CAPEX representam dispêndios de capital realizados na expectativa de que possam gerar benefícios econômicos no futuro. Tais despesas não possuem dedutibilidade fiscal integral no exercício em que ocorrem. Os ativos possuem vida útil superior a um exercício fiscal e são depreciados (ativos tangíveis) ou amortizados (ativos intangíveis) durante a vida prevista de uso.

Exemplos de alguns itens geralmente classificados no CAPEX de empresas:

Setor	Principais itens de CAPEX
Empresa de Aviação Comercial	Reposição de frota e modernização, aumento de aeronaves para expansão da oferta de assentos, edificações, hangares, sistemas de informações, centro de manutenção e equipamentos, treinamento.
Bancos Comerciais	Sistemas de informações e tecnologia, gráfica, segurança, expansão dos negócios, capital regulatório, edificações e mobiliário de agências, segurança, treinamento pessoal.
Empresas Industriais	Aquisições de máquinas e equipamentos industriais, edificações, aquisições de veículos, expansão da planta industrial, investimentos em tecnologia etc.

Existem certas despesas de capital que são muitas vezes tratadas como despesas operacionais, como treinamento de pessoal, P&D e investimentos na imagem da empresa. Esses gastos costumam produzir benefícios por vários anos, e podem ser classificados no CAPEX.

Ao se considerarem esses desembolsos como despesas de capital, é necessário "ativar" o investimento e prever a amortização anual desse novo ativo, a qual deve ser adicionada ao total da depreciação do exercício.

VARIAÇÃO DO INVESTIMENTO EM GIRO

A necessidade de investimento em giro (NIG) é toda variação que ocorre no Capital Circulante Líquido (CCL)[15] da empresa em razão de alterações no volume de atividade (produção e vendas) e nos prazos operacionais (ciclo de caixa).

---

[15] CCL = Ativo Circulante – Passivo Circulante. Para um estudo mais detalhado do capital de giro, recomenda-se: ASSAF NETO, Alexandre; SILVA, C. A. Tibúrcio. *Administração do capital de giro*. 4. ed. São Paulo: Atlas, 2012.

186 VALUATION • ASSAF NETO

Como as vendas sofrem variações constantes, promovendo alterações constantes no giro, a NIG é geralmente expressa como um percentual das receitas de vendas. *Por exemplo*, ao se calcular em 10% sobre as vendas o montante adequado de giro a ser mantido por uma empresa, sabe-se que a empresa deverá investir esse percentual sobre toda variação verificada em suas receitas operacionais. Ao se admitir que as vendas não sofrerão alterações no tempo, o investimento inicial em giro também se mantém constante, não demandando novos aportes de recursos.

Assim, se as vendas correntes forem de $ 800.000, o valor necessário em giro, considerando o percentual sobre as vendas de 10%, atinge: 10% × $ 800.000 = $ 80.000. Caso a empresa mantenha um capital circulante líquido (CCL) de mesmo valor, igual a $ 80.000, indica uma posição de equilíbrio financeiro, apresentando recursos de giro suficientes para cobrir suas necessidades circulantes.

Caso o capital circulante líquido (CCL) seja menor que a necessidade de giro, a empresa deverá investir a diferença; se apresentar, por outro lado, um valor maior (CCL > NIG), indica liquidez em excesso, podendo usar esses recursos em outras finalidades.

Nas projeções do fluxo de caixa disponível, somente se verifica necessidade de novos investimentos em giro caso ocorra uma elevação no volume de atividade (produção e vendas) da empresa. Mantendo as vendas inalteradas, a necessidade de giro já está coberta pelo capital investido no momento inicial, não sofrendo qualquer modificação. Se as vendas projetadas para o próximo exercício crescerem dos $ 800.000 atuais para $ 950.000, *por exemplo*, a necessidade incremental de investimento em giro atinge:

$$NIG\ Incremental = 10\% \times (\$\ 950.000 - \$\ 800.000) = \$\ 15.000$$

e assim por diante para os anos subsequentes.

O quadro a seguir descreve o cálculo de necessidade de investimento em giro descrita de 10% sobre as vendas, calculada de forma incremental sobre fluxos de caixa previstos para os próximos quatro anos.

	Ano 0 Atual	Ano 1	Ano 2	Ano 3	Ano 4
Receitas de Vendas Previstas	$ 800.000	$ 1.000.000	$ 1.400.000	$ 1.600.000	$ 1.500.000
Necessidade de Investimento em Giro (NIG: 10% s/ Vendas)	$ 80.000	$ 100.000	$ 140.000	$ 160.000	$ 150.000
Variação (Δ) do Investimento em Giro	–	($ 20.000)	($ 40.000)	($ 20.000)	$ 10.000

Se as vendas atuais de $ 800.000 não sofressem qualquer modificação, a necessidade de investimento em giro no futuro se manteria constante ($ 80.000), e o investimento incremental seria nulo. Como estão previstas variações futuras nas receitas, deve ser calculada, para cada ano, a necessidade incremental, ou seja, quanto deve ser investido a mais em giro de modo a manter o equilíbrio financeiro da empresa. Observe que nos três primeiros anos há necessidade de investimento em giro (saídas de caixa) em razão de aumentos nas vendas; no ano 4, diante da redução prevista nas vendas, há um excesso de giro disponível de $ 10.000. É um valor de entrada no cálculo do fluxo de caixa disponível.

Importante destacar no *exemplo ilustrativo* apresentado a necessidade adicional de giro negativa, como a verificada no ano 4. Essa variação negativa do giro ocorreu por redução prevista nas receitas de vendas; como a necessidade de investimento em giro é calculada como um percentual do volume de atividade, toda variação no volume de produção e vendas determina, em consequência, uma modificação equivalente no giro.

Variações (aumentos ou reduções) no giro podem ocorrer também por alterações nos prazos operacionais, como estocagem, cobrança e pagamentos. Quando o giro diminui, há liberação de recursos financeiros imobilizados no ativo circulante, elevando os fluxos de caixa da empresa. Uma administração mais eficiente do capital de giro permite que as empresas gerem maior liquidez de caixa diante de mudanças favoráveis nos prazos operacionais, reduzindo as necessidades de giro. Essas variações devem ser estimadas e acrescidas aos fluxos de caixa disponíveis.

EXEMPLO ILUSTRATIVO

PROJEÇÃO DA NECESSIDADE DE INVESTIMENTO EM GIRO

Uma empresa comercial apresenta ao final de determinado exercício os seguintes valores circulantes e receita de vendas total:

- estoques: $ 15.000;
- contas a pagar de fornecedores: $ 8.200;
- salários a pagar e encargos sociais a recolher: $ 3.500;
- valores a receber de vendas a prazo: $ 4.600;
- impostos s/ vendas a pagar: $ 2.800;
- receita total de vendas: $ 63.750.

O *Capital Circulante Líquido* (CCL) da empresa no período atinge:

CCL = Ativo Circulante – Passivo Circulante

Ativo Circulante = $ 15.000 + $ 4.600 = $ 19.600

Passivo Circulante= $ 8.200 + $ 3.500 + $ 2.800 = $ 14.500

Capital Circulante Líquido (CCL) $ 5.100

Admite-se que esses valores circulantes constituam um padrão da empresa. O capital circulante líquido como porcentagem das receitas de vendas atinge a 8% ($ 5.100/

$ 63.750). Uma alternativa bastante utilizada na prática para se projetar as necessidades adicionais de investimento em giro é conhecer o comportamento futuro das vendas. Nessa proposta, e utilizando os dados do exemplo ilustrativo em avaliação, a variação do investimento em giro de cada ano futuro será igual a 8% da variação esperada das receitas de vendas. Assim, ao se prever um crescimento de 6% ao ano das vendas, tem-se a seguinte projeção de variação no giro para os próximos períodos:

($ 000)

	Ano 1	Ano 2	Ano 3
A. Receitas de Vendas	63.750,0 × 1,06 = 67.575,0	67.575,0 × 1,06 = 71.629,5	71.629,5 × 1,06 = 75.927,3
B. Variação Esperada das Vendas	3.825,0	4.054,5	4.297,8
C. Investimento Adicional em Giro (8% × B)	306,0	324,4	343,8

Se no ano 4, *por exemplo*, as receitas de vendas crescessem somente 4%, menos que nos períodos anteriores, a variação do investimento previsto em giro seria de:

Variação do Inv. em Giro (Ano 4) = ($ 75.927,3 × 4%) × 8% = $ 243,0, e assim por diante.

EXEMPLO ILUSTRATIVO

Do FCDE a partir do lucro bruto

A seguir, é apresentado um *exemplo ilustrativo* de cálculo do Fluxo de Caixa Disponível da Empresa (FCDE) a partir do resultado bruto.

Fluxo de caixa disponível da empresa	($ milhões)
LUCRO BRUTO (Receitas Líquidas de Vendas – Custos)	870,0
Despesas Operacionais Desembolsáveis	(487,2)
EBITDA – Lucro Antes dos Juros, Impostos e Depreciação	**382,8**
Despesas de Depreciação e Amortização	(120,0)
EBIT – Lucro Antes dos Juros e Impostos	**262,8**
IR (34%)	(89,4)
NOPAT – Lucro Operacional Líquido do IR	**173,4**
Despesas de Depreciação e Amortização	120,0

(continua)

(continuação)

Fluxo de caixa disponível da empresa	($ milhões)
Fluxo de caixa operacional	**293,4**
CAPEX	(194,0)
Investimento em giro	(80,0)
Fluxo de caixa disponível da empresa – FCDE (fluxo de caixa desalavancado)	**19,4**

As *despesas operacionais desembolsáveis* são calculadas considerando somente os gastos incorridos na manutenção da atividade da empresa com reflexos no caixa. Não são consideradas em sua mensuração, basicamente, as despesas não desembolsáveis de depreciação e amortização.

O *EBITDA* foi estudado no Capítulo 2 (item 2.1.2) e representa a geração bruta operacional de caixa (antes da dedução do IR) da empresa, pertencente a credores e acionistas. A formulação básica de cálculo dessa medida é a seguinte:

> **EBITDA = Lucro Líquido Antes do IR +**
> **Despesas com Juros + Depreciação/Amortização**

É uma medida financeira bastante utilizada na avaliação principalmente porque permite comparações entre empresas do mesmo setor e similares estruturas operacionais. Os principais resultados que podem adotar diferentes critérios de apuração ou de valores, como depreciação, despesas financeiras e impostos, são excluídos do cálculo do EBITDA.

Conforme demonstrado, a empresa no exercício foi capaz de gerar um caixa em excesso (caixa disponível) de $ 19,4 milhões. Esse valor foi obtido após a cobertura de todos os custos e despesas operacionais e a dedução dos investimentos necessários em fixo e giro para promover o crescimento da empresa no futuro. Esse resultado operacional livre pertence aos proprietários de capital da empresa: credores e acionistas.

8.3.2 Fluxo de Caixa Disponível do Acionista (FCDA)

O Fluxo de Caixa Disponível do Acionista (FCFE – *Free Cash Flow to the Equity*) é o caixa livre líquido destinado aos acionistas, como credores residuais desses resultados. O FCDA é ajustado pelos fluxos de caixa provenientes do endividamento, formados pelo principal e encargos financeiros das dívidas mantidas pela empresa.

A formulação básica de cálculo do FCDA a partir do lucro líquido é a seguinte:

LUCRO LÍQUIDO	**XX**
(+) Despesas de Depreciação e Amortização	**X**
(=) FLUXO DE CAIXA DAS OPERAÇÕES	**XX**
(–) Δ CAPEX – *Capital Expenditures*	**(X)**
(–) Δ Investimento em Giro	**(X)**
(+) Entradas de Novas Dívidas	**X**
(=) FLUXO DE CAIXA DISPONÍVEL DO ACIONISTA (FCDA)	**XX**

O FCDA pode ainda ser calculado a partir do fluxo de caixa operacional:

FLUXO DE CAIXA OPERACIONAL: NOPAT + Depreciação	**XX**
(–) Δ CAPEX – *Capital Expenditures*	**(X)**
(–) Δ Investimento em Giro	**(X)**
(=) FLUXO DE CAIXA DISPONÍVEL DA EMPRESA (FCDE)	**XX**
(–) Despesas Financeiras	**(X)**
(+) Benefício Fiscal	**X**
(+) Entradas de Novas Dívidas	**X**
(=) FLUXO DE CAIXA DISPONÍVEL DO ACIONISTA (FCDA)	**XX**

Observe na formulação que o FCDA é o fluxo de caixa que resta ao acionista após a cobertura de todas as despesas operacionais, despesas de capital, necessidades adicionais em giro e, ainda, livre dos pagamentos de todas as obrigações financeiras, como encargos financeiros (juros) e principal de dívidas. É o caixa livre que a empresa pode distribuir a seus acionistas, disponível para dividendos ou recompra de ações.

Se a empresa pagar menos que o FCDA aos seus acionistas, deve estar mantendo recursos disponíveis para reforço de sua liquidez ou usando em aplicações fora de sua atividade objeto, como mercado financeiro. Ao distribuir dividendos em montante maior que o FCDA, estará usando recursos disponíveis existentes ou captando novos recursos no mercado, na forma de dívidas ou ações.

ENTRADAS DE NOVAS DÍVIDAS

As necessidades de novas dívidas são calculadas pela estrutura de capital (P/PL) meta definida pela empresa. Se a empresa definir manter 40% de dívidas financiando seus ativos, deve captar esse percentual sobre seus investimentos líquidos, calculados pela diferença entre as despesas de capital (CAPEX) e necessidades de giro que excedem o total da depreciação do período.

Assim, a entrada de novas dívidas é calculada pela seguinte expressão:

$$\text{Novas Dívidas} = \frac{P}{P + PL} \times [(\text{CAPEX} + \text{Variação do Giro}) - \text{Depreciação}]$$

Por exemplo, uma empresa apresenta os seguintes valores ao final de um exercício:

- $P/(P + PL) = 40\%$;
- gastos de capital (CAPEX) brutos = $ 22.500;
- despesas de depreciação e amortização = $ 12.400;
- variação do investimento em giro = $ 6.600.

O investimento líquido da empresa (Gastos de Capital: $ 22.500 – Depreciação: $ 12.400) atinge a 10.100. Somando esse valor com as necessidades adicionais de giro de $ 6.600, calcula-se o investimento total líquido da empresa no exercício igual a $ 16.700. Esse montante deve ser financiado, segundo meta estabelecida pela empresa, em 40% com dívidas e o restante (60%) com recursos próprios. Assim, as novas dívidas que a empresa deverá buscar para financiar parte de seu crescimento atingem:

Entrada de Novas Dívidas = 40% × [($ 22.500 – $ 12.400) + $ 6.600]
Entrada de Novas Dívidas = $ 6.680

EXEMPLO ILUSTRATIVO

Considere os seguintes valores apresentados por uma empresa em determinado ano:

- lucro líquido: $ 6.837,6;
- depreciação e amortização: $ 2.300,0;
- EBIT (lucro operacional antes do IR): $ 11.100,0;
- variação do investimento em giro: $ 1.700,0;
- CAPEX: $ 3.600,0;
- estrutura de capital meta da empresa: P/PL = 50%;
  despesas com juros: $ 740,0;
- alíquota de IR: 34%.

Cálculo do FCDA a partir do lucro líquido e do fluxo de caixa operacional

Lucro líquido	$	Fluxo de caixa operacional	$
Lucro Líquido	6.837,6	NOPAT	7.326,0
Depreciação + Amortização	2.300,0	Depreciação + Amortização	2.300,0

(continua)

(*continuação*)

Lucro líquido	$	Fluxo de caixa operacional	$
FC DAS OPERAÇÕES	9.137,6	FC CAIXA OPERACIONAL	9.626,0
CAPEX	(3.600,0)	CAPEX	(3.600,0)
Investimento em Giro	(1.700,0)	Investimento em Giro	(1.700,0)
Entrada de Novas Dívidas (1)	1.000,0	**FCD empresa**	**4.326,0**
FCDA	**4.837,6**	Despesas com Juros	(740,0)
		Benefício Fiscal (2)	251,6
		Entradas de Novas Dívidas	1.000,0
		FCDA	**4.837,6**

(1) ENTRADAS DE NOVAS DÍVIDAS

A estrutura de capital P/PL de 50% representa um passivo de 1/3 e patrimônio líquido de 2/3 em relação ao total do capital investido. Assim:

Entradas de Novas Dívidas = 1/3 × [3.600,0 + 1.700,0 − 2.300,0]

Entradas de Novas Dívidas = $ 1.000,0

(2) BENEFÍCIO FISCAL DOS ENCARGOS FINANCEIROS

Benefício Fiscal = 34% × 740,0 = $ 251,6

O valor de uma empresa é determinado pela sua capacidade em gerar fluxos de caixa livres no futuro. O modelo do FCDA avalia o patrimônio líquido e o FCDE valoriza a empresa. Ao se extrair do valor da empresa o valor de suas dívidas, chega-se também ao valor do patrimônio líquido. Os capítulos seguintes tratarão desse assunto com maior profundidade.

Tanto o FCDA como o FCDE produzem o mesmo valor para o patrimônio líquido (ou para a empresa), desde que sejam adotados os mesmos critérios e pressupostos. A conciliação na prática é bastante trabalhosa, devendo ser executados diversos ajustes e adotadas certas premissas.

Importante destacar, uma vez mais, que a empresa atinge um valor maior que o capital investido quando é capaz de produzir um retorno acima de seu custo de capital. Esse ágio no valor da empresa pode ser obtido pelo valor presente dos lucros em excesso (EVA) calculados para a empresa. Se o retorno gerado for inferior à taxa mínima requerida, seu valor sofrerá um deságio, ficando abaixo do montante investido.

9

Estrutura de Avaliação

A apuração do valor de uma empresa é essencial para as decisões financeiras de investimentos, financiamento e dividendos, para negócios de aquisições, vendas, fusões e cisões, abertura de capital e investimentos em ações. Os ativos não possuem as mesmas características, apresentando-se alguns mais fáceis de avaliar e outros mais complicados. Mesmo que alguns ajustes sejam aplicados na avaliação de certos ativos, os fundamentos básicos permanecem os mesmos.

A premissa básica da avaliação é obter um *valor justo*, o valor que reflete o retorno esperado baseado em projeções de desempenho futuro coerentes com a realidade do negócio em avaliação. O método mais consagrado de avaliação é o *Fluxo de Caixa Descontado* (FCD), o qual calcula o valor presente dos fluxos de benefícios de caixa previstos no futuro descontado por uma taxa que reflete o risco do negócio.

É importante acrescentar que a avaliação não se comporta como uma ciência exata, alguns pontos são controversos e exigem um pouco da opinião do analista. O valor é bastante sensível a julgamentos dos analistas. Um viés de percepção ou uma visão diferenciada dos resultados futuros esperados modifica o valor da empresa, muitas vezes de forma relevante.

O valor econômico de uma empresa é formado por *Expectativas Futuras* de desempenho. É o valor em *Continuidade* apurado pelo valor presente dos potenciais futuros esperados de *ganhos econômicos de caixa*.

O valor de uma empresa é um valor esperado, um preço estimado, baseado em previsões, erros e incertezas dos analistas. O avaliador convive com a incerteza de suas projeções, das variáveis macroeconômicas e do mercado em que a empresa atua. Empresas novas de tecnologia, *por exemplo*, trazem maior incerteza na avaliação que outras que atuam em mercados mais consolidados, com menor dependência tecnológica.

Da mesma forma, empresas cíclicas, como companhias de aviação comercial e montadoras de veículos, trazem incerteza maior nas variáveis macroeconômicas, como evolução do PIB, comportamento das taxas de juros e do câmbio.

Este capítulo destina-se a descrever a estrutura de avaliação de empresas, desenvolvendo seus métodos e técnicas.

9.1 FUNDAMENTOS DA AVALIAÇÃO

O objetivo da empresa é o de gerar valor econômico aos seus proprietários, a partir de estratégias corporativas adequadas ao ambiente de mercado. Na busca pelo valor, a empresa deve avaliar o seu negócio, suas estratégias operacionais (produção, preços, custos, logística e distribuição, volume de atividade etc.) e tomar as decisões financeiras (investimentos e financiamentos) que melhor aproveitem as oportunidades de mercado.

A continuidade de uma empresa somente se realiza se ela for capaz de maximizar seu valor de mercado em relação ao capital investido; em outras palavras, quando seus resultados promoverem um retorno que supere o custo de oportunidade do capital dos investidores.

O processo de avaliação de empresas exige o domínio de conceitos econômicos e financeiros, de técnicas de cálculo e de inúmeros fatores internos e externos à empresa que influem em seu valor econômico, inclusive considerações de natureza subjetiva.

É reconhecido que toda avaliação deve incluir profunda e prévia verificação e auditoria de todas as informações da empresa, visando à confirmação dos dados disponíveis. Esse processo de investigação é conhecido por *due diligence*, ou *diligência prévia*. O objetivo é conhecer a *efetiva* situação da empresa, esclarecendo todos os riscos presentes na avaliação, tornando a negociação mais justa para as partes interessadas (compradores e vendedores).

O processo de *due diligence*, deve cobrir todas as questões do negócio em avaliação, e também as de natureza contábil, fiscal, societária, trabalhista, ambiental, propriedade intelectual, levantamento de passivos existentes e ocultos, presença de passivos e ativos recebíveis vencidos há muito tempo, contingências, correta mensuração do patrimônio líquido, e assim por diante.

No processo de *due diligence*, é recomendado que sejam conhecidos e analisados os investimentos atuais da empresa e sua estrutura de capital (passivos e patrimônio líquido), de forma a colocar os ativos e os passivos do negócio em avaliação em uma *posição de equilíbrio. Por exemplo*, se a empresa apresentar desequilíbrio financeiro por manter um montante de capital de giro insuficiente para suas necessidades operacionais mínimas, o investimento adicional em circulante deve ser mensurado e considerado no cálculo de seu valor como desembolso de caixa; ao contrário, um excesso de liquidez deve ser somado ao disponível, indicando entrada de recursos na avaliação. Da mesma forma, uma estrutura de capital excessivamente alavancada (ou capitalizada)

CAP. 9 ESTRUTURA DE AVALIAÇÃO **195**

precisa ser mantida em sua posição de equilíbrio, conforme estudado no Capítulo 5, considerando-se para isso aportes de novos recursos próprios ou liberação de capital ao caixa pela substituição de patrimônio líquido por dívidas.

IMPORTANTE – o aspecto fundamental da posição de equilíbrio é que não se pode avaliar uma empresa mantendo uma posição econômica e financeira desfavorável (em desequilíbrio). As projeções financeiras na avaliação são estabelecidas por prazos bastante longos, ou indeterminados, e não é possível manter por toda essa maturidade uma estrutura financeira em desequilíbrio. Falta de liquidez, capacidade limitada de produção ou endividamento em excesso, *por exemplo*, no horizonte a curto prazo são admitidos como desequilíbrios passíveis de serem administrados; a longo prazo, no entanto, podem levar a empresa a uma posição de insolvência.

Podem ser sugeridas as seguintes etapas no processo de avaliação:

- análise do desempenho histórico da empresa, seus principais direcionadores de valor e seus pontos fortes e vulneráveis;
- análise das variáveis macroeconômicas relacionadas com o negócio em avaliação, mercado de atuação e concorrência;
- seleção do método de avaliação e projeções dos resultados financeiros;
- horizonte de tempo da avaliação;
- estrutura de equilíbrio da empresa;
- risco e custo de capital.

Uma etapa inicial na avaliação de empresas é a *análise de seu desempenho histórico e atual,* de *suas oportunidades potenciais de crescimento, mercado e concorrentes*. A análise econômica e financeira de uma empresa deve destacar os principais direcionadores de valor, retorno do investimento (ROI), diversificação de ativos e risco, análise giro × margem operacional, custo e estrutura de capital e assim por diante.

Uma sugestão para completar o processo de conhecimento da empresa, seu potencial de crescimento e limitações, é utilizar a denominada análise *SWOT*,[1] metodologia destinada a efetuar uma avaliação do ambiente da empresa. A análise *SWOT* permite que se realize um diagnóstico da posição estratégica da empresa, como tendência do ambiente econômico no qual a empresa se insere, mudanças nas expectativas dos consumidores, posicionamento da empresa no mercado e concorrência etc. Em suma, o que se procura descobrir na análise *SWOT* são as variáveis fundamentais e críticas do sucesso da empresa, os pontos fortes e fracos do negócio e tendências do ambiente da empresa.

Os *pontos fortes* são definidos por *Strengths (S)* e revelam as vantagens competitivas da empresa; os *pontos fracos*, definidos por *Weaknesses (W)*, descrevem as limitações da empresa diante de seu mercado e concorrentes; as *oportunidades*, ou *Opportunities (O)*, revelam o potencial de crescimento e geração de retorno da empresa; as *ameaças*,

---

[1] *SWOT*: *Strengths* (forças), *Weaknesses* (fraquezas), *Opportunities* (oportunidades), *Threats* (ameaças).

registradas por *Threats (T)*, devem revelar os perigos capazes de comprometer o desempenho da empresa, prejudicando sua vantagem competitiva no mercado.

As *variáveis macroeconômicas* a serem consideradas no processo de avaliação são aquelas que apresentam uma relação mais estreita com o desempenho do negócio, como expansão da demanda, oferta de crédito, preços de *commodities*, taxas de juros, crescimento do PIB, inflação, taxa de câmbio, resultados da Balança Comercial e assim por diante. O estudo dessas variáveis tem por objetivo proporcionar melhor entendimento da dinâmica econômica na qual a empresa se insere, e melhor estabelecer as projeções financeiras necessárias para a avaliação.

Por exemplo, para uma indústria do setor eletroeletrônico são geralmente consideradas as seguintes variáveis macroeconômicas na avaliação: (a) evolução do PIB da economia e do setor com o objetivo de estabelecer a produção e o consumo esperados; (b) inflação, juros e variação cambial, considerados fatores importantes na formação dos preços de vendas, custos internos e insumos importados; (c) política de crédito e custo de financiamento.

A análise de mercado leva em consideração tamanho, concorrentes, tendências dos negócios, novos produtos, consumidores e todas as demais variáveis necessárias para o entendimento do mercado em que a empresa atua. Para o setor eletroeletrônico discutido, podem ser consideradas as seguintes variáveis de mercado: tamanho, concorrentes, crescimento e tecnologia.

9.2 MÉTODO DE AVALIAÇÃO: FLUXO DE CAIXA DESCONTADO (FCD)

Apesar da existência de outras metodologias de avaliação, o método do *Fluxo de Caixa Descontado* (FCD) é o que apresenta o maior rigor técnico e conceitual, sendo por isso o mais indicado e adotado na avaliação de empresas. O método do FCD baseia-se no conceito de que o valor de um ativo é determinado pelo valor presente de seus benefícios futuros esperados de caixa, descontados por uma taxa de atratividade que reflete o custo de oportunidade dos proprietários de capital.

A medida de caixa utilizada na avaliação é o Fluxo de Caixa Disponível (ou *Free Cash Flow*), amplamente estudado no Capítulo 8. Esse fluxo de caixa é calculado tanto para a empresa como para o acionista, após o desconto de todas as despesas de capital (investimentos em capital fixo) e das necessidades adicionais de investimento em giro.

A taxa de desconto é aplicada segundo o tipo de fluxo de caixa. O Fluxo de Caixa Disponível da Empresa (FCDE) é descontado pelo custo total de capital (WACC), média ponderada dos custos de todas as fontes de financiamento; o Fluxo de Caixa Disponível do Acionista (FCDA) é trazido a valor presente pela taxa de atratividade do acionista (Ke). A apuração das taxas de desconto é obtida a partir da definição de estrutura de capital da empresa e de seu risco, conforme foram estudados nos Capítulos 3 e 4.

São desenvolvidas algumas abordagens do método do FCD para a avaliação de empresas, conforme indicadas a seguir.

Abordagens do método do FCD		
Medida do Fluxo de Caixa	**Taxa de Desconto**	**Avaliação**
Fluxo de Caixa Disponível da Empresa (FCDE)	Custo Total de Capital (WACC)	Valor Total da Empresa (Vo) Vo = Patrimônio Líquido + Passivo
Fluxo de Caixa Disponível do Acionista (FCDA)	Custo de Capital Próprio Alavancado – Ke	Valor do Patrimônio Líquido (PL)
Lucro em Excesso (EVA)	WACC	Valor do *Goodwill* Vo = Capital Investido + *Goodwill*
Adjust Present Value (APV)	Custo de Capital Próprio Desalavancado	Valor da empresa sem dívidas + benefícios da dívida

Em teoria, todas as abordagens descritas devem gerar o mesmo valor para a empresa, devendo o analista selecionar a abordagem mais indicada para cada caso.

O valor presente do FCDE, descontado pelo custo total de capital (WACC), expressa o valor total da empresa, formado pela soma do valor econômico do patrimônio líquido e o valor das dívidas (passivo). É a abordagem de cálculo de valor mais adotada na prática, considerando nos fluxos de caixa todos os resultados de natureza operacional e, na taxa de desconto, os custos de capital próprio e de terceiros.

$$\text{Valor da Empresa (Vo)} = \sum_{t=1}^{\infty} \frac{FCDE}{(1+WACC)^t}$$

Em que: **Vo** = Patrimônio Líquido + Passivos

O cálculo do FCDA é mais difícil de obter corretamente na prática, em razão de a estrutura de capital ser considerada nos fluxos de caixa. Essa abordagem, no entanto, é a mais indicada para avaliação de instituições financeiras (bancos e companhias seguradoras, entre outras).

$$\text{Valor do Patrimônio Líquido (PL)} = \sum_{t=1}^{\infty} \frac{FCDA}{(1+Ke)^t}$$

Observe que ao se excluir do valor da empresa (Vo) as dívidas onerosas, chega-se ao valor do patrimônio líquido (PL), conforme apurado pelo enfoque do FCDA. Assim: *PL = Vo – Passivo*. Logo, o valor da empresa (Vo) pode ser entendido como o *valor econômico dos ativos*.

Conforme estudado no Capítulo 6, o valor presente do resultado econômico agregado (EVA) reflete o *goodwill* da empresa, ou seja, a riqueza gerada (ou destruída) no período. Assim, o valor total da empresa (Vo) pode ser obtido pelo valor presente do EVA projetado da empresa somado ao capital investido no negócio, ou seja: *Vo = Capital Investido + Goodwill*. Apesar de produzir o mesmo resultado do FCDE, essa abordagem é mais adotada para objetivos gerenciais da empresa.

Quando uma empresa promete um retorno bastante próximo a sua remuneração padrão, que cobre o risco do investimento, o seu valor se aproxima do valor de construí-la (montá-la). Uma empresa será precificada por um valor acima do capital investido no negócio quando ela for capaz de devolver aos proprietários de capital (acionistas) um lucro acima do mínimo desejado. Para ser considerada economicamente viável, uma empresa deve valer mais que a soma de seus ativos, produzindo uma riqueza econômica aos seus acionistas. Uma empresa é avaliada pelo seu valor de liquidação quando seu retorno do capital investido se situar abaixo do custo de oportunidade. Nessa situação, a soma do valor dos ativos é MAIOR que o Valor Presente dos Benefícios Futuros Esperados de Caixa (valor econômico).

O *Fair Value* (Valor Justo) de uma empresa é o valor de mercado calculado a partir de uma estimativa estabelecida de forma independente, imparcial. Representa o valor econômico justo obtido com base em expectativas futuras esperadas de benefícios econômicos de caixa trazidos a valor presente por uma taxa de oportunidade adequada.

A abordagem do Valor Presente Ajustado (*Adjusted Present Value* – APV) é recomendada principalmente quando a empresa espera variações mais frequentes em sua estrutura de capital, promovendo com isso modificações sucessivas na taxa de desconto (WACC).

O valor de uma empresa pode variar por alterações nos fluxos de caixa dos ativos existentes, de investimentos já realizados, por modificações na taxa de crescimento futura esperada e sua duração, e também por alterações no custo de capital adotado como taxa de desconto. O valor econômico da empresa é o seu *valor em continuidade*.

A estrutura de avaliação do método do Fluxo de Caixa Descontado envolve essencialmente as seguintes etapas:

- projeções dos fluxos de caixa futuros;
- definição da maturidade explícita da empresa (período *previsível* da projeção de caixa);
- valor da *perpetuidade* (ou *continuidade*). Inicia-se logo após o final do período explícito;
- definição do custo de capital.

9.2.1 Maturidade da avaliação

No processo de avaliação, admite-se que a empresa tenha uma duração indeterminada, que ela continue a operar, após as projeções dos fluxos de caixa, por um tempo extremamente longo. A avaliação considera dois períodos para os fluxos de caixa: *explícito* (*previsível*) e *contínuo* (*perpetuidade*).

Os fluxos de caixa *explícitos* cobrem um período previsível da empresa, nos quais se tem uma razoável capacidade de prever as variáveis relevantes de seu comportamento, como preços, demanda, custos, necessidades de investimento etc. Esse período tem duração determinada e se estende normalmente até atingir sua estabilidade operacional, a qual varia segundo o setor de atividade da empresa. No Brasil, as avaliações de empresas são realizadas admitindo um período de previsão médio entre 5 e 7 anos.

Empresas de tecnologia, *por exemplo*, costumam apresentar um período explícito (previsível) menor que empresas do setor de mineração, ou alimentos, negócios mais estáveis e previsíveis. As principais variáveis operacionais destes últimos setores (mineração e alimentos) oferecem maior confiança para suas projeções em relação às do setor de tecnologia, com maior incerteza futura.

Não é recomendado ainda avaliar uma empresa com período explícito muito curto, inferior a cinco anos, por exemplo. Período de previsões muito reduzido denota um nível de incerteza muito alto no valor encontrado.

Prática de cálculo do período explícito: cia. aérea comercial

As principais variáveis macroeconômicas relevantes para as projeções de caixa de uma empresa de aviação comercial e os respectivos prazos de projeção disponíveis no mercado são os seguintes:

PIB -- 12 anos

Taxas de Juros -- 10 anos

Petróleo --- 8 anos

Período explícito (previsível) da avaliação ------------------------------- 8 anos

---

Os fluxos de caixa desse período determinado são descontados individualmente a valor presente pela taxa de custo de capital, apurando-se o *Valor Explícito* da empresa. Assim, para um período explícito de n períodos, tem-se a seguinte formulação:

$$V_{EXPL} = \left[\frac{FCF}{(1+K)} + \frac{FCF}{(1+K)^2} + \frac{FCF}{(1+K)^3} + \dots \frac{FCF}{(1+K)^n} \right]$$

em que:

V_{EXPL} = valor explícito;

FCF = *Free Cash Flow* (Fluxo de Caixa Disponível) previsto para cada período;

K = taxa de desconto (custo de capital).

O período da *perpetuidade* (ou contínuo) da empresa inicia-se no final do período de projeção (explícito). O valor presente desses fluxos indeterminados de caixa é denominado valor da *perpetuidade*, valor *contínuo* ou valor *residual* da empresa. Esse valor residual é calculado de acordo com as formulações de fluxos de caixa indeterminados apresentados no Capítulo 3, ou seja:

Fluxos de Caixa Constantes   Fluxos de Caixa Crescentes a uma Taxa "*g*" constante

$$PV = \frac{FCF}{K}$$

$$PV = \frac{FCF_1}{K - g}$$

Assim, o valor residual de uma empresa, admitindo uma taxa de crescimento constante "*g*", é obtido pela seguinte formulação (Modelo de Gordon):

$$\textbf{Valor Residual (Momento atual)} = \left[\frac{FCFn + 1}{K - g}\right] / (1 + K)^n$$

$FCFn + 1$ = fluxo de caixa disponível normalizado previsto para o ano imediatamente seguinte ao final do período explícito;

g = taxa de crescimento *constante* anual dos fluxos de caixa;

n = número de anos do período explícito.

Pressupostos do cálculo:

- $K > g$
- g = constante

A fórmula do valor residual é atualizada por $(1 + K)^n$ para expressar o resultado no momento atual (momento zero). A expressão $\left[\dfrac{FCFn + 1}{K - g}\right]$ assinala o fluxo de caixa em valor de final do período explícito (período n); a atualização para o momento inicial (ano zero) é feita dividindo-se o valor do ano n por $(1 + K)^n$.

A empresa pode continuar crescendo na perpetuidade, porém a taxa não deve se distanciar acima da variação do PIB da economia. É bastante difícil uma empresa conseguir crescer mais que a economia a longo prazo.

De forma conservadora, admite-se muitas vezes que a empresa agrega valor econômico somente no período explícito; na perpetuidade, o valor econômico agregado (EVA) é nulo, remunerando todo investimento exatamente no seu custo de capital. A economia sugere que no longo prazo o retorno do investimento converge para o mercado, limitando a capacidade dos agentes em gerar valor econômico. A concorrência de mercado, principalmente, impede que uma empresa apure um lucro em excesso ao seu custo de capital no longo prazo.[2]

---

[2] Leitura recomendada: SILVA, César A. Tibúrcio; CUNHA, Jameson R. Questões para avaliação de empresas na nova economia. *ComTexto*, Porto Alegre, v. 3, nº 4, 1º sem. 2003.

CAP. 9 ESTRUTURA DE AVALIAÇÃO **201**

É importante destacar que diferentes critérios de apuração do valor residual podem provocar modificações significativas no valor total da empresa.

A formulação do *valor total da empresa (Vo)* apresenta a seguinte estrutura:

$$Vo = \text{Valor Explícito} + \text{Valor Residual (atual)}$$

EXEMPLO ILUSTRATIVO

Cálculo do valor da empresa (Vo)

Na avaliação de uma empresa comercial, foi definido um período de projeção de cinco anos, iniciando a perpetuidade no ano seguinte. Os fluxos de caixa disponíveis da empresa (FCDE) projetados para o período de previsão (período explícito) são calculados a seguir:

($ milhões)

	Ano 1	Ano 2	Ano 3	Ano 4	Ano 5
NOPAT	38,9	44,2	57,1	66,4	72,9
Depreciação	8,1	9,0	13,6	13,9	15,3
Fluxo de Caixa Operacional	**47,0**	**53,2**	**70,7**	**80,3**	**88,2**
CAPEX	(1,7)	(1,8)	(2,3)	(2,4)	(2,6)
Necessidade de Giro	(28,9)	(32,2)	(33,8)	(34,6)	(35,1)
FCDE	**16,4**	**19,2**	**34,6**	**43,3**	**50,5**

Observe que, por se tratar da avaliação de uma empresa comercial (rede de lojas), os investimentos mais relevantes são em capital de giro, principalmente estoques de mercadorias e recebíveis. A empresa comercial costuma imobilizar pouco em ativos fixos (prédios, máquinas e equipamentos etc.) pela maior necessidade de financiar suas atividades operacionais circulantes.

Para uma taxa de custo de capital total de 12% a.a. considerada adequada para o risco dos fluxos de caixa, o valor explícito da empresa atinge:

$$\text{Valor Explícito} = \left[\frac{16,4}{1,12} + \frac{19,2}{(1,12)^2} + \frac{34,6}{(1,12)^3} + \frac{43,3}{(1,12)^4} + \frac{50,5}{(1,12)^5}\right]$$

Valor Explícito = $ 110,7 milhões

Este é o valor da empresa com base unicamente nos cinco anos explícitos (previsíveis) de projeção. É como se a empresa não tivesse mais nenhum valor após esse período. No entanto, a empresa tem valor residual, pois ela deve continuar operando por tempo indeterminado após o período de previsão.

Assim, a parte seguinte da avaliação é o cálculo do valor residual (Valor em Continuidade), que representa o valor presente dos fluxos de caixa da empresa (FCDE) previstos para depois do período explícito.

Admita na ilustração que o FCDE no ano 6 deve crescer 40% em relação ao resultado do ano anterior. Assim, o fluxo de caixa disponível da empresa previsto para o ano 6 (1° ano da perpetuidade) é igual a: $ 50,5 \times 1,40 = $ 70,7$.

Há duas hipóteses de comportamento dos fluxos de caixa na perpetuidade:

a) os fluxos de caixa são mantidos constantes na perpetuidade, apresentando crescimento anual nulo ($g = 0$);

b) os fluxos de caixa crescem indeterminadamente a uma taxa anual constante ($g > 0$). Nesse caso, admita que a taxa de crescimento contínua seja de 1,5% a.a.

O valor residual será calculado a seguir segundo cada uma das hipóteses consideradas.

Crescimento Nulo (g = 0)

$$\textbf{Valor Residual Atual} = \left[\frac{\$ 70,7}{0,12} \right] / (1,12)^5 \qquad\qquad = \$ 334,3$$

> Valor Residual
> final do ano 5

Crescimento Constante Anual (g = 1,5% a.a.)

$$\textbf{Valor Residual Atual} = \left[\frac{\$ 70,7}{0,12 - 0,015} \right] / (1,12)^5 \qquad\qquad = \$ 382,1$$

A seguir, é demonstrado o cálculo do valor total da empresa. O valor do patrimônio líquido é obtido subtraindo do valor da empresa o montante das dívidas de empréstimos e financiamentos mantidas pela empresa.

Valor Explícito	= $ 110,7 milhões
Valor Contínuo (com crescimento)	= $ 382,1 milhões
Valor Total da Empresa	= $ 492,8 milhões
Valor do Passivo (Empréstimos e Financiamentos)	= ($ 130,0 milhões)
Valor do Patrimônio Líquido	= $ 362,8 milhões

9.3 *DRIVERS* DO PERÍODO CONTÍNUO E CRESCIMENTO ESPERADO

Uma informação fundamental na projeção de fluxos de caixa na avaliação de empresas é a taxa de crescimento dos lucros esperados. Essa taxa pode ser estimada a partir de direcionadores operacionais da empresa, como retorno do capital investido (ROI) e volume de investimentos realizados em novos ativos. O Capítulo 2 demonstrou, em detalhes, a formação da taxa de crescimento do lucro operacional pela seguinte expressão:

$$g_{NOPAT} = b_{NOPAT} \times ROI$$

sendo:

g_{NOPAT} = taxa de crescimento do lucro operacional líquido do IR (NOPAT);

b_{NOPAT} = taxa de reinvestimento do lucro operacional (porcentagem do NOPAT que é reaplicada em novos investimentos). Essa taxa pode ser obtida pela seguinte expressão:

$$b_{NOPAT} = \frac{CAPEX - Depreciação + Investimento\ em\ Giro}{NOPAT}$$

ROI = retorno sobre o capital investido, em que: $ROI = \dfrac{NOPAT}{INVESTIMENTO}$.

Para *ilustrar*, admita que uma empresa com ROI = 12,8% definiu como meta um crescimento anual de 5,12% de seu NOPAT. Para atingir esse objetivo, a taxa de reinvestimento do lucro operacional deve atingir:

$$b_{NOPAT} = \frac{g_{NOPAT} = 5,12\%}{ROI = 12,8\%} = 40\%$$

Em outras palavras, 40% do lucro operacional líquido previsto para cada período deverá ser investido em novos ativos que prometem um retorno de 12,8% ao ano.

Para um NOPAT de $ 22,5 milhões projetados para o primeiro ano do período contínuo, o qual deve iniciar-se de hoje a seis anos (Período Explícito = 5 anos), o Fluxo de Caixa Disponível da Empresa (FCDE) deve atingir:

$$FCDE_6 = \$\ 22,5 \times (1 - 0,40) = \$\ 13,5\ milhões$$

Se o WACC da empresa for definido em 9,5% a.a., por exemplo, o valor contínuo, ao final do ano 5, é:

$$Valor\ Contínuo_5 = \frac{\$\ 13,5}{0,095 - 0,0512} = \$\ 308,2\ milhões$$

Esse é o valor contínuo (residual) da empresa ao final do ano 5, o qual deve ser descontado para o momento atual.

Essas duas variáveis (taxa de reinvestimento e taxa de retorno) são os *drivers* básicos do fluxo de caixa disponível no período contínuo, apurando a sua taxa de crescimento anual. *Por exemplo*, se o ROI (Retorno sobre o Investimento) previsto para a perpetuidade for de 14,0% ao ano, e a taxa de reinvestimento do NOPAT de 40%, é de se esperar que o crescimento do *Free Cash Flow* irá atingir: 40% × 14% = 5,6% ao ano. Assim, pode-se admitir na formulação de cálculo do valor contínuo um crescimento g igual a 5,6% a.a.

A taxa de reinvestimento do lucro operacional costuma apresentar variações (aumentos ou reduções) ao longo do tempo, determinadas por razões internas da empresa, ou motivadas pelas condições de mercado ou da conjuntura econômica. Dependendo da situação, pode o analista adotar uma média histórica da empresa ou um percentual padrão do setor de atividade como taxa de reinvestimento do lucro.

Damodaran[3] coloca que uma empresa é valorizada pelos ativos correntes (existentes) que geram fluxos de caixa, e pela expectativa futura de retorno de novos investimentos previstos em ativos. Estes últimos investimentos são conhecidos como "ativos de crescimento". Observe que o crescimento do NOPAT da empresa, conforme descrito, é determinado pelo montante de novos investimentos realizados nos ativos da empresa e pela taxa de retorno esperada do capital investido.

EXEMPLO ILUSTRATIVO

Cálculo do valor residual usando *Drivers* operacionais

Os *drivers* operacionais como o ROI e a taxa de reinvestimento do lucro são bastante utilizados para a projeção dos fluxos disponíveis de caixa e mensuração do valor residual da empresa.

Para *ilustrar*, admita uma empresa que projeta em seu período contínuo uma taxa de crescimento do NOPAT de 2,5% ao ano. A empresa estima ainda para o período um giro do investimento de 0,80 vez e uma margem operacional de 13,0%. O NOPAT da empresa estimado para o final do primeiro ano da perpetuidade é de $ 18,4 milhões. Sabe-se ainda que o WACC usado como taxa de desconto dos fluxos de caixa atinge 9,2% a.a. A seguir, é demonstrado o cálculo do valor contínuo da empresa.

Retorno sobre o Capital Investido (ROI)

ROI = Giro do Investimento × Margem Operacional

ROI = 0,80 × 13,0% = 10,4%

Taxa de Reinvestimento do NOPAT – b_{NOPAT}

$$g_{NOPAT} = b_{NOPAT} \times ROI$$

$$b_{NOPAT} = \frac{g_{NOPAT} = 2,5\%}{ROI = 10,4\%} = 24,0\%$$

---

[3] DAMODARAN, Aswath. *Avaliação de investimentos*. 2. ed. São Paulo: Qualitymark, 2010. p. 279.

Cálculo do Valor Residual

$$\text{Valor Residual} = \frac{NOPAT \times (1 - b_{NOPAT})}{WACC - g_{NOPAT}}$$

$$\text{Valor Residual} = \frac{\$\,18,4 \times (1 - 0,24)}{0,092 - 0,025} = 208,7 \text{ milhões}$$

9.3.1 Crescimento e agregação de valor

O crescimento do lucro operacional somente promove geração de valor para a empresa em caso de o retorno do capital investido (ROI) superar o seu custo de capital (WACC). Caso o lucro dos novos investimentos não seja capaz de cobrir o custo de oportunidade, quanto maior a taxa de reinvestimento, mais alta é a destruição de valor econômico.

Para *ilustrar*, admita que uma empresa tenha *capital investido* de $ 666,67 milhões e esteja analisando seu valor mediante uma projeção de fluxos de caixa por período indeterminado. O *custo total de capital* (WACC) utilizado na avaliação é de 12% ao ano. São analisados a seguir dois cenários para o crescimento da empresa: (a) *criação de valor*, quando o retorno esperado dos novos investimentos for maior que o WACC; (b) *destruição de valor*, identificado para um ROI menor que o custo de capital.

Situação 1 – ROI > WACC
ROI = 15%; WACC = 12%; NOPAT: $ 666,67 × 15% = $ 100,0 milhões

Reinvestimento (b_{NOPAT})	FCDE = $(1 - b_{NOPAT})$ × NOPAT	Taxa crescimento do NOPAT $(g_{NOPAT} = b_{NOPAT}$ × ROI)	Valor da empresa $Vo = \dfrac{FCDE}{WACC - g}$	Riqueza gerada (MVA) (Vo – Cap Inv)
20%	$ 80,0	20% × 15% = 3,0%	$ 888,9	$ 222,2
40%	$ 60,0	40% × 15% = 6,0%	$ 1.000,0	$ 333,3
60%	$ 40,0	60% × 15% = 9,0%	$ 1.333,3	$ 666,7

Quando o retorno excede o custo de capital, maiores investimentos geram maior riqueza aos acionistas. Observe que a riqueza gerada (MVA) eleva-se conforme aumenta o reinvestimento em novos ativos.

A riqueza gerada (MVA) é calculada pela diferença entre o valor da empresa e o Capital Investido de $ 666,67 milhões.

Situação 2 – ROI < WACC

ROI = 10%; WACC = 12%; NOPAT = $ 666,67 × 10% = $ 66,67 milhões.

Reinvestimento (b_{NOPAT})	FCDE = $(1 - b_{NOPAT})$ × NOPAT	Taxa crescimento do NOPAT ($g_{NOPAT}= b_{NOPAT}$ × ROI)	Valor da empresa $\frac{FCDE}{WACC - g}$	Riqueza gerada (MVA)
20%	$ 53,3	2,0%	$ 533,3	($ 133,3)
40%	$ 40,0	4,0%	$ 500,0	($ 166,7)
60%	$ 26,7	6,0%	$ 444,4	($ 222,2)

A empresa destrói riqueza quanto mais alta for a taxa de reinvestimento em novos ativos. A decisão de reinvestir lucros não é recomendada nessa situação de ROI < WACC, determinando uma redução no valor da empresa crescente com o crescimento dos lucros. *Em conclusão*, deve-se sempre considerar que não é o crescimento do lucro o principal atrativo de uma decisão de investimento, mas o valor econômico gerado. O crescimento da empresa somente é viável se o retorno esperado dos novos investimentos superar o custo de capital.

É importante destacar, ainda, que, se o retorno dos novos investimentos for igual ao custo de capital (ROI = WACC), será indiferente, em termos de agregação de valor, o reinvestimento do lucro. No exemplo ilustrativo em desenvolvimento, sendo o NOPAT de $ 80,0 milhões e WACC = ROI = 12%, o valor da empresa não se modifica, qualquer que seja a taxa de reinvestimento dos lucros. Para melhor esclarecer, considere a simulação no quadro a seguir.

Reinvestimento (b_{NOPAT})	FCDE = $(1 - b_{NOPAT})$ × NOPAT	Taxa crescimento do NOPAT ($g_{NOPAT}= b_{NOPAT}$ × ROI)	Valor da empresa $\frac{FCDE}{WACC - g}$
0%	$ 80,0	0%	$ 80,0/0,12 = $ 666,67
20%	$ 64,0	2,4%	$ 64,0/(0,12 − 0,024) = $ 666,67
40%	$ 48,0	4,8%	$ 48,0/(0,12 − 0,048) = $ 666,67
60%	$ 32,0	7,2%	$ 32,0/(0,12 − 0,072) = $666,67

Uma vez mais, não é a taxa de crescimento que determina a geração de valor para a empresa, mas o diferencial entre o retorno do investimento e o seu custo de capital. Para ROI = WACC, as duas formulações de valor presente, com crescimento positivo (g > 0) e sem crescimento, com fluxos de caixa constantes (g = 0), produzem o mesmo resultado em valor presente.

CAP. 9 ESTRUTURA DE AVALIAÇÃO **207**

EXEMPLO ILUSTRATIVO

Admita que ao final de cinco anos termina o período explícito projetado em uma avaliação, iniciando-se a partir desse momento a perpetuidade. O NOPAT previsto para o ano 6 é de $ 320,0 milhões, e a empresa prevê investir 40% do lucro operacional indeterminadamente.

A seguir, é calculado o valor da continuidade ao final do ano 5 pelo uso das duas fórmulas de valor presente: (a) com crescimento dos fluxos de caixa; e (b) sem crescimento (fluxos de caixa constantes). Será considerado um ROI = WACC = 15%.

Fluxo de Caixa Sem Crescimento

$$\text{Valor Residual}_5 = \frac{\text{FCDE} = \text{NOPAT} = \$\,320,0}{\text{WACC} = 0,15} = \$\,2.133,3 \text{ milhões}$$

Fluxo de Caixa com Crescimento

$$\text{Valor Residual}_5 = \frac{\text{FCDE} = \text{NOPAT} \times (1 - b_{NOPAT})}{\text{WACC} - g}$$

$$\text{Valor Residual}_5 = \frac{\$\,320,0 \times (1 - 0,40)}{0,15 - 0,06} = \$\,2.133,3 \text{ milhões}$$

A taxa de crescimento do NOPAT foi calculada pelo produto do ROI pelo reinvestimento, ou seja:

$$g_{NOPAT} = 15\% \times 40\% = 6,0\%$$

O valor residual é o mesmo, calculado de forma independente do crescimento esperado dos fluxos de caixa. O direcionador de valor relevante é o retorno em excesso ao custo de capital, e não o crescimento esperado dos fluxos de caixa.

9.4 VALOR PRESENTE AJUSTADO[4]

O modelo do APV assemelha-se bastante ao modelo do Fluxo de Caixa Descontado (FCD) usando o WACC. A principal característica da abordagem do APV é a segmentação do valor da empresa em duas partes: valor da empresa na suposição de ser ela financiada exclusivamente por recursos próprios, e os efeitos colaterais dos fluxos financeiros, como benefícios fiscais das despesas com juros e custos de falência de dívidas existentes.

No modelo do APV, além dos benefícios fiscais e custos esperados de falência, podem ser considerados também outros efeitos colaterais do endividamento, como subsídios, custos de emissão de títulos de dívida etc. A principal diferença do APV em relação ao

---

[4] APV – *Adjusted Present Value*. Ver: MYERS, S. C. Interactions of corporate financing and investment decisions: implications for capital budgeting. *Journal of Finance*, v. 29, nº 1, 1974.

WACC é que o WACC inclui todos os efeitos colaterais da alavancagem na taxa de desconto, e o APV destaca cada componente.

O uso do WACC admite, ainda, que a estrutura de capital seja constante no período futuro. Talvez o principal atrativo para o uso da abordagem do APV em avaliações de investimentos, conforme mencionado, está em sua capacidade de oferecer um volume maior de informações gerenciais relevantes, destacando o valor e sua decomposição. O modelo do WACC não tem preocupação maior em mensurar os efeitos colaterais do financiamento, supondo que estejam todos incluídos na taxa de desconto calculada.[5]

O modelo do APV introduz a teoria de Modigliani e Miller, estudada no Capítulo 5, a qual propõe que o valor de uma empresa independe de sua estrutura de capital, o custo total de capital (WACC) é constante e independe da participação de capitais próprios e de terceiros financiando seus ativos operacionais. A presença de alavancagem, de acordo com a colocação de Copeland e outros,[6] afeta o valor da empresa por meio das economias de impostos e de certas imperfeições e distorções do mercado.

A abordagem do APV mensura inicialmente o valor da empresa supondo que seja financiada unicamente por capital próprio, sem a presença de dívidas em sua estrutura de financiamento. A esse valor puro calculado são adicionados os benefícios fiscais trazidos pelo endividamento, presentes em razão de as despesas com juros serem dedutíveis para efeitos de imposto de renda.

O *valor de uma empresa não alavancada* (Vu), sem dívidas, admitindo uma taxa de crescimento "g" dos fluxos de caixa disponíveis por um período indeterminado, é calculado pela seguinte expressão:

$$Vu = \frac{FCDE_1}{Ku - g}$$

em que:

Vu = valor da empresa sem dívidas (não alavancada);

$FCDE_1$ = fluxo de caixa disponível da empresa ao final do primeiro ano;

Ku = custo de capital próprio desalavancado (calculado para uma empresa sem dívidas);

g = taxa de crescimento esperada.

O *valor dos benefícios fiscais* apurados pela presença de dívidas onerosas, outro componente do valor da empresa na abordagem do APV, é calculado pela aplicação da alíquota de imposto de renda sobre as despesas dedutíveis com juros das dívidas.

---

[5] Sobre o assunto, recomenda-se: MINARDI, A. M. Accioly; SAITO, R. Uso do VPA: uma ferramenta melhor para avaliação de operações. *RAE Clássicos – Revista de Administração de Empresas*, FGV-SP, v. 47, nº 3, 2007.

[6] COPELAND, Tom; KOLLER, Tim; MURRIN, Jack. *Avaliação de empresas*. 3. ed. São Paulo: Makron Books, 2002. p. 151.

Essa economia fiscal é trazida a valor presente pelo próprio custo da dívida. Supondo uma perpetuidade no cálculo do benefício fiscal, tem-se:

$$\text{BENEFÍCIO FISCAL} = \frac{\text{IR} \times \text{Ki} \times \text{Dívida}}{\text{Ki}} = \text{IR} \times \text{Dívida}$$

sendo:

IR = alíquota de imposto de renda;

Ki = custo da dívida;

Dívida = passivos geradores de despesas financeiras.

O custo da dívida é eliminado por simplificação, sendo o benefício fiscal na perpetuidade calculado pelo produto da alíquota de imposto de renda e o valor das dívidas da empresa. Assim, o *valor da empresa pelo APV* é calculado:

$$\text{VALOR DA EMPRESA} = \text{Vu} + \text{Benefício Fiscal da Dívida}$$

Essa formulação pode considerar ainda os custos de falência determinados pelo nível de endividamento da empresa. A introdução dessa variável como redutora do valor da empresa nem sempre é fácil de ser calculada, devendo ser estimada segundo algum método.

Como *ilustração*, suponha que uma empresa divulgou um EBIT (lucro operacional antes do IR) de $ 113,64 milhões referente ao exercício social de 20x1, e opera uma alíquota de IR de 34%. Ao final do ano anterior, a empresa mantinha dívidas de $ 170,5 milhões e um patrimônio líquido igual a $ 410,9 milhões. A empresa pretende manter essa estrutura de capital no longo prazo.

O negócio é estável, sendo previsto um crescimento de 2,2% ao ano perpetuamente. O beta total (alavancado) da empresa para a atual estrutura de capital é igual a 1,10. A taxa livre de risco está avaliada em 5,5%, e o prêmio pelo risco de mercado, em 7,5%.

Valor da Empresa Usando a Abordagem do APV

- A primeira etapa da abordagem do APV é calcular o valor da empresa sem alavancagem. Para estimar este valor, devem-se conhecer o FCDE e o custo de capital próprio sem dívidas. Assim:

$$\text{NOPAT} = \text{EBIT} \times (1 - \text{IR}) = \$\,113,64 \times (1 - 0,34) = \$\,75,00 \text{ milhões}$$

$$\text{ROI} = \frac{\$\,113,64 \times (1 - 0,34)}{\$\,170,5 + \$\,410,9} = 12,9\%$$

Reinvestimento do NOPAT: $(g_{\text{NOPAT}} / \text{ROI}) \times \text{NOPAT}$

$(2,2\%/12,9\%) \times \$\,75,00 = \underline{(\$\,12,79)}$

FCDE $\quad$ **$ 62,21 milhões**

- Após a mensuração do FCDE, deve ser calculado o custo de capital próprio desalavancado.

Beta total – β (alavancado) $= 1,10$

$$P/PL: \frac{\$\,170,5}{\$\,410,9} = 41,49\%$$

$$\text{Beta desalavancado} - \beta u^{7} = \frac{1,10}{[1+0,4149\times(1-0,34)]} = 0,8635$$

Custo de Capital Desalavancado: $5,5\% + 0,8635 \times 7,5\% = 11,98\%$

Valor da Empresa Não Alavancada (Vu)

- Sendo de $ 62,21 milhões o FCDE e de 2,2% ao ano a taxa de crescimento perpétua da empresa, o seu valor, admitindo a inexistência de dívidas, atinge:

$$Vu = \frac{\$\,62,21}{0,1198-0,022} = \textbf{\$\,636,09 milhões}$$

- O próximo passo da abordagem do APV é mensurar os benefícios fiscais (economia de impostos) obtidos das despesas financeiras dos passivos existentes. De acordo com formulação sugerida, tem-se:

Benefícios Fiscais (Perpetuidade) = IR × Passivo

Benefícios Fiscais = 34% × $ 170,5 $= \textbf{\$\,57,97 milhões}$

- Valor da Empresa pela Abordagem do APV (Vo)

Vo = $ 636,09 + $ 57,97 $= \textbf{\$\,694,06 milhões}$

A abordagem do APV sugere, ainda, a dedução dos custos esperados de falência calculados, seguindo formulação de Damodaran,[8] pela expressão:

Custo Esperado de Falência = Probabilidade de Falência ×
Custos de Falência × Valor da Empresa Sem Dívidas

Estimando em 5% a probabilidade de inadimplência na estrutura atual da dívida, e de 20% o custo de falência calculado do valor desalavancado da empresa, tem-se:

Custo Esperado de Falência: 5% × 20% × $ 636,09 = **$ 6,36 milhões**

O Valor da Empresa (Vo) pelo APV é calculado em:

Valor da Empresa (Vo) = $ 636,09 + $ 57,97 – $ 6,36 = $ 687,70 milhões

---

[7] Formulação estudada no Capítulo 4.

[8] DAMODARAN, Awath. *Avaliação de investimentos*. 2. ed. São Paulo: Qualitymark, 2010. p. 428.

CAP. 9 ESTRUTURA DE AVALIAÇÃO

Importante concluir que a abordagem do APV traz algumas diferenças em relação ao método do Fluxo de Caixa Descontado (FCD). Inicialmente, o APV é mais recomendado para situações de alteração da estrutura de capital da empresa diversas vezes ao longo do período de previsão. O APV permite ainda adicionar, de forma explícita, os custos de falência esperados. O modelo do FCD incorpora esses custos na taxa do custo da dívida, muitas vezes de forma incompleta.

9.4.1 Avaliação de empresa usando o modelo do APV – Exemplo ilustrativo

Informações Gerais da Avaliação

- Uma empresa em fase de avaliação definiu um período explícito de cinco anos, iniciando-se a seguir o período contínuo (perpetuidade). São projetados os seguintes balanços e resultados para o período:

Balanços Projetados – Final de Cada Ano ($ milhões)

	Ano 0 atual	Ano 1	Ano 2	Ano 3	Ano 4	Ano 5
Capital Circulante Líquido	37,0	45,4	54,2	63,5	60,0	50,6
Capital Fixo Líquido	152,3	150,9	148,7	143,4	144,9	149,1
CAPITAL INVESTIDO	189,3	196,3	202,9	206,9	204,9	199,7
Empréstimos	43,2	40,3	31,8	17,4	12,6	2,8
Financiamentos	99,1	99,1	99,1	100,0	100,0	100,0
Patrimônio Líquido	47,0	56,9	72,0	89,5	92,3	96,9

- O capital fixo é apurado líquido da depreciação.
- O empréstimo bancário tem custo de 11% a.a e o financiamento, de 9% a.a.

Fluxos de Caixa Projetados ($ milhões)

	Ano 0 atual	Ano 1	Ano 2	Ano 3	Ano 4	Ano 5
NOPAT	19,3	24,1	26,9	27,2	28,7	29,8
(+) Depreciação	–	13,8	12,2	11,2	16,6	16,0
(=) FLUXO DE CAIXA OPERACIONAL	–	37,9	39,1	38,4	45,3	45,8
CAPEX	–	1,4	2,2	5,3	(1,5)	(4,2)
Necessidades Adicionais de Giro	–	(8,4)	(8,8)	(9,3)	3,5	9,4
FLUXO DE CAIXA DISPONÍVEL DA EMPRESA (FCDE)	–	30,9	32,5	34,4	47,3	51,0
Despesas com Juros	–	*13,7*	*13,4*	*12,4*	*10,9*	*10,4*

- As despesas com juros foram calculadas com base nas taxas de juros de cada fonte de financiamento.

Valor da Empresa Sem Alavancagem (Vu)

- A taxa de desconto, admitindo ser a empresa financiada exclusivamente por capital próprio, é de 12% a.a.
  - O período contínuo (perpetuidade) tem início no ano 6, logo após o final do período explícito de cinco anos. Admite-se que os fluxos disponíveis de caixa tenham um crescimento constante de 2% a.a. na perpetuidade.

$$Vu = \underbrace{\left[\frac{30,9}{1,12} + \frac{32,5}{1,12^2} + \frac{34,4}{1,12^3} + \frac{47,3}{1,12^4} + \frac{51,0}{1,12^5}\right]}_{\textbf{Valor Explícito}} + \underbrace{\left[\frac{51,0 \times 1,02}{0,12 - 0,02}\right]}_{\textbf{Valor Contínuo}} / (1,12)^5$$

Vu = $ 137,0 + $ 295,2 = $ 432,2 milhões

Efeitos Colaterais

No exemplo ilustrativo em desenvolvimento, serão considerados como efeito colateral dos fluxos financeiros de dívidas somente os benefícios fiscais mensurados da dedutibilidade fiscal das despesas com juros apropriadas ao final de cada exercício.

A despesa financeira reduz o resultado tributável da empresa de acordo com a alíquota de IR praticada. Considere para o caso ilustrativo de avaliação um IR de 34%. Assim:

Benefício Fiscal = Alíquota de IR (34%) × Despesas com Juro

Os benefícios fiscais das dívidas são calculados, para cada ano, no quadro a seguir.

Benefícios Fiscais das Dívidas

($ milhões)

Ano	Montante da dívida	Despesas com juros	Benefício fiscal
0	142,3	–	–
1	139,4	13,7	4,7
2	130,9	13,4	4,6
3	117,4	12,4	4,2
4	112,6	10,9	3,7
5	102,8	10,4	3,5
6	–	9,3	3,2

O benefício fiscal do primeiro ano do período contínuo (ano 6) é calculado da forma seguinte:

Financiamento: $ 100 × 9% × 34%	= $ 3,06
Empréstimos: $ 2,8 × 11% × 34%	= $ 0,11
Benefício Fiscal do Ano 6	= $ 3,17 milhões

Para simplificar a definição da perpetuidade dos benefícios fiscais, admita que as economias de impostos se mantenham, crescendo o fluxo anual dos benefícios à mesma taxa da empresa, ou seja, 2% a.a. Esses benefícios devem ser previstos com base nas expectativas futuras de endividamento da empresa.

A taxa de desconto dos benefícios fiscais dos fluxos financeiros será o próprio custo da dívida (*Ki*) da empresa, calculada pela taxa prevista de 9,1% a.a. Essa taxa pode ser determinada pela média dos custos das dívidas mantidas em carteira. Assim, o benefício fiscal a valor presente alcança:

Período de Previsão (Ano 1 – Ano 5):

$$\left[\frac{\$\,4,7}{1,091} + \frac{\$\,4,6}{1,091^2} + \frac{\$\,4,2}{1,091^3} + \frac{\$\,3,7}{1,091^4} + \frac{\$\,3,5}{1,091^5} \right] = \$\,16,3$$

Período Contínuo (Ano 6 em diante)

$$\left[\frac{\$\,3,2}{0,091 - 0,02} \right] / (1,091)^5 \qquad = \$\,29,2$$

$$\text{BENEFÍCIO FISCAL A VALOR PRESENTE} \quad = \$\,45,5 \text{ milhões}$$

Cálculo do Valor da Empresa pela Abordagem do VPA

VPA = VALOR DA EMPRESA DESALAVANCADA + BENEFÍCIOS FISCAIS
VPA = $ 432,2 + $ 45,5 = $ 477,7 milhões

Deve ser registrado, uma vez mais, que outros efeitos colaterais do endividamento poderiam ser considerados no cálculo do VPA. Esse valor presente ajustado de $ 477,7 milhões excede o capital investido da empresa ($ 189,3, conforme balanço atual da empresa) em $ 288,4 milhões, indicando uma geração de riqueza aos acionistas.

10

Aplicações Práticas de Avaliação

As abordagens de cálculo do valor econômico devem ser consideradas diante de diferentes características e estruturas das empresas. Não há um procedimento de cálculo único para a avaliação, um modelo admitido como padrão para todos os casos; a abordagem selecionada do método do *Fluxo de Caixa Descontado* deve atender, da melhor forma, aos objetivos da avaliação. No rigor dos modelos financeiros, o analista costuma descrever seu estilo e utiliza, ao mesmo tempo, sua experiência profissional e percepção com relação ao futuro do negócio em avaliação.

Os métodos de avaliação produzem, seguindo seus pressupostos e metodologias adotadas, *estimativas* do valor da empresa. É importante sempre destacar que, por mais rigorosos que sejam os critérios de avaliação, o valor encontrado é entendido como um *valor estimado*, e não um valor definitivo (inquestionável) da empresa. A precificação é desenvolvida a partir de pressupostos presentes em todos os modelos de avaliação, de certa dose de subjetividade e das influências e expectativas do analista, estando, por isso, sujeita a desvios. O valor justo da empresa é aceito pelo mercado enquanto as premissas assumidas na avaliação permanecerem válidas.

O *preço de mercado* é o valor pelo qual as partes interessadas no ativo, comprador e vendedor, aceitam conduzir o negócio. Pelas ineficiências de mercado, esses valores são muitas vezes diferentes, servindo o valor calculado da empresa como uma referência para a realização do negócio no mercado. O valor situa-se, geralmente, em algum ponto do intervalo entre o preço que o comprador esteja disposto a pagar e o preço com que o vendedor aceita negociar o ativo.

As decisões de compra e venda de uma empresa podem ser justificadas por diversas razões, citando-se, entre outras:

- problemas financeiros vivenciados pela empresa, ou necessidades de fazer caixa diante de dificuldades em liquidar seus compromissos financeiros. Muitas empresas, após forte crescimento por aquisições de concorrentes no mercado, podem se encontrar muito alavancadas, convivendo com alto risco financeiro. Para manter seu equilíbrio, essas empresas costumam vender um percentual de seu capital;
- decisões de se financiar no mercado de capitais, mediante emissão e colocação de novas ações;
- conflitos entre sócios ou causas oriundas de problemas de sucessão familiar;
- oportunidades de crescimento e realização de novos investimentos diante de expectativas favoráveis da economia;
- assédio de investidores de mercado, como fundos de pensão, *private equity* e *venture capital*;
- objetivos estratégicos de fusão para agregar maior valor econômico pela sinergia.

Este capítulo dedica-se a discutir alguns aspectos relevantes da metodologia de avaliação de empresas e ajustes necessários aos métodos diante de diferentes situações práticas. O enfoque principal é desenvolver as várias questões relevantes da avaliação de empresas por meio do desenvolvimento de casos ilustrativos. A principal dificuldade de uma avaliação é que os métodos baseiam-se geralmente em expectativas futuras, em cenários esperados incertos, tendo de estabelecer premissas nem sempre objetivas.

10.1 VALOR DE EMPRESAS E METODOLOGIAS DE AVALIAÇÃO

O valor de uma empresa não é algo de compreensão fácil. O processo de avaliação requer, junto com uma avaliação técnica, também um julgamento pessoal do investidor. As partes envolvidas na negociação convivem com dúvidas sobre o valor justo da empresa: o valor máximo que o comprador pagaria, ou o mínimo exigido pelo vendedor, de forma a maximizar o resultado da operação.

Na relação entre comprador e vendedor, devem sempre se verificar transparência e objetivos das partes envolvidas no negócio. A negociação deve ser desenvolvida num ambiente de honestidade e conhecimento de todas as informações. A avaliação se baseia em expectativas futuras de retornos de caixa da empresa, sem nunca existir a certeza plena com relação ao comportamento dessas variáveis. Os resultados futuros são incertos, denotando a necessidade de entender o valor como um resultado estimado, mais provável.

Nas negociações de empresas, costumam ocorrer diferentes percepções sobre o valor da empresa; o comprador deseja pagar o menor preço possível e o vendedor almeja o maior preço. Cada parte explora argumentos favoráveis para a definição do preço da empresa.

A expectativa é de que, havendo interesse das partes na negociação da empresa, o valor atinja um consenso com cada uma das partes cedendo em suas pretensões. Uma alternativa em caso de divergências sobre o valor da empresa é a contratação de uma assessoria independente para efetuar a avaliação, servindo o valor apurado como referência para a conclusão do negócio.

Combinado o valor da empresa e o negócio considerado "fechado", é geralmente firmado um documento em que constam as principais condições da transação, como valor de negociação, forma de pagamento, relação dos ativos considerados no negócio, compromisso de uma *due diligence*, punições em caso de desistência de uma das partes, entre outras.

As *metodologias de avaliação* de empresas são técnicas empregadas visando mensurar o valor de mercado dos ativos, o seu *fair value*. O valor de uma empresa procura refletir os resultados das várias decisões financeiras, de suas estratégias e oportunidades futuras de crescimento.

> O *valor de uma empresa* é formado pelo seu valor atual, calculado nas condições presentes, mais a riqueza gerada por todas as oportunidades de crescimento previstas. Em outras palavras, a empresa vale pelo que é capaz de produzir de retorno nas condições atuais mais as expectativas futuras de geração de benefícios líquidos incrementais de caixa.

As metodologias mais usadas na avaliação de empresas são o *Fluxo de Caixa Descontado* e a *Avaliação Relativa*, também conhecida como Avaliação por Múltiplos. O método do Fluxo de Caixa Descontado é considerado como o tecnicamente mais correto, mais adotado na prática. A avaliação por múltiplos é uma metodologia de avaliação mais simplificada, e não deve nunca ser usada sozinha, sem a complementação de um método mais completo. Outras metodologias estão presentes também na literatura financeira, porém com menores aplicações práticas.

O processo de avaliação de empresas exige uma base conceitual de teoria de finanças, dados e informações suficientes para conhecer e projetar o futuro dos negócios e uma larga experiência do analista. É importante ressaltar, novamente, que, por mais rigorosos e exigentes que sejam os modelos de avaliação, nenhum deles é capaz de mensurar o valor definitivo ou inquestionável da empresa; o que se apura é o seu *valor estimado*.

O valor de uma empresa é determinado pelas premissas adotadas na avaliação, e pode se modificar conforme se alteram os cenários descritos. A seguir, são descritas as principais metodologias utilizadas para se avaliar uma empresa.

10.1.1 Valor em continuidade

Conforme estudado no Capítulo 8, o valor de um ativo mensurado pelo método do Fluxo de Caixa Descontado (FCD) representa o valor presente de seus fluxos futuros de benefícios econômicos esperados de caixa. Esse valor é diferente da soma dos valores de cada item que compõe os ativos de uma empresa, como destaca o balanço patrimonial.

O método do FCD admite a *continuidade* da empresa, e os critérios contábeis adotados supõem a sua *descontinuidade*.

Com o método do Fluxo de Caixa Descontado, os resultados futuros esperados de caixa são estimados e trazidos a valor presente por uma taxa de desconto que exprime o risco do investimento, apurando-se assim o valor econômico da empresa. O valor de uma empresa deve refletir expectativas futuras de retorno de caixa do capital investido. Assim, o valor de uma empresa considera o *montante* dos fluxos de caixa, os *prazos* em que ocorrem os retornos e o *risco* dos resultados esperados. Os resultados futuros esperados de caixa são incertos e apresentam duração indeterminada.

O valor dos ativos apurados dos balanços contábeis registra basicamente os ativos existentes, o valor individual de cada elemento ao final do exercício social, desconsiderando as oportunidades de crescimento e criação de valor, a sinergia entre os ativos, e novos investimentos futuros, ou seja, a *continuidade* da empresa. Na avaliação patrimonial, estima-se o valor de cada ativo existente em separado e somam-se todos esses resultados para se apurar o valor operacional. O que se revela nessas demonstrações contábeis é o valor dos ativos mantidos pela empresa, e não o legítimo valor econômico da empresa (ou valor do negócio). Os ativos registrados nos balanços, ainda, não revelam certos valores intangíveis relevantes na avaliação, como marcas, imagem da empresa, qualidade dos recursos humanos, portfólio de produtos, entre outros.

Uma empresa tem como pressuposto a sua *continuidade* operacional, a qual inclui não somente o valor dos ativos existentes, mas também as oportunidades futuras de crescimento, os novos investimentos e os retornos previstos. Em outras palavras, o método do FCD revela o valor dos ativos em funcionamento (existentes) da empresa, mais a riqueza gerada pelos novos investimentos futuros.

Muitas empresas calculam a maior parte de seu valor de mercado a partir das novas oportunidades de investimentos futuros em ativos operacionais, demonstrando grande atratividade pela continuidade de suas operações.

As empresas apresentam, em geral, vida indeterminada (contínua). Conforme demonstrado no Capítulo 9 e revisto no item seguinte, o valor da perpetuidade equivale ao seu valor *residual* (ou terminal), calculado com base no valor presente dos fluxos de caixa previstos para após o período explícito (previsível).

O valor residual pode ser calculado pelo *valor de liquidação* ou *valor em continuidade*. O *valor de liquidação* é o valor que se obteria se os seus ativos fossem vendidos ao final do período explícito, admitindo-se que a empresa será liquidada (descontinuidade do negócio). O valor de liquidação é geralmente utilizado para empresas com vida finita, como concessionárias de serviços, por exemplo, ou em casos nos quais a empresa apresenta um *goodwill* negativo, calculado quando o valor de liquidação dos ativos supera o seu valor de mercado.

O valor da empresa em *continuidade* supõe que ela continuará em atividade, sendo calculado pela seguinte expressão demonstrada no Capítulo 9:

$$\text{Valor Residual} = \frac{\textit{FLUXO DE CAIXA DISPONÍVEL } (n+1)}{K-g}$$

em que:

$n + 1$ = período imediatamente seguinte ao final do período explícito;

K = taxa de desconto adotada na avaliação;

g = taxa de crescimento estimado dos fluxos de caixa.

Supondo a continuidade da empresa, é estimada uma taxa de crescimento dos fluxos de caixa para cálculo do valor residual. Ao se prever essa taxa de crescimento, deve-se atentar para que não seja demasiadamente elevada, situando-se no longo prazo em percentual inferior ao crescimento da economia. É difícil admitir que uma empresa seja capaz de crescer indeterminadamente a uma taxa anual maior que a economia como um todo. Essa taxa de crescimento, conforme foi amplamente estudado no Capítulo 2, é determinada pelas oportunidades de novos negócios da empresa e suas necessidades de reinvestimento e retornos previstos dos capitais investidos.

10.1.2 Valor de liquidação

O *valor de liquidação* de uma empresa é o valor dos ativos existentes caso todos fossem negociados (liquidados) em certo momento pelo valor de mercado de cada um, como edificações, máquinas e equipamentos, estoques, carteira de recebíveis etc. Esse valor pode também ser entendido como o valor que sobraria aos acionistas após a alienação de todos os ativos tangíveis da empresa deduzido do pagamento de todas as dívidas (passivos) existentes.

Essa metodologia de avaliação não considera o potencial futuro de geração de caixa operacional dos ativos, pressupondo o encerramento (descontinuidade) das atividades da empresa. Pode-se entender o valor de liquidação como o preço mínimo pelo qual uma empresa pode ser negociada; não há lógica em vender uma empresa por preço inferior ao de liquidação de seus ativos. Caso uma empresa não apresente *goodwill* positivo, sua referência de negociação passa a ser o valor de liquidação de seus ativos.

A metodologia do valor de liquidação é adotada em situações bastante desfavoráveis para a empresa, onde não se vislumbrem expectativas de retorno, e os ativos existentes consigam atingir um preço de venda superior ao valor presente dos fluxos futuros esperados de caixa. O preço de liquidação pode ainda ser calculado em situações em que se decida efetivamente liquidar a empresa.

Muitas empresas com indicativos claros de inviabilidade econômica de seus negócios foram vendidas no mercado pelo seu valor de liquidação. Ao se projetarem os benefícios futuros de caixa, seria apurado um valor presente inferior ao valor de liquidação dos ativos. É uma forma de "desmanche", no qual a *soma das partes vale mais que o valor do todo*.

10.1.3 Avaliação por múltiplos

A avaliação de empresas por *múltiplos*, ou *avaliação relativa*, procura descobrir o valor corrente dos ativos por meio de sua comparação com outros valores de empresas entendidas como compráveis. Com isso, a empresa em avaliação replica a forma como as empresas comparáveis foram avaliadas, admitida como correta. É um método intuitivo e bastante adotado na prática pela sua simplicidade de cálculo. Quando utilizado o Múltiplo, este deve ser sempre um complemento, uma parte da análise mais ampla de *valuation*.

A precificação por múltiplos exige basicamente dois conjuntos de informações: valor de uma empresa comparável e um padrão de referência, como vendas, lucros, EBITDA etc. Dessa forma, pode-se relacionar o valor da empresa com padrões como lucros, vendas, patrimônio líquido, entre outros. *Por exemplo*, o preço de uma empresa pode ser equivalente a 2,5 vezes o seu faturamento. Assim, se as vendas da empresa atingirem $ 10,0 milhões, seu valor é calculado em $ 25,0 milhões, ou seja:

$$\text{Valor da Empresa} = \text{Vendas (\$)} \times \text{Múltiplo de Vendas}$$

$$\text{Valor da Empresa} = \text{Vendas (\$)} \times \frac{Valor\ da\ Empresa\ Comparável}{Vendas}$$

$$\text{Valor da Empresa} = \$\ 10,0\ \text{milhões} \times 2,5 = \$\ 25,0\ \text{milhões}$$

Uma vantagem do múltiplo de vendas em relação a outros indicadores de referência é que a medida pode ser aplicada mesmo em caso de a empresa apresentar prejuízo. O múltiplo de vendas costuma ainda oferecer menor volatilidade, apesar de as vendas nem sempre refletirem a capacidade da empresa em gerar lucros.

A medida *P/L* expressa a relação entre o preço de mercado da ação (cotação da ação) e o seu lucro por ação (LPA). É um índice bastante conhecido, sendo referência do mercado. Esse índice pode servir como múltiplo de lucro para avaliar o patrimônio líquido de uma empresa. Assim, o valor da empresa para o acionista (valor do patrimônio líquido) é determinado pela multiplicação do lucro líquido por ação (LPA) apurado e o índice P/L adotado como padrão (múltiplo), ou seja:

$$\textbf{Valor da Ação} = \text{P/L Padrão Comparável} \times \text{Lucro por Ação (LPA)}$$

O EBITDA[1] é muitas vezes entendido como o melhor múltiplo de valor, pois desconsidera a depreciação e outras despesas operacionais sem reflexo no caixa, os impostos sobre os lucros e as despesas financeiras geradas pelo endividamento da empresa. Ao isolar essas variáveis, o EBITDA permite uma comparação maior entre empresas, podendo ser incluídos padrões de empresas de outras economias.

---

[1] *Earning Before Interest, Taxes, Depreciation and Amortization* (Lucro Antes dos Juros, Impostos, Depreciação e Amortização), conforme amplamente estudado no Capítulo 2.

CAP. 10 APLICAÇÕES PRÁTICAS DE AVALIAÇÃO **221**

Por exemplo, admita que uma empresa em avaliação por múltiplos de EBITDA tenha levantado as seguintes relações de empresas comparáveis de mercado:

Empresas Comparáveis

Empresa	Valor de Mercado/EBITDA
A	3,97 ×
B	4,15 ×
C	4,28 ×
MÉDIA	4,14 ×

A empresa em avaliação apresenta um EBITDA de $ 197,4 milhões, tendo seu valor calculado em:

Empresa em Avaliação

Valor do EBITDA	: $197,4 milhões
Múltiplo do EBITDA	: 4,14 ×
Valor da Empresa	: *$ 817,2 milhões*
Valor das Dívidas	: $ 423,5
Valor do Patrimônio Líquido	: *393,7 milhões*

Entende-se por *empresa comparável* (ou similar) aquela que atua no mesmo setor de atividade e apresenta porte, riscos e retornos similares àquela que está em avaliação. A avaliação relativa é um método bastante popular no mercado, principalmente pela simplicidade, rapidez e intuição de seus resultados. No entanto, deve-se registrar que os múltiplos apresentam certas dificuldades práticas, como as de identificar empresas comparáveis e selecionar os múltiplos mais recomendados para a avaliação, trazendo por isso algumas imprecisões em seus resultados.

Apesar de sua popularidade no mercado, os múltiplos são utilizados na avaliação de empresas como uma medida adicional, visando confrontá-la com o método do FCD, metodologia mais consagrada e adotada pela teoria e prática de avaliação de empresas. É uma informação útil para a avaliação, porém não definitiva.

Os múltiplos mais usados são o lucro operacional (EBIT),[2] EBITDA e vendas. Eventualmente, são utilizados múltiplos específicos ao setor de atividade, como valor por tonelada de cana moída para avaliar uma usina de açúcar e álcool, valor por aluno matriculado em uma instituição de ensino para se estimar o valor de uma escola de ensino secundário ou de uma faculdade e assim por diante.

---

[2] *Earning Before Interest and Taxes* (Lucro Antes dos Juros e dos Impostos), conforme estudado no Capítulo 2.

10.1.4 Fluxo de Caixa Descontado (FCD)

O método do FCD, conforme estudado no Capítulo 8 e adotado neste livro como principal instrumento de avaliação, precifica a empresa como o valor presente dos benefícios econômicos futuros esperados de caixa. É uma metodologia consagrada na literatura de Finanças e a mais utilizada nas avaliações de empresas. Os fluxos de caixa são estimados por meio das projeções de receitas, margens de lucro, crescimento e retornos esperados dos novos investimentos futuros, e resultados de todas as decisões que influem sobre o valor da empresa. A taxa de desconto dos valores de caixa deve refletir adequadamente o risco da empresa.

A metodologia do FCD para precificar uma empresa compõe-se, de forma mais resumida, de quatro variáveis fundamentais:

* fluxos de caixa futuros esperados;
* taxa de desconto dos fluxos de caixa que deve representar a remuneração mínima exigida pelos provedores de capital (credores e acionistas);
* risco do negócio (embutido na taxa de desconto);
* maturidade das projeções, geralmente classificadas em período explícito (previsível) e perpetuidade (continuidade).

O valor presente calculado pelo método do FCD reflete os ativos existentes mais o valor gerado pelos retornos das oportunidades futuras de investimento. A formulação de cálculo ilustrada por Copeland[3] e outros apresenta a seguinte estrutura:

> **VALOR DA EMPRESA (Vo) = Valor Presente dos Fluxos de Caixa do Período Explícito + Valor Presente dos Fluxos de Caixa que Ocorrem após o Período Explícito.**

As principais abordagens do método do Fluxo de Caixa Descontado são ilustradas no quadro a seguir.[4]

FCD usando a abordagem do Fluxo de Caixa Disponível da Empresa (FCDE) *Enterprise Value*	O valor presente do FCDE calcula o valor econômico total do negócio (ativos), formado pelo capital próprio e dívidas (passivos). Os fluxos operacionais disponíveis de caixa são descontados pelo custo total médio ponderado de capital (WACC), assumindo a seguinte identidade: Valor da Empresa (Vo) = $\sum \dfrac{\text{FCDE}}{\text{WACC}}$

---

[3] COPELAND, T. *et al. Avaliação de empresas.* 3. ed. São Paulo: Makron Books, 2002. p. 140.

[4] Os fluxos de caixa disponíveis foram amplamente estudados no Capítulo 8.

CAP. 10 APLICAÇÕES PRÁTICAS DE AVALIAÇÃO **223**

FCD usando a abordagem do Fluxo de Caixa Disponível da Empresa (FCDE) *Enterprise Value*	**Valor da Empresa (Vo) = Patrimônio Líquido + Passivos** O *Vo* calculado na formulação representa o valor da empresa pertencente aos provedores de capital: credores e acionistas. Representa o valor econômico de seus ativos. O fluxo de caixa operacional disponível é calculado pelo lucro operacional líquido do IR (NOPAT), mais despesas não desembolsáveis de depreciação, e menos os investimentos em capital fixo operacional (CAPEX) e em capital de giro. O FCDE equivale, em outras palavras, à soma de todos os recursos financeiros pagos (ou aportados) pelos *acionistas*, como dividendos e juros sobre o capital próprio, e *credores*, como despesas de juros, novos empréstimos concedidos, amortizações de principal de dívidas etc. Para se estimar o valor da empresa pertencente aos acionistas (valor do patrimônio líquido), desconta-se do valor encontrado da empresa (Vo) o valor de suas dívidas onerosas. A abordagem permite que se calcule o valor total da empresa (Vo), o valor da empresa do acionista (PL) e o valor do passivo.
FCD usando a abordagem do Fluxo de Caixa Disponível do Acionista (FCDA) *Equity Value*	Representa o fluxo de caixa líquido que resta ao acionista, calculado após a dedução dos investimentos em capital fixo e capital de giro, da remuneração (juros) dos capitais de terceiros, e de amortizações de passivos e captações de novos recursos. Esse fluxo de caixa é descontado pelo custo de capital próprio (Ke), sendo seu valor presente entendido como o valor de mercado do patrimônio líquido, ou seja: Valor do Patrimônio Líquido: $\sum \dfrac{FCDA}{Ke}$ (+) Dívidas (Passivos) $\underline{\qquad XX \qquad}$ (=) Valor da Empresa (Vo) $\quad$ XXX A abordagem do FCDA é bastante utilizada na avaliação de instituições financeiras, principalmente por considerar todo o passivo dessas empresas como operacional. Desde que os critérios de cálculo dos fluxos de caixa, taxa de desconto e risco sejam os mesmos para o FCDA e o FCDE, as duas abordagens produzem o mesmo resultado de valor. Essa abordagem do método pressupõe ainda que todo o FCDA é pago ao acionista na forma de dividendos ou recompra de ações, e, sempre que surgirem necessidades adicionais de recursos para investimentos, o acionista fará aportes de capital.

Adjusted Present Value (VPA)[5]	Calcula o valor dos ativos segmentando a mensuração em duas partes: a) valor da empresa na suposição de ser financiada integralmente por capital próprio (empresa sem alavancagem); b) valor presente dos efeitos colaterais dos fluxos financeiros, como benefício fiscal de dívidas, subsídios, custos de dificuldades financeiras etc. O valor da empresa pelo método do APV é calculado pela seguinte expressão: **Valor da Empresa = Valor da Empresa Sem Alavancagem (+) Valor Presente dos Efeitos Colaterais** Essa segmentação na avaliação é bastante útil para fins de se entenderem melhor os fatores que contribuem, aumentando ou reduzindo, para o valor da empresa.
FCD pela abordagem dos Lucros em Excesso: Economic Value Added (EVA)[6]	Essa abordagem é baseada no modelo divulgado pela Stern Stewart & Co., no qual o valor da empresa é calculado pelo capital investido no negócio mais o valor presente dos EVAs futuros esperados, que representa o *goodwill*. Assim: $$\text{Valor da Empresa (Vo)} = \text{Capital Investido} + \sum \frac{EVA}{WACC}$$ O EVA é o lucro que resta após a dedução de todas as despesas explícitas e implícitas, também conhecido por *lucro econômico* ou *lucro residual*. Esse modelo de cálculo do *goodwill* proposto pela Stern & Stewart, e estudado com mais detalhes no Capítulo 6, admite o WACC (custo médio total de capital próprio e de terceiros) como taxa de desconto do EVA. No entanto, por se tratar o EVA de um resultado líquido (residual) do acionista, muitas vezes é recomendado que a taxa de desconto utilizada seja o custo de capital próprio (Ke) e não o custo médio ponderado (WACC). A abordagem revela maior importância gerencial, permitindo que se analise e quantifique a criação de valor (riqueza) da empresa.
Opções Reais	A avaliação de empresas por opções reais é aplicada basicamente em situações nas quais haja *flexibilidade* do negócio, permitindo decisões de desistência, adiamentos ou novos investimentos. Devido às dificuldades de cálculo (o modelo geralmente adotado é o de Análise Binomial e Black & Scholes) e à existência de poucas opções reais na prática, esse método apresenta ainda reduzida aplicação prática.

---

[5] Valor Presente Ajustado, estudado no Capítulo 9.

[6] Valor Econômico Agregado, estudado no Capítulo 6.

O método do Fluxo de Caixa Descontado é a metodologia mais utilizada na prática de avaliação de empresa, estando ainda embasado em fortes argumentos teóricos. O método propõe-se a dimensionar uma estimativa do valor justo (*fair value*) de uma empresa, calculado com base em expectativas futuras de retorno e risco do negócio.

O método tem larga utilização nas principais decisões financeiras, sendo recomendado para processos de análise de projetos de investimento, avaliações de ações, avaliação econômica de empresas utilizada em todos os processos de fusões, cisões, vendas e aquisições.

É importante destacar que a avaliação de empresas não pode ser entendida somente como um processo quantitativo, de mensuração de seu valor, mas também como um processo que incorpora fundamentos da teoria de finanças, experiência prática e conhecimento do analista e sensatez no estabelecimento das premissas. Em verdade, é reconhecido que a avaliação exige um pouco também de *arte*, e não somente conhecimento técnico.

É sempre importante reforçar a ideia amplamente reconhecida de que, por melhor que tenha sido elaborada uma avaliação, o seu valor é sempre uma *estimativa* de valor, podendo alterar-se conforme condições de mercado, cenários descritos e premissas adotadas sofram modificações. A avaliação de uma empresa deve ser imparcial, não considerar as pressões e influências de compradores e vendedores.

10.2 AVALIAÇÃO DE INTANGÍVEIS

Ativo Intangível não existe fisicamente. É considerado um bem incorpóreo (abstrato). De acordo com o CPC 04 (parágrafo 08), *Ativo Intangível* é um ativo não monetário identificável SEM substância física. O valor dos intangíveis é oriundo dos benefícios que esses ativos podem gerar.

Há basicamente dois tipos de ativos intangíveis:

* *Ativos Intangíveis Independentes* como Patentes, Direitos Autorais, Licenças etc. Esses intangíveis concedem ao proprietário o direito de fabricar um produto, ou comercializar mercadoria ou serviço. São ativos geradores de fluxos de caixa.
* *Ativos Intangíveis Geradores de Benefícios de Caixa*. Esses intangíveis produzem fluxos de caixa para toda a empresa por meio de Marca, Imagem, Reputação, Diferencial etc.

Para a avaliação dos ativos intangíveis, geralmente é utilizado o método do Fluxo de Caixa Descontado (FCD).

10.2.1 Valor da marca

O cálculo do valor de uma empresa pela metodologia do FCD incorpora o valor de todos os ativos intangíveis, nos quais se inclui o valor da marca.

Muitas vezes, a participação da marca no total do valor da empresa é extremamente alta. Como ilustração, podem ser citados os casos de Google, Apple, Microsoft, Nike, entre outros. A importância da marca é extremamente forte na formação da riqueza econômica da empresa: boas marcas refletem maiores volumes de vendas e maiores ganhos operacionais de caixa. Em geral, as taxas de desconto usadas nos fluxos de caixa das avaliações são mais baixas pelo menor risco assumido por empresas que carregam marcas conhecidas, sendo por isso apurado um valor de mercado mais elevado.

O valor da marca é genericamente calculado pela diferença entre o valor da empresa mantendo a marca, o que determina fluxos de caixa mais altos, e o valor de uma empresa similar SEM a marca, produzindo retornos esperados menores.

A similaridade entre as empresas deve centrar-se no produto e na escala de produção e venda. A principal limitação dessa metodologia de cálculo do valor da marca é encontrar uma empresa similar.

Uma marca pode ser representada por um símbolo, uma palavra, ou até mesmo uma figura. A marca transmite ao mercado uma visão da empresa, a maneira como os consumidores enxergam a empresa e seus produtos.

Exemplo:

Valor da Empresa de MARCA	$ 879.615,0 mi
Valor da Empresa "Comparável"	$ 170.350,0 mi
VALOR DA MARCA	$ 709.265,0 mi

Pressupostos:

- É possível identificar uma empresa COMPARÁVEL.
- A MARCA é o único fator que explica as diferenças nos desempenhos das duas Empresas.

Diante de uma dificuldade maior em identificar uma empresa comparável, sugere-se calcular o valor da empresa como se não possuísse a Marca, usando padrões de desempenho médios do setor, como Margem de Lucro, ROI e ROE etc.

CASO PRÁTICO
Valor da Marca

Uma grande empresa estava avaliando a sua Marca e encontrava dificuldades em identificar uma empresa "comparável" (SEM Marca). Depois de várias pesquisas, encontrou uma empresa concorrente com negócio e produtos similares e a identificou como uma empresa comparável. As principais informações das duas empresas necessárias para a avaliação são descritas a seguir:

	Empresa com marca	Empresa comparável
PERÍODO EXPLÍCITO	6 anos	6 anos
Receitas de Vendas	$ 745.900,0 mi	$ 57.680,0 mi
Margem Operac. Líq. IR (MO)	16,0%	7,0%
Taxa Reinvestimento do NOPAT	50,0%	50,0%
ROI	18,0%	12,0%
WACC	10,0%	10,0%
Taxa Crescimento NOPAT	9,0%	6,0%
PERPETUIDADE		
ROI = WACC	10,0%	10,0%
Taxa Reinvestimento NOPAT	55%	55%
Margem Operac. Líq. IR (MO)	8%	8%

DETERMINAR o valor da Marca

EMPRESA COM MARCA   FCDE – Período Explícito ($ mi)

	Ano 1	Ano 2	Ano 3	Ano 4	Ano 5	Ano 6
NOPAT – g = 9% MO × Vendas	130.085,0	141.792,6	154.553,9	168.463,8	183.625,5	200.151,8
b_{NOPAT}	(50%)	(50%)	(50%)	(50%)	(50%)	(50%)
FCDE	65.042,5	70.896,3	77.277,0	84.231,9	91.812,8	100.075,9

NOPAT (ANO 1) = $ 745.900,0 × 16,0% × 1,09 = $ 130.085,0 mi.

NOPAT ANO 7 (Perp.) = $ 745.900,0 × $1,09^6$ × 1,055 × 8% = $ 105.580,1

FCDE ANO 7 (Perp.) = $ 105.580,1 × (1 – 0,55) = $ 47.511,0

Taxa Crescimento (Perp.) – g_{NOPAT} = 55% × 10% = 5,5%

Valor da Empresa COM MARCA:

$$\text{Vr. Expl.} = \frac{65.042,5}{1,10} + \frac{70.896,3}{1,10^2} + \frac{77.277,0}{1,10^3} + \frac{84.231,9}{1,10^4} + \frac{91.812,8}{1,10^5} + \frac{100.075,9}{1,10^6} = \$ 346.811,2$$

$$\text{Vr. Perpetuidade} = \frac{\$ 105.580,1}{0,10} \ / \ (1,10)^6$$

Ou:

$$= \$ 595.972,0$$

$$= \frac{\$ 47.511,0}{0,10 - 0,055} \ / \ (1,10)^6$$

VALOR COM MARCA $ 942.783,2

EMPRESA COMPARÁVEL SEM MARCA   FCDE – Período Explícito ($ mi)

	Ano 1	Ano 2	Ano 3	Ano 4	Ano 5	Ano 6
NOPAT – g = 6% MO × Vendas	$ 4.279,9	$ 4.536,6	$ 4.808,8	$ 5.097,4	$ 5,403,2	$ 5.727,4
b_{NOPAT}	(50%)	(50%)	(50%)	(50%)	(50%)	(50%)
FCDE	$ 2.140,0	$ 2.268,3	$ 2.404,4	$ 2.548,7	$ 2.701,6	$ 2.863,7

NOPAT ANO 1 = $ 57.680,0 × 7% × 1,06 = $ 4.279,9

NOPAT ANO 7 (Perp.) = $ 57.680,0 × $1,06^6$ × 1,055 × 8% = $ 6.905,6

FCDE ANO 7 = $ 6.905,6 × (1 – 0,55) = $ 3.107,5

Taxa de Crescimento (Perp.) = g_{NOPAT} = 55% × 10% = 5,5%

Valor da Empresa Comparável (SEM MARCA)

$$\text{Vr. Expl.} = \frac{2.140,0}{1,10} + \frac{2.268,3}{1,10^2} + \frac{2.404,4}{1,10^3} + \frac{2.548,7}{1,10^4} + \frac{2.701,6}{1,10^5} + \frac{2.863,7}{1,10^6} =$$

$$= \$ 10.661,3$$

$$\text{Vr. Perpetuidade} = \frac{6.905,3}{0,10} \Big/ 1,10^6$$

Ou:

$$= \frac{3.107,5}{0,10 - 0,055} \Big/ 1,10^6$$

$$= \$ 38.9980,0$$

VALOR SEM MARCA $ 49.641,3

VALOR DA MARCA = $ 942.783,2 – $ 49.641,3 = $ 893.141,9

10.2.2   Avaliação de direitos autorais

O valor dos direitos autorais de determinada edição de um livro é geralmente calculado pelo método do Fluxo de Caixa Descontado (FCD). O proprietário dos direitos autorais detém os direitos exclusivos de editar e negociar a edição de uma obra, e o valor dos direitos autorais é determinado pelos retornos de caixa gerados.

Os fluxos de caixa gerados dos direitos autorais devem ser calculados após os custos de edição (papel, gráfica, diagramação etc.), descontos concedidos nas vendas, distribuição e promoções, *royalties* do autor.

Exemplo de Cálculo de Fluxos de Caixa de Direitos Autorais:

Informações:

- Vendas previstas para os próximos 4 anos: 4.000 livros/ano
- Preço de venda: $ 280,0/livro
- Custos de edição (papel, gráfica, diagramação etc.): 12%
- Administração e distribuição: 12%
- Desconto médio: 32%
- Doações: 40 livros/ano
- *Royalties* do autor: 10%

Resultados Operacionais:

Receitas de vendas: (4.000 – 40) × $ 280,0	= $ 1.108.800,0/ano
Desconto médio: 32% × [(4.000 – 40) × $ 280,0]	= ($ 354.816,0)
Custos de edição: 12% × [(4.000) × $ 280,0]	= ($ 134.400,0)
Admin. e distribuição: 12% × [(4.000 – 400) × $ 280,0]	= ($ 120.960,0)
Royalties do autor: 10% × [(4.000 – 400) × $ 280,0]	= ($ 100.800,0)
RESULTADO OPERACIONAL BRUTO	= $ 397.824,0/ano
Provisão IR	= (34%)
RESULTADO OPERACIONAL LÍQUIDO	= $ 262.563,8/ano

Admitindo uma taxa de desconto de 16% a.a. para esse fluxo de caixa, o Valor do Direito Autoral da edição é igual a $ 734.700,9, ou seja:

$$Vo = \frac{\$ 262.563,8}{1,16} + \frac{\$ 262.563,8}{1,16^2} + \frac{\$ 262.563,8}{1,16^3} + \frac{\$ 262.563,8}{1,16^4} = \$ 734.700,9$$

Caso os livros sejam negociados em diferentes canais de vendas, como rede de grandes livrarias, pequenos pontos de vendas e quiosques, ou comércio eletrônico (vendas digitais), alguns custos operacionais podem se diferenciar, assim como a taxa de desconto a ser aplicada aos fluxos de caixa. O segmento de grandes redes de livrarias, por exemplo, é mais previsível e de menor risco, enquanto os demais segmentos são mais voláteis, exigindo uma taxa de desconto maior.

10.3 FUSÕES E AQUISIÇÕES (F&A), SINERGIAS E AQUISIÇÕES ALAVANCADAS

Fusão é uma operação que envolve duas ou mais empresas independentes formando uma nova entidade com o patrimônio de todas. Na fusão, todas as empresas deixam de existir individualmente, sendo substituídas por uma única sociedade. Teoricamente, a nova empresa que se origina da fusão não deve ter o controle das empresas antigas. A nova sociedade criada na fusão sucede as empresas fundidas em todos os seus direitos e obrigações.

Na prática, muitas operações de mercado denominadas de fusões são, em verdade, aquisições ou incorporações. Na aquisição, ocorre a eliminação da empresa que foi adquirida, permanecendo em atividade a sociedade adquirente como controladora.

O objetivo básico das fusões e aquisições (F&A)[7] é o de formar uma nova empresa conjunta com valor de mercado mais alto que a soma das avaliações das empresas separadas, e que produza retornos mais elevados.

Os principais ganhos esperados nas operações de F&A são formados pelas *sinergias*, as quais podem ser identificadas nas seguintes maneiras:

- ganhos de *sinergia* mediante cortes nos custos operacionais, convergências de sistemas e aumentos de eficiência na atividade de produção, vendas e distribuição, expectativas de novas receitas, racionalização do capital investido no negócio, entre outros fatores;
- redução de riscos operacionais pela diversificação de produtos, mercados e clientes, fornecedores etc.;
- redução do custo de capital pela redução do risco diversificável e ajustes na estrutura de capital;
- aumento de participação de mercado, assumindo maior poder de negociação com fornecedores, distribuidores e clientes;
- acesso a novos canais de distribuição e novos mercados, atendendo a uma base maior de clientes;
- eliminação de concorrentes do mercado;
- redução do tempo de aprendizagem pela incorporação do conhecimento mantido por outras empresas;
- benefícios fiscais pela utilização de prejuízos fiscais acumulados (créditos fiscais que podem ser utilizados), créditos de ICMS e IPI, e melhor aproveitamento do planejamento tributário.

Ocorrendo sinergia em uma fusão de duas empresas, **A** e **B**, por exemplo, o valor da empresa combinada ($V_{A,B}$) é maior que a soma do valor de cada empresa individualmente ($V_A + V_B$), ou seja:

$$\text{Sinergia} - V_{A,B} > V_A + V_B$$

---

[7] *Mergers and Aquisitions* (M&A), em inglês.

Os benefícios descritos da sinergia devem se refletir nos fluxos futuros previstos de caixa. Dessa forma, a sinergia, de forma mais geral, pode ser determinada também pelo valor presente dos benefícios incrementais de caixa, ou seja:

$$\text{Sinergia} = \sum_{t=1}^{n} \frac{\Delta FC_t}{(1+K)^t}$$

em que: ΔFC_t é a diferença entre os fluxos de caixa da empresa combinada (entidade que surgiu pela fusão) e a soma dos fluxos de caixa de cada empresa individualmente.

Rappaport e Mauboussin[8] descrevem o valor criado aos acionistas pelas operações de fusões & aquisições medindo a diferença entre o valor presente das sinergias e o valor do ágio pago no negócio, ou seja:

Valor Criado pelas F&A = Valor da Sinergia – Ágio

A formulação proposta permite que se avalie se a sinergia de uma operação de F&A é capaz de agregar valor. Entende-se por ágio o valor desembolsado pelo comprador acima do valor justo da empresa. O adquirente aceita pagar ágio somente se acreditar que os benefícios esperados da sinergia, expressos a valor presente, superem esse valor adicional desembolsado pela empresa.

Há três tipos de fusão: *horizontal, vertical* e de *conglomerado*.

A *fusão horizontal* ocorre pela união de duas ou mais empresas que atuam no mesmo segmento de mercado (geralmente são concorrentes), apresentando negócios relacionados. O objetivo principal da fusão horizontal é a redução de custos e a busca de maior eficiência operacional. *Por exemplo*, a fusão de duas redes independentes de supermercados é uma fusão horizontal.

A fusão horizontal traz algumas vantagens importantes, como a redução de custos, maior poder de negociação com fornecedores e clientes, maior presença na distribuição de produtos e redução da concorrência.

A *fusão vertical* surge quando as empresas negociam produtos presentes em diferentes estágios da mesma cadeia produtiva. Esse tipo de fusão é mais focado nos consumidores, tanto os intermediários como os finais, e nos fornecedores de insumos. A vantagem principal desse tipo de fusão é a eliminação de alguns custos e intermediação. *Exemplo*: empresa que fabrica um produto intermediário (siderurgia) e outra que utiliza esse fator de produção para a fabricação de seu produto final (autopeças).

---

[8] RAPPAPORT, Alfred; MAUBOUSSIN, Michael J. *Análise de investimentos*. Rio de Janeiro: Campus, 2002. p. 207.

A *fusão em conglomerado* ocorre quando as empresas atuam em negócios diferentes. *Exemplo*: fusão de uma indústria de bebidas com uma indústria de papel. Um conglomerado é qualificado como *financeiro* quando atua no financiamento das empresas, assumindo inclusive seus riscos financeiros; o conglomerado *administrativo* é mais completo, mantém as obrigações do financeiro e acrescenta responsabilidades de gestão administrativa. Os principais objetivos da fusão em conglomerados é a redução dos custos de distribuição, diversificação de ativos e redução dos riscos, buscar novos mercados em outros setores de forma mais rápida etc.

As aquisições de empresas, quando financiadas em sua maior parte com dívidas, são denominadas de *aquisições alavancadas*, ou *Leveraged Buyout* (LBO). O planejamento dessas aquisições prevê os pagamentos do principal e serviços das dívidas por meio sobretudo das vendas de ativos e geração interna de caixa da empresa, especialmente nos primeiros anos. A principal estratégia dos compradores é tornar a empresa atraente aos investidores de mercado e abrir o seu capital ou realizar um aumento de capital mediante emissão de novas ações nos próximos anos da aquisição (em geral, descrevem esse prazo entre três e sete anos).

Nas operações de LBO, é esperado que a empresa-alvo apresente, entre outras, as seguintes características:[9]

- alta geração de caixa das operações;
- baixa necessidade de investimentos em giro e capital fixo;
- ativos com boa liquidez e valor de mercado;
- boas oportunidades de ganhos de escala, reduções de custos e aumento de vendas;
- mercado de atuação estável e previsível.

A LBO é uma operação de risco principalmente relacionada às dificuldades financeiras motivadas por retração de mercado, impedindo a liquidação das dívidas contraídas.

10.3.1 Sinergia

A união de duas empresas por fusão, incorporação ou aquisição, conforme estudado na seção 10.3, gera uma nova empresa cujo valor não é necessariamente igual à simples soma do valor de cada uma das empresas envolvidas na operação. A combinação de empresas permite que a nova empresa criada aproveite oportunidades que não estariam disponíveis caso as empresas continuassem existindo e operando de forma separada. A diferença entre o valor da nova empresa e o valor das duas empresas independentes é o que se denomina *sinergia*.

O *ganho de sinergia* é o principal atrativo de uma fusão ou aquisição de empresas. Em geral, as sinergias são provenientes de ganhos de escala, economia de escopo e demais efeitos positivos da união de empresas.

---

[9] Ver: LUZ, Daniel. *Opções reais e empresas alavancadas*: leveraged buyouts. 2009. Dissertação (Mestrado em Finanças e Economia Empresarial) – FGV/EESP, São Paulo.

Economia de escala ocorre quando a empresa atinge a utilização ótima de sua capacidade produtiva e operacional, permitindo a redução de custos e despesas e elevação de seu volume de atividade. Em outras palavras, há aumento da atividade da empresa sem incremento proporcional de custos e despesas. À medida que a atividade (produção) aumenta, os custos fixos se reduzem pela maior quantidade produzida e o custo unitário médio diminui.

A economia de escala pode ocorrer por aumento da capacidade produtiva e diluição dos custos fixos, melhor aproveitamento dos investimentos em marketing e treinamento, eliminação de atividades por sobreposição, diversificação de produtos e mercados e consequente redução do risco, entre outros exemplos.

Quando uma empresa formada pela combinação de duas empresas for capaz de produzir volume e variedade maiores de bens e serviços que cada uma isoladamente, tem-se a *economia de escopo*. De acordo com *Besanko* e outros,[10] a economia de escopo ocorre se a empresa efetua economias à medida que a variedade de bens e serviços produzidos for se incrementando.

As sinergias são geralmente classificadas em *operacional*, constituída por economias de escala e maior taxa de crescimento da empresa, e *financeira,* justificada por maior capacidade de alavancagem, créditos fiscais e benefícios da diversificação.

A formulação básica de cálculo da sinergia destacada na seção 10.3 pode ser apresentada na versão seguinte:

> **VALOR DA SINERGIA (S) = Valor da Nova Empresa Combinada –**
> **[Valor da Empresa Adquirente + Valor**
> **da Empresa Adquirida]**

EXEMPLO ILUSTRATIVO

Admita duas empresas: ALFA e BETA, cujos valores de mercado individuais são os seguintes:

VALOR DA ALFA = $ 478.500,0 mi

VALOR DA BETA = $ 292.200,0 mi

ALFA + BETA $ 770.700,0 mi

As empresas estão avaliando uma possível fusão e identificaram os seguintes ganhos resultantes:

♦ Redução de custos pela maior escala;

---

[10] BESANKO, D. *et al*. *A economia da estratégia*. 3. ed. Porto Alegre: Bookman, 2006. p. 94.

- Aumento das Receitas de Vendas e Lucros;
- Maior Alavancagem.

O valor das duas empresas conjuntas, considerando os ganhos assinalados da fusão, está estimado em $ 920.000,0 mi. Com isso, o valor da sinergia atinge:

VALOR DA EMPRESA RESULTANTE = $ 920.000,0 mi

(–) ALFA + BETA = $ 770.700,0 mi

VALOR DA SINERGIA = $ 149.300,0 mi

Logo: $VALOR_{ALFA,BETA} = \$ 920.000,0 > VALOR_{ALFA} + VALOR_{BETA} = \$ 770.700,0$

10.4 AVALIAÇÃO DE EMPRESAS E AJUSTES NO MÉTODO DO FCD

Conforme foi bastante comentado neste livro, o processo de avaliação visa essencialmente descobrir o *valor justo* de um ativo, conhecido também por *fair value*, o preço que o ativo efetivamente vale pela sua capacidade esperada em remunerar o investidor.

A determinação do valor econômico, apesar de muitas vezes sofrer forte influência de percepções pessoais dos investidores, deve sempre ser uma decisão financeira racional centrada nos resultados econômicos de caixa que se espera serem gerados no futuro. É essa racionalidade financeira que deve orientar a formação do valor econômico de uma empresa, e não outros aspectos subjetivos e de preferências pessoais, como beleza, afeição, vaidade etc. A avaliação econômica de uma empresa deve considerar a geração de caixa esperada e o comportamento desses valores no futuro, como taxa de crescimento dos resultados esperados; deve estar sempre próxima da realidade e não de valores pessoais e emocionais.

É importante ressaltar, uma vez mais, que a avaliação não é um processo objetivo, algo similar a um exercício de matemática. Todos os vieses do analista, como suas percepções pessoais e preferências, podem ser incorporados ao valor e alteram (ou distorcem) o resultado justo. O valor de uma empresa está associado à qualidade de suas decisões financeiras de investimento, financiamento e pagamento de dividendos, e às expectativas futuras de geração de benefícios econômicos de caixa.

É bastante difícil padronizar uma avaliação pelo método do Fluxo de Caixa Descontado (FCD) diante das diferentes características das empresas, identificadas principalmente em seus aspectos de controle acionário, conflitos de agência, situação financeira, subutilização de ativos, e também por estarem essas características inseridas em atividades de natureza cíclica. A seguir, é discutido cada um desses aspectos e as influências sobre o processo de avaliação de empresas.

10.4.1 Empresas cíclicas

A avaliação de uma empresa *cíclica* é mais complexa pela dificuldade adicional em se projetarem seus incertos resultados futuros. No caso de uma atividade cíclica, as premissas de avaliação são mais difíceis e relevantes para a quantificação do valor da empresa, exercendo grande influência no resultado apurado.

Uma empresa cíclica caracteriza-se por acompanhar a atividade econômica, os *ciclos da economia*, apresentando os fluxos de caixa previstos alta correlação com o comportamento dessas variáveis macroeconômicas. As atividades dessas empresas seguem o comportamento oscilante da economia. Em alguns períodos, essas empresas cíclicas apresentam um desempenho operacional melhor, dependendo do comportamento de variáveis macroeconômicas; em outros, no entanto, os resultados são baixos (ou negativos), acompanhando os movimentos de retração da economia. Dessa forma, para se projetarem os fluxos de caixa de uma empresa cíclica, é necessário prever também o desempenho das variáveis econômicas (PIB, taxas de juros, crédito, câmbio, balança comercial, índices de preços, nível de renda da população etc.), tornando mais complexo o processo de avaliação.

Empresas cíclicas são mais *voláteis* e tendem a acompanhar os ciclos da economia. Os fluxos de caixa devem ser periodicamente ajustados de maneira a refletirem os movimentos da economia; ao final de cada ciclo da atividade econômica de expansão, retração ou estabilidade, a taxa de crescimento deve ser ajustada visando incorporar uma nova realidade. Esses ajustes dependem bastante do conhecimento e capacidade de projeção do analista, o qual deve ser competente em estimar os momentos de mudança do ciclo econômico e a quantificação desse comportamento.

Cenários de crescimento econômico oferecem resultados operacionais positivos e ascendentes às empresas; *por exemplo*, nesse ambiente os consumidores são motivados para realizar novas aquisições (aumento da demanda), ou a empresa pode se aproveitar da situação favorável da economia em expansão para realizar novos negócios, como juros baixos, inflação estável, aumento da demanda, maior oferta de crédito etc. Ao contrário, em períodos de recessão da economia podem ser esperadas diminuições na atividade da empresa e apuração de fluxos de caixa operacionais negativos; *por exemplo*, a retração da economia pode induzir o mercado a adiar o consumo de alguns produtos.

Assim, pode-se concluir que o valor de uma empresa cíclica é mais volátil e sensível ao comportamento da economia, e também à *performance* de seu setor de atividade. Apura, por isso, maior risco, determinado principalmente pela incerteza em relação ao comportamento futuro de seus resultados e fluxos de caixa.

Por serem os fluxos de caixa de empresas cíclicas mais voláteis, o analista deve considerar na avaliação projeções de cenários futuros e as flutuações esperadas na atividade econômica. Se a volatilidade dos fluxos de caixa se originar unicamente dos ciclos econômicos, um procedimento geralmente adotado para estimar os fluxos de caixa é o de calcular a média desses resultados em um período de tempo que incorpore retração e expansão da atividade econômica, procedendo assim a uma normalização dos fluxos financeiros.

Se a volatilidade dos fluxos de caixa for determinada não somente por ciclos econômicos, mas também por fatores internos ou desempenhos da própria empresa, é recomendado identificar empresas comparáveis para formar as medidas financeiras necessárias para se estimar os fluxos de caixa. *Por exemplo*, uma empresa cíclica pode definir seu EBITDA a partir do índice padrão de cobertura de juros (EBITDA/despesas financeiras), ou seu resultado líquido, descobrindo a taxa de retorno sobre o patrimônio líquido (ROE) de empresas similares.

Alguns *exemplos* de empresas cíclicas são companhias de aviação comercial, montadoras de veículos, indústrias de autopeças e siderúrgicas, equipamentos pesados, papel e celulose, entre outros. Importante acrescentar que muitas empresas podem atuar em ambiente de negócios estável, porém mantendo algumas divisões ou unidades de negócios com características cíclicas, sensíveis ao ambiente econômico.

Uma previsão equivocada de ciclo econômico prejudica, de forma mais intensa, toda a avaliação da empresa, comprometendo o valor apurado. Diante dessa situação mais complexa em se prever o desempenho esperado de empresas cíclicas, Copeland[11] e outros sugerem ao analista trabalhar com cenários prováveis, atribuindo certa probabilidade a cada um deles. Apura-se a seguir o valor esperado da empresa pela ponderação das probabilidades e valores de cada cenário descrito.

10.4.2 Conflitos e custos de agência

Os denominados *conflitos de agência* que ocorrem entre os proprietários e seus agentes são originados da evolução que as empresas apresentaram nos últimos tempos, principalmente em sua composição acionária. As empresas saíram de uma estrutura pequena, com um único ou poucos proprietários, para uma forma societária bem maior e mais complexa, formada por grande número de acionistas.

O modelo de gestão também sofreu grandes modificações no tempo, havendo a separação entre propriedade e controle (entre acionistas e gestão). Nos dias atuais, é comum encontrar organizações em que a administração está sob a responsabilidade de profissionais especialistas que não participam do capital acionário, cujo objetivo é o de gerenciar o patrimônio investido pelo acionista no negócio.

Nesse ambiente de separação de propriedade e controle, entre participantes distintos, surgem naturalmente conflitos de interesse entre as pessoas (agentes), custos e riscos adicionais, podendo atingir de forma relevante os resultados da empresa.[12]

---

[11] COPELAND, T. *et al. Avaliação de empresas*. 3. ed. São Paulo: Makron Books, 2002. p. 339.

[12] Essa teoria de agência foi desenvolvida por: JENSEN, Michael C; MECKLING, W. H. Theory of the firm: managerial behavior, agency costs and ownership structure. *Journal of Financial Economics,* nº 3, 1976. Várias partes desse item seguem os trabalhos dos autores.

Uma empresa envolve um conjunto de pessoas conhecidas por *stakeholders*, identificadas nos acionistas (controladores e minoritários), fornecedores e credores, empregados, consumidores e mercado. Cada uma das partes preocupa-se em defender seus direitos e atender, da melhor forma possível, seus interesses. Dessas relações é que surgem os conflitos de agência e os seus custos.

Jensen e Meckling sugerem uma relação de agência como o contrato firmado entre um agente e uma pessoa identificada como *agente principal*. Esse principal contrata outro agente para realizar determinado serviço, formalizando para a realização dessa tarefa uma delegação de autoridade, surgindo assim a relação de agência entre as partes (principal e agente). *Por exemplo*, um acionista pode delegar poder a outra pessoa para desempenhar certas atividades de gestão; o credor delega poder ao devedor para administrar os recursos emprestados; o proprietário de um imóvel delega poder a um corretor para realizar uma operação de venda de sua propriedade; e assim por diante.

É estabelecido nessa relação de agência que o agente administrador deve tomar decisões de forma a beneficiar os acionistas. Como as partes (principal e agente) buscam maximizar suas utilidades, Jensen e Meckling argumentam ser possível esperar que o agente contratado não tome decisões voltadas exclusivamente aos interesses do principal. Cada indivíduo é atraído a dar preferência a sua utilidade, apresentando um comportamento coerente com seus próprios objetivos e interesses.

Essa relação viesada é o que se denomina de "conflito de agência", fomentado pelos distintos interesses entre o principal e o agente contratado para administrar o capital do acionista. Tal conflito se torna mais relevante ainda diante da existência de uma *assimetria de informações*, explicada quando uma parte (agente) detém mais e melhores informações que outra (principal). Essa assimetria informacional revela dois importantes problemas: o *risco moral*[13] e a *seleção adversa*.

> A teoria de *assimetria de informações* foi desenvolvida nos anos 1970 por George Akerlof, rompendo a referência de eficiência dos mercados. A teoria explica o funcionamento de mercados ineficientes, quando seus agentes (tomadores e aplicadores de recursos) atuam com informações assimétricas, detendo algumas pessoas informações desconhecidas (total ou parcialmente) por outras.

O *risco moral* refere-se à possibilidade de um agente alterar seu comportamento sem conhecimento prévio do principal. Em outras palavras, o risco moral pode ser entendido quando o agente executa ações não observadas pelo principal, sugerindo um risco que pode afetar os resultados financeiros esperados.

---

[13] *Moral Hazard*, em inglês.

O risco moral pode ser entendido também como uma posição de exagerada confiança de que tudo dará certo,[14] que haverá uma solução satisfatória em caso de fortes perdas por decisões equivocadas de risco das decisões tomadas.

A *seleção adversa*, por seu lado, representa o risco de serem tomadas decisões sem acesso a todas as informações necessárias para uma correta avaliação da relação risco e retorno do investimento. Nessa descrição, o agente (administrador) possui maior conhecimento que o principal (acionista), sujeitando o agente a tomar uma decisão errada. Com isso, é possível, *por exemplo,* que um investidor avalie uma empresa de forma errada por falta de informações. O preço apurado pode estar bem distante de seu valor justo em condições de assimetria informacional.

Esse conflito de agentes entre acionistas e administradores pode ocorrer também entre credores e acionistas. Nesse caso, o problema surge quando os acionistas aceitam investimentos com os recursos emprestados com risco superior ao previsto pelos credores quando da concessão do crédito, desvalorizando o valor de negociação dos títulos de dívida. Como os credores recebem somente uma remuneração fixa preestabelecida pelo empréstimo, todo o retorno de um sucesso do empreendimento será dos acionistas; em caso contrário, diante de um fracasso do investimento, as perdas serão repassadas aos credores.

O *custo de agência*[15] é todo gasto determinado pelos conflitos de agência (pela relação entre principal e agente) verificados numa empresa. Seguindo a proposta de Jensen e Meckling,[16] os principais custos de agência podem ser identificados em:

- custos de controle e monitoramento executados pelo principal visando preservar seus interesses, como sistemas internos de controle e acompanhamento, emissão de relatórios, verificações pessoais dos resultados etc.;
- avaliações externas visando à certificação das ações executadas pelos agentes, como trabalhos de auditoria e consultoria;
- perdas de valor do patrimônio do principal motivadas por eventuais divergências nas decisões tomadas pelos agentes e o objetivo de maximizar a utilidade do principal (conflitos de agência não solucionados).

No processo de avaliação de empresas, o analista deve preocupar-se em conhecer todas as informações disponíveis e necessárias para o trabalho de precificação, assim como certificar-se da coerência dos dados com o ativo em avaliação. O preço justo de uma empresa é formado com base no volume e na qualidade das informações atuais e futuras.

---

[14] SANDRONI, Paulo. Crise hipotecária e crise moral. *GVExecutiva*.

[15] *Agency cost*, em inglês.

[16] Ob. cit.

Os indicadores e preços de mercado movem-se a partir de contínuos fluxos de informações, e uma avaliação necessita sempre ser atualizada de forma a incorporar as novas informações correntes. Os modelos de avaliação são dependentes, para uma boa estimativa de valor, da qualidade e do volume das informações disponíveis.

Algumas informações são específicas da empresa em avaliação, e outras são geralmente comuns a todas. Importante concluir que, por melhor que seja a avaliação efetuada, tem-se sempre um valor *estimado* e não um preço exato da empresa. O processo de avaliação trata essencialmente com o futuro, com valores esperados, e envolve muitas incertezas e pressupostos. Não se pode esperar um resultado inquestionável na avaliação, cujos principais parâmetros de cálculos como taxa de desconto dos fluxos de caixa, crescimento dos lucros, demanda e preços são estimados.

10.4.3 Empresas em dificuldades financeiras

Uma empresa em *dificuldades financeiras* apresenta, como característica geral, resultados negativos e desequilíbrio financeiro, com reflexos sobre sua capacidade de pagamento. A expressão *dificuldade financeira* é mais usada pelos autores de Finanças para descrever uma situação em que a empresa não é capaz de cumprir corretamente com seus compromissos financeiros correntes por insuficiência de caixa. A possibilidade de falência revela-se à medida que a empresa passa a utilizar uma participação cada vez maior de dívidas para financiar suas atividades.

As dificuldades financeiras podem ser *pontuais*, como retração momentânea de sua atividade, ou de caráter *estrutural,* com reflexos por um período mais longo de tempo.

Quando as empresas apresentam resultados negativos, surge, além de uma dificuldade maior em se projetar a taxa de crescimento dos lucros em bases históricas, a incerteza com relação à continuidade dessas empresas a longo prazo.

De acordo com Ross,[17] existem dois tipos de custos de dificuldades financeiras: *explícito ou direto* e *implícito.* Os custos *explícitos* são aqueles oriundos de dificuldades da empresa em realizar os pagamentos de suas obrigações no vencimento, como juros, multas e outros acréscimos. Empresas com problemas de caixa costumam pagar a seus fornecedores preços mais elevados, e também maiores taxas de juros às instituições financeiras. Quando a empresa convive com ameaça de falência, passa a incorrer também em elevados custos de honorários a profissionais especializados, como advogados, auditores e consultores, além de arcar ainda com despesas judiciais.

Os custos *implícitos* são os prejuízos causados aos negócios da empresa pela percepção desfavorável do mercado com relação às dificuldades dessa empresa, incluindo em tais custos fornecedores, clientes, investidores e credores. *Por exemplo*, os fornecedores podem passar a exigir pagamentos somente à vista; os empregados recuam em seu envolvimento com os objetivos da empresa; os clientes muitas vezes desistem de

---

[17] ROSS, Stephen *et al. Administração financeira.* 2. ed. São Paulo: Atlas, 2002.

efetuar suas compras com a expectativa de falência do fabricante; e assim por diante. Esses custos implícitos costumam ser bastante altos, podendo reduzir de forma mais significativa o valor de mercado da empresa.

O conceito de insolvência[18] está mais relacionado à manutenção de um patrimônio líquido negativo, ou seja, quando as dívidas totais da empresa superarem o valor de seus ativos. Essa situação não revela perspectivas otimistas de recuperação em condições normais, sendo esperadas medidas mais extremas como vendas de ativos, renegociação de dívidas com credores, aportes de novos recursos pelos acionistas, fechamento de algumas unidades de negócios e, até mesmo, se necessário, medidas de recuperação judicial ou falência.

Medidas financeiras visando recuperar empresas em dificuldades costumam ser muito onerosas, exigindo elevados volumes de investimento. Algumas empresas apresentam, *por exemplo*, dívidas superiores ao valor econômico de seus ativos e nesses casos são recomendados outros métodos de avaliação em substituição ao Fluxo de Caixa Descontado, como valor de liquidação ou o modelo de opções reais.

Em verdade, o *todo* de uma empresa deve valer mais que a soma de suas partes para ocorrer atratividade econômica pelo investimento. Caso o valor da empresa em andamento atinja um valor menor que o de seus ativos, ela deve ser negociada pelo valor de realização (valor de liquidação) de seus ativos, ou seja, pelo seu valor de descontinuidade.

O *pressuposto implícito* no uso do método do Fluxo de Caixa Descontado é que a empresa esteja em condições normais de continuidade de suas operações, não revelando desequilíbrios financeiros e estruturais. Não se recomenda a avaliação de uma empresa em dificuldades financeiras mantendo inalterada essa situação de desajuste por todo o período indeterminado de tempo utilizado na avaliação; a empresa pode não sobreviver no período explícito de previsão, tendo de descontinuar suas atividades antes de atingir a perpetuidade. A dificuldade financeira não pode ser ignorada e deve, de alguma forma, ser considerada nos fluxos de caixa esperados, principalmente nos investimentos necessários para o seu saneamento e reequilíbrio de sua competitividade.

> O analista deve identificar as causas mais prováveis das dificuldades financeiras apresentadas pela empresa, selecionar a melhor alternativa para sanar os problemas, quantificar os investimentos necessários para sua eliminação e considerar esses valores de desembolso nos fluxos previstos de caixa da avaliação.

Damodaran[19] sugere algumas metodologias para incorporar as dificuldades financeiras no cálculo do valor da empresa. São citadas, entre outras, ajustes nos fluxos de caixa

---

[18] Essa definição é bastante próxima à sugerida em ROSS, Stephen A. *et al.* Ob. cit.

[19] DAMODARAN, Aswath. *Avaliação de empresas*. 2. ed. São Paulo: Pearson/Prentice Hall, 2007, cap. 17.

esperados e na taxa de desconto de forma a refletir a possibilidade de inadimplência da empresa, e simulações envolvendo diferentes cenários considerando as possibilidades de continuidade operacional e de liquidação da empresa.

Ao se avaliar empresas em processo de *reestruturação*, por outro lado, a dificuldade adicional está nas estimativas dos fluxos futuros esperados de caixa que embutem os efeitos das mudanças organizacionais planejadas. Empresas em reestruturação realizam geralmente alterações relevantes em sua estrutura de capital, promovem compras e vendas de ativos procurando ajustar-se a uma nova realidade e podem promover ainda uma reestruturação societária por meio de novas aquisições, cisão e fusões (reestruturação societária). Essas decisões alteram o risco e os resultados futuros esperados de caixa, dificultando a estimativa de seu valor de mercado.

Muitas empresas podem ainda manter ativos *subutilizados* ou, mesmo, não utilizados. Como o valor é determinado pelas expectativas de resultados, a subutilização não irá considerar o valor desses ativos, subavaliando o valor da empresa. Esses ativos não precificados, se mantidos na avaliação, serão entregues gratuitamente ao comprador. A recomendação geralmente feita nesses casos é apurar o valor desses ativos subutilizados (ou não utilizados) à parte e adicioná-lo ao valor calculado da empresa.

10.4.4 Empresas de capital fechado

A dificuldade principal de avaliação de empresas de capital fechado (ou empresas privadas) está na apuração dos resultados exigidos pelo modelo do Fluxo de Caixa Descontado, o qual exige diversas estimativas baseadas em dados históricos de mercado, como informações de cálculo da taxa de desconto, medidas de risco (coeficiente beta), taxa de crescimento do mercado, valor de mercado do capital, conhecimento da concorrência, entre outras. As empresas de capital fechado não mantêm títulos negociados no mercado, impedindo que se apurem, com maior confiabilidade, os principais parâmetros de avaliação.

Alguns procedimentos das empresas fechadas devem ainda ser considerados na avaliação, como a participação direta dos sócios em sua gestão, ocupando cargos executivos e de direção. Nesses casos, os sócios costumam receber seus salários na forma de dividendos e não tratados como despesas operacionais. Se esses pagamentos não forem classificados como despesas do período nos resultados operacionais, os fluxos de caixa da avaliação aumentam e o valor da empresa se apresenta superestimado.

As empresas de capital fechado seguem ainda outros padrões e práticas de apuração de demonstrativos contábeis, menos exigentes e pouco controlados pelos diversos órgãos reguladores de mercado. Em geral, esses relatórios financeiros divulgam menos informações ao mercado que os de uma companhia aberta, não existindo ainda padrões de empresas privadas disponíveis para pesquisa.

Como as empresas privadas não possuem ações livremente negociadas, o cálculo do beta de mercado para apuração do custo de capital próprio fica bastante prejudicado pela inexistência de informações de preços históricas de mercado. Nessa situação, a determinação do beta de empresas fechadas pode ser substituída por outras metodologias menos sofisticadas, como *beta contábil, beta fundamental* e *beta básico*.[20] Essas formas alternativas de apuração do beta trazem, no entanto, algumas limitações adicionais identificadas na qualidade das informações e baixa representatividade estatística de algumas variáveis disponíveis.

Esses aspectos comentados, característicos de empresas fechadas, dificultam o processo de avaliação, principalmente na definição do custo de capital como taxa de desconto, na seleção da estrutura de capital, nas estimativas dos fluxos futuros esperados de caixa e na taxa de crescimento projetada dos lucros. Apesar de considerar o modelo tradicional do Fluxo de Caixa Descontado, a avaliação de uma empresa privada requer atenção especial na definição das variáveis demandadas pelo método, exigindo alguns pressupostos mais simplificadores nos indicadores de cálculo do seu valor.

10.5 ESTRUTURA ACIONÁRIA E CONTROLE

A estrutura acionária no Brasil é bastante concentrada, sendo nossas companhias controladas por um pequeno número de acionistas, cada um mantendo uma parcela alta de participação no capital social. O ambiente das empresas brasileiras caracteriza-se, portanto, por uma estrutura de concentração acionária, envolvendo propriedade e controle. Os três maiores acionistas das companhias abertas possuem, em média, mais de 70% do capital acionário votante (ações ordinárias).[21]

As ações emitidas por uma companhia são de dois tipos: *ordinárias*, que conferem ao seu titular o direito de voto, e *preferenciais*, que atribuem aos titulares certas "preferências" no pagamento de dividendos e prioridade no recebimento em caso de liquidação da empresa. O pagamento de dividendos é obrigatório no Brasil para todos os acionistas.

O dividendo mínimo no Brasil, referência para todos os acionistas, ordinários e preferenciais, é de 25%, calculado sobre o lucro líquido ajustado apurado pela empresa em cada exercício social, ou outro percentual conforme previsto no estatuto da companhia. As ações *preferenciais* recebem dividendos 10% superiores ao valor distribuído ao capital ordinário, caso o estatuto da empresa não determine o pagamento de um dividendo mínimo. Esse dividendo preferencial mínimo é calculado como um percentual sobre o valor patrimonial da ação.

Os dividendos não são tributados no Brasil, somente os ganhos de capital (valorização do preço da ação). Nos EUA, ao contrário, os dividendos são tributados, ficando isentos os ganhos de capital. Diferentemente da prática brasileira, as companhias norte-americanas pagam geralmente a seus acionistas preferenciais dividendos fixos.

---

[20] Essas abordagens são descritas em: DAMODARAN, Aswath. *Avaliação de investimentos*. 2. ed. Rio de Janeiro: Qualitymark, 2010, cap. 24.

[21] Disponível em: www.economatica.com.br. Acesso em: 23 abr. 2024.

Os dividendos podem não ser pagos caso a companhia apresente prejuízos ou enfrente um período de dificuldades financeiras. Nesse caso, se os dividendos não forem distribuídos por três anos seguidos, os acionistas preferenciais adquirem o direito de voto até o restabelecimento do equilíbrio financeiro da empresa e os dividendos serem pagos. No Brasil, existe também a figura dos "Juros sobre o Capital Próprio (JSCP)", entendidos como proventos aos acionistas. O valor dos JSCP distribuído traz a vantagem de poder ser deduzido do lucro tributável da companhia (economia de IR).

Outro direito previsto para o acionista preferencial é o de poder vender sua participação no capital, em caso de transferência do controle da companhia, por um valor mínimo de 80% do preço pago a cada acionista controlador. Essa operação é conhecida por *tag along*.

As *ações ordinárias* têm como prerrogativa principal o direito de voto do acionista em assembleias gerais, onde cada ação dá direito a um voto. Os titulares dos papéis ordinários assumem, em consequência, o poder de participar das principais decisões da empresa. O *controlador* é um acionista, ou grupo de acionistas, que detém (ou maneja) de forma permanente a maioria dos votos necessários para deliberar em assembleias gerais. O controlador usa esse poder acionário também para eleger os administradores da companhia, definir a política dos negócios e as diretrizes de funcionamento de seus vários órgãos.

A B[3][22] define *controlador* como o acionista, ou grupo de acionistas, que exerce o controle da companhia de fato ou de direito, independentemente de sua participação acionária.

Conforme foi comentado, a estrutura de propriedade no Brasil não é pulverizada, apresentando forte concentração em ações ordinárias com direito a voto em poder de um único acionista, ou em um pequeno grupo de acionistas, acirrando o conflito de agentes entre acionistas controladores e acionistas minoritários. O minoritário teme que o grande acionista controlador tome decisões que visem atender preferencialmente seus próprios interesses, deixando de focar a criação de riqueza para todos os acionistas.

Outra característica do mercado acionário brasileiro é a elevada participação de ações sem direito a voto (ações preferenciais) na estrutura de capital das companhias abertas. De acordo com a legislação atual das sociedades por ações, as ações preferenciais podem representar até o máximo de 50% do total das ações emitidas por uma companhia.

Existem poucas empresas com ações negociadas em bolsas de valores no Brasil que apresentam controle mais difuso. As *Lojas Renner* talvez tenham sido a primeira companhia com ações pulverizadas no mercado. Em 2005, a sua controladora – *J. C. Penney* – vendeu sua participação no mercado de forma bem diluída, envolvendo um grande número de acionistas. O objetivo era evitar a concentração de seu controle em poder

---

[22] B[3] – Regulamento de listagem do Novo Mercado.

de um único acionista ou de um pequeno grupo de acionistas. Atualmente, o segmento do Novo Mercado da B[3] negocia somente ações ordinárias, incentivando a pulverização das ações das companhias brasileiras.

É importante destacar que os acionistas controladores podem usufruir, além dos dividendos e dos juros sobre o capital próprio, de outras vantagens geralmente não disponíveis aos acionistas minoritários, como salários e demais benefícios, reconhecimento público no ambiente empresarial, capacidade de decidir sobre o futuro da empresa, prevalecendo sempre, em caso de divergências, a posição do controlador.

Os controladores detêm ainda maior volume de informações sobre a empresa e suas principais oportunidades de crescimento, assim como de seus problemas e deficiências. Essa assimetria informacional permite também que os controladores tomem melhores decisões de investimento em bolsa de valores, antecipando a compra ou a venda de ações em relação a outros investidores minoritários.

Os acionistas majoritários podem ainda impor seu estilo de gestão e traçar as principais estratégias corporativas que visualizam como as mais indicadas na expectativa de produzirem os melhores resultados. Em verdade, o valor do controle é formado dessas vantagens inerentes aos acionistas controladores de uma empresa.

10.5.1 Valor do controle

Conforme ficou demonstrado, a metodologia do Fluxo de Caixa Descontado apura o valor de uma empresa como um todo, englobando o valor para os acionistas e credores. A metodologia de cálculo não discrimina também o valor da empresa para os acionistas ordinários e preferenciais, assim como para controladores e minoritários.

A teoria de Finanças propõe que o *valor do controle* depende de como uma nova administração da empresa poderá elevar seu valor mediante a adoção de novas estratégias operacionais e financeiras, ou pela introdução de novas práticas e visões gerenciais e mercadológicas. Ao quantificar essas possíveis mudanças cuja adoção é esperada na transferência do controle acionário da empresa, o acréscimo estimado no valor da empresa originado das novas medidas adotadas é interpretado como o *valor do controle*.

A lógica desse raciocínio centra-se no poder do acionista controlador em tomar as decisões da empresa, o qual tem sempre a palavra final. Esses acionistas controladores são os principais responsáveis pelo sucesso da companhia, estabelecendo estratégias para os negócios e acionando as principais decisões financeiras. O poder do controlador é amplo, baseado no direito de voto das ações ordinárias.

Damodaran[23] coloca que o valor de um negócio é resultado das várias decisões financeiras (investimento, financiamento e dividendos) tomadas pela sua administração. O valor irá variar de acordo com a qualidade e acerto da decisão tomada. Quando a gestão da empresa está sob a responsabilidade de executivos competentes, é esperada

---

[23] DAMODARAN, Aswath. *Avaliação de empresas*. 2. ed. São Paulo: Pearson/Prentice Hall, 2007. p. 317.

uma valorização no preço de mercado da empresa; caso contrário, o valor sofre uma redução. Assim, o *valor do controle* depende da forma como outra administração irá gerir a empresa em relação à forma como atualmente é executada.

Formulando-se a proposta do autor, tem-se:

> **VALOR DO CONTROLE** = Valor Ótimo da Empresa –
> Valor da Empresa *Status Quo*

"Valor *status quo*" (estado atual das coisas) é uma expressão utilizada para representar o valor da empresa de acordo com os resultados esperados, mantendo a forma de como ela está sendo administrada no momento. Valor formado com base nas condições de gestão atual da empresa.

O *valor ótimo* pressupõe que a empresa esteja sendo administrada da maneira mais competente possível por uma equipe de gestores plenamente capacitada.

Assim, o valor do controle é formado a partir das diversas melhorias que podem ser executadas na empresa; pode-se concluir que, caso a empresa esteja sendo administrada de forma ótima, ela não possui valor de controle. O seu valor já expressa a valorização pelo controle. Quanto maiores as oportunidades que se apresentam em acrescentar melhorias para uma empresa, mais alto é o valor de seu controle.

O valor do controle sofre diversas outras influências, não seguindo um padrão para todas as empresas. Póvoa[24] propõe algumas condições interessantes para explicar a maior valorização de uma ação ordinária, como:

- concentração de capital: quanto mais disperso o controle de capital da empresa, mais alto apresenta-se o valor do controle;
- intenção de vender o controle: baixa disposição em negociar o controle pode promover uma redução em seu valor de mercado;
- implementação das mudanças necessárias: maiores dificuldades, inclusive impedimentos legais, em promover as mudanças necessárias, menor o valor do controle.

CASOS PRÁTICOS

1 – Prêmio de Ações ORD

Uma empresa vem adotando uma gestão muito conservadora. Mantém uma estrutura de capital bastante capitalizada (baixa alavancagem), investe muito pouco, não acompanhando as oportunidades lucrativas de crescimento do mercado. Nessa postura mais conservadora, o valor de mercado de seu PL (*status quo*) atinge $ 440,0 mi.

---

[24] PÓVOA, Alexandre. *Valuation*. Rio de Janeiro: Campus, 2012. p. 354-355.

Com um perfil de gestão mais estratégico e agressivo, maior uso da alavancagem financeira e investimentos no crescimento de seu negócio, estima-se que o valor de seu PL pode crescer para $ 500,0 mi.

O total das ações (ORD e PREF) emitidas pela empresa é de 36,0 mi de ações, sendo 40% de ordinárias (com direito a voto) e 60% de preferenciais. O valor da ação preferencial está estabelecido em $ 12,2/ação.

PEDE-SE calcular o valor e o prêmio da ação ordinária

Solução

– Valor da ação preferencial:

$$Po = \frac{PL\ Status\ Quo = \$\ 440,0\ mi}{36,0\ mi\ de\ ações} = \$\ 12,2/ação$$

– Valor da ação ordinária:

$$Po = \$\ 12,2 + \frac{\$\ 500,0\ mi - \$\ 440,0\ mi}{40\%\ x\ 36,0\ mi\ de\ ações}$$

$$Po = \$\ 12,2 + \$\ 4,2 = \$\ 16,4/ação$$

– Prêmio ação ORD $= \dfrac{\$\ 16,4}{\$\ 12,2} - 1 = 34,4$

2 – Valor do Controle

A empresa ALFA está avaliando a compra do controle da Cia. BETA (empresa alvo).

No estado atual das coisas (*status quo*), a BETA apresenta os seguintes resultados esperados para o período explícito de cinco anos e perpetuidade:

Ano	FCDE		Explícito	Perpetuidade
1	$ 340,0 mi	WACC	14,5% a.a.	12,0% a.a.
2	$ 359,2	Tx. Crescim.		1,2% a.a.
3	$ 364,6			
4	$ 385,9			
5	$ 404,0			
6 (Perp.)	$ 409,7			

O valor da empresa alvo (BETA) *status quo*, como valor presente dos fluxos de caixa do período explícito e perpetuidade, atinge:

VALOR EXPLÍCITO	= $ 1.243,6 mi
VALOR PERPETUIDADE	= $ 1.927,6 mi
VALOR BETA (*status quo*)	$ 3.171,2 mi

A ALFA avalia que a BETA está mal administrada, podendo por meio de novas decisões elevar o valor da empresa. Principais medidas que poderiam ser adotadas de forma a valorizar a BETA em condições ótimas de gestão:

— Ajustar a estrutura de capital (P/PL) de forma a apurar um menor custo de capital. A expectativa é reduzir o custo total de capital (WACC) para 13,2% a.a. no período explícito e 11,4% a.a. na perpetuidade.

— Mediante redução do capital investido (eliminação de ativos ociosos), é possível ainda aumentar o giro do investimento e, como consequência, o ROI da empresa, contribuindo para um desempenho operacional melhor.

— É possível ainda, por meio de uma gestão mais profissional e focada no cliente, elevar a Margem Operacional da empresa.

Como resultado dessas iniciativas, projetam-se os seguintes resultados esperados para a Cia. BETA em condições ótimas de gestão:

Ano	FCDE		Explícito	Perpetuidade
1	$ 395,2 mi	WACC	13,2% a.a.	11,4% a.a.
2	$ 438,3	Tx. Crescim.		1,2% a.a.
3	$ 476,0			
4	$ 516,1			
5	$ 561,0			
6 (Perp.)	$ 600,9			

O valor da BETA nessas condições ótimas atinge:

VALOR EXPLÍCITO	= $ 1.635,4 mi
VALOR PERPETUIDADE	= $ 3.169,3 mi
VALOR BETA (CONDIÇÕES ÓTIMAS)	= $ 4.804,7 mi

As novas medidas de gestão foram capazes de elevar o valor da BETA, de $ 3.171,2 mi (*status quo*) para $ 4.804,7 mi (condições ótimas). Assim:

VALOR ÓTIMO DA BETA	= $ 4.804,7 mi
VALOR *SATAUS QUO* DA BETA	$ 3.171,2 mi
VALOR DO CONTROLE	$ 1.633,5 mi

11

Valor da Empresa – *Enterprise Value*

Conforme foi amplamente estudado ao longo deste livro, o valor total da empresa – *enterprise value*, identificado por **Vo** – é formado pelo valor de mercado do patrimônio líquido (PL) mais o valor das dívidas remuneradas (onerosas) mantidas pela empresa e identificadas por P, ou seja:

> **VALOR DA EMPRESA (Vo) =**
> **Patrimônio Líquido (PL) + Dívidas (P)**

De forma genérica, foi demonstrado também que o valor da empresa (*Vo*) é calculado pelo valor presente dos *fluxos disponíveis operacionais de caixa da empresa* (FCDE[1]) projetados para um período indeterminado, o qual considera um período explícito (previsível) e um período contínuo (perpetuidade), ou seja:

$$\text{Valor da Empresa (Vo)} = \sum_{t=1}^{n} \frac{FCDE}{(1 + WACC)^n}$$

Observe que o valor calculado da empresa expressa o valor de seus ativos operacionais. A abordagem do FCDE considera somente os ativos que produzem benefícios operacionais de caixa, sendo desconsiderados na avaliação todos os *ativos não operacionais*. Esses ativos entendidos como não operacionais devem, portanto, ser avaliados em separado e incluídos no valor da empresa, obtendo-se assim o valor total da empresa (*enterprise value*). Muitas vezes, eles são negociados à parte da

---

[1] Também denominado de *Free Operating Cash Flow* (FOCF).

avaliação, ou ainda distribuídos previamente aos acionistas na forma de dividendos. O mesmo raciocínio pode ser aplicado aos *ativos ociosos* da empresa.

Entende-se por ativos "não operacionais" todos aqueles itens que, se vendidos, não produziriam alterações na atividade operacional em avaliação da empresa. São investimentos realizados em ativos que não se destinam (ou não são necessários) à atividade objeto da empresa considerada na avaliação. Como exemplos gerais podem ser citados, entre outros, participações acionárias em outras sociedades, obras de arte e imóveis que não se destinam ao negócio.

Da mesma forma, podem ser identificados certos passivos não explícitos, conhecidos por *passivos ocultos*, como contingências fiscais e trabalhistas, erros de cálculo e recolhimento de impostos etc., cujos custos de responsabilidade da empresa devem ser apurados e, de alguma forma, deduzidos do cálculo de seu valor.

Caso a empresa apresente ainda algum excesso de ativos (liquidez corrente acima do necessário, por exemplo), ou alguma carência de investimentos (tecnologia obsoleta, sistemas ultrapassados, capital de giro insuficiente etc.) que coloque em risco sua continuidade normal, esses valores devem também ser considerados no cálculo do valor.

Ao se acrescentar ao valor calculado da empresa os valores dos ativos identificados como não necessários ao desenvolvimento da atividade operacional objeto da avaliação, e se deduzir também os passivos ocultos e as necessidades de investimentos, apura-se o valor total da empresa, muitas vezes conhecido por *enterprise value* (EV). Assim:

> *VALOR DA EMPRESA (Vo) (Valor Econômico dos Ativos Operacionais)*
>
> + Ativos "não operacionais"
>
> + *Capital Circulante Líquido em Excesso*
>
> - *Investimentos Necessários*
>
> - *Passivos Ocultos*
>
> = *VALOR TOTAL DA EMPRESA (Enterprise Value)*

Ficou demonstrado também que o valor da empresa é obtido pelos fluxos disponíveis de caixa operacionais, identificados neste livro por "Fluxo de Caixa Disponível da Empresa (FCDE)". Esses fluxos operacionais são estimados por um período indeterminado de tempo e descontados a valor presente pelo custo total de capital (WACC), obtendo-se assim o valor da empresa.

Este capítulo tem por objetivo desenvolver a prática de cálculo do valor da empresa, pela metodologia do Fluxo de Caixa Descontado (FCD), adotando a abordagem operacional do FCDE. Para tanto, são apresentados e solucionados diversos exercícios de determinação do valor da empresa, incorporando, cada um deles, diferentes situações discutidas na teoria apresentada neste livro.

CAP. 11 VALOR DA EMPRESA – *ENTERPRISE VALUE* **251**

11.1 CÁLCULO DO FCDE PELOS RESULTADOS DO EXERCÍCIO

Uma companhia publicou, ao final do exercício de 20x8, a seguinte demonstração de resultados:

	20x8 $ 000
Receitas Operacionais de Vendas	$ 730.600
Custos dos Produtos de Serviços Vendidos	(321.400)
LUCRO BRUTO	$ 409.200
Despesas Operacionais	(186.400)
Despesas de Depreciação	(113.900)
RESULTADO ANTES DAS RECEITAS E DESPESAS FINANCEIRAS	$ 108.900
Receitas Financeiras	16.800
Despesas Financeiras	(21.200)
LUCRO ANTES DO IR/CSLL	$ 104.500
Provisão para IR/CSLL	(30.443)
LUCRO LÍQUIDO DO EXERCÍCIO	$ 74.057

Pela Demonstração do Fluxo de Caixa (DFC) elaborada pela empresa no exercício, verificou-se que o capital total investido em ativos fixos operacionais (CAPEX) atingiu $ 91.900 milhões. O capital circulante líquido cresceu em $ 38.500 no exercício em relação ao período anterior.

* *FCDE do Exercício*

O FCDE é calculado adicionando-se ao lucro operacional (NOPAT) as despesas de capital líquidas da depreciação e as variações de capital de giro. A demonstração de cálculo do FCDE baseado nos resultados publicados do exercício é apresentada a seguir.

RESULTADO ANTES DAS RECEITAS E DESPESAS FINANCEIRAS	: $ 108.900
Receitas Financeiras	: 16.800
EBIT (Conceito Amplo)	$ 125.700
Provisão p/ IR/CSLL ($ 30.443/$ 104.500 = 29,13%)	: (36.617)
LUCRO OPERACIONAL LÍQUIDO (NOPAT)	$ 89.083
Depreciação	113.900
FLUXO DE CAIXA OPERACIONAL	$ 202.983
Despesas de Capital (CAPEX)	(91.900)
Variação no Investimento em Giro	(38.500)
FLUXO DE CAIXA DISPONÍVEL DA EMPRESA (FCDE)	**$ 72.583**

A variação no investimento em giro pode ser obtida pelo acréscimo (ou redução) verificado no capital circulante líquido (CCL) da empresa no exercício:

$$Variação\ no\ Investimento\ em\ Giro = CCL_t - CCL_{t-1}$$

A provisão de IR foi calculada pela alíquota da empresa, obtida pela relação da despesa de IR/CSLL e o lucro antes do IR (LAIR), conforme valores registrados na demonstração de resultados publicada. Assim:

$$Alíquota\ de\ IR\ da\ Empresa = \frac{PROV\ IR:\ \$\ 30.443}{LAIR:\ \$\ 104.500} = 29,13\%$$

Essa alíquota tende a se ajustar no futuro ao percentual legal de IR/CSLL adotado para a empresa. Empresas de maior porte contribuem geralmente com a alíquota de 34% calculada sobre o lucro líquido ajustado.

11.2 CÁLCULO DO FCDE PELO EBITDA

O EBITDA,[2] conforme estudado no Capítulo 2, representa o fluxo operacional de caixa antes do IR gerado pela atividade da empresa, ou seja, a geração operacional interna de caixa calculada antes das despesas com juros, depreciação e imposto de renda. De forma geral, é calculado por meio da seguinte expressão:

> **EBITDA** = EBIT + Depreciação/Amortização

Para *ilustrar* o cálculo do FCDE, admita uma empresa que estima EBITDA de $ 545.000 para o próximo exercício. Esse valor em relação às vendas tem se mantido constante nos últimos anos, e espera-se que o comportamento não se altere para os próximos exercícios.

A empresa trabalha com uma alíquota de IR de 34%. As receitas de vendas atuais são de $ 4.150.000, sendo estimado um crescimento médio dessas receitas de 2,4% ao ano para o longo prazo. Outras informações da empresa previstas para o próximo exercício:

- CAPEX: $ 163.800;
- depreciação: $ 109.100;
- necessidade de investimento em giro: 15% s/ receitas de vendas.

- *Cálculo do FCDE Previsto para o Próximo Exercício*
  EBITDA $ 545.000
  Depreciação   (109.100)

---

[2] *Earning Before Interest, Taxes, Depreciation and Amortization* (Lucro antes dos juros, do imposto de renda, depreciação e amortização).

EBIT	$ 435.900
IR (34%)	(148.206)
NOPAT	$ 287.694
Depreciação	109.100
FLUXO DE CAIXA OPERACIONAL	$ 396.794
CAPEX	(163.800)
Variação na Necessidade de Investimento em Giro: ($ 4.150.000 × 2,4%) × 15%	($ 14.940)
FLUXO DE CAIXA DISPONÍVEL DA EMPRESA (FCDE)	**$ 218.054**

A variação da *necessidade de investimento em giro* foi calculada obedecendo ao seguinte raciocínio:

Crescimento Esperado das Vendas: 2,4% × $ 4.150.000	= $ 99.600
Investimento Previsto em Giro em Relação às Vendas: 15% × $ 99.600	= $ 14.940

- *Cálculo do Valor da Empresa com Base no Desempenho do Exercício*

Admita que a empresa tenha por meta manter um endividamento médio, medido pela relação P/PL, igual a 48%. O custo da dívida (Ki) antes do IR é de 12,1% ao ano, e o retorno requerido pelos acionistas (Ke) está calculado em 16,2% ao ano.

Para um índice P/PL = 48%, tem-se:

$$\frac{P}{PL} = 0,48$$

$P + PL = 1,0$

Extraindo P da 1ª equação:

$P = 0,48 \times PL$

E substituindo na 2ª equação:

$0,48\ PL + PL = 1,0$

$1,48\ PL - 1,0$

$PL = 1,0/1,48 = 0,6757\ (67,57\%)$

Logo:

$P = 1 - 0,6757 = 0,3243\ (32,43\%)$

Considerando a taxa de crescimento de 2,4% dos fluxos de caixa por um período indeterminado, o valor da empresa, considerando os resultados previstos para o exercício, é calculado a seguir:

– Estrutura de capital

Para P/PL = 48%, tem-se:

Passivo (Dívidas Onerosas)	= 32,43%
Patrimônio Líquido	= 67,57%
CAPITAL INVESTIDO	= 100,0%

O WACC, taxa de desconto do FCDE, é calculado pelo custo de cada fonte de financiamento, própria e de terceiros, ponderado pelas respectivas participações, isto é:

$$WACC = (16,2\% \times 0,6757) + [12,1\% \times (1 - 0,34) \times 0,3243] = 13,5\%$$

$$\textbf{Valor da Empresa (Vo)} = \frac{\$\,218.054}{0,135 - 0,024} = \$\,1.964.450,5$$

Esse valor (Vo) equivale ao valor econômico dos ativos da empresa. Seguindo a estrutura de capital definida para a avaliação, tem-se o seguinte valor de mercado das dívidas remuneradas e do patrimônio líquido:

Valor dos Ativos a Mercado (Vo) $ 1.964.450,5 (100,0%)	Passivos (Dívidas) $ 637.071,3 (32,43%)
	Patrimônio Líquido $ 1.327.379,2 (67,57%)

O valor calculado da empresa tem como premissa a estrutura de capital definida para a avaliação. Supõe-se que seja sempre selecionada uma relação P/PL ideal, entendida como aquela que produz o menor custo de capital.
O investidor adquire o capital dos acionistas/sócios da empresa e assume as dívidas da empresa junto aos credores.

11.3 PROJEÇÃO DO FCDE E INDICADORES DE CRESCIMENTO – VALORES HISTÓRICOS

Admita os seguintes valores apurados por uma empresa nos últimos cinco anos. Todos os resultados estão expressos em $ milhões. A alíquota de IR é de 34%.

	Ano 5	Ano 4	Ano 3	Ano 2	Ano 1
EBIT	$ 460,0	$ 532,1	$ 569,9	$ 640,4	$ 671,2
Depreciação	$ 141,6	$ 229,6	$ 330,3	$ 288,7	$ 308,9
Despesa de Capital (CAPEX)	$ 182,7	$ 353,4	$ 463,7	$ 401,1	$ 560,3
Alteração no Capital de Giro	$ 39,4	$ 189,0	$ 31,9	$ 0,22	$ 3,5

- *Cálculo do NOPAT, FCDE e Taxa de Reinvestimento*

	Ano 5	Ano 4	Ano 3	Ano 2	Ano 1
A. NOPAT = EBIT × (1 – IR)	$ 303,6	$ 351,2	$ 376,1	$ 422,7	$ 443,0
B. Depreciação	$ 141,6	$ 229,6	$ 330,3	$ 288,7	$ 308,9
C. Fluxo de Caixa Operacional (A + B)	**$ 445,2**	**$ 580,8**	**$ 706,4**	**$ 711,4**	**$ 751,9**
D. CAPEX	($ 182,7)	($ 353,4)	($ 463,7)	($ 401,1)	($ 560,3)
E. Necessidade de Investimento em Giro	($ 39,4)	($ 189,0)	($ 31,9)	($ 0,22)	($ 3,5)
F. FCDE – Fluxo de Caixa Disponível da Empresa (C – D – E)	**$ 223,1**	**$ 38,4**	**$ 210,8**	**$ 310,1**	**$ 188,1**
G. Reinvestimento Total Líquido (D + E – B)	$ 80,5	$ 312,8	$ 165,3	$ 112,6	$ 254,9
H. Taxa de Reinvestimento do NOPAT – b_{NOPAT} (G/A)	**26,5%**	**89,1%**	**43,9%**	**26,6%**	**57,5%**

- *Taxa Média de Reinvestimento*

Ao se utilizarem dados históricos para estimar o comportamento futuro da taxa média de reinvestimento, podem ser adotadas duas formas de cálculo. A primeira é calcular a média dos percentuais de cada ano, e a segunda é obtida pela relação entre o total do reinvestimento líquido dos cinco anos e o total do NOPAT obtido para o mesmo período.

Taxa de Reinvestimento pela Média dos Anos – b_{NOPAT}

$$b_{NOPAT} = \frac{26,5\% + 89,1\% + 43,9\% + 26,6\% + 57,5\%}{5 \ anos} = \mathbf{48,7\%}$$

Taxa de Reinvestimento pelo Total do Período – b_{NOPAT}

G. Reinvestimento: $ 80,5 + $ 312,8 + $ 165,3 + $ 112,6 + $ 254,9 = $ 926,1
A. NOPAT: $ 303,6 + $ 351,2 + $ 376,1 + $ 422,7 + $ 443,0 = $ 1.896,6

$$b_{NOPAT} = \frac{\$ 926,1}{\$ 1.896,6} = 48,8\%$$

No *exemplo ilustrativo* em desenvolvimento, as duas alternativas de cálculo produziram resultados bastante próximos, corroborando a representatividade da média. Ocorrendo diferenças nas médias, recomenda-se o uso do cálculo pelo total do período.

- *Taxa de Crescimento do NOPAT – g_{NOPAT}*

Para a apuração da taxa de crescimento do NOPAT, é necessário conhecer o retorno sobre o investimento (ROI), sendo usada a seguinte formulação conforme estudada no Capítulo 2:

$$g_{NOPAT} = b_{NOPAT} \times ROI$$

Admitindo que a empresa apresente uma taxa de retorno do capital investido (ROI) de 13,9%, pode-se determinar a taxa esperada anual de crescimento do NOPAT em 6,78%, ou seja:

$$g_{NOPAT} = 48,8\% \times 13,9\% = 6,78\% \text{ a.a.}$$

11.4 CÁLCULO DO VALOR DA EMPRESA

Uma empresa apresenta em determinado ano um NOPAT de $ 250,0 milhões. As seguintes informações foram estimadas para cada um dos próximos cinco anos, admitidos como o período explícito da avaliação:

Retorno sobre o investimento (ROI) = 16,0%
Taxa de reinvestimento (b_{NOPAT}) = 60,0%
O custo total de capital da empresa (WACC) usado na avaliação é de 12,0% a.a.

Utilizando esses valores estimados, pode-se calcular a taxa de crescimento anual esperada do NOPAT para o período explícito:

$$g_{NOPAT} = (b_{NOPAT} : 60,0\%) \times (ROI: 16,0\%) = 9,6\%$$

É previsto que o NOPAT cresça à taxa corrente de 9,6% nos próximos dois anos. Nos três anos seguintes (anos 3, 4 e 5), o crescimento do lucro operacional está previsto, respectivamente, em 7,2%, 5,5% e 4,0%. No 6º ano, inicia-se o período contínuo (perpetuidade) da projeção, onde se estima um crescimento anual do NOPAT de 2,2% indeterminadamente.

Admite-se que o ROI não sofrerá alterações, mantendo-se em 16% em todos os anos, assim como o WACC, que deverá permanecer em 12% a.a.

- *Valor Explícito*

O valor explícito é calculado a partir dos fluxos de caixa disponíveis da empresa (FCDE) estimados para os próximos cinco anos.

($ milhões)

	Ano 1	Ano 2	Ano 3	Ano 4	Ano 5
A. NOPAT	274,0	300,3	321,9	339,6	353,2
	g = 9,6%	g = 9,6%	g = 7,2%	g = 5,5%	g = 4,0%
B. Taxa Líquida de Reinvestimento do NOPAT – b_{NOPAT}	60%	60%	60%	60%	60%
C. FCDE = A × (1 – B)	**109,6**	**120,1**	**128,8**	**135,8**	**141,3**

$$\text{Valor Explícito} = \frac{\$\,109{,}6}{1{,}12} + \frac{\$\,120{,}1}{1{,}12^2} + \frac{\$\,128{,}8}{1{,}12^3} + \frac{\$\,135{,}8}{1{,}12^4} + \frac{\$\,141{,}3}{1{,}12^5}$$

$$= \$\,451{,}8 \text{ milhões}$$

- *Valor Residual*

Para se calcular o valor residual, devem-se estimar o FCDE para o ano 6 (início do período contínuo) e sua taxa anual de crescimento, e trazer esses resultados líquidos a valor presente descontando pelo custo total de capital (WACC) de 12% a.a.

A taxa de reinvestimento estimada para o ano 6, admitindo-se um crescimento previsto de 2,2% ao ano do NOPAT e um ROI de 16%, é calculada pela seguinte expressão:

$$g_{\text{NOPAT}} = b_{\text{NOPAT}} \times \text{ROI}$$

Substituindo os valores:

$$2{,}2\% = b_{\text{NOPAT}} \times 16\%$$

$$\mathbf{b_{NOPAT}} = \frac{2{,}2\%}{16\%} = 13{,}75\%$$

Para manter o crescimento anual estimado de 2,2% na perpetuidade, e considerando o retorno sobre o capital investido (ROI) de 16% ao ano, a empresa deverá investir o equivalente a 13,75% de seu lucro operacional líquido (NOPAT). O valor do FCDE para o final do ano 6 atinge:

$$\text{NOPAT}_{\text{ANO 6}} = \$\,353{,}2 \times 1{,}022 = \$\,361{,}0 \text{ milhões}$$
$$\text{FCDE}_{\text{ANO 6}} = \text{NOPAT}_{\text{ANO 6}} \times (1 - b_{\text{NOPAT}})$$
$$\text{FCDE}_{\text{ANO 6}} = \$\,361{,}0 \times (1 - 0{,}1375) \quad = \$\,311{,}4 \text{ milhões}$$

$$\text{VALOR RESIDUAL (Final Ano 5)} = \frac{\textit{FCDE (Ano 6)}}{\textit{WACC} - g}$$

$$\mathbf{VALOR\ RESIDUAL\ (Final\ Ano\ 5)} = \frac{\$\,311{,}4}{0{,}12 - 0{,}022} = \$\,3.177{,}6 \text{ milhões}$$

- *Valor da Empresa (Vo)*

O valor total da empresa (Valor Econômico dos Ativos) incorpora todos os fluxos de caixa previstos no horizonte de tempo da projeção, valor explícito mais valor contínuo (Residual). Assim:

Valor da Empresa (Vo) = Valor Explícito + Valor Residual

$$\textbf{Valor da Empresa (Vo)} = \$\ 451,8 + \frac{\$\ 3.177,6}{1,12^5} = \$\ 2.254,9\ \textit{milhões}$$

- *Agregação de Valor na Perpetuidade*

Observe, pelos resultados da avaliação, que a empresa agrega valor na perpetuidade, pois o ROI de 16% ao ano supera o custo total de capital (WACC) de 12% a.a. Nesse caso, quanto maior o crescimento da empresa, maior também o valor econômico agregado. *Por exemplo,* admitindo que a taxa de crescimento do lucro atinja 4% ao ano na perpetuidade, e mantendo-se o WACC em 12% e o ROI em 16%, o valor residual sobe para:

$$\text{TAXA DE REINVESTIMENTO (b}_{\text{NOPAT}}) = \frac{4\%}{16\%} = 25\%$$

Pelo maior crescimento esperado, a taxa de reinvestimento anual do NOPAT cresce de 13,75% para 25% sobre o lucro operacional. Assim:

$$\text{NOPAT}_{\text{ANO 6}} = \$\ 353,2 \times 1,04 = \$\ 367,3$$
$$\text{FCDE}_{\text{ANO 6}} = \$\ 367,3 \times (1 - 0,25) = \$\ 275,5$$

$$\text{VALOR RESIDUAL}_{\text{ANO 5}} = \frac{\$\ 275,5}{0,12 - 0,04} = \$\ 3.443,8\ \text{milhões}$$

$$\textbf{Valor da Empresa (Vo)} = \$\ 451,8 + \frac{\$\ 3.443,8}{1,12^5} = \$\ 2.405,9\ \textit{milhões}$$

O valor econômico da empresa (Vo) para diferentes taxas de crescimento (g) na perpetuidade atinge:

- $g = 2,2\%$ – Vo = \$ 2.254,9 milhões;
- $g = 4,0\%$ – Vo = 2.405,9 milhões.

O aumento do valor total da empresa foi 67% superior [(\$ 2.405,9/\$ 2.254,9) – 1] em razão da maior taxa de crescimento prevista para o NOPAT na perpetuidade, destacando a forte sensibilidade pela taxa de crescimento quando ROI > WACC.

Uma vez mais, deve ser destacado que o principal direcionador de valor é o retorno em excesso, ou seja, a taxa de retorno do investimento que supera o custo de capital (ROI – WACC). Essa diferença é interpretada como o genuíno resultado econômico da empresa; quando positiva, produz aumento da riqueza dos acionistas.

11.5 VALOR DA EMPRESA E AJUSTES NOS VALORES ESTIMADOS

Uma empresa divulga ao final do exercício de 20x2 um lucro operacional antes do IR (EBIT) de \$ 111,8 milhões. A alíquota de IR é de 34%, e a taxa de retorno do capital investido (ROI) foi calculada em 14,5%. A despesa líquida de capital (CAPEX

CAP. 11   VALOR DA EMPRESA – *ENTERPRISE VALUE*   **259**

– depreciação) no ano foi de $ 34,8 milhões, e o capital de giro variou positivamente em $ 17,0 milhões.

- *Taxa de Reinvestimento – b_{NOPAT}*

$$b_{NOPAT} = \frac{\$\,34,8 + \$\,17,0}{\$\,111,8 \times (1 - 0,34)} = 70,2\%$$

Com os fundamentos financeiros de 20x2, b_{NOPAT} = 70,2% e ROI = 14,5%, a taxa de crescimento calculada para o período atinge: g_{NOPAT} = 70,2% × 14,5% = 10,2%. A empresa admite não manter essa taxa de crescimento do NOPAT nos próximos cinco anos previsíveis em razão principalmente da desaceleração prevista da economia. É estimada uma taxa de crescimento mais modesta, em percentual próximo a 4,4% ao ano.

Com base nessas previsões de crescimento estabelecidas para o período explícito, e mantendo-se o ROI inalterado em 14,5% no período explícito, a taxa de reinvestimento do NOPAT atinge:

$$b_{NOPAT} = \frac{g = 4,4\%}{ROI = 14,5\%} = 30,3\%$$

Apesar da retração prevista no mercado nos próximos anos, a empresa tem condições de adotar certas estratégias operacionais capazes de manter suas margens de lucro estáveis.

O custo de capital próprio (Ke) da empresa está calculado em 12% a.a. e o custo da dívida, antes do benefício fiscal, é de 9,2% a.a. A empresa adota um endividamento (P/PL) de 2/3.

Custo Total de Capital (WACC)

Para P/PL = 2/3, a estrutura de capital deve apresentar os seguintes percentuais: Passivo = 40% e PL = 60%. Logo, o WACC é calculado em:

$$WACC = (12\% \times 0,60) + [(9,2\% \times (1 - 0,34) \times 0,40] = 9,6\%$$

- *Valor Explícito*

O NOPAT atual da empresa é igual a: $ 111,8 × (1 – 0,34) = $ 73,8 milhões. A partir desse resultado operacional líquido, são estimados a seguir os FCDEs para cada um dos anos do período explícito.

($ milhões)

	20x3	20x4	20x5	20x6	20x7
NOPAT (g = 4,4% a.a.)	$ 77,0	$ 80,4	$ 84,0	$ 87,7	$ 91,5
Taxa Reinvestimento b_{NOPAT} = 30,3%	$ 23,3	$ 24,4	$ 25,4	$ 26,6	$ 27,7
FCDE	$ 53,7	$ 56,0	$ 58,6	$ 61,0	$ 63,8

O valor explícito é calculado descontando os fluxos de caixa estimados para os próximos cinco anos pelo custo total de capital de 9,6%:

$$\text{Valor Explícito} = \frac{\$\,53,7}{1,096} + \frac{\$\,56,0}{1,096^2} + \frac{\$\,58,6}{1,096^3} + \frac{\$\,61,0}{1,096^4} + \frac{\$\,63,8}{1,096^5}$$

$$= \$\,222,7 \text{ milhões}$$

- *Valor Contínuo (Residual)*

O período contínuo tem início após o ano 5, quando termina o período previsível da avaliação. São efetuadas as seguintes estimativas para esse período contínuo:

- o custo de capital próprio reduz-se para a taxa anual de 11,4%, e a participação do capital próprio sobe para 64% sobre o total do capital investido. A empresa torna-se mais capitalizada, com maior participação dos recursos próprios na composição do financiamento. A alíquota de IR é de 34%;
- o custo da dívida antes do IR sofre duas influências para a redução da taxa de juros: a empresa apresenta-se menos alavancada nesse período contínuo, supondo menor risco financeiro, e é também esperada uma redução dos juros de mercado. Com isso, estima-se que o custo da dívida caia de 9,2 para 8,6% a.a. antes do benefício fiscal;
- projeta-se ainda que a taxa de crescimento do lucro operacional (g_{NOPAT}) diminua na perpetuidade para 2,1% a.a., padrão do setor;
- em razão de maior competitividade de mercado, é esperada uma redução do ROI para 11,8% a.a.

A *taxa de reinvestimento do lucro operacional* (b_{NOPAT}) pelas projeções do período contínuo atinge:

$$b_{NOPAT} = \frac{g = 2,1\%}{ROI = 11,8\%} = 17,8\%$$

Com a redução do crescimento e do reinvestimento do lucro operacional, a taxa esperada de reinvestimento na perpetuidade também recua, dos 30,3% calculados no período explícito, para 17,8% ao ano no período contínuo.

Para se chegar ao valor residual da empresa, devem ser calculados o NOPAT e o FCDE no ano 6 (primeiro ano do período contínuo). Assim:

$$NOPAT_{ANO\ 6} = [\$\,111,8 \times (1 - 0,34)] \times 1,044^5 \times 1,021] = \$\,93,5 \text{ milhões}$$

NOPAT AO FINAL ANO 5   **CRESCIMENTO ANO 6**

CAP. 11 VALOR DA EMPRESA - *ENTERPRISE VALUE* **261**

Diante das alterações verificadas na estrutura de capital da empresa, no custo de capital próprio e nas taxas de juros de mercado, o WACC deve ser recalculado para o período contínuo, atingindo:

$$WACC = (11,4\% \times 0,64) + [8,6\% \times (1 - 0,34) \times 0,36] = 9,3\%$$

As mudanças ocorridas nos custos e na estrutura de capital previstos para o período contínuo permitiram que se apurasse um WACC menor, contribuindo para um valor residual maior, ou seja:

$$\textbf{Valor Residual}_{ANO\ 5} = \frac{\$ 93,5 \times (1 - 0,178)}{0,093 - 0,021} = \$ 1.067,5 \text{ milhões}$$

O valor econômico dos ativos operacionais da empresa (*Vo – Valor da Empresa*), calculado pelos resultados operacionais gerados pelos seus ativos, é obtido pela soma do valor explícito e do valor residual, ou seja:

$$\textbf{Valor da Empresa (Vo)} = \$ 222,7 + \frac{\$ 1.067,5}{1,096^5} = \$ 897,7 \text{ milhões}$$

Uma vez mais, o FCDE não avalia ativos de natureza não operacionais e ociosos, os quais devem ser precificados e somados ao valor obtido da empresa. Os ativos que fazem parte da avaliação são todos aqueles cujos resultados previstos de caixa estão considerados no FCDE utilizado no cálculo do valor da empresa.

- *Enterprise Value*

Admitindo que a empresa mantenha um excesso de $ 9,4 milhões em caixa e títulos negociáveis e $ 23,9 milhões em outros ativos não operacionais, o valor dos ativos operacionais atinge:

VALOR DA EMPRESA (Vo)	: $ 897,7 milhões
+ Excessos de caixa e valores negociáveis	: $ 9,4
+ Outros ativos não operacionais	: $ 23,9
ENTERPRISE VALUE – Valor Total da Empresa	: *$ 931,0 milhões*

11.6 VALOR DA EMPRESA MENOR QUE O VALOR DE LIQUIDAÇÃO DOS ATIVOS

Uma empresa apura em 20x4 um EBIT de $ 180,4 milhões. O capital total investido no negócio apresenta valor de liquidação de $ 1.337,5 milhões, sendo o endividamento atual (P/PL) de 28,35%. O custo da dívida é calculado em 10,6% a.a. antes do benefício fiscal, e a alíquota de IR é de 34%.

O beta total da empresa para a atual estrutura de capital atinge 1,08. A taxa livre de risco (R_F) é de 5,2%, e o prêmio pelo risco de mercado ($R_M - R_F$), de 7,8%.

A empresa projeta um crescimento por período indeterminado de seu NOPAT igual a 4,4% a.a.

Admitindo a manutenção desses valores, podem ser calculados os seguintes indicadores de retorno e reinvestimento:

- *Retorno sobre o Investimento* (ROI)

$$\mathbf{ROI} = \frac{\$\ 180,4 \times\ (1-0,34)}{\$\ 1.337,5} = 8,9\%$$

- *Taxa de Reinvestimento do Lucro* (b_{NOPAT})

$$g_{NOPAT} = b_{NOPAT} \times ROI$$

$$b_{NOPAT} = \frac{g = 4,4\%}{ROI = 8,9\%} = 49,44\%$$

Para atingir o crescimento projetado de 4,4% a.a., e considerando o retorno do capital investido (ROI = 8,9%), a empresa deve reinvestir em cada ano o equivalente a 49,44% de seu resultado operacional.

- *Valor da Empresa pelos Fundamentos Atuais*

Mantendo inalterados os indicadores da empresa por todo o período de avaliação, o seu valor de mercado atinge:

- Custo da Dívida (Ki) = 10,6% $\times$ (1 – 0,34) = 7,0%
- Custo de Capital Próprio (Ke) = 5,2% + 1,08 $\times$ 7,8% = 13,62%
- Para um índice P/PL = 28,35%:
    Passivo = 22,09%
    Patrimônio Líquido = 77,91%

    WACC = (13,62% $\times$ 0,7791) + (7,0% $\times$ 0,2209) = 12,16%

$$Vo = \frac{\$\ 180,4 \times (1+0,044) \times (1-0,34) \times (1-0,4944)}{0,1216 - 0,044} = \$\ 809,9 \text{ milhões}$$

- *Maior Alavancagem*

A empresa está avaliando elevar sua alavancagem financeira com o objetivo de reduzir o custo total de capital. O objetivo é aumentar o endividamento (P/PL) dos atuais 28,35% para 50,0%. Com essa decisão de maior alavancagem, o aumento do risco financeiro promove uma elevação no custo da dívida, passando o Ki dos atuais 10,6% a.a. para 11,0% a.a., antes do benefício fiscal de 34%.

O custo total de capital (WACC) e o valor da empresa na nova alavancagem, mantendo-se os fundamentos descritos, atingem:

- Custo da Dívida (Ki) = 11,0 × (1 − 0,34) = 7,26%

- Beta Desalavancado (β_u) = $\dfrac{1,08}{[1+0,2835\times(1-0,34)]}$ = 0,9098

- Beta Alavancado (β) = 0,9098 × [1 + 0,50 × (1 − 0,34)] = 1,21
- Custo de Capital Próprio (Ke) = 5,2% + 1,21 × 7,8% = 14,64%
- Para P/PL = 50%, sabe-se que: P = 33,33% e PL = 66,67%

    WACC = (14,64% × 0,6666) + (7,26% × 0,3333) = 12,18%

Mesmo com maior participação de recursos de terceiros mais baratos que o capital próprio, a empresa não conseguiu reduzir o seu WACC. Em verdade, o custo total de capital aumentou de 12,16% para 12,18%; o aumento do risco financeiro refletido em taxas de custo de capital mais altas (Ki e Ke) e a maior participação de capital próprio mais oneroso (Ke > Ki) eliminaram todo ganho proporcionado pelo endividamento mais barato. Com isso, o valor econômico da empresa deve se reduzir.

Observe ainda que o WACC em qualquer situação de alavancagem financeira supera o ROI da empresa, indicando não ser o negócio capaz de remunerar seu risco, indicado na taxa mínima de retorno calculada (ROI = 8,9% < WACC = 12,18%).

- *Valor da Empresa na Nova Alavancagem*

$$Vo = \frac{\$\ 180,4\times(1+0,044)\times(1-0,34)\times(1-0,4944)}{0,1218-0,044} = \$\ 807,8\ \text{milhões}$$

O valor de liquidação dos ativos da empresa, de $ 1.337,5 milhões, é superior ao valor econômico em operação, de $ 807,8 milhões. O valor do negócio em continuidade é $ 529,7 milhões, inferior ao seu valor de descontinuidade. Em outras palavras, a empresa vale mais se vendida em partes do que em funcionamento. Diversas empresas que demonstraram inviabilidade econômica para se manterem em funcionamento não conseguiram remunerar seu custo de capital e foram negociadas no mercado em leilões individuais de seus ativos, pelo seu valor de liquidação.

Se a empresa puder realizar seus ativos no mercado pelo valor de liquidação, torna-se mais atraente vendê-la em partes, e não em funcionamento. Nesse caso, *a soma das partes vale mais que o todo*, denotando inviabilidade econômica do negócio. Em outras palavras, ao não ser capaz de renumerar adequadamente o custo de oportunidade dos provedores de capital, o valor de liquidação da empresa supera o seu valor em continuidade, indicando sua descontinuidade (inviabilidade).

A figura a seguir ilustra o valor econômico destruído pela empresa, revelando o valor abaixo daquele que seria auferido se fosse negociada pela soma das partes.

	VALOR ECONÔMICO Continuidade $ 807,8 milhões
VALOR DE LIQUIDAÇÃO DOS ATIVOS Descontinuidade $ 1.337,5 milhões	**VALOR DESTRUÍDO** $ 529,7 milhões

11.7 VALOR DA EMPRESA EM DIFERENTES CENÁRIOS

Uma empresa de serviços envolvida em operação de venda está sendo avaliada pelo seu desempenho operacional futuro esperado. O período explícito (período de projeção) da avaliação é de seis anos, cobrindo os anos de 20x1 a 20x6. Após o ano 20x6, começa o período contínuo da projeção.

O futuro da empresa, pela natureza de sua atratividade, traz muitas incertezas ao analista. Para tanto, foram considerados três possíveis cenários econômicos para a empresa: *conservador, mais provável* e *otimista*. O cenário *conservador* acompanha as médias atuais de desempenho da empresa. O *mais provável* prevê condições favoráveis para a redução das despesas operacionais, principalmente as de natureza fixa. O cenário *otimista* incorpora esses ganhos de menores despesas e projeta também um reajuste real, acima da taxa de inflação, nas receitas operacionais.

Os fluxos de caixa operacionais e demais informações de cada cenário previsto são apresentados a seguir.

	Conservador	Mais Provável	Otimista
Fluxo de caixa operacional – FCO (ano atual: 20x0)	49.300,0	49.300,0	49.300,0
Taxa de crescimento real do FCO em cada ano do período de projeção	2,5%	3,0%	3,5%
Probabilidade de ocorrer cada cenário	50%	30%	20%

A taxa real de crescimento dos FCDE na perpetuidade está prevista em 1,0% a.a. ($g = 1,0\%$), para qualquer cenário.

A necessidade de investimentos em giro, pela atividade de prestação de serviços, é considerada irrelevante. O CAPEX, por seu lado, é estimado em $ 18.000,0/ano para

CAP. 11 VALOR DA EMPRESA – *ENTERPRISE VALUE* **265**

cada um dos próximos dois anos, $ 15.000/ano para cada um dos dois anos seguintes, e $ 8.000/ano para os últimos dois anos do período de projeção.

A empresa mantém um endividamento oneroso baixo, característico do setor, atingindo: P/(P + PL) = 10%. O custo da dívida é calculado pela taxa real de 6,0% ao ano, antes do benefício fiscal. A alíquota de IR da empresa é de 34%.

O custo de capital próprio foi calculado por *benchmark*, tendo sido adotadas as seguintes premissas:

- *taxa livre de risco (R_F)* = 5,0% a.a., representando a taxa média dos títulos do Tesouro dos EUA (*T-Bonds*);
- beta total = 0,85, calculado pela média de empresas comparáveis;
- retorno da carteira de mercado: 12,4%, média de bolsa de valores do mercado dos EUA;
- risco-país: 2,0% a.a.;
- diferença de inflação $INF_{BR} - INF_{EUA}$: 2,4% a.a.

- *Cálculo do Custo de Capital*
- Custo da Dívida Líq IR (Ki) = 6,0% × (1 – 0,34) = 3,96%;
- Custo Capital de Próprio (Ke) = [5,0% + 0,85 × (12,4% – 5,0%)] + 2,0% – 2,4%
  Ke = 10,89%;
- WACC = (10,89% × 0,90) + (3,96% × 0,10) = 10,2%.

- *Valor da Empresa (Vo) no Cenário Conservador*

	20x1	20x2	20x3	20x4	20x5	20x6
FC Operacional g = 2,5% a.a.	50.532,5	51.795,8	53.090,7	54.418,0	55.778,4	57.172,9
CAPEX	(18.000)	(18.000)	(15.000)	(15.000)	(8.000)	(8.000)
FCDE	32.532,5	33.795,0	38.090,7	39.418,0	47.778,4	49.172,9

$$Vo = \left[\frac{32.532,5}{1,102} + \frac{33.795,8}{1,102^2} + \frac{38.090,7}{1,102^3} + \frac{39.418,0}{1,102^4} + \frac{47.778,4}{1,102^5} + \frac{49.172,9}{1,102^6} \right] +$$

$$\left[\frac{49.172,9 \times 1,01}{0,102 - 0,01} \right] / (1,102)^6$$

Vo = $ 169.395,5 + $ 301.418,4 = $ 470.813,9

266 VALUATION • ASSAF NETO

- *Valor da Empresa (Vo) no Cenário Mais Provável*

	20x1	20x2	20x3	20x4	20x5	20x6
FC Operacional g = 3,0% a.a.	50.779,0	52.302,4	53.871,4	55.487,6	57.152,2	58.866,8
CAPEX	(18.000)	(18.000)	(15.000)	(15.000)	(8.000)	(8.000)
FCDE	32.779,0	34.302,4	38.871,4	40.487,6	49.152,2	50.866,8

$$Vo = \left[\frac{32.779,0}{1,102} + \frac{34.302,4}{1,102^2} + \frac{38.871,4}{1,102^3} + \frac{40.487,6}{1,102^4} + \frac{49.152,2}{1,102^5} + \frac{50.866,8}{1,102^6} \right] +$$

$$\left[\frac{50.866,8 \times 1,01}{0,102 - 0,01} \right] / (1,102)^6$$

Vo = $ 173.136,0 + $ 311.801,6 = $ 484.937,6

- *Valor da Empresa (Vo) no Cenário Otimista*

	20x1	20x2	20x3	20x4	20x5	20x6
FC Operacional g = 3,5% a.a.	51.025,5	52.811,4	54.659,8	56.572,9	58.552,9	60.602,3
CAPEX	(18.000)	(18.000)	(15.000)	(15.000)	(8.000)	(8.000)
FCDE	33.025,5	34.811,4	39.659,8	41.572,9	50.552,9	52.602,3

$$Vo = \left[\frac{33.025,5}{1,102} + \frac{34.811,4}{1,102^2} + \frac{39.659,8}{1,102^3} + \frac{41.572,9}{1,102^4} + \frac{50.552,9}{1,102^5} + \frac{52.602,3}{1,102^6} \right] +$$

$$\left[\frac{52.602,3 \times 1,01}{0,102 - 0,01} \right] / (1,102)^6$$

Vo = $ 176.934,8 + $ 322.439,9 = $ 499.374,7

- *Valor Esperado da Empresa*

Vo = ($ 470.813,9 × 0,50) + ($ 484.937,6 × 0,30) + ($ 499.374,7 × 0,20)
Vo = $ 480.763,2

11.8 VALOR DA EMPRESA E PERÍODO CONTÍNUO COM E SEM AGREGAÇÃO DE VALOR

Uma empresa apura no corrente exercício um NOPAT de $ 120,0 milhões. São projetados para os próximos cinco anos, definidos como período de projeção, uma taxa anual de reinvestimento de 55% dos resultados operacionais e um ROI de 16% ao ano.

CAP. 11 VALOR DA EMPRESA – *ENTERPRISE VALUE* **267**

Essas estimativas da empresa indicam alto crescimento esperado para o *período de projeção* de cinco anos. Após esses anos previsíveis, inicia-se o *período contínuo (ou perpetuidade)*, com duração indeterminada. Nesse período, é esperada uma redução na taxa de crescimento do NOPAT para 3,0% ao ano. O ROI também se retrai para 12% ao ano nesse período de menor crescimento da empresa.

O custo total de capital (WACC) a ser utilizado como taxa de desconto para apuração do valor da empresa, tanto no período de projeção como na perpetuidade, é igual a 12% ao ano.

São desenvolvidos a seguir diversos cálculos visando demonstrar a formação do valor total da empresa. Todos os valores estão expressos em $ milhões.

- *Período Explícito – FCDEs Projetados*

	Ano 0 Corrente	Ano 1	Ano 2	Ano 3	Ano 4	Ano 5
NOPAT g = 8,8%	120,0 (Base)	130,56	142,05	154,55	168,15	182,95
Reinvestimento	–	55%	55%	55%	55%	55%
FCDE	–	58,75	63,92	69,55	75,67	82,33

A taxa de crescimento do lucro para os próximos cinco anos de projeção é calculada pelo produto da taxa líquida de reinvestimento e o ROI, ou seja:

$$\text{Taxa de Crescimento dos Lucros } (g_{NOPAT}) = 55\% \times 16\% = 8,8\% \text{ ao ano}$$

Os próximos cinco anos, considerados como período de projeção, apresentam forte crescimento, estimando uma evolução dos resultados operacionais da empresa igual a 8,8% ao ano. A tendência é de que esse comportamento aproxime-se de uma estabilidade no longo prazo, mantendo um percentual de crescimento mais baixo na perpetuidade, compatível com os padrões do setor de atividade.

- *Valor Explícito da Empresa*

Conforme foi bastante detalhado, o valor explícito exprime o valor da empresa considerando somente os fluxos de caixa estimados para o período de projeção. Na ilustração, esse período está definido em cinco anos. Os fluxos disponíveis de caixa da empresa são descontados pela taxa de 12% a.a., que representa o custo total de capital (WACC).

$$\textbf{Valor Explícito} = \left[\frac{58,75}{1,12} + \frac{63,92}{1,12^2} + \frac{69,55}{1,12^3} + \frac{75,67}{1,12^4} + \frac{82,33}{1,12^5} \right]$$

Valor Explícito = $ 247,72 milhões

- *Valor da Perpetuidade (Período Contínuo)*

A taxa de reinvestimento do lucro operacional no período contínuo, pela desaceleração prevista do crescimento da empresa e também do ROI, reduz-se para 25,0% ao ano, ou seja:

$$b_{NOPAT} = \frac{g(NOPAT) = 3,0\%}{ROI = 12,0\%} = 25,0\%$$

Dessa forma, o FCDE estimado para o primeiro ano do período contínuo (ano 6) atinge:

$$\textbf{FCDE}_6 = NOPAT_5 \times (1 + g_{NOPAT}) \times (1 - b_{NOPAT})$$
$$\textbf{FCDE}_6 = \$\ 182,95 \times (1,03) \times (1 - 0,25) = \$\ 141,33 \text{ milhões}$$

Valor do período contínuo (perpetuidade) ao final do período explícito (final do ano 5) calculado pelo FCDE projetado para a perpetuidade:

$$\textbf{Valor Contínuo}_5 = \frac{FCDE}{WACC - g} = \frac{\$\ 141,33}{0,12 - 0,03} = \$\ 1.570,33 \text{ milhões}$$

Importante observar que na perpetuidade a empresa não agrega valor, somente remunera seu custo de capital. O ROI na perpetuidade reduz-se para 12%, mesma taxa do WACC, indicando a inexistência de valor econômico criado. Como o retorno do reinvestimento nessas condições é igual à taxa de desconto dos fluxos de caixa (custo de capital), o valor do período contínuo pode também ser calculado a partir do NOPAT, sem necessidade de se estimar o FCDE. Não há agregação de riqueza quando ROI = WACC e, portanto, não são computados acréscimos no valor da empresa, independentemente da taxa de reinvestimento dos lucros. Assim:

$$\textbf{Valor Contínuo}_5 = \frac{NOPAT_6 = \$\ 182,95 \times 1,03}{WACC = 0,12} = \$\ 1.570,33$$

Dessa forma, fica demonstrado, uma vez mais, que as formulações de valor presente de um fluxo de caixa indeterminado, admitindo valores de caixa previstos estáveis ou supondo um crescimento a taxa constante dos fluxos de caixa, produzem o mesmo resultado desde que o retorno esperado do capital reinvestido seja igual ao custo de oportunidade (taxa de desconto).

Assim: $\dfrac{FCDE}{WACC} = \dfrac{FCDE_1}{WACC - g}$ = desde que ROI = WACC.

- *Valor Total da Empresa (Vo)*

O valor total da empresa é medido pelo valor explícito mais o valor contínuo expressos no momento atual. Utilizando-se os resultados obtidos nos cálculos efetuados, tem-se:

Valor Explícito $\qquad$ $ \quad 247,72$

Valor Contínuo no Momento Atual: $\dfrac{\$ 1.570,33}{1,12^5}$ $\qquad$ $ \quad 891,05$

Valor Total (Vo) $\qquad$ $ 1.138,77$ milhões

11.9 VALOR DA EMPRESA, INVESTIMENTO EM GIRO E AJUSTE NA ALAVANCAGEM

Uma rede brasileira de comércio varejista apresenta as seguintes informações financeiras referentes ao ano corrente:

- EBIT: $ 200,0 milhões;
- CAPEX: $ 115,0 milhões;
- depreciação: $ 82,0 milhões;
- receitas operacionais de vendas: $ 2.980,7 milhões;
- necessidade de investimento em giro: 30% sobre as receitas de vendas. A empresa prevê manter esse percentual no longo prazo;
- beta total: 1,58 para P/PL = 155,0%

A empresa encontra-se bastante alavancada e pretende reduzir o endividamento (P/PL) para 110,0% nos próximos cinco anos, entendidos como o *período de projeção* (período previsível) da avaliação. Para o *período contínuo* (perpetuidade), a previsão é o endividamento cair ainda mais, atingindo a relação P/PL = 90,0%.

A alíquota de imposto de renda é de 34%, e são consideradas as seguintes taxas para a formação do custo de capital próprio da empresa por *benchmark:*

- taxa livre de risco (R_F): 5,5%;
- prêmio pelo risco de mercado: 7,0%;
- risco-país: 1,8%;
- inflação BR – inflação EUA: 2,2%.

Projeções Financeiras para o Período Explícito – 5 Anos

- taxa de crescimento esperada do EBIT: 7,5% a.a.;
- custo da dívida antes do benefício fiscal: 13,2% a.a.;
- crescimento estimado das receitas de vendas: 10,0% a.a.;
- o CAPEX e a depreciação crescem a uma taxa constante anual de 8,5%.

Projeções Financeiras para o Período Contínuo

- a redução prevista da alavancagem diminui também o custo da dívida para a taxa anual de 9,8% antes do IR;
- o crescimento previsto do fluxo de caixa disponível da empresa (FCDE) é estimado em 1,6% a.a.;
- admite-se que o CAPEX e a depreciação se igualem na perpetuidade.

São desenvolvidas a seguir as várias etapas para se calcular o valor da empresa.

- *FCDE Previstos para o Período Explícito*

– Projeções dos FCDE ($ milhões) –

	Ano 1	Ano 2	Ano 3	Ano 4	Ano 5
EBIT (g = 7,5%) EBIR Corrente: $ 200,0	215,0	231,1	248,5	267,1	287,1
NOPAT= EBIT – IR (34%)	141,9	152,5	164,0	176,3	189,5
Depreciação (g = 8,5%) Depreciação Corrente: $ 82,0	89,0	96,5	104,7	113,6	123,3
FC OPERACIONAL	230,9	249,0	268,7	289,9	312,8
CAPEX (g = 8,5%) CAPEC Corrente: $ 115,0	(124,8)	(135,4)	(146,9)	(159,4)	(172,9)
Investimento em Giro	(89,4)	(98,4)	(108,2)	(119,0)	(130,9)
FCDE	16,7	15,2	13,6	11,5	9,0

O *FCDE é decrescente* no período explícito explicado pelo maior crescimento dos investimentos necessários (CAPEX e Giro) em relação à geração de caixa operacional da empresa. A empresa planeja investir volumes mais altos de recursos visando manter sua competitividade de mercado, principalmente diante do crescimento da concorrência e agregação tecnológica de seus produtos.

Alguns tipos de empresa, como de tecnologia, *por exemplo*, podem apresentar fluxos de caixa disponíveis negativos em alguns períodos. Isso revela que a necessidade de investimentos desse segmento de negócio supera a capacidade interna de geração de caixa operacional, devendo a empresa se socorrer com fontes externas de recursos.

O *investimento necessário (ou adicional) em giro* é calculado sobre as receitas adicionais de vendas, ou seja, sobre as variações previstas desses valores. A estimativa da empresa é de que esse investimento deve corresponder a 30% das variações das vendas. Em verdade, ao se admitir que as receitas de vendas se mantêm constantes no período de avaliação, não há necessidade de calcular investimentos adicionais em giro.

O quadro a seguir demonstra o cálculo da necessidade adicional de investimento em giro para cada ano do período explícito.

– Projeções das Necessidades Adicionais de Giro ($ milhões) –

	Atual	Ano 1	Ano 2	Ano 3	Ano 4	Ano 5
Vendas (g = 10%)	2.980,7	3.278,8	3.606,6	3.967,3	4.364,0	4.800,4
Investimento em Giro: 30% sobre Vendas	894,2	983,6	1.082,0	1.190,2	1.309,2	1.440,1
Investimento Adicional em Giro	–	89,4	98,4	108,2	119,0	130,9

* *Custo de Capital do Período Explícito*

   – Beta Desalavancado da Empresa:

O beta total atual da empresa é igual a 1,58 para um endividamento (P/PL) de 155,0%. O beta que representa unicamente o risco do negócio (risco dos ativos) é o beta desalavancado, calculado a seguir.

$$\beta = \beta_u \times [1 + P/PL \times (1 - IR)]$$

$$\beta_u = \frac{1,58}{[1 + 1,55 \times (1 - 0,34)]} = 0,781$$

   – Beta Alavancado para a Nova Estrutura de Capital: P/PL = 110,0%

$$\beta = 0,781 \times [1 + 1,10 \times (1 - 0,34)] = 1,348$$

Nesses cálculos, admitiu-se, de forma mais simples, que a estrutura de capital se ajuste já no primeiro ano para uma relação P/PL de 110%. Na prática, esse ajuste poderia ser efetuado de forma gradativa, reduzindo-se a cada ano uma parcela do endividamento até atingir a participação desejada. Nesse caso, deveria ser calculado um custo de capital para cada ano, seguindo a estrutura de capital adotada no período.

   – *Estrutura Atual de Capital*:

   P/PL = 1,10   Passivo   : 52,38%

                    Patrimônio Líquido   : 47,62%

                    P + PL   : 100,0%

   – *Custo de Capital Próprio*:

   Ke = [5,5% + (1,348 × 7,0%)] + 1,8% + 2,2% = 18,94%

   – *Custo da Dívida Líquida do IR*:

   Ki = 13,2% × (1 - 0,34) = 8,71%

- *Custo Total de Capital:*
  WACC = (18,94% × 0,4762) + (8,71% × 0,5238) = 13,58%

- *Valor Explícito da Empresa*

$$\text{Valor Explícito} = \left[\frac{\$\,16,7}{1,1358} + \frac{\$\,15,2}{1,1358^2} + \frac{\$\,13,6}{1,1358^3} + \frac{\$\,11,5}{1,1358^4} + \frac{\$\,9,0}{1,1358^5} \right]$$

Valor Explícito = $ 47,44 milhões

- *Custo de Capital no Período Contínuo*
  - Beta Alavancado para P/PL = 90,0%
    β = 0,781 × [1 + 0,90 × (1 − 0,34)] = 1,24
  - *Estrutura de Capital*
    P/PL = 90,0%   Passivo   : 47,37%
                   Patrimônio Líquido   : 52,63%
                   P + PL   : 100,0%
  - *Custo de Capital Próprio*:
    Ke = [5,5% + (1,24 × 7,0%)] + 1,8% + 2,2% = 18,18%
  - *Custo da Dívida Líquida do IR*:
    Ki = 9,8% × (1 − 0,34) = 6,47%
  - *Custo Total de Capital:*
    WACC = (18,18% × 0,5263) + (6,47% × 0,4737) = 12,63%

O custo total de capital diminuiu pelo menor risco financeiro incorrido pela empresa. Com a redução da alavancagem prevista para o período contínuo, as taxas de juros e o custo de capital próprio também diminuem, acompanhando a queda no risco financeiro. Essa redução do custo de capital supera o aumento do WACC pela maior participação do capital próprio no cálculo do custo total, considerando que o custo total de capital é uma média ponderada e o capital próprio é mais oneroso para a empresa que a dívida.

- *Valor Contínuo da Empresa*

  - $FCDE_{ANO\,6} = FCDE_5 \times (1 + g)$
    Sendo g = 1,6%:
    FCDE = $ 9,0 × 1,016 = $ 9,144 milhões

$$\text{Valor Contínuo}_{ANO\,5} = \frac{\$\,9,144}{0,1263 - 0,016} = \$\,82,9 \text{ milhões}$$

$$\text{Valor Contínuo}_{MOMENTO\ ATUAL} = \frac{\$\,82,9}{1,1358^5} = \$\,43,86 \text{ milhões}$$

- *Valor Total da Empresa:*

Valor Explícito	= $ 47,44
Valor Contínuo	= $ 43,86
Valor Total da Empresa	**= $ 91,3 milhões**

11.10   VALOR DA EMPRESA – PRÊMIO PELO CONTROLE

A avaliação de *status quo*[3] de uma empresa envolve apurar o seu valor de mercado mantendo as atuais políticas financeiras de investimentos, financiamentos e dividendos. De acordo com proposta desenvolvida no capítulo anterior e sugerida por Damodaran[4] (item 10.4.1), o *valor do controle* é o valor da empresa em condições ótimas de administração que supera o seu valor de *status quo*, ou seja, o seu valor considerando os resultados atuais de gestão.

Em outras palavras, o valor do controle é determinado pela valorização esperada da empresa-alvo motivada por mudanças de políticas de administração e reestruturação operacional previstas em sua gestão. *Exemplos*: ganhos de escala, eliminação de ativos ociosos, estrutura de capital ideal em termos da relação risco-retorno, novos investimentos e assim por diante. Quanto mais afastadas estiverem as operações da empresa de suas condições ótimas, mais alto é o valor esperado de seu controle.

Para *ilustrar* o cálculo do valor de controle, admita que uma empresa esteja avaliando a aquisição do controle acionário de uma concorrente, identificada nesse negócio como *empresa-alvo*. A compradora avalia que a empresa-alvo possui grande potencial de produzir ganhos de sinergia e que, com uma administração mais competente, poderia produzir melhores resultados operacionais.

11.10.1   Valor da empresa – *status quo*

As informações disponíveis da empresa-alvo para uma avaliação de *status quo* e referente ao exercício social corrente são apresentadas a seguir:

- EBIT desembolsável (excluída a despesa de depreciação) = $ 108,3 milhões, vendas = $ 1.807,5 milhões e alíquota de IR = 34%. O EBIT desembolsável, por ser calculado antes da depreciação (e demais despesas não desembolsáveis), despesas com juros e impostos sobre lucros (IR/CSLL), equivale ao EBITDA;
- ROI (líquido de IR) = 12,8%; custo de capital próprio = 12,9% para um endividamento de P/PL de 0,20; custo da dívida (Ki) antes do benefício fiscal = 6,8%;
- a taxa livre de risco é de 5,5% a.a. e o prêmio pelo risco de mercado de 7,5% a.a. Esses percentuais são previstos para todo o período de avaliação;

---

[3]   Conforme discutido no Capítulo 10, essa expressão foi adotada por Damodaran em: *Avaliação de empresas*. São Paulo: Pearson/Prentice Hall, 2007.

[4]   Ob. cit.

274 VALUATION • ASSAF NETO

- CAPEX = $ 66,3 milhões; depreciação = $ 61,5 milhões;
- a necessidade de investimento em giro da empresa equivale a 18% sobre as receitas de vendas. Essa projeção é considerada como válida para todo o período de avaliação (explícito e perpetuidade).

- *Projeções elaboradas para a empresa-alvo referentes ao período explícito de cinco anos:*
  - é previsto um crescimento de 4,5% a.a. das receitas de vendas e do EBIT desembolsável, e de 4,0% a.a. das despesas de capital (CAPEX) e depreciação no período.

- *Projeções do período contínuo (perpetuidade):*
  - o endividamento da empresa, medido pela relação P/PL, permanece em 0,20; o custo da dívida antes dos benefícios fiscais se reduz, no entanto, para 5,7%, e o custo de capital próprio também cai para 11,5% a.a. As reduções dos custos de capital sinalizam maior estabilidade do mercado no longo prazo;
  - o *Fluxo de Caixa Disponível da Empresa* (FCDE) no período contínuo tem crescimento estimado de 1,4% a.a. indeterminadamente. Não se espera que a empresa produza valor econômico no período contínuo, apurando um ROI igual ao seu custo total de capital (ROI = WACC). Em outras palavras, a estimativa é de que os investimentos sejam capazes de remunerar exatamente o seu custo de capital, não gerando nenhum retorno em excesso.

11.10.2 Valor da empresa-alvo – avaliação de *status quo*

- *Período Explícito – FCDE*

FCDE Previstos para o Período Explícito – ($ milhões)

FC OPERACIONAL	Ano 1	Ano 2	Ano 3	Ano 4	Ano 5
EBIT Desembolsável (g = 4,5% a.a.)	113,17	118,27	123,59	129,15	134,96
Depreciação (g = 4% a.a.)	(63,96)	(66,52)	(69,18)	(71,95)	(74,82)
EBIT TOTAL	49,21	51,65	54,41	57,20	60,14
NOPAT (EBIT TOTAL – IR: 34%)	32,48	34,09	35,91	37,75	39,69
FCO (NOPAT + DEPRECIAÇÃO)	96,44	100,61	105,09	109,70	114,51
Δ INVESTIMENTO EM GIRO	Ano 1	Ano 2	Ano 3	Ano 4	Ano 5
Receitas de Vendas (g = 4,5% a.a.)	1.888,84	1.973,84	2.062,66	2.155,48	2.252,47
Investimento em Giro (18% s/ Vendas)	340,00	355,29	371,28	387,99	405,44
Δ INVESTIMENTO EM GIRO	14,65*	15,29	15,99	16,71	17,45

* Δ INVESTIMENTO EM GIRO = ($ 1.807,5 × 4,5%) × 18%

FCDE	Ano 1	Ano 2	Ano 3	Ano 4	Ano 5
FCO	96,44	100,61	105,09	109,70	114,51
CAPEX (g = 4% a.a.)	(68,95)	(71,71)	(74,58)	(77,56)	(80,66)
Δ Investimento em Giro	(14,65)	(15,29)	(15,99)	(16,71)	(17,45)
FC DISPONÍVEL DA EMPRESA (FCDE)	**12,84**	**13,61**	**14,52**	**15,43**	**16,40**

Período Explícito – Custo Total de Capital (WACC)

Como P/PL = 20%, tem-se que:

Passivo (Dívidas)	= 16,67%
Patrimônio Líquido	= 83,33%
P + PL	100,0%

Sendo Ke = 12,9% e Ki (Antes do IR) = 6,8%, o WACC atinge:

WACC = (12,9% × 0,8333) + [6,8% × (1 − 0,34) × 0,1667] = 11,5%

– *Cálculo do Valor Explícito*

$$\textbf{Valor Explícito} = \frac{\$\,12,84}{1,115} + \frac{\$\,13,61}{1,115^2} + \frac{\$\,14,52}{1,115^3} + \frac{\$\,15,43}{1,115^4} + \frac{\$\,16,40}{1,115^5}$$

Valor Explícito = $ 52,44 milhões

- *Valor do Período Contínuo (Perpetuidade)*
  - Custo de Capital Próprio (Ke): 11,5%
  - Custo da Dívida Líquida IR (Ki): 5,7% × (1 − 0,34) = 3,76%
  - Para um P/PL de 0,20, o custo total de capital atinge:
    WACC = (11,5% × 0,8333) + (3,76% × 0,1667) = 10,21%

$$\textbf{Valor Contínuo}_{\text{ANO 0}} = \left[\frac{\$\,16,40 \times 1,014}{0,1021 - 0,014}\right] / (1,115)^5 = \$\,109,53 \text{ milhões}$$

- *VALOR TOTAL DA EMPRESA – Status Quo (Vo)*

  Vo = $ 52,44 + $ 109,53 = $ 161,97 milhões

11.10.3 Valor da empresa supondo medidas ótimas de gestão

Medidas previstas para serem implementadas na empresa-alvo com o objetivo de otimizar a estrutura de suas operações e gestão:

- o EBIT desembolsável (antes da dedução da despesa de depreciação) irá se elevar a uma taxa de 6,0% a.a. no período explícito;

276 VALUATION • ASSAF NETO

- o FCDE na perpetuidade tem crescimento previsto de 1,5% a.a.;
- o reinvestimento em capital fixo mantém-se inalterado, porém a necessidade de capital de giro recua de 18% para 15% sobre as receitas de vendas;
- todas as demais premissas e projeções não se alteram, permanecendo as mesmas adotadas na avaliação de *status quo*.

- *Período Explícito – FCDE em condições ideais de operações*

($ milhões)

FC OPERACIONAL	Ano 1	Ano 2	Ano 3	Ano 4	Ano 5
EBIT Desembolsável (g = 6,0% a.a.)	114,80	121,69	128,99	136,73	144,93
Depreciação (g = 4% a.a.)	(63,96)	(66,52)	(69,18)	(71,95)	(74,82)
EBIT TOTAL	50,84	55,17	59,81	64,78	70,11
NOPAT (EBIT TOTAL – IR = 34%)	33,55	36,41	39,47	42,75	46,27
FCO (NOPAT + DEPRECIAÇÃO)	97,51	102,93	108,65	114,70	121,09
Δ **INVESTIMENTO EM GIRO**	**Ano 1**	**Ano 2**	**Ano 3**	**Ano 4**	**Ano 5**
Receitas de Vendas (g = 4,5% a.a.)	1.888,84	1.973,84	2.062,66	2.155,48	2.252,47
Investimento em Giro (15% sobre Vendas)	283,33	296,08	309,40	323,32	337,87
Δ **INVESTIMENTO EM GIRO**	12,20*	12,75	13,32	13,92	14,55

* Δ INVESTIMENTO EM GIRO = ($ 1.807,5 × 4,5%) × 15%

FCDE	Ano 1	Ano 2	Ano 3	Ano 4	Ano 5
FCO	97,51	102,93	108,65	114,70	121,09
CAPEX (g = 4% a.a.)	(68,95)	(71,71)	(74,58)	(77,56)	(80,66)
Δ Investimento em Giro	(12,20)	(12,75)	(13,32)	(13,92)	(14,55)
FC DISPONÍVEL DA EMPRESA (FCDE)	16,36	18,47	20,75	23,22	25,88

- *Cálculo do Valor Explícito em condições ideais de operação*

$$\text{Valor Explícito} = \frac{\$\,16,36}{1,115} + \frac{\$\,18,47}{1,115^2} + \frac{\$\,20,75}{1,115^3} + \frac{\$\,23,22}{1,115^4} + \frac{\$\,25,88}{1,115^5}$$

Valor Explícito = $ 74,54 milhões

- *Valor do Período Contínuo (Perpetuidade) em condições ideais*

$$\text{Valor Contínuo}_{\text{ANO 0}} = \left[\frac{\$\,25{,}88 \times 1{,}015}{0{,}1021 - 0{,}015}\right] / (1{,}115)^5 = \$\,175{,}00 \text{ milhões}$$

- *VALOR TOTAL DA EMPRESA EM CONDIÇÕES IDEAIS DE OPERAÇÃO (Vo)*

$$\text{Vo} = \$\,74{,}54 + \$\,175{,}00 = \$\,249{,}54 \text{ milhões}$$

- *VALOR DO CONTROLE*

Valor da Empresa em Condições Ideais	: $ 249,54
Valor da Empresa – *Status Quo*	: $ 161,97
Valor do Controle	**: $ 87,57 milhões**

A maior taxa de crescimento prevista do EBIT no período de projeção, uma taxa mais alta de crescimento dos FCDE na perpetuidade e a menor necessidade de investimento em giro elevaram o valor de *status quo* da empresa de $ 161,97 milhões para $ 249,54 milhões em condições entendidas como ideais. Essa diferença no valor pode ser interpretada como o *valor do controle.*

12

Valor da Empresa para o Acionista – *Equity Value* e Lucro em Excesso

O valor do patrimônio líquido de uma empresa pode ser obtido pela abordagem do *Fluxo de Caixa Disponível do Acionista* (FCDA) estudada nos Capítulos 8 e 9, descontando os fluxos previstos no futuro por uma taxa de juros que remunera as expectativas de ganhos dos acionistas (custo de capital próprio). Esse fluxo de caixa dos acionistas representa os recursos líquidos em excesso gerados em cada período e que podem (e devem) ser pagos aos acionistas como dividendos. O FCDA pode também ser interpretado como o resultado de caixa que resta após serem pagos todos os custos e despesas incorridos pela empresa, inclusive as obrigações com dívidas financeiras (juros e principal), e a cobertura de necessidades de investimento em capital fixo e capital de giro.

O FCDA é calculado antes da distribuição de proventos aos acionistas, como dividendos e juros sobre o capital próprio, ou ainda recompra de ações. Caso a empresa não tenha dívidas, o FCDA e o FCDE apuram resultados iguais.

A bonificação em ações eventualmente paga aos acionistas não deve ser considerada como rendimentos; nessa sistemática, o acionista recebe uma quantidade maior de ações, porém, como o seu preço de mercado se ajusta a um preço mais baixo de maneira a refletir essa oferta maior de papéis, a carteira total de ações *não* deve sofrer nenhuma alteração de valor.

O FCDA é uma medida de referência dos dividendos que podem ser pagos aos acionistas. Os dividendos projetados na avaliação de uma empresa devem ser iguais aos seus fluxos de caixa disponíveis aos acionistas. Se a empresa pagar mais dividendos do que é capaz de gerar de caixa disponível, deve, em algum momento, recorrer a empréstimos adicionais ou emissões de novas ações para cobrir essa saída de recursos. Distribuindo menos recursos que o definido em seu FCDA, a empresa fica com recursos onerosos "ociosos" em seus ativos sem remunerar o seu custo de oportunidade, sacrificando seu objetivo de maximização de valor.

A apuração do FCDA para cada período, conforme ficou demonstrado anteriormente, é desenvolvida da forma sugerida a seguir:

Lucro Líquido	: XX
Depreciação	: XX
Fluxo de Caixa das Atividades	: (X)
Despesa de Capital (CAPEX)	: (XX)
Investimento Adicional em Giro	: (XX)
Novas Dívidas (–) Amortizações de Dívidas	: XX
Fluxo de Caixa Disponível do Acionista (FCDA)	: XX

Pela formulação de cálculo do FCDA, é possível inferir que o *lucro é caixa* somente ao se adotar a hipótese de a empresa investir unicamente o valor da depreciação do exercício. Em outras palavras, o lucro contábil é igual ao caixa disponível do acionista quando a taxa de crescimento for nula (CAPEX = Depreciação). Nesse caso, a empresa repõe somente a depreciação, não investe em novos ativos fixos e mantém seu capital de giro e estrutura de capital constantes.

O FCDA, assim como o FCDE, pode ser *negativo*. Isso geralmente ocorre quando a empresa apura prejuízos líquidos no exercício ou estima um volume de investimentos em capital fixo e giro acima de sua capacidade de geração interna de caixa. Empresas que atuam em setores bastante competitivos ou que necessitam de maiores investimentos em pesquisa e desenvolvimento de produtos podem prever, por alguns anos do período explícito, FCDA negativos.

A preocupação da empresa ao projetar fluxos de caixa disponíveis negativos por excesso de investimentos resume-se no retorno esperado dessas decisões financeiras em relação ao custo de capital, e não mais diretamente no saldo negativo do FCDA. Investimentos que remuneram abaixo de seu custo de oportunidade destroem valor, reduzindo o preço de mercado das ações. Ao contrário, bons projetos elevam o fluxo de caixa disponível dos acionistas no futuro, promovendo valorização nos preços das ações no mercado.

Equity value é definido como a parcela do valor da empresa pertencente aos acionistas, ou seja, valor do patrimônio líquido (PL). O *enterprise value*, estudado no Capítulo 11, é o valor total da empresa, formado pela soma do *equity value* e do valor de mercado das dívidas.

Para o cálculo do valor intrínseco (valor econômico ou de mercado) do patrimônio líquido, o FCDA deve ser descontado a valor presente pelo custo de capital próprio (Ke), cuja metodologia foi amplamente estudada no Capítulo 4. O resultado a valor presente indica quanto a ação (ou o patrimônio líquido) está avaliando no momento atual com base em expectativas *futuras* de desempenho, e não pelo seu desempenho no passado.

Variações nos preços de mercado das ações dependem essencialmente de alterações dessas expectativas futuras.

A abordagem do FCDA é geralmente aplicada em avaliações de bancos (e outras instituições financeiras) por se considerarem os passivos dessas instituições como parte integrante de sua atividade operacional. Na avaliação de bancos, tem-se geralmente o conceito do valor para o acionista, em substituição do valor da empresa.

A avaliação de empresas pode ainda ser desenvolvida a partir do *lucro em excesso* estimado, conforme foi estudado no Capítulo 6. O lucro em excesso é entendido como o resultado que excede a todas as despesas, inclusive o custo de oportunidade do capital próprio. É o lucro gerado acima da taxa mínima de retorno exigida pelos acionistas. O modelo apresentado pela Stern Stewart "batizou" esse lucro econômico como *Economic Value Added* (EVA), calculando a riqueza gerada pelo negócio (*goodwill*) como o valor presente do EVA esperado futuro. No modelo, o *goodwill* é definido por *Market Value Added* (MVA), indicando o valor da empresa que excede o total do capital investido em seus ativos por credores e acionistas.[1] Generalizando a formulação do valor da empresa pelo modelo, tem-se:

Valor da Empresa (Vo) = Capital Investido (Ativos) + MVA (*Goodwill*)

ou:

Valor do Patrimônio Líquido (PL) = Capital Próprio Investido (PL) + MVA

Uma limitação geralmente apontada ao uso do EVA para avaliação de empresas é que essa abordagem não considera os fluxos de caixa produzidos pelo negócio. O uso do EVA para a avaliação talvez faça mais sentido para analisar o desempenho da empresa em determinado período, notadamente para finalidades gerenciais.

Este capítulo desenvolve a prática de cálculo do valor da parcela da empresa pertencente ao acionista pela abordagem do FCDA, seguindo toda a teoria desenvolvida em capítulos anteriores. É discutida ainda a abordagem do lucro em excesso para determinação do valor econômico.

12.1 CÁLCULO DO FCDA E PROJEÇÕES PARA O EXERCÍCIO

Uma empresa deseja apurar o Fluxo de Caixa Disponível do Acionista (FCDA) e desenvolver algumas projeções financeiras para o próximo exercício, de 20x6. As informações previstas são apresentadas a seguir.

- EBITDA: $ 232,0 milhões;
- CAPEX: $ 117,9 milhões;
- depreciação: $ 82,8 milhões;

---

[1] Ver: STEWART III, Bennett G. Ob. cit.

- necessidade de investimento em giro: 16% sobre as receitas de vendas;
- alíquota de IR: 34%;
- receitas de vendas atuais (20x5): $ 2.649,3 milhões. A empresa prevê um crescimento das vendas igual a 8% no próximo exercício de 20x6;
- despesas financeiras (juros de dívidas): $ 37,2 milhões;
- apesar da alta alavancagem (o PL representa 38% do capital investido e as dívidas onerosas, 62%), a empresa deseja manter a atual estrutura de capital para o próximo exercício. O custo da dívida antes do benefício fiscal é de 10% a.a.

- *Projeção da Estrutura de Capital*

| Capital Investido $ 600,0 milhões | **Dívidas** $ 372,0 milhões |
| | **Patr. Líquido** $ 228,0 milhões |

As dívidas onerosas foram calculadas a partir das despesas financeiras de $ 37,2 milhões e custo de captação de 10% antes do IR. Ou seja:

Dívidas: $ 37,2 / 0,10 = $ 372,0 milhões

Como a participação das dívidas no negócio é igual a 62%, o capital investido é calculado em: $ 372,0/0,62 = $ 600,0 milhões. Logo, o patrimônio líquido (PL) atinge: $ 600,0 – $ 372,0 = $ 228,0 milhões.

- *Projeção do FCDA*

EBITDA	: $ 232,0 milhões
Depreciação	: ($ 82,8)
EBIT	: $ 149,2
Despesas Financeiras	: ($ 37,2)
LUCRO ANTES DO IR	: $ 112,0
Prov. IR (34%)	: ($ 30,08)
LUCRO LÍQUIDO	: $ 73,92 milhões
Depreciação	: $ 82,8
FC OPERACIONAL	: $ 156,72 milhões
CAPEX	: ($ 117,9)
Investimento Adicional em Giro ($ 2.649,3 × 8%) × 16%	: ($ 33,91)
Entradas de Novas Dívidas 62% × ($ 117,9 + $ 33,91 – $ 82,8)	: $ 42,79
FCDA	**: $ 47,70 milhões**

CAP. 12   VALOR DA EMPRESA PARA O ACIONISTA – *EQUITY VALUE* E LUCRO EM EXCESSO   **283**

Observe que esse resultado de caixa representa um valor em excesso pertencente ao acionista. No cálculo, foram deduzidos todos os custos e despesas incorridos no período, inclusive todos os pagamentos referentes às diversas dívidas onerosas mantidas pela empresa, assim como foram reservados recursos de caixa para investimentos em capital fixo e giro necessários à continuidade e ao equilíbrio do negócio. O FCDA é o valor que sobra, podendo ser distribuído aos acionistas na forma de dividendos.

12.2   APURAÇÃO DO FCDE (EMPRESA) E DO FCDA (ACIONISTA)

Uma empresa divulga em determinado exercício um EBITDA de $ 280,0 milhões e depreciação de $ 100,5 milhões. A estrutura de capital meta é igual a um índice P/PL de 0,76. O CAPEX atingiu $ 137,0 milhões no período. A necessidade de investimento em giro está definida em 12% das receitas de vendas. O crescimento das vendas no exercício foi de $ 47,6 milhões. A alíquota de IR é de 34%. As despesas financeiras referentes aos juros de empréstimos e financiamentos são calculadas em $ 32,0 milhões no exercício.

A partir dessas informações do exercício, são apurados a seguir os fluxos disponíveis de caixa da empresa (FCDE) e do acionista (FCDA).

Fluxos disponíveis de caixa	
EBITDA	$ 280,0
Depreciação	($ 100,5)
EBIT	*$ 179,5*
IR (34%)	($ 61,03)
NOPAT	*$ 118,47*
Depreciação	$ 100,5
FLUXO DE CAIXA OPERACIONAL	*$ 218,97*
CAPEX	($ 137,0)
Necessidade Adicional de Investimento em Giro: 12% × $ 47,6	($ 5,71)
Fluxo de caixa disponível da empresa (FCDE)	**$ 76,26**
Despesas Financeiras	($ 32,0)
Benefício Fiscal das Despesas Financeiras: 34% × $ 32,0	$ 10,88
Novas Dívidas*: 43,18% × ($ 137,0 + $ 5,71 – $ 100,5)	$ 18,23
Fluxo de caixa disponível do acionista (FCDA)	**$ 73,37**

* Como P/PL = 0,76, tem-se que: P = 43,18% e PL = 56,82%.

Observe, uma vez mais, que o FCDA é o caixa em *excesso* dos acionistas, o valor que pode ser retirado da empresa sem comprometer suas necessidades financeiras.

284   VALUATION · ASSAF NETO

O FCDE, por seu lado, é o caixa em excesso pertencente aos provedores de capital (credores de dívidas e acionistas), compreendendo os serviços das dívidas remuneradas e o lucro líquido.

12.3   AVALIAÇÃO DE AÇÕES PELAS ABORDAGENS DO FCDA E DIVIDENDOS

Uma empresa divulgou um lucro por ação (LPA = Lucro Líquido/Quantidade de Ações) de $ 2,50 em 20x7. Nesse exercício, foram pagos $ 0,40/ação de dividendos. A empresa tem 100 milhões de ações emitidas e realizou os seguintes investimentos totais no período:

- CAPEX: $ 134,0 milhões;
- Δ Giro: $ 35,0 milhões.

A depreciação é de $ 73,0 milhões. A empresa apresenta um índice de endividamento a valores de mercado, medida pela relação P/PL, igual a 0,85, e pretende manter essa relação inalterada. O custo de capital próprio está calculado em 12,5% a.a. É previsto um crescimento do lucro líquido igual a 1,5% a.a. indeterminadamente.

É analisado a seguir o preço de mercado da ação pelas abordagens do FCDA e do fluxo de dividendos.

- *Fluxo de Caixa Disponível do Acionista – ($/AÇÃO)*

LPA	$ 2,50	
Depreciação	$ 0,73	(Depr. = $ 73,0 mi. / Qtd. Ações: 100,0 mi.)
Fluxo de Caixa	*$ 3,23*	
CAPEX	($ 1,34)	(CAPEX= $ 134,0 mi./Qtd. Ações = 100,0 mi.)
Δ Giro	($ 0,35)	(Δ Giro = $ 35,0 mi./Qtd. Ações = 100,0 mi.)
Novas Dívidas	$ 0,45	[45,95% × ($ 1,34 + $ 0,35 – $ 0,73)]
FCDA	*$ 1,99/ação*	

O FCDA reflete a disponibilidade de caixa que a empresa pode usar para pagar (distribuir) lucros aos seus acionistas. Ao prever um crescimento indeterminado desses fluxos disponíveis de caixa de 1,5% a.a., pode-se calcular o valor econômico da ação:

$$\textbf{Preço da Ação (Po)} = \frac{FCDA_{ANO1} = \$\,1,99 \times 1,015}{Ke - g = 0,125 - 0,015} = \$\,18,36\,/\,\text{ação}$$

Ao se multiplicar esse preço unitário pela quantidade de ações, apura-se o *valor de mercado do patrimônio líquido (PL)*; somando-se o valor do PL com o montante das dívidas onerosas mantidas pela empresa, tem-se o valor da empresa (*Vo*), ou seja:

Valor da Empresa (Vo) = (Qtd. Ações × Po) + Passivo

Como P/PL a ser mantido pela empresa é de 0,85, tem-se:

PL: 100,0 milhões de ações $\times$ $ 18,36/ação	= $ 1.836,0 milhões
PASSIVO: 0,85 $\times$ $ 1.836,0	= $ 1.560,6 milhões
Valor da Empresa (Vo)	**$ 3.396,6 milhões**

• *Fluxo de Dividendos*

O potencial atual de pagamento de dividendos da empresa é de $ 1,99/ação, que representa 79,6% de seu lucro, ou seja:

$$\text{Potencial de Pagamento de Dividendos} = \frac{FCDA = \$ 1,99}{LPA = \$ 2,50} = 79,6\%$$

A empresa está distribuindo lucros em montante menor do que poderia; sua capacidade de pagamento é o FCDA de $ 1,99/ação, e no exercício pagou somente $ 0,40/ação de dividendos. Em verdade, não está distribuindo o que poderia de dividendos, retendo recursos em excesso. Em geral, esses recursos mantidos no ativo da empresa não remuneram o custo de oportunidade dos provedores de capital, reduzindo o seu ganho econômico. O índice de *payout* da empresa, que exprime o percentual do lucro que é pago na forma de dividendos aos acionistas, é calculado em 16,0% no exercício, bem abaixo do potencial de distribuição de 79,6%:

$$Payout = \frac{Dividendos = \$ 0,40}{LPA = \$ 2,50} = 16,0\%$$

A avaliação da ação da empresa com base nos dividendos pagos irá promover um resultado bem menor que o valor justo calculado em $ 18,36/ação pela abordagem do fluxo disponível de caixa, ou seja:

$$\textbf{Po (Dividendos)} = \frac{\$ 0,40 \times 1,015}{0,125 - 0,015} = \$ 3,69/\text{ação}$$

12.4 TAXA DE CRESCIMENTO DOS LUCROS E GERAÇÃO DE VALOR

Uma empresa apura em determinado exercício um FCDA igual a $ 10,99 milhões. O valor de mercado de seu patrimônio líquido (PL) é $ 161,0 milhões, e suas dívidas somam $ 69,0 milhões. Essa estrutura de capital a valores de mercado é considerada ideal pela empresa, e deve ser mantida no longo prazo. O custo de capital próprio é de 12% a.a.

A empresa está avaliando um incremento no valor de mercado de suas ações em 30% mediante um crescimento de seus resultados de caixa. Para atingir esse objetivo, a empresa planeja elevar os seus fluxos disponíveis de caixa no futuro por meio de novos investimentos. Tal estratégia de priorizar o aumento dos investimentos é adotada em razão da grande dificuldade que a empresa tem em melhorar seu retorno sobre o capital próprio (ROE). A concorrência é bastante acirrada, e a empresa dificilmente consegue praticar margens maiores de lucros. Admite-se que essa taxa de retorno tenha chegado bem próxima ao limite do setor, e qualquer incremento no percentual trará maiores riscos que não compensam o ganho marginal.

Outro aspecto favorável que incentiva a busca de novas oportunidades de crescimento é que o ROE médio que a empresa vem obtendo é de 15%, superior ao seu custo de capital próprio (Ke) calculado em 12%. Mantendo esse *spread* econômico (ROE – Ke) positivo, todo novo investimento tem capacidade de promover uma agregação de valor nas ações da empresa.

- *Valor de Mercado da Empresa*

Valor da empresa - Vo - $ 230,0 (100%)	Passivo $ 69,0 (30%)
	Patrimônio Líquido (PL) $ 161,0 (70%)

Vo = PL + PASSIVO

Vo = $ 161,0 + $ 69,0

Vo = $ 230,0 milhões

Considerando o FCDA atual de $ 10,99/a.a., a empresa apresenta uma taxa de crescimento dos lucros dos acionistas de 4,84% a.a., ou seja:

$$161,0 = \frac{10,99 \times (1+g)}{0,12-g}$$
$$19,32 - 161,0\,g = 10,99 + 10,99\,g$$
$$171,99\,g = 8,33$$
$$\mathbf{g = 4,84\%}$$

Essa taxa de crescimento exige um reinvestimento dos lucros de 32,27%, ou seja:

$$\mathbf{b_{LL}} = \frac{g = 4,84\%}{ROE = 15\%} = 32,27\%$$

- *Taxa de Crescimento Necessário para Incrementar em 30% no Valor*

Para atingir o objetivo de elevar o valor do patrimônio líquido em 30%, a taxa de crescimento dos fluxos de caixa dos acionistas deve se elevar para:

$$PL \times 1,30 = \frac{FCDA \times (1+g)}{Ke - g}$$

CAP. 12   VALOR DA EMPRESA PARA O ACIONISTA – *EQUITY VALUE* E LUCRO EM EXCESSO   **287**

$$161,0 \times 1,30 = \frac{10,99 \times (1+g)}{0,12-g}$$

$$209,3 = \frac{10,99 \times (1+g)}{0,12-g}$$

$$25,12 - 209,3\,g = 10,99 + 10,99\,g$$

$$220,29\,g = 14,13$$

$$\mathbf{g = 6,41\% \ (6,414272\%)}$$

Observe que:

$$209,3 = \frac{10,99 \times 1,06414272}{0,12 - 0,06414272}$$

Deve a empresa avaliar sua possibilidade em promover o crescimento dos fluxos de caixa de 4,84% para 6,41% visando atingir a meta de incrementar o valor de mercado do seu PL em 30%. Para o ROE de 15,0%, a taxa de reinvestimento dos lucros sobe para 42,73% (6,41%/15,0%).

12.5   FLUXOS DE CAIXA CÍCLICOS

Um investidor deseja precificar o valor de mercado de uma empresa que atua em um setor de comportamento cíclico. É previsto um forte crescimento da atividade econômica para os próximos quatro anos de projeção, após um longo período de ajustes na economia. Seu lucro por ação (LPA) atual é igual a \$ 0,95, e é projetado um crescimento de 40%, 80%, 50% e 20% nos resultados líquidos dos acionistas, respectivamente em cada um dos próximos quatro anos.

Após o ano 4, é prevista uma estabilidade na taxa de crescimento dos lucros, atingindo o padrão do setor de 3,5% ao ano.

Outras informações da empresa utilizadas na avaliação:

* depreciação atual: \$ 4,50/ação;
* despesas de capital (CAPEX): \$ 5,90/ação;
* investimento em giro é irrelevante;
* P/PL = 58,2%. A empresa não pretende alterar a atual estrutura de capital;
* beta total da empresa: 1,11;
* R_F = 5,5%; R_M = 12,5%; IR =34%.

A depreciação cresce 5,0% ao ano e o CAPEX, 7,0% ao ano no período de projeção. No período de estabilidade que se inicia após o ano 4, os fluxos de caixa disponíveis dos acionistas crescem indeterminadamente à taxa anual de 3,5%.

288 VALUATION · ASSAF NETO

- *FCDA para o Período de Projeção*

FCDA Estimado para o Período de Projeção – ($/ação)

	Ano 1	Ano 2	Ano 3	Ano 4
LPA ($ 0,95)	$ 1,33 (g = 40%)	$ 2,394 g = 80%	$ 3,591 g = 50%	$ 4,309 g = 20%
Depreciação ($ 4,50/ação)	$ 4,725 g = 5%	$ 4,961 g = 5%	$ 5,209 g = 5%	$ 5,470 g = 5%
CAPEX ($ 5,90/ação)	($ 6,313) g = 7%	($ 6,755) g = 7%	($ 7,228) g = 7%	($ 7,734) g = 7%
Novas Dívidas*	$ 0,584	$ 0,660	$ 0,743	$ 0,833
FCDA	$ 0,326	$ 1,26	$ 2,315	$ 2,878

* Para P/PL = 58,2%, calcula-se:

P/(P + PL) = 36,79%
Novas Dívidas = 36,79% × (CAPEX – Depreciação)

- *Custo de Capital Próprio (Ke)*
Ke = 5,5% + 1,11 × (12,5% – 5,5%) = 13,27%

- *Valor da Ação (Po)*

$$Po \ (Explícito) = \left[\frac{0,326}{1,1327} + \frac{1,260}{1,1327^2} + \frac{2,315}{1,1327^3} + \frac{2,878}{1,1327^4} \right] = \$ \ 4,61$$

$$Po \ (Contínuo) = \left[\frac{2,878 \times 1,035}{0,1327 - 0,035} \right] / (1,1327)^4 \qquad = \underline{\$ \ 18,52}$$

Valor da Ação = $ 23,13/ação

12.6 EMPRESA BRASILEIRA COM ATUAÇÃO GLOBAL

Uma empresa brasileira, com investimentos em diversos países, apura em 31.12.20x5 os seguintes resultados:

Informações Correntes da Empresa:

- lucro líquido (LL): $ 204,7 milhões;
- patrimônio líquido (PL): $ 1.148,6 milhões;
- despesas de capital (CAPEX): $ 240,7 milhões;
- depreciação: $ 119,3 milhões;
- o investimento em giro reduziu em $ 7,58 milhões;

- endividamento oneroso (empréstimos e financiamento) da empresa:
  31.12.20x4 = $ 683,3 milhões;
  31.12.20x5 = $ 704,1 milhões.

Informações de Mercado:

- Beta total da empresa: 0,98. Obtido pela média de empresas comparáveis selecionadas do mesmo setor no mercado dos EUA.
- *Size premium.* Como as empresas comparáveis são de porte maior, é muitas vezes acrescentado um "prêmio pelo tamanho" no cálculo do custo de capital próprio. A medida do *size premium* pode ser levantada em bancos de dados especializados, como *Ibbotson Associates.*[2] O Capítulo 4, ao desenvolver o método de custo de capital próprio conhecido por *build up* (item 4.4), introduziu tal medida de prêmio de risco para o tamanho da empresa. Para o desenvolvimento dessa ilustração, admita que o prêmio associado ao tamanho da empresa seja de 1,6%.
- Taxa livre de risco: 4,0% (US$ nominais). Representa a taxa média dos títulos de renda fixa do Tesouro dos EUA (*T-Bonds*), admitidos como os de mais baixo risco.
- Risco Brasil: 1,2% (US$ nominais).
- Diferencial entre a inflação brasileira e a inflação dos EUA: 2,4%.

Atuação Global da Empresa

A empresa atua globalmente assumindo, portanto, o risco de diversos mercados. Admitindo que se pudessem identificar quatro regiões de presença da empresa brasileira no mundo, com seus respectivos prêmios pelo risco de mercado, tem-se:

Região	Participação das Vendas	Prêmio p/ Risco de Mercado $(R_M - R_F)$
América do Sul	11,5%	9,5%
América do Norte	27,4%	6,0%
Europa	21,9%	6,5%
Ásia	39,2%	7,5%

A empresa calcula seu custo de capital próprio tendo como referência o mercado dos EUA, efetuando ajustes pelo risco-país e diferencial de inflação para exprimir essa taxa no Brasil.

- *Taxa de reinvestimento, Custo de Capital e ROE em 20x5*

A partir das informações divulgadas pela empresa relativas ao exercício de 20x5, é possível calcular diversas medidas financeiras relevantes para a avaliação.

---

[2] Disponível em: www.ibbotson.com.

Taxa de Reinvestimento em PL

Conforme estudado no Capítulo 2 (item 2.3.4), os recursos próprios reinvestidos na empresa podem ser apurados pela seguinte expressão:

PL REINVESTIDO = CAPEX – Depreciação + Δ Investimento em Giro – Novas Dívidas + Amortizações de Principal

Utilizando as informações da empresa em avaliação, é calculado a seguir o valor do PL reinvestido no exercício:

FCDA		PL REINVESTIDO	
LL	$ 204,7	CAPEX	$ 240,7
Depreciação	$ 119,3	Depreciação	($ 119,3)
CAPEX	($ 240,7)	Δ Invest. em Giro	($ 7,58)
Δ Invest. em Giro	$ 7,58	Δ Dívidas	($ 20,8)
Δ Dívidas	$ 20,8		
FCDA	**$ 111,68**	**PL REINVESTIDO**	**$ 93,02**

A variação do investimento em giro é somada no cálculo do FCDA (e subtraída do cálculo do PL reinvestido) em razão da diminuição de seu valor no período. Esse comportamento do giro indica uma liberação de recursos ao caixa da empresa, devendo, portanto, ser adicionado ao fluxo de caixa do acionista.

O FCDA pode ainda ser mensurado pela diferença entre o lucro líquido (LL) e o montante do patrimônio reinvestido (PL REINVESTIDO), ou seja:

$FCDA = LL - PL\ REINVESTIDO$

$FCDA = \$\ 204,7 - \$\ 93,02 = \$\ 111,68$

O aumento das dívidas foi calculado pela diferença entre os passivos onerosos registrados no início e no final do exercício, ou seja:

Δ Dívidas = $ 704,1 (31.12.20x5) – $ 683,3 (31.12.20x4) = $ 20,8

Ao se dividir o patrimônio líquido reinvestido pelo lucro líquido do exercício, apura-se a taxa de reinvestimento de capital próprio (b_{PL}), conforme calculada a seguir:

$$\text{Taxa de Reinvest. em PL } (b_{PL}) = \frac{PL\ REINVESTIDO = \$\ 93,02}{LL = \$\ 204,7} = 45,44\%$$

A empresa reteve 45,44% de seus resultados líquidos e distribuiu a diferença de 54,56% aos acionistas.

Retorno sobre o Capital Próprio (ROE)

$$\text{ROE} = \frac{LL = \$\,204,7}{PL = \$\,1.148,6} = 17,82\%$$

Custo de Capital Próprio

O custo de capital próprio (Ke) é calculado em US$ nominais e em R$ nominais conforme formulações apresentadas a seguir, e amplamente estudadas no Capítulo 4:

Ke (US$ Nominais) $= [R_F + \beta \times (R_M - R_F)] + \text{Risco}_{\text{BRASIL}} + \textit{Size Premium}$

Ke (R$ Nominais) $=$ Ke (US$ Nominais) + Diferencial de Inflação

O prêmio pelo risco de mercado é apurado pela média ponderada das taxas identificadas nas diversas regiões do mundo de atuação da empresa. Na ilustração, a ponderação é efetuada com base na participação das vendas da empresa nas diferentes regiões do mundo, ou seja:

$$(\mathbf{R_M - R_F}) = (9,5\% \times 11,5\%) + (6\% \times 27,4\%) + (6,5\% \times 21,9\%) + (7,5\% \times 39,2\%) = 7,1\%$$

Substituindo os valores na identidade do Ke, tem-se:

Ke (R$ Nominais) $= \{[4\% + (0,98 \times 7,1\%)] + 1,2\% + 1,6\%\} + 2,4\%$

Ke (R$ Nominais) $= 13,76\% + 2,4\% = 16,16\%$

- *Valor Explícito do Capital Próprio (PL)*

Pelo desempenho apresentado pela empresa e estimativas futuras, os analistas admitem que os indicadores calculados no ano corrente de 20x5 são mantidos inalterados nos próximos cinco anos, definidos como período de projeção da avaliação. Nesse período, o crescimento anual esperado do lucro líquido (g_{LL}) é calculado pelo produto da taxa de reinvestimento e o ROE, ou seja: $45,44\% \times 17,82\% = 8,1\%$.

O *fluxo de caixa disponível do acionista* (FCDA) é calculado a seguir para cada ano do período de projeção.

	Ano 1	Ano 2	Ano 3	Ano 4	Ano 5
Lucro Líquido (g_{LL} = 8,1%)	$ 221,3	$ 239,2	$ 258,6	$ 279,5	$ 302,2
Reinvestimento (45,44%)	($ 100,6)	($ 108,7)	($ 117,5)	($ 127,0)	($ 137,3)
FCDA	**$ 120,7**	**$ 130,5**	**$ 141,1**	**$ 152,5**	**$ 164,9**

$$\text{Valor Explícito} = \left[\frac{120,7}{1,1616} + \frac{130,5}{1,1616^2} + \frac{141,1}{1,1616^3} + \frac{152,5}{1,1616^4} + \frac{164,9}{1,1616^5}\right] = \$\,452,4$$

$\text{Valor Explícito} = \$\,452,4$

- *Valor Contínuo (Perpetuidade) do PL*

O alto crescimento do lucro líquido verificado nos cinco primeiros anos da projeção – *período explícito* – não deve se manter na perpetuidade. No período *contínuo,* a atividade da empresa tende a convergir para um padrão estável de mercado, apurando um crescimento conservador dos fluxos de caixa em torno de 1,6% ao ano. A empresa não criará mais valor econômico nesse período: o retorno deve remunerar exatamente o custo de oportunidade dos acionistas (ROE = Ke).

Projeções para o período contínuo:

- Ke = ROE = 12,5%
- Para um crescimento esperado de 1,6%, a taxa de reinvestimento do lucro líquido atinge 12,8%, isto é:

$$b_{LL} = g_{LL}\!: 1,6\% \,/\text{ROE: } 12,5\% = 12,8\%$$

A taxa de reinvestimento do lucro diminui bastante no período contínuo, elevando o fluxo disponível de caixa do acionista. A premissa adotada é de que a empresa reduz seus investimentos e se aproxima dos padrões conservadores do mercado.

Como ROE = Ke, o valor contínuo pode ser calculado tanto pelo lucro líquido como pelo FCDA. Assim, o valor da empresa para o acionista não deve se alterar qualquer que seja a abordagem de cálculo utilizada:

$$\text{Valor Contínuo (FCDA)} = \frac{\$\,302,2 \times 1,016 \times (1-0,128)}{0,125-0,016} = \$\,2.456,3$$

ou:

$$\text{Valor Contínuo (LL s/ crescimento)} = \frac{\$\,302,2 \times 1,016}{0,125} = \$\,2.456,3$$

- *Valor Total da Parcela da Empresa Pertencente ao Acionista*

Valor do PL = Valor Explícito do PL + Valor Contínuo do PL
Valor do PL = $ 389,9 + $ 2.456,3 = $ 2.846,2

12.7 AVALIAÇÃO DE EMPRESA COM DIFERENTES CICLOS DE CRESCIMENTO

Uma empresa, em processo de avaliação do valor de mercado de suas ações, está projetando três ciclos esperados de crescimento de seus negócios: *alto crescimento, ajuste* e *estabilidade.*

As informações referentes a cada uma das etapas de crescimento previstas são descritas a seguir.

Informações Atuais – Ano Base da Avaliação

- receitas de vendas: $ 13,75/ação. A empresa possui 400 milhões de ações emitidas;
- lucro por ação (LPA): $ 1,10;
- despesas de capital (CAPEX): $ 3,90/ação;
- depreciação: $ 0,82/ação;
- investimento necessário em giro: 16% sobre as receitas de vendas;
- a taxa livre de risco é de 4,0% a.a., e a taxa de retorno de mercado, de 11,0% a.a. Admite-se que esses percentuais se mantenham na perpetuidade;
- o beta total da empresa é 1,25 para uma relação passivo (P) / patrimônio líquido (PL) de 1,0833. A alíquota de IR da empresa é de 34%.

Período de Alto Crescimento

A empresa prevê um período de quatro anos de alto crescimento de seus negócios, motivado por um ambiente econômico de forte expansão e baixa dos preços dos insumos. Aliada a esses fatores, acrescenta-se também a debilidade momentânea da concorrência. As empresas do setor estão ainda se preparando para competir em igualdade de condições, e esperam-se avanços significativos dos concorrentes no segmento de atuação somente daqui a quatro anos.

Informações projetadas para o período de crescimento elevado:

- taxa de crescimento esperada do LPA (g_{LPA}): 30% a.a.;
- crescimento esperado do CAPEX: 20% a.a.;
- crescimento esperado da depreciação: 16% a.a.;
- o investimento em giro deve se manter em 16% sobre as vendas;
- crescimento esperado das receitas de vendas: 22% a.a.;
- nesse período de forte crescimento, a empresa manterá uma estrutura de capital bastante alavancada, elevando a participação das dívidas para 62% do total dos ativos (P/PL = 62/38).

Período de Ajuste

Esse período definido como *de ajuste* é uma transição entre o alto crescimento e a estabilidade. A recuperação da concorrência não irá permitir que a empresa mantenha o crescimento previsto para os quatro primeiros anos, ajustando essa taxa pelo período até atingir a taxa de estabilidade esperada de 3,5% a.a. no ano 7. O período de ajuste é estimado em três anos.

294 VALUATION · ASSAF NETO

Informações projetadas para o período de ajuste:

- as taxas de crescimento do LPA nos três anos de transição são, respectivamente, de 25%, 20% e 20%;
- em razão dos altos investimentos iniciais, o CAPEX cresce menos no período de ajuste, prevendo-se uma taxa de 6% a.a. A depreciação deve crescer em 12% a.a. durante todo o período de ajuste;
- as taxas de crescimento esperadas das receitas de vendas nos próximos três anos de ajuste são de 15%, 10% e 8%, respectivamente;
- o investimento em giro se reduz no período para 10% das receitas de vendas;
- o endividamento [P/(P + PL)] se reduz dos atuais 62% para uma participação de 45%. Essa estrutura de capital é considerada como ideal pela empresa e deve se manter indeterminadamente. Não são esperadas alterações no risco econômico (risco do negócio) da empresa.

Período Estável

O período estável (ou perpetuidade) inicia-se logo após o final do ano 7, quando se encerra o intervalo de transição previsto para a empresa. Nesse período de duração indeterminada, espera-se estabilidade na taxa de crescimento dos fluxos de caixa disponíveis aos acionistas em torno de 2,5% a.a.

- *Valor do Alto Crescimento*

Fluxos de Caixa dos Acionistas (FCDA) ($/ação)

FCDA	Ano 1	Ano 2	Ano 3	Ano 4
LPA (g = 30% a.a.)	*1,43*	*1,86*	*2,42*	*3,14*
Depreciação (g = 16%)	0,95	1,10	1,28	1,48
FLUXO DE CAIXA	*2,38*	*2,96*	*3,70*	*4,62*
CAPEX (g = 20% a.a.)	(4,68)	(5,62)	(6,74)	(8,09)
Δ Investimento em Giro	(0,48)	(0,60)	(0,72)	(0,87)
Novas Dívidas (Pas = 62%)	2,61	3,17	3,83	4,64
FCDA	**(0,17)**	**(0,09)**	**0,07**	**0,30**
Δ giro	**Ano 1**	**Ano 2**	**Ano 3**	**Ano 4**
Vendas (g = 22% a.a.)	16,78	20,47	24,97	30,46
Investimento em Giro (16% s/ Vendas)	2,68	3,28	4,00	4,87
Δ INVESTIMENTO EM GIRO	*(0,48)*	*(0,60)*	*(0,72)*	*(0,87)*

CAP. 12 VALOR DA EMPRESA PARA O ACIONISTA – *EQUITY VALUE* E LUCRO EM EXCESSO **295**

Custo de Capital Próprio (Ke)

- Beta Desalavancado $(\beta_u) = \beta_{TOTAL} / [1 + P/PL \times (1 - IR)]$
- Beta Desalavancado $(\beta_u) = 1,25 / [1 + 1,0833 \times (1 - 0,34)] = 0,7289$
- Beta Alavancado para o período de alto crescimento (β):

  $\beta = 0,7289 \times [1 + 62/38 \times (1 - 0,34)] = 1,51$

- Custo de Capital Próprio (Ke):

  Ke = 4% + 1,51 × (11% – 4%)

  Ke = 14,57%

Valor Explícito do Alto Crescimento

$$\textbf{Valor} = \frac{(0,17)}{1,1457} + \frac{(0,09)}{1,1457^2} + \frac{0,07}{1,1457^3} + \frac{0,30}{1,1457^4} = \$\,0,0037/\text{ação}$$

- *Valor do Ajuste (Transição)*

Fluxo de Caixa dos Acionistas (FCDA)   (\$/ação)

FCDA	Ano 5	Ano 6	Ano 7
LPA (g = 25%; g = 20%; g = 20%)	3,93	4,71	5,65
Depreciação (g = 12%)	1,66	1,86	2,08
FLUXO DE CAIXA	5,59	6,57	7,73
CAPEX (g = 6%)	(8,57)	(9,09)	(9,64)
Δ Investimento em Giro	1,37	(0,35)	(0,31)
Novas Dívidas (Pas = 45%)	2,49	3,41	3,54
FCDA	**0,88**	**0,54**	**1,32**
Δ giro	**Ano 5**	**Ano 6**	**Ano 7**
Vendas (g = 15%; g = 10%; g = 8%)	35,03	38,53	41,61
Investimento em Giro = 10%	3,50	3,85	4,16
Δ INVESTIMENTO EM GIRO	*1,37*	*(0,35)*	*(0,31)*

Custo de Capital Próprio (Ke)

- Beta Alavancado para o período de transição (β):

  Pas = 45%; PL = 55%

  $\beta = 0,7289 \times [1 + 45/55 \times (1 - 0,34)] = 1,12$

- Custo de Capital Próprio (Ke):

  Ke = 4% + 1,12 × (11% – 4%)

  Ke = 11,84%

Valor Explícito do Período de Ajuste

$$\text{Valor de Transição} = \left[\frac{0,88}{1,1184} + \frac{0,54}{1,1184^2} + \frac{1,32}{1,1184^3} \right] / (1,1457)^4$$

Valor de Transição = $ 1,2549/ação

- *Valor da Continuidade (Perpetuidade)*

Como se espera um crescimento indeterminado dos fluxos de caixa dos acionistas de 2,5% ao ano logo após o final do intervalo de ajuste, o primeiro fluxo de caixa do período contínuo é igual a: $ 1,32 × 1,025 = $ 1,35. Assim, o valor contínuo no momento presente, para um custo de capital próprio de 11,84%, é calculado pela formulação seguinte:

$$\text{Valor Contínuo} = \left[\frac{\$1,35}{0,1184 - 0,025} \right] / [(1,1184)^3 × (1,1457)^4]$$

Valor Contínuo = $ 6,00/ação

- *Valor da Ação*

Valor Alto Crescimento	: $ 0,0037
Valor de Transição (Ajuste)	: $ 1,2549
Valor Contínuo	: $ 6,00
Valor da Ação	**: $ 7,26/ação**

12.8 AVALIAÇÃO PELO LUCRO EM EXCESSO (EVA)

A avaliação de uma empresa pode também ser efetuada por meio de projeções futuras de seus lucros em excesso, medidos pelo indicador do *Economic Value Added* (EVA),[3] amplamente estudado no Capítulo 6. O EVA representa o resultado econômico líquido da empresa que excede todos os custos e despesas, inclusive despesas financeiras (juros de dívidas) e custo de oportunidade do acionista. A empresa gera valor econômico aos acionistas desde que o lucro obtido supere o custo de capital dos provedores de recursos.

O EVA projetado pode ser entendido como uma estimativa do *lucro econômico* futuro da empresa. O seu valor presente equivale à riqueza econômica criada, ao excesso de valor produzido, ou seja, ao *goodwill*. Assim, conforme estudado no Capítulo 6, o valor da empresa (**Vo**) pode também ser expresso pela seguinte formulação:

Valor da Empresa (Vo) = Capital Total Investido + *Goodwill*

---

[3] Valor econômico agregado.

CAP. 12 VALOR DA EMPRESA PARA O ACIONISTA – *EQUITY VALUE* E LUCRO EM EXCESSO **297**

O *capital total investido* é o capital pertencente aos acionistas (patrimônio líquido) mais as dívidas onerosas (empréstimos e financiamentos) mantidas pela empresa e pertencentes a credores.

O valor da parcela da empresa que pertence aos acionistas, da mesma forma, apresenta-se de acordo com a seguinte expressão:

Valor do Patrimônio Líquido = Capital Próprio Investido + *Goodwill*

É interessante comparar os fluxos futuros de lucros em excesso com os fluxos de caixa. Um fluxo de caixa positivo ou negativo em determinado ano não indica necessariamente um EVA também positivo ou negativo no mesmo período. O EVA considera o resultado em excesso ao custo de capital por regime de competência e o total do capital investido. O fluxo de caixa considera somente o valor do investimento realizado no período, seja em CAPEX ou em giro. Não considera capitais investidos em outros períodos passados, como no caso do cálculo do EVA.

Assim, se as despesas de capital de um período superarem a capacidade de geração de caixa da empresa, o fluxo disponível de caixa calculado é negativo. Decidir reduzir investimentos para gerar maiores resultados de caixa pode trazer melhores resultados somente em curto prazo; em uma visão de longo prazo, é uma decisão temerária, podendo levar a empresa à perda de competitividade com alto risco de se inviabilizar. O mercado é dinâmico e exige constantes investimentos para manter a empresa competitiva e capaz de produzir valor pela continuidade.

Ao se apurar o EVA de balanços patrimoniais publicados, tem-se o reflexo do que ocorreu no passado, sem revelar o futuro da empresa. O valor desse lucro, descontado pela taxa de custo de capital, equivale ao que foi denominado pela *Stern Stewart*[4] de *Market Value Added* (MVA), conceito próximo ao de *goodwill*,[5] e também estudado no Capítulo 6. Esta medida representa a riqueza gerada aos acionistas, ou seja, o valor em excesso aos ativos da empresa.

Ao se calcular o valor presente dos EVAs esperados futuros, pode-se entender esse resultado também como o *valor econômico criado ao acionista,* formado a partir de expectativas futuras de desempenho econômico. O *goodwill* assim calculado indica a variação no valor do capital investido (valorização ou desvalorização) determinada pelo valor econômico agregado.

---

[4] *Stern Stewart & Co.*, ob. cit.

[5] Apesar das comentadas diferenças conceituais entre as medidas, neste livro adotaram-se MVA e *goodwill* como sinônimos, para expressar a riqueza econômica gerada por um investimento, ou seja, o valor que excede o total do capital investido no negócio.

12.8.1 Taxa de desconto do lucro em excesso

Valores Contábeis

O modelo de cálculo do EVA conforme proposto pela *Stern Stewart* pode ser obtido a partir do NOPAT (lucro operacional líquido do IR) ou pelo LL (lucro líquido). As formulações de cálculo estudadas no Capítulo 6 são as seguintes:

EVA = NOPAT – (WACC × Capital Investido)
EVA = LL – (Ke × Patrimônio Líquido)

WACC: custo total de capital (ou Custo Médio Ponderado de Capital);
Ke: custo de capital próprio (remuneração mínima exigida pelo acionista para o seu investimento).

Essas duas formulações utilizam valores contábeis conforme apurados nos balanços da empresa, e produzem o mesmo valor de EVA.

Para *ilustrar*, admita uma empresa que divulgou os seguintes resultados contábeis, expressos em seus principais grupos de contas, ao final de um exercício:

– Valores Contábeis –

INVESTIMENTO $ 29.625	PASSIVO
	$ 10.000
	(Ki bruto = 10%)
	PATR. LÍQUIDO
	$ 19.625
	(ke = 12,5%)

– Valores Contábeis –

Resultados		
NOPAT		$ 3.800,0
Despesas Financeiras: (1.000)		
Economia de IR: (34%)	340	(660,0)
LUCRO LÍQUIDO		$ 3.140,0

Sendo o custo de capital próprio (Ke) de 12,5% e o custo da dívida (Ki) de 10% antes do benefício fiscal de 34%, o custo total de capital (WACC) é calculado em:

$WACC$ = (12,5% × 19.625/$ 29.625) + [10% × (1 – 0,34) × 10.000/29.625]
$WACC$ = 10,5084%

Sendo conhecidos os custos de capital próprio e total, é calculado o lucro em excesso pela medida do *Valor Econômico Agregado* (EVA), apurando-se o mesmo resultado de $ 686,88, assim calculado:

EVA (NOPAT) = $ 3.800,0 – (10,5084% × $ 29.625,0) = $ 686,88
EVA (LL) = $ 3.140,0 – (12,5% × $ 19.625,0)   = $ 686,88

CAP. 12 VALOR DA EMPRESA PARA O ACIONISTA – *EQUITY VALUE* E LUCRO EM EXCESSO **299**

Ao se considerarem valores contábeis, o EVA pelo modelo sugerido produz o mesmo resultado, tanto se calculado pelo NOPAT como pelo lucro líquido (LL). Para o cálculo do MVA,[6] o lucro em excesso deve ser descontado pelo WACC, conforme sugere o modelo. Nesse caso, o valor do MVA da empresa atinge:

$$\text{MVA} = \frac{EVA = \$\,686{,}88}{WACC = 0{,}105084} = \$\,6.536{,}50$$

Como o MVA representa a riqueza econômica gerada pertencente ao acionista, uma alternativa sugerida ao modelo é descontar os EVAs futuros esperados pelo custo de capital próprio. Nesse caso, o MVA seria igual a: $\$\,686{,}88/0{,}125 = \$\,5.495{,}0$.

Valores de Mercado

Ao se desenvolver a metodologia de cálculo do EVA e do MVA utilizando-se valores de mercado, o lucro em excesso medido pelo EVA *não* terá o mesmo valor para os enfoques do NOPAT e do lucro líquido, porém o MVA apresenta o mesmo resultado econômico quando calculado por ambas as abordagens.

O pressuposto básico de cálculo do WACC é que os pesos do capital próprio e das dívidas utilizados sejam avaliados a valores de mercado, e não em valores contábeis.

O balanço da empresa do *exemplo ilustrativo*, apurando-se o valor econômico de seus ativos, apresenta-se com a seguinte estrutura:

INVESTIMENTO $ 35.120 $$Vo = \frac{NOPAT = \$\,3.800{,}0}{WACC = 0{,}1082}$$	**PASSIVO** $ 10.000 (Ki antes IR= 10%) **PATR. LÍQUIDO** $ 25.120 ($ 19.625 + $ 5.495)

PL = LL: $ 3.140 / Ke: 0,125

O WACC a pesos de mercado atinge 10,8%, isto é:

WACC = [12,5% × ($ 25.120/$ 35.120)] + [10% × (1 – 0,34) × $ 10.000/ $ 35.120]

WACC = 10,82%

O valor econômico dos ativos (*Vo*) é determinado, adotando-se pressupostos simplificadores, pelo valor presente do resultado operacional líquido, ou seja:

Vo = $ 3.800/0,1082 = $ 35.120

---

[6] Valor Agregado pelo Mercado. Marca registrada da Stern Stewart.

A partir dessas informações, pode-se desmembrar o valor de mercado dos ativos no valor do PL e no valor do passivo, marcados a mercado:

$$\text{Valor da Empresa (Vo): } \frac{NOPAT = \$\,3.800}{WACC = 0,1082} = \$\,35.120$$

$$\text{Valor do PL: } \frac{LL = \$\,3.140}{Ke = 0,125} = \$\,25.120$$

$$\text{Valor do Passivo: } \frac{DF = \$\,1.000}{Ki = 0,10} = \underline{\$\,10.000} \qquad = \$\,35.120$$

O valor econômico de mercado do patrimônio líquido menos o capital próprio contábil representa o MVA gerado pela empresa e pertencente ao acionista, podendo ser determinado pela expressão:

$$\text{MVA (Mercado)} = \$\,25.120 - \$\,19.625 = \$\,5.495$$

Conforme comentado, o EVA calculado pelo NOPAT e WACC apresenta um valor diferente daquele obtido pelas medidas do lucro líquido e Ke, porém o MVA não sofre alterações, produzindo o mesmo resultado pelas duas abordagens. Utilizando-se as formulações de cálculo estudadas no Capítulo 6, tem-se:

$$\text{EVA (NOPAT)} = \$\,3.800 - (10,82\% \times \$\,29.625) \qquad = \$\,594,58$$
$$\text{EVA (LL)} = \$\,3.140 - (12,5\% \times \$\,19.625) \qquad = \$\,686,88$$

O EVA obtido pela abordagem do lucro líquido (LL) não se altera, sendo igual a $\$\,686,88$. Pela abordagem do NOPAT, no entanto, o resultado é diferente pela alteração verificada nos pesos da participação de cada fonte de financiamento usados no cálculo do WACC. O valor do PL a mercado tem participação maior na estrutura de capital, elevando a taxa do custo total de 10,5084%, pelo balanço contábil, para 10,82% a valores de mercado.

O MVA, por seu lado, pode ser calculado descontando o EVA pelo WACC, como sugerido no modelo, ou atualizando o lucro em excesso futuro pelo custo de capital próprio. Em ambas as alternativas, o valor calculado é o mesmo, ou seja:

$$\text{MVA (WACC)} = \frac{EVA = \$\,594,58}{WACC = 0,1082} = \$\,5.495,0$$

$$\text{MVA (Ke)} = \frac{EVA = \$\,686,88}{Ke = 0,125} = \$\,5.495,0$$

12.8.2   Valor das ações pelo lucro em excesso e pelo FCDA

Admita que uma empresa tenha publicado um patrimônio líquido contábil de $\$\,370,0$ milhões ao final do exercício de 20x0. Para estimar o valor de mercado de suas ações, foram projetados os seguintes valores:

CAP. 12 VALOR DA EMPRESA PARA O ACIONISTA – *EQUITY VALUE* E LUCRO EM EXCESSO **301**

Período de Projeção (Explícito)

- duração: 5 anos;
- ROE previsto: 18% a.a.;
- índice de *payout*: 22,5%;
- custo de capital próprio: 14%.

Período Contínuo

- o ROE reduz-se para a taxa anual de 15% a.a.;
- taxa anual de crescimento esperada do lucro líquido na perpetuidade: 3,5%. O crescimento do LL começa a ocorrer a partir do 6º ano;
- custo de capital próprio: 11%.

- *Lucros em Excesso Previstos para o Período de Projeção*

($ milhões)

	20x1	20x2	20x3	20x4	20x5
PL INÍCIO EXERCÍCIO	370,0	421,6	480,4	547,4	623,8
PL FINAL EXERCÍCIO	421,6	480,4	547,4	623,8	710,8
LL: 18% × PL INÍCIO	66,6	75,9	86,5	98,5	112,3
CUSTO DE CAPITAL: 14% × PL INÍCIO	51,8	59,0	67,2	76,6	87,3
EVA: LL – CUSTO DE CAPITAL	14,8	16,9	19,3	21,9	25,0

PL INÍCIO EXERCÍCIO:

$$PL\ 20x2 = 370,0 + [(18\% \times 370,0) \times (1 - 0,225)] \qquad = \$\ 421,6$$
$$PL\ 20x3 = 421,6 + [(18\% \times 421,6) \times (1 - 0,225)] \qquad = \$\ 480,4$$
$$PL\ 20x4 = 480,4 + [(18\% \times 480,4) \times (1 - 0,225)] \qquad = \$\ 547,4$$
$$PL\ 20x5 = 547,4 + [(18\% \times 547,4) \times (1 - 0,225)] \qquad = \$\ 623,8$$
$$PL\ 20x6 = 623,8 + [(18\% \times 623,8) \times (1 - 0,225)] \qquad = \$\ 710,8$$

- *Lucros em Excesso Estimados para a Perpetuidade*

Como: $g_{LL} = 3,5\%$ e ROE = 15%, a *taxa de reinvestimento do lucro* é calculada em 23,33%, e o fluxo de caixa disponível aos acionistas (recursos de dividendos) atinge 76,67%. Logo, os resultados estimados para 20x6, primeiro ano do período contínuo, atingem:

$$PL\ (Final\ 20x6) = 710,8 + [(15\% \times 710,8) \times (1 - 0,7667)] \qquad = \$\ 735,7$$
$$EVA\ (20x6) = (15\% - 11\%) \times \$\ 710,8 \qquad\qquad\qquad = \$\ \ 28,4$$

- *Cálculo do Valor do Capital do Acionista pelos Lucros em Excesso*

VALOR DO PL (CAPITAL PRÓPRIO INVESTIDO) $\qquad$ = \$ 370,0

MVA DO PERÍODO EXPLÍCITO:

$$\left[\frac{14,8}{1,14}+\frac{16,9}{1,14^2}+\frac{19,3}{1,14^3}+\frac{21,9}{1,14^4}+\frac{25,0}{1,14^5}\right] \qquad = \$ \ \ 65,0$$

MVA DO PERÍODO CONTÍNUO: $\left[\dfrac{28,4}{0,11-0,035}\right] / (1,14)^5 \quad \underline{= \$ 196,7}$

Valor de Mercado das Ações $\qquad$ **= \$ 631,7 milhões**

- *Cálculo do Valor do Capital do Acionista pelo FCDA*

– FCDA do Período de Projeção – (\$ milhões)

	20x1	20x2	20x3	20x4	20x5
LL: 18% × PL INÍCIO	66,6	75,9	86,5	98,5	112,3
FCDA: LL × *Payout (22,5%)*	15,0	17,1	19,5	22,2	25,3

FCDA 20x6 = (\$ 710,8 × 15%) × (1 − 0,2333) $\qquad$ = \$ 81,7

$$\text{VALOR DAS AÇÕES} = \left[\frac{15,0}{1,14}+\frac{17,1}{1,14^2}+\frac{19,5}{1,14^3}+\frac{22,2}{1,14^4}+\frac{25,3}{1,14^5}\right] +$$

$$\left[\frac{81,7}{0,11-0,035}\right] / (1,14)^5$$

VALOR DAS AÇÕES = \$ 65,9 + \$ 565,8 $\qquad$ **= \$ 631,7 milhões**

As duas abordagens de cálculo do valor de mercado das ações – lucro em excesso e FCDA – produzem o mesmo resultado.

> ***Ganhos da Dívida*** – O Prof. Eliseu Martins[7] explica que o ganho do acionista é formado pelo lucro gerado pelo Capital Próprio (PL) investido mais os ganhos promovidos pelas dívidas mantidas pela empresa (empréstimos e financiamentos, basicamente). As dívidas têm um custo inferior ao do capital próprio (Ke > Ki) e promovem, ainda, um

---

[7] MARTINS, Eliseu. *O WACC é um mito, uma falácia ou uma arma?*. Disponível em: www.capitalaberto. com.br. Acesso em: mar. 2024.

CAP. 12   VALOR DA EMPRESA PARA O ACIONISTA – *EQUITY VALUE* E LUCRO EM EXCESSO   **303**

ganho quando o ROI da empresa for superior ao seu custo (ROI > Ki). Esses resultados irão incrementar o retorno sobre o capital próprio (ROE) da empresa e promover um incremento em seu valor.

Assim, quando se calcula o Valor Econômico do PL pelo Valor Presente do Fluxo de Caixa Livre do Acionista (FCDA), para se apurar o valor final da empresa (firma) deve-se somar ao valor do PL calculado o valor das dívidas acrescido de seus ganhos.

TÓPICO ESPECIAL: AQUISIÇÕES ALAVANCADAS (LBO)

Aquisições Alavancadas (LBO – *Leveraged Buyout*) são aquisições de controles acionários financiados predominantemente por capitais de terceiros (dívidas). Nas operações LBO, os ativos da empresa adquirida costumam ser oferecidos como garantia da operação de financiamento e as dívidas são amortizadas através de seus fluxos de caixa gerados.

Buyout a aquisição de outra empresa (empresa-alvo de compra) por um grupo de pessoas (investidores). A operação de utilização de alto volume de títulos de dívidas garantidos pelos ativos da empresa-alvo para financiar a aquisição é conhecida por *Leveraged Buyout* (LBO). Importante destacar que a operação de *buyout* não implica necessariamente na fusão das empresas; a aquisição pode manter a unidade com gestão independente.

LBO é a aquisição de uma empresa (ou unidade de negócio) por outra empresa utilizando geralmente uma elevada proporção de capitais de terceiros (financiamentos). Aquisições alavancadas oferecem diversas vantagens e também riscos aos investidores, principalmente pela alta alavancagem financeira.

Essas aquisições costumam ainda elevar demasiadamente o índice de endividamento recomendado para a empresa, exigindo o resgate de parte da dívida em curto prazo, de maneira a reduzir o risco financeiro. A amortização do capital de terceiros é processada geralmente pela alienação de ativos e geração de fluxos livres de caixa.

Em uma operação de aquisição alavancada, a empresa-alvo é geralmente adquirida por um Fundo de Investimento especializado no negócio. Para empresas consolidadas no mercado, a LBO é realizada por Fundos de *Private Equity*. Os Fundos de *Venture Capital*, por seu lado, são especializados em empresas emergentes.

Private Equity e *Venture Capital* são operações no mercado financeiro realizadas por fundos de investimentos, mediante aportes temporários de capital em empresas que demonstram boas perspectivas de crescimento e valorização. O objetivo desses fundos é o de terem suas participações valorizadas e apurarem ganhos pelos retornos obtidos quando da alienação da participação.

A diferença básica do investimento *Private Equity* e *Venture Capital* é o estágio de desenvolvimento em que se encontram as empresas. O *Private Equity* indica investimentos em empresas mais consolidadas no mercado. O objetivo principal da operação é o de oferecer apoio financeiro para a empresa agilizar seu crescimento e assumir novo posicionamento no mercado. O segmento de *Venture Capital* é representado por empresas em estágios iniciais de desenvolvimento, recursos destinados geralmente para a estruturação inicial do negócio (*start-up*) e expansão de suas atividades.

A *empresa-alvo* de uma operação LBO costuma apresentar, entre outras, as seguintes principais *características*:

- baixa alavancagem;
- capacidade de gerar bons e estáveis fluxos de caixa, permitindo o pagamento do principal e serviços da dívida;
- poucas necessidades de investimentos (fixo e giro) no futuro;
- boa posição financeira atual e potencial de crescimento;
- alto volume de ativos para oferecer como garantia da dívida contraída.

O principal *risco* de uma operação LBO concentra-se nas dificuldades financeiras determinadas por retração de mercado, recessão econômica, mudanças na legislação e na regulação de mercado, entre outros eventos desfavoráveis e não previstos. Essas dificuldades limitam a capacidade de pagamento da empresa, podendo gerar a descontinuidade do negócio.

As principais *vantagens* que podem ser identificadas em uma operação de LBO são:

- maiores benefícios fiscais oriundos do endividamento utilizado na aquisição;
- maior alavancagem, que pode impor uma gestão mais eficiente para cobrir os altos compromissos financeiros de principal e juros;
- endividamento mais alto, que costuma incentivar os gestores a superar desafios mediante novas formas de cortes de custos, agregação de tecnologia e cortes de desperdícios, além de investigar mudanças na gestão;
- redução dos custos de agência (*agency costs*) pela participação dos credores de dívidas em Conselhos ou órgãos de assessorias internos da empresa.

EXEMPLO ILUSTRATIVO

Caso Prático de Aquisição Alavancada: LBO

Para ilustrar uma aplicação prática de aquisição alavancada (LBO), considere uma empresa-alvo que está sendo negociada por $ 264,0 milhões, valor equivalente a cinco EBITDAs correntes de $ 52,8 milhões. A aquisição será financiada com uma participação de 80% de dívidas (financiamento), a um custo bruto anual de 10%, e o restante (20%) mediante capital próprio. Assim:

Estrutura de Capital do LBO

	Dívidas (80%)	= $ 211,2
Investimento = $ 264,0 mi		
	Capital Próprio (20%)	= $ 52,8

Admita que as condições do crédito levantado pela empresa exigem que todo excesso anual de caixa verificado nos próximos cinco anos seja destinado para a amortização do principal da dívida. Neste período, não sobrarão recursos disponíveis de caixa para pagamento de dividendos aos acionistas.[8]

As *receitas de vendas* atuais da empresa-alvo são de $ 400,0 milhões, e os investidores planejam negociar a empresa-alvo ao final de cinco anos por um preço equivalente a cinco EBITDAs projetados.

São considerados ainda os seguintes *pressupostos*:

	Ano 1	Ano 2	Ano 3	Ano 4	Ano 5
Crescimento das vendas	6,0%	6,0%	6,0%	5,0%	5,0%
Custo e despesas desembolsáveis como % das vendas	72,0%	72,0%	72,0%	72,0%	72,0%
Alíquota de IR	34,0%	34,0%	34,0%	34,0%	34,0%
Depreciação como % das vendas	8,0%	8,0%	8,0%	8,0%	8,0%
CAPEX como % das vendas	14,0%	14,0%	14,0%	12,0%	12,0%
Investimento em giro como % das vendas	10,0%	10,0%	10,0%	10,0%	10,0%

---

[8] Parte deste exemplo ilustrativo segue o caso desenvolvido por TITMAN, Sheridan; MARTIN, John D. *Valuation*. New York: Pearson Addison Wesley, 2007. p. 342.

A partir dos pressupostos adotados na avaliação da empresa-alvo, são projetados os resultados disponíveis de caixa para cada um dos próximos cinco anos:

Free Cash Flow da Empresa (FCDE)   ($ milhões)

	Ano 1	Ano 2	Ano 3	Ano 4	Ano 5
Receitas de Vendas	$ 424,0	$ 449,4	$ 476,4	$ 500,2	$ 525,2
C/D Desembolsáveis	(305,3)	(323,6)	(343,0)	(360,1)	(378,1)
EBITDA	118,7	125,8	133,4	140,1	147,1
Depreciação	(33,9)	(36,0)	(38,1)	(40,0)	(42,0)
EBIT	84,8	89,8	95,3	100,1	105,1
IR	(34%)	(34%)	(34%)	(34%)	(34%)
NOPAT	56,0	59,3	62,9	66,1	69,4
Depreciação	33,9	36,0	38,1	40,0	42,0
FC OPERACIONAL	89,9	95,3	101,0	106,1	111,4
CAPEX	(59,4)	(62,9)	(66,7)	(60,0)	(63,0)
Investimento em Giro (1)	(2,4)	(2,5)	(2,7)	(2,4)	(2,5)
***FREE CASH FLOW* DA EMPRESA (FCDE)**	**28,1**	**29,9**	**31,6**	**43,7**	**45,9**

Free Cash Flow do Acionista (FCDA)   ($ milhões)

	Ano 1	Ano 2	Ano 3	Ano 4	Ano 5
Receitas de Vendas	$ 424,0	$ 449,4	$ 476,4	$ 500,2	$ 525,2
C/D Desembolsáveis	(305,3)	(323,6)	(343,0)	(360,1)	(378,1)
EBITDA	118,7	125,8	133,4	140,1	147,1
Depreciação	(33,9)	(36,0)	(38,1)	(40,0)	(42,0)
Despesas com juros (2)	(21,1)	(19,7)	(18,0)	(16,1)	(12,8)
LUCRO ANTES DO IR	63,7	70,1	77,3	84,0	92,3
IR	(34%)	(34%)	(34%)	(34%)	(34%)
LUCRO LÍQUIDO	42,0	46,3	51,0	55,4	61,9
Depreciação	33,9	36,0	38,1	40,0	42,0
CAPEX	(59,4)	(62,9)	(66,7)	(60,0)	(63,0)
Investimento em Giro (1)	(2,4)	(2,5)	(2,7)	(2,4)	(2,5)
Pagamento Principal Dívida – Amortização (2)	(14,1)	(16,9)	(19,7)	(33,0)	(37,6)
***FREE CASH FLOW* DO ACIONISTA (FCDA)**	–	–	–	–	–

CAP. 12 VALOR DA EMPRESA PARA O ACIONISTA – *EQUITY VALUE* E LUCRO EM EXCESSO **307**

Conforme fixado no contrato de financiamento, todo resultado líquido de caixa gerado nos próximos cinco anos é destinado para amortizar a dívida. Dessa forma, o fluxo de caixa disponível (*free cash flow*) é totalmente consumido no período para o pagamento do principal do financiamento. Em outras palavras, a amortização da dívida é igual a:

> Pagamento Principal da Dívida =
> Lucro Líquido (+) Depreciação (–) CAPEX (–) Investimento Adicional em Giro

(1) *Investimento em Giro* ($ milhões)

	Ano 0	Ano 1	Ano 2	Ano 3	Ano 4	Ano 5
Vendas	$ 400,0	$ 424,0	$ 449,4	$ 476,4	$ 500,2	$ 525,2
Investimento em giro (10 %)	40,0	42,4	44,9	47,6	50,0	52,5
Necessidade Adicional de Giro	–	**2,4**	**2,5**	**2,7**	**2,4**	**2,5**

(2) *Despesas com Juros* ($ milhões)

Ano	Saldo Devedor	Amortização	Juros
0	211,2	–	–
1	197,1	14,1	21,1
2	180,2	16,9	19,7
3	160,5	19,7	18,0
4	127,5	33,0	16,1
5	89,9	37,6	12,8

Posição esperada da empresa ao final de cinco anos:

Se os valores previstos ocorrerem, o valor de negociação da empresa ao final do ano 5 atinge 5 EBITDAs. Como o EBITDA projetado para o final do ano 5 atinge $ 147,1 milhões, o valor total da empresa é igual a: 5 x $ 147,1 = $ 735,5 milhões, ou seja:

Valor Previsto de Negociação	= $ 735,5 milhões
Dívida (Saldo Devedor)	= $ 89,9 milhões
Valor do PL ao final do ano 5	= $ 645,6 milhões

Rentabilidade da Operação de LBO:

Ano 0		**Ano 5**	
Dívida	$ 211,2 – 80,0%	$ 89,9 – 12,0%	
Patrimônio Líquido	$ 52,8 – 20,0%	$ 645,6 – 88,0%	
Valor da Empresa	$ 264,0 milhões	$ 735,5 milhões	

$$\text{TAXA MÉDIA DE RETORNO DO ACIONISTA} = \left(\frac{\$\,645,6}{\$\,52,8} \right)^{1/5} - 1 = 65,0\% \text{ a.a.}$$

13

Visão Geral
e Conclusões

Este capítulo foi introduzido com o objetivo de apresentar as principais conclusões do estudo de *Valuation* desenvolvido neste livro e também contribuir para uma melhor compreensão dos valores intrínsecos de uma empresa. A intenção é abordar os temas mais importantes de forma mais prática e conclusiva, destacando principais conceitos, aplicações práticas e limitações.

A avaliação de uma empresa produz um *valor estimado*, e não um resultado exato, inquestionável. O valor é determinado a partir de alguns parâmetros básicos, como retornos futuros de caixa, crescimento esperado, potencial do mercado e riscos associados aos fluxos de caixa e embutidos na taxa de desconto.

A *avaliação intrínseca* (ou econômica) é desenvolvida com base nos fluxos de caixa que se espera gerar no futuro e trazidos a valor presente por uma taxa de juros que reflita o risco associado. Negócios mais estáveis e previsíveis e, portanto, com menores incertezas, têm seus fluxos de caixa descontados por taxas de juros menores, produzindo um valor presente maior que negócios mais especulativos, mais incertos.

A avaliação depende de expectativas futuras de geração de retornos de caixa, de previsões que poderão ou não ocorrer. É possível que os resultados futuros sejam bem diferentes dos valores estimados, mostrando um desempenho efetivo diferente daquele adotado na avaliação. É um risco específico da empresa formado pelo desenvolvimento da tecnologia, potencial de crescimento do mercado e da empresa e ambiente econômico.

Corroborando o pensamento de diversos autores,[1] entendemos que através de conhecimentos de Finanças e Economia e certa habilidade,

---

[1] Ver, por exemplo: DAMODARAN, Aswath. *Valuation*. Rio de Janeiro: LTC, 2012.

é perfeitamente possível para qualquer pessoa, que invista tempo no levantamento e na interpretação das informações necessárias, calcular o valor de qualquer empresa.

É preciso ainda ter claros os conceitos de *Preço* e *Valor*. *Valor* é o preço do ativo acrescido dos benefícios econômicos esperados, das expectativas futuras de ganhos. Para que um investimento seja economicamente atraente, o Valor deve exceder o Preço. Um ativo é considerado "caro" quando o valor for menor que o seu preço; o adquirente estaria pagando mais do que vale. Caso contrário, quando o valor for maior que o preço, o ativo é considerado "barato", economicamente atraente.

Preço é mais tangível, mensurado de forma explícita. É a quantia que deve ser desembolsada na aquisição. É determinado por custos, condições de oferta e procura no mercado, concorrência etc.

O *Valor,* por outro lado, considera os benefícios esperados do ativo. Por exemplo, o valor de uma ação é definido pelos ganhos esperados como dividendos e valorização. O preço é a cotação da ação em determinado momento, a qual varia de acordo com as condições de mercado e da empresa. No cálculo do Valor, são considerados todos os itens que valorizam o ativo, como crescimento dos lucros, novas oportunidades de negócios, maior competitividade, e assim por diante.

13.1   OBJETIVO DA EMPRESA

Uma empresa pode ser entendida como uma unidade econômica geradora de caixa. É a geração esperada de benefícios de caixa quem determina o valor da empresa, ou seja, o valor presente de seu fluxo futuro esperado de caixa. Os ativos somente possuem valor econômico se forem capazes de produzir retornos de caixa no futuro.

O objetivo da empresa é produzir um retorno acima de seu custo de capital (custo de oportunidade), ou seja, maximizar a riqueza econômica do acionista. Ao gerar esse retorno em excesso, definido por *Lucro Econômico*, a empresa cria riqueza econômica (*goodwill*).

Importante destacar ainda que não é o valor o objetivo principal da empresa, mas a riqueza econômica criada. Por exemplo, determinada empresa está avaliada em $ 100,0 no mercado (Vo = $ 100,0) e mantém um capital investido em ativos fixos e giro igual a $ 90,0. Outra empresa de menor valor, valendo $ 50,0 (Vo = $ 50,0), tem somente $ 10,0 de capital investido no seu negócio. A primeira empresa tem maior valor (vale o dobro da outra), porém demonstra menor criação de riqueza econômica. O objetivo fundamental é gerar riqueza econômica.

13.2   LUCRO ECONÔMICO E VALOR

O objetivo da empresa é a *geração de riqueza econômica*. Essa riqueza é formada pela capacidade da empresa de produzir um retorno em excesso ao seu custo de oportunidade, ou seja, gerar *lucro econômico* aos acionistas.

A apuração de *lucro econômico* é a principal sinalização de criação de valor. Indica quanto a empresa é capaz de remunerar seus acionistas/sócios acima do retorno mínimo exigido. Geralmente, o lucro econômico é calculado pela diferença entre o retorno do investimento (ROI) e o custo total de capital (WACC) multiplicado pelo capital investido.

A riqueza econômica, também definida por *goodwill*, revela o valor da empresa que excede o montante do capital investido no negócio. Essa riqueza é determinada pelos bens intangíveis (marca, produtos, tecnologia, imagem, design etc.), os quais produzem ganho em excesso.

Atualmente, uma parcela relevante do valor de uma empresa é determinada pelo seu *goodwill*. As empresas estão se tornando menos empresas e mais negócios. Há cada vez menos investimentos em ativos tangíveis e mais em intangíveis.

Por exemplo, de acordo com resultados publicados pela Fortune,[2] o capital investido (Ativos) das empresas de maior valor do mundo (Apple, Microsoft e Amazon) equivale a menos de 20% de seu valor de mercado, ou seja:

	APPLE	MICROSOFT	AMAZON
Valor de Mercado	100,0%	100,0%	100,0%
Valor dos Ativos	13,1%	15,2%	29,3%
Goodwill	86,9%	84,8%	70,7%

13.3 O LUCRO QUE INTERESSA PARA O *VALUATION*: ATUAL OU FUTURO

Outro aspecto importante para o *Valuation* é a definição do "lucro econômico futuro" como a medida relevante para a criação de valor, e não o resultado atual ou passado. O valor da empresa é determinado por expectativas futuras de geração de caixa, pela capacidade esperada da empresa em produzir lucro econômico, e não pelo montante de seus ativos ou seus lucros atuais (ou passados). Lucros contábeis mais altos obtidos nas DREs não refletem necessariamente maior valor; a medida relevante para a geração de valor é o Lucro Econômico futuro.

As empresas de maior valor de mercado atualmente não apresentaram desempenho de lucros compatível com sua avaliação. Muitas delas, inclusive, apresentaram prejuízos nos últimos anos. São as expectativas futuras de retorno que determinam o valor. Para melhor ilustrar essa relação, são apresentados a seguir os lucros passados e o valor de mercado de quatro empresas, conforme apurado em: www.fortune.com. Acesso em: 8 fev. 2021.

Observe que apesar dos seguidos prejuízos da Dell e da Tesla, ainda assim as empresas produziram valor. Foi a expectativa futura de retorno, e não a histórica, quem

---

2 Disponível em: www.fortune.com. Acesso em: 8 mar. 2024.

permitiu que as empresas tivessem valor econômico. Os lucros passados da Nike e da Alphabet foram muito baixos em relação aos respectivos valores de mercado. O valor de cada uma das empresas ilustradas foi determinado pelos resultados esperados em períodos futuros (período de projeção), e não pelo desempenho passado.

(US$ mi)

	Alphabet	Dell	Nike	Tesla
LL – 2016	$ 16.348,9	–	$ 3.273,0	–
LL – 2017	$ 19.478,0	– $ 1.672,0	$ 3.760,0	– $ 674,0
LL – 2018	$ 12.662,0	– $ 3.728,0	$ 4.240,0	– $ 1.961,0
LL – 2019	$ 30.736,9	– $ 3.310,0	$ 1.933,0	– $ 976,0
VALOR	$ 998.314,0	$ 44.323,0	$ 152.261,0	$ 96.473,4

Dados mais recentes de cinco grandes empresas reforçam a ideia de o valor econômico ser formado a partir de expectativas futuras de retorno, e não de desempenho passado. Observe que baseando-se nos resultados líquidos de 2023, o valor das empresas ilustradas demandaria, em média, 47 anos de lucros para reporem o investimento.

EMPRESA	VALOR	LUCRO (2023)
APPLE	US$ 3,6 tri	US$ 97,0 bi (37 anos)
MICROSOFT	US$ 3,4 tri	US$ 72,4 bi (47 anos)
ALPHABET	US$ 2,3 tri	US$ 74,0 bi (31 anos)
AMAZON	US$ 2,0 tri	US$ 30,4 bi (66 anos)
TESLA	US$ 805,0 bi	US$ 15,0 bi (54 anos)

13.4 VALOR JUSTO (*FAIR VALUE*) E VALOR DE MERCADO

Valor Justo (*Fair Value*) é o valor de um ativo negociado livremente entre as partes (comprador e vendedor), com isenção de interesses, e ambas apresentando conhecimento suficiente e dispostas a realizarem a transação. É um valor de referência, determinado normalmente pelo método do Fluxo de Caixa Descontado (FCD), sendo também definido por *Valor Intrínseco*.

Valor de Mercado é uma medida do valor da empresa que reflete valor do ativo a partir de expectativas futuras de geração de benefícios econômicos de caixa. É o valor pelo qual um ativo pode ser negociado no mercado em determinado momento, formado pela interação da oferta e procura das partes envolvidas (compradores e vendedores). Em outras palavras, indica a avaliação dos investidores no mercado.

Em geral, o Valor de Mercado não representa o Valor Justo do ativo. O mercado não é eficiente a ponto de estabelecer o Valor Justo de todo ativo negociado, convivendo muitas vezes com baixa liquidez e alta concentração de capital. O Valor de Mercado e o Valor Justo podem divergir, surgindo as oportunidades atraentes aos investidores de compra e venda de ativos no mercado.

13.5 MERCADO EFICIENTE

A teoria do Mercado Eficiente foi desenvolvida na década de 1970 por Eugene Fama,[3] propondo que o valor de um ativo é estabelecido por consenso a partir de informações disponíveis a todos os investidores. Variações nos preços dos ativos são promovidas pela incorporação de novas informações relevantes. No Mercado Eficiente, os preços de negociação devem refletir adequadamente todas as informações no momento, apresentando grande sensibilidade a novas informações.

IMPORTANTE – no Mercado Eficiente, não é possível a um investidor apurar consistentemente retornos acima da média do mercado (ganhos extraordinários), considerando as informações disponíveis no momento do investimento. Nele, os preços dos ativos aproximam-se do valor intrínseco.

Dessa maneira, no *Valuation* não se prevê que uma empresa superará sistematicamente o mercado (setor de atividade), convergindo seus resultados futuros (período contínuo) aos valores médios praticados. A longo prazo, os valores tendem ao mercado.

13.6 *GOODWILL* E ÁGIO

O *goodwill* é um valor intangível e representa a riqueza econômica gerada por um investimento, medida pelo valor intrínseco (ou valor econômico) da empresa menos o valor justo dos Ativos Líquidos (Capital Investido no negócio). Em outras palavras, é o valor em excesso (prêmio) da empresa em relação ao que se gastaria para construí-la.

Determina-se o *goodwill* pela capacidade da empresa de produzir lucro econômico (resultados acima do custo de oportunidade). É um valor intangível, formado por marca, imagem, tecnologia, portfólio de produtos, gestão etc., que produz lucro em excesso (acima do normal). O potencial em produzir lucro econômico é que forma o *goodwill*.

O *goodwill* é negativo quando o valor intrínseco da empresa for menor que seus ativos, ou seja, o valor da empresa pela soma das partes que compõem seu ativo (liquidação) é maior que o valor da empresa em funcionamento (o todo da empresa).

---

[3] FAMA, Eugene. Efficient capital markets: a review of theory and empirical work. *Journal of Finance*, mai/1970.

O *ágio* equivale ao valor de negociação da empresa que excede o seu valor intrínseco. Representa quanto foi pago por uma empresa acima de seu valor intrínseco, de interesse pontual do comprador.

Por exemplo, admita uma empresa cujo controle foi negociado no mercado envolvendo os seguintes valores:

Valor de Negociação : $ 15,0 bi
Valor Econômico (Intrínseco) : $ 11,0 bi
Capital Investido (Ativos Líquidos) : $ 5,0 bi
Goodwill = $ 11,0 − $ 5,0 = $ 6,0 bi

O *goodwill* equivale ao valor estimado da empresa em excesso ao capital investido no negócio. Valor da riqueza intangível.

Ágio = $ 15,0 − $ 11,0 bi = $ 4,0 bi (ágio de 36,4% s/ Valor Econômico).

Ágio é o valor pago pela empresa em excesso ao seu valor econômico e que atende a um interesse específico (pontual) do comprador.

Enquanto o *goodwill* é determinado pelo valor intangível da empresa, o ágio é pontual, de interesse particular do comprador. Determinado negócio pode produzir um ganho de sinergia para uma empresa, a qual se mostra disposta a pagar um valor adicional (ágio) pela sua aquisição. De forma mais simples, seria quanto o vizinho de um terreno desocupado pagaria acima de seu valor de mercado (ágio) pelo imóvel que faz divisa com sua casa. Moradores de outros bairros poderiam não estar dispostos a pagar esse valor em excesso, pois não teriam o benefício do vizinho.

13.7 VALOR ECONÔMICO (INTRÍNSECO)

O Valor Econômico de uma empresa (ou Valor Intrínseco) representa o valor presente de sua capacidade futura em produzir fluxos operacionais livres de caixa, trazidos a valor presente por uma taxa de desconto que remunera o risco. É o valor da empresa adotando o método do Fluxo de Caixa Descontado. O valor econômico é determinado pela geração de fluxos futuros de caixa.

A metodologia do Valor Econômico pode ser aplicada a todo tipo de empresa: grandes e pequenas empresas, *startups*, instituições financeiras, indústria, comércio e serviços etc.

13.8 FUNDAMENTOS DO VALOR ECONÔMICO

Os fundamentos do valor econômico são:

- O valor da empresa é formado por expectativas futuras de benefícios econômicos de Caixa. Não é o desempenho passado quem determina o valor da empresa, nem o tamanho de seus ativos, mas seus ganhos potenciais futuros.

- As expectativas de caixa devem ser trazidas a valor presente por meio de uma taxa de juros que embute o risco. Assim, o valor econômico é o valor presente de fluxos "potenciais de ganhos".
- Caso o retorno não remunere o custo de oportunidade de um negócio no futuro, o valor da empresa é o seu *valor de liquidação*, ou seja, o seu valor de descontinuidade. Nesse caso, o valor de liquidação (valor das partes) é maior que o valor econômico (valor do todo).
- A longo prazo, o valor de uma empresa é definido pela qualidade de seus ativos, por sua capacidade de produzir resultados econômicos (operacionais), e não pela forma como a empresa é financiada.
- O cálculo do valor depende de estimativas futuras, e o futuro é INCERTO. O *Valuation* está sujeito a erros, de eventos não previstos e de alguma subjetividade do avaliador. O valor não é exato, mas aproximado.
- O valor de uma empresa é o valor em *continuidade*, e nunca seu valor de descontinuidade, valor de realização. No caso de uma empresa projetar um retorno inferior ao seu custo de oportunidade, o seu valor econômico é MENOR que o valor de seus ativos, sendo mais atraente negociar a empresa pelo seu valor de liquidação. Nesse caso, *a soma das partes é maior que o todo.*

13.9 PREMISSAS

O valor é estabelecido a partir de "premissas", como continuidade da empresa, crescimento, competitividade e ambiente de mercado e econômico. A avaliação permanece aceita enquanto as premissas adotadas no *valuation* se mantiverem verdadeiras. Uma boa parte do risco da avaliação está na definição das premissas. Alguns exemplos de premissas:

Comércio Varejista	Setor Sucro	Aviação Comercial
Comércio Eletrônico × Físico	PIB	PIB
PIB e Taxa de Desemprego	Variação Cambial	Variação Cambial
Acesso ao Crédito	Petróleo	Petróleo
Taxas de Juros	Política Energética	Taxas de Juros

13.10 FLUXO DE CAIXA DISPONÍVEL (*FREE CASH FLOW*)

A empresa é avaliada pelo Fluxo de Caixa Disponível (*Free Cash Flow*), que é calculado após a dedução de todas as receitas e despesas, inclusive das necessidades de investimentos em capital fixo (CAPEX) e capital de giro.

Há duas abordagens para o FCD: FCD Empresa (FCDE) e FCD do Acionista (FCDA). Ao se projetar o FCDE e atualizar pelo Custo Total de Capital (WACC), apura-se o Valor

Econômico dos Ativos (Vo), ou *Enterprise Value* (EV). O valor presente do FCDA, descontado pelo Custo de Capital Próprio (Ke), indica o valor do Patrimônio Líquido.

Os fluxos do CAPEX (Dispêndios de Capital) não costumam apresentar valores estáveis. Os investimentos tendem a seguir o ciclo da empresa e da economia, os quais incluem períodos de Crescimento, Transição e Estabilidade. Portanto, não é recomendado usar uma taxa fixa de crescimento para o CAPEX por todo o período de projeção.

O CAPEX deve ainda incluir não somente os investimentos tangíveis, mas também intangíveis, como Pesquisa e Desenvolvimento de produtos.

13.11 VALOR EXPLÍCITO E CONTÍNUO

As projeções dos fluxos de caixa da empresa para apuração de seu valor são geralmente segmentadas em período explícito (ou previsível), e período contínuo (ou perpetuidade), que se inicia logo após o término do período explícito. Assim, o Valor da Empresa (Vo) é igual ao Valor Presente dos fluxos de caixa previstos para o Explícito mais o Valor Presente dos fluxos de caixa da Perpetuidade, ou seja:

VALOR DA EMPRESA = VALOR EXPLÍCITO + VALOR DA PERPETUIDADE

O valor da Perpetuidade (contínuo) é muito importante para toda avaliação, considerando que ele costuma representar, em média, mais de 50% do valor total da empresa.

No entanto, deve-se destacar que não é a duração do tempo explícito e o consequente início da perpetuidade que afetarão o valor da empresa. *Desde que a distribuição dos fluxos de caixa no tempo seja a mesma, o valor total da empresa não se altera.*[4]

Para melhor entendimento, considere o seguinte exemplo ilustrativo:

Informação da Avaliação no Ano Base

FCDE = $ 1.000,0

Taxa Crescimento no Período Explícito (g) = 5% a.a.

Taxa de Crescimento na Perpetuidade (g) = 2% a.a.

WACC = 14% a.a.

PERÍODO EXPLÍCITO = 4 ANOS

$FCDE_1 = \$ 1.050,0$

$FCDE_2 = \$ 1.102,5$

$FCDE_3 = \$ 1.157,6$

$FCDE_4 = \$ 1.215,5$

Perpetuidade: $FCDE_5 = \$ 1.239,8$

PERÍODO EXPLÍCITO = 6 ANOS

$FCDE_1 = \$ 1.050,0$

$FCDE_2 = \$ 1.102,5$

$FCDE_3 = \$ 1.157,6$

$FCDE_4 = \$ 1.215,5$

$FCDE_5 = \$ 1.239,8$

$FCDE_6 = \$ 1.264,6$

Perpetuidade: $FCDE_7 = \$ 1.289,9$

---

[4] Esta demonstração é também apresentada em: COPELAND, Tom; KOLLER, Tim; MURRIN, Jack. *Avaliação de empresas*. 3. ed. São Paulo: Makron Books, 2002. p. 279.

VALOR EXPLÍCITO = $ 3.270,4   VALOR EXPLÍCITO = $ 4.490,4
VALOR CONTÍNUO = $ 6.117,2   VALOR CONTÍNUO = $ 4.897,2
Vo = $ 9.387,6   Vo = $ 9.387,6

13.12 VALOR ECONÔMICO E *GOODWILL*

Considerem-se as seguintes situações:

Se: Lucro Econômico > 0   Indica: VALOR ECONÔMICO > VALOR DOS ATIVOS
Nesse caso, a empresa produz riqueza econômica (*goodwill*).
O valor da empresa supera o capital investido em seus ativos. Esta diferença é:
Riqueza gerada pelo maior retorno
O todo é <u>maior</u> que a soma das partes

Se: Lucro Econômico = 0   Indica: VALOR ECONÔMICO = VALOR DOS ATIVOS
Nesse caso, a empresa remunera unicamente seu custo de oportunidade.
O valor de uma empresa que produz um retorno exatamente igual ao Custo de
Oportunidade é o que se gastaria para construí-la.
RIQUEZA ECONÔMICA = 0   *O todo é <u>igual</u> à soma das partes*

Se: Lucro Econômico < 0   Indica: VALOR ECONÔMICO < VALOR DOS ATIVOS
Nesse caso, a empresa não é capaz de remunerar o capital investido, destruindo
valor.
A situação de destruição de valor assemelha-se a um "desmanche": o valor de cada
ativo produz um total superior ao valor da empresa em atividade. É o conceito de
inviabilidade econômica.
RIQUEZA ECONÔMICA < 0   *O todo é <u>menor</u> que a soma das partes*
                              Valor de Liquidação da Empresa

13.13 ATIVOS E PASSIVOS QUE COMPÕEM O VALOR DA EMPRESA

O valor da empresa (Vo), ou *Enterprise Value* (*EV*), equivale ao Valor Econômico
dos Ativos. Logo:

Vo = Valor de Mercado do PL + Valor de Mercado do Passivo

Vo é calculado pelo valor presente dos FCDEs esperados, atualizados pelo Custo
Médio Ponderado de Capital (WACC). Se a empresa for negociada por esse preço, são
incluídos no negócio somente aqueles ativos cujas expectativas futuras de retorno (ou
contribuição) de caixa estão consideradas no FCDE. Ativos pertencentes à empresa,
mas cujos resultados (benefícios) previstos de caixa não foram adicionados aos fluxos

de caixa disponíveis não compõem o valor do negócio, devendo ser avaliados em separado, caso haja interesse das partes em sua negociação.

Alguns exemplos de ativos "não operacionais" são obras de arte, imóveis desocupados, participações acionárias em outras sociedades etc.

Da mesma maneira, existem certos passivos da empresa classificados como *ocultos*. Em geral, essas obrigações não são integralmente reconhecidas pela Contabilidade. São passivos de mais difícil mensuração. Exemplo: contingências fiscais e trabalhistas.

Assim, o Valor Ajustado da empresa apresenta-se:

> VALOR DA EMPRESA (Vo)
> (+) Ativos "Não Operacionais"
> (–) Passivos Ocultos
> (=) VALOR AJUSTADO

13.14   ALGUNS COMENTÁRIOS SOBRE O WACC

O WACC é a média ponderada do custo do capital próprio e capital de terceiros (passivos). No cálculo do WACC, devem somente ser considerados, na estrutura de capital, os passivos classificados como onerosos, ou seja, passivos que calculam explicitamente os encargos financeiros (juros) como empréstimos e financiamentos.

Os passivos de funcionamento, como fornecedores/contas a pagar, são geralmente excluídos do cálculo do WACC. Mesmo que incidam juros sobre esses passivos, tais custos estão geralmente considerados nos custos das mercadorias/materiais que produziram a dívida, estando, em consequência, incluídos nos custos operacionais e nos fluxos de caixa.

Portanto, o WACC é a média ponderada dos custos do Patrimônio Líquido (k_e) e das Dívidas (Passivos) Onerosas (Ki).

Os fluxos de caixa (FCDE ou FCDA) e as respectivas taxas de desconto (WACC ou k_e) devem ser coerentes em termos de moeda e formação. Se os fluxos de caixa estiverem estabelecidos em valores nominais (incorporam uma expectativa de inflação), a taxa de desconto também será a *taxa nominal*. Caso os fluxos de caixa estejam expressos em moeda constante, o desconto desses valores será feito pela *taxa real*, líquida da inflação. Ao calcular-se o valor presente de um fluxo de caixa nominal atualizado por uma taxa nominal, ou de um fluxo de caixa em moeda constante atualizado por uma taxa real, apuram-se certamente os mesmos resultados.

Em muitas situações, o WACC não é constante em todo horizonte de tempo da avaliação, podendo ser alterado (recalculado) ao longo do período de previsão. Essas alterações na taxa de desconto ocorrem em razão de ajustes das taxas de risco e de juros no tempo, e da estrutura de capital da empresa.

O cálculo do WACC considera normalmente a estrutura ideal (*meta*) de capital da empresa, ou seja, o P/PL que produz o mais baixo custo de capital (maior valor).

A estrutura de capital corrente pode não representar a melhor alavancagem da empresa, produzindo um custo total mais alto.

O cálculo do WACC de Bancos é bastante controvertido, principalmente ao se considerar que os seus resultados originam-se do *spread* cobrado de seus clientes, medido pelo diferencial entre a taxa de aplicação (empréstimo) e a de captação de recursos. Assim, o passivo (dívidas) de um banco pode ser negociado e gerar lucro. É difícil separar claramente capital de terceiros (dívidas) e capital próprio de um banco. Para Damodaran,[5] o capital de um banco é somente o Patrimônio Líquido.

Os bancos, diferentemente de outros tipos de empresas, ganham na captação. Podem levantar recursos a taxas inferiores às de mercado, ou, ainda, sem custo algum, como depósitos a vista, tornando mais difícil estimar o seu custo de capital total (WACC). Os bancos, também, são instituições fortemente reguladas, principalmente em sua alavancagem.

Em razão dessas limitações de cálculo do WACC, a avaliação de um banco é geralmente patrimonial, ou seja, projetam-se os FCDAs e calcula-se o valor do Patrimônio Líquido usando como taxa de desconto o Custo de Capital Próprio, e não o WACC.

13.15 WACC A PESOS DE MERCADO E CONTÁBIL

O cálculo do WACC, como média ponderada das fontes próprias (PL) e de terceiros (Passivo) de financiamento, deve ser desenvolvido a pesos de mercado, e não a valores contábeis.

Considerando que o custo de capital próprio (Ke) é superior ao Custo da Dívida (Ki) e o valor do PL a mercado é geralmente superior ao seu valor contábil, o cálculo do WACC usando valores contábeis é sempre menor do que seria se adotasse pesos de mercado. Com isso, há uma "valorização" não justificada no valor da empresa. Replicando o caso ilustrativo similar ao desenvolvido no Capítulo 5 (item 5.1.1), considere a situação a seguir, extraída de uma empresa em processo de avaliação.

Exemplo ilustrativo:

VALORES CONTÁBEIS

VALORES A MERCADO

Ativo Total: $ 800,0 mi – 100,0%

Ativo Total: $ 1.500,0 mi – 100,0%

Passivo : $ 400,0 mi – 50,0%   Passivo: $ 300,0 mi – 20,0%   Ki Líq IR = 8,5% a.a.

PL : $ 400,0 mi – 50,0%   PL: $ 1.200,0 mi – Ke – 80,0%   Ke = 16,0% a.a.

O custo do capital próprio (Ke) é igual a 16%, e o custo da dívida (Ki), líquido do IR, é de 10,0%.

WACC (Contábil) = (16% × 0,5) + (8,5% × 0,50) = 12,25%

ACC (Mercado) = (16% × 0,80) + (8,5% × 0,20) = 14,5%

WACC MERCADO: 14,5% > WACC CONTÁBIL: 12,25%

---

[5] DAMODARAN, Aswath. Ob. cit.

O uso de pesos contábeis no cálculo do WACC produz um acréscimo no valor da empresa, sem nenhuma conotação com seu melhor desempenho. Pelo WACC contábil, os fluxos de caixa serão descontados a uma taxa de custo de capital inferior, gerando, consequentemente, um resultado presente mais elevado.

13.16 CRESCIMENTO DOS FLUXOS DE CAIXA NA PERPETUIDADE

A perpetuidade é um período da avaliação admitido como de baixa previsibilidade, iniciando-se após o término do período explícito. Por conservadorismo, muitos analistas costumam admitir que na perpetuidade a empresa não agrega valor, gerando um retorno igual ao custo de capital.

O valor presente de um fluxo de caixa indeterminado pode ser apurado admitindo um crescimento nos fluxos de caixa (taxa "g"), conhecido por *Modelo de Gordon*, ou um fluxo de caixa constante ($g = 0$), ou seja:

$$PV = \frac{FC = FLUXO\ DE\ CAIXA}{K} \qquad \text{ou:} \qquad PV = \frac{FC = FLUXO\ DE\ CAIXA}{K - g}$$

Em que: K = taxa de desconto

g = taxa de crescimento *constante* dos fluxos de caixa – Pressuposto: $K > g$

g = Taxa de Reinvestimento $\times$ Taxa de Retorno

A taxa de crescimento é geralmente limitada pela evolução do PIB, não devendo superar essa medida econômica por tempo indeterminado. Mesmo em uma empresa que esteja crescendo a taxas bastante altas (*startups, pontocom*, tecnologia etc.) a expectativa é de que a taxa de crescimento atinja a estabilidade no futuro, convergindo a média do setor.

Em geral, utiliza-se na prática, como taxa de crescimento dos fluxos de caixa na perpetuidade, a média histórica de crescimento dos lucros da empresa. É um procedimento intuitivo e subjetivo: admite-se que a tendência passada se repetirá no futuro. Para se projetar o crescimento dos fluxos de caixa, o que se recomenda é uma análise da capacidade de crescimento da empresa (tendências do mercado, evolução dos negócios, produto, variáveis macroeconômicas etc.) e do retorno do capital investido.

> Quanto maior a *taxa de reinvestimento*, MAIOR é o crescimento esperado da empresa, porém não necessariamente o seu valor. Nem todo crescimento gera valor, mas somente quando o retorno do reinvestimento superar ao custo de oportunidade.

Ao se admitir que a empresa não irá mais agregar valor na perpetuidade, as duas fórmulas apuram o mesmo resultado, sendo, portanto, indiferente o uso de uma ou de outra.

Importante: ao se calcular o valor da perpetuidade pela fórmula dos fluxos de caixa constantes (sem crescimento), não significa que a empresa não irá reinvestir e crescer. Indica tão somente que todo reinvestimento não gerará valor, ou seja, produzirá um retorno igual ao custo de capital.

13.17 AVALIAÇÃO DE EMPRESAS

Seguem algumas recomendações para avaliar empresas:

- **Empresas cíclicas**: caracterizam-se por maior volatilidade. São empresas que tendem a acompanhar os ciclos da economia e suas oscilações (Expansão – Retração – Estabilidade). Em alguns períodos, apresentam altos lucros, em outros, grandes prejuízos, trazendo dificuldades adicionais para a projeção dos fluxos de caixa e cálculo do valor da empresa. Para se avaliar uma empresa cíclica, devem-se também projetar as variáveis macroeconômicas que atuam sobre seus resultados. Alguns exemplos de empresas cíclicas são: companhias aéreas, papel e celulose, siderurgias, montadoras de carros etc.

    Uma sugestão para avaliação de empresas cíclicas é construir-se diferentes cenários e atribuir probabilidades a cada um. Pode-se estabelecer um cenário tido como normal, seguindo o comportamento médio histórico da empresa, e outros com diferentes tendências

- **Empresas de capital fechado**: a principal dificuldade na avaliação desse tipo de empresa encontra-se na falta de informações de mercado para cálculo da taxa de desconto, taxa de crescimento do mercado, informações sobre os concorrentes etc. Essas limitações impedem que se apurem, com maior confiabilidade, os principais parâmetros de avaliação.

    Há ainda certos procedimentos que devem ser mais bem analisados. Por exemplo, sócios que participam diretamente da administração das empresas e recebem salários na forma de dividendos, não sendo classificados como despesas operacionais. Não se considerando esses pagamentos como dedutíveis dos lucros na apuração dos resultados, o fluxo de caixa eleva-se, superestimando o valor da empresa.

    Diversos ajustes e medidas mais simplificadoras devem ser adotadas na avaliação de empresas de capital fechado, tornando mais incerto o cálculo do seu valor.

- **Empresas em dificuldades financeiras:** uma empresa em dificuldades financeiras é identificada como atuando em desequilíbrio financeiro, com dificuldades em cumprir seus compromissos correntes por falta de liquidez de caixa.

    É importante que se identifique a natureza da dificuldade financeira: *pontual* ou momentânea, e *estrutural,* com reflexos no longo prazo; e também os custos das dificuldades financeiras. Identificadas as causas das dificuldades, devem-se selecionar as melhores alternativas de solução e os investimentos necessários para trazer a empresa a uma estrutura de equilíbrio.

Esses investimentos são descontados do valor da empresa, pois a avaliação é geralmente feita em condições de equilíbrio, em condições normais de competitividade.

- **Empresas jovens (*startups*):** *startup* representa uma empresa emergente, em estágio inicial de vida. A empresa e o produto ainda se encontram em testes, à procura de um mercado. O valor dessas empresas é formado essencialmente pelas expectativas de crescimento, pela criação de fluxos de caixa esperados no longo prazo. Muitas vezes, o sucesso de uma empresa jovem está em criar um mercado para seus produtos ou serviços.

O principal direcionador de valor das *startups* é baseado na capacidade da empresa de transformar ideias em caixa, em valorização do negócio.

Essas empresas podem ser avaliadas pelo método do *Fluxo de Caixa Descontado*. A estrutura básica de avaliação envolve três fases:

- Levantar e analisar todas as informações disponíveis relativas ao produto e mercado.
- Estimar o comportamento futuro do mercado, envolvendo crescimento, concorrentes, perfil do consumidor etc. A capacidade dessas empresas de gerar fluxos de caixa no futuro é dependente das premissas que se façam a respeito do mercado e dos concorrentes.
- Projetar o ciclo esperado de vida da empresa, envolvendo desde crescimento inicial, expansão (forte, moderada, estabilidade) e declínio.

As principais dificuldades na avaliação de *startups* são resumidas a seguir:

- Inexiste um histórico operacional da empresa. Geralmente, são negócios novos, inovadores. Ao longo dos anos iniciais, em geral, essas empresas apresentam prejuízos, e esses resultados não devem servir de referência para projeções futuras. Há maior incerteza com relação ao futuro.
- Não há empresas comparáveis, de indicadores de referência de mercado.
- Os investimentos são em sua maior parte realizados em intangíveis, mais difíceis de serem previstos e mensurados. Em caso de necessidade financeira, é mais complicado negociar esses ativos.

Bibliografia

ABRAMS, Jay B. *Quantitative business valuation*. New York: McGraw-Hill, 2001.

ASSAF NETO, Alexandre. *Estrutura e análise de balanços*. 13. ed. São Paulo: Atlas, 2023.

ASSAF NETO, Alexandre. *Finanças corporativas e valor*. 8. ed. São Paulo: Atlas, 2021.

ASSAF NETO, Alexandre. *Matemática financeira e suas aplicações*. 15. ed. São Paulo: Atlas, 2022.

COPELAND, Tom; KOLLER, Tim; MURRIN, Jack. *Avaliação de empresas*. 3. ed. São Paulo: Makron Books, 2002.

DAMODARAN, Aswath. *Avaliação de empresas*. 2. ed. São Paulo: Pearson/ Prentice Hall, 2007.

DAMODARAN, Aswath. *Avaliação de investimentos*. 2. ed. Rio de Janeiro: Qualitymark, 2010.

DAMODARAN, Aswath. *Return on capital (ROI), return on invested capital (ROIC) and return on equity (ROE)*: measurement and implications. NYU/ Stern School of Business, July 2007. Disponível em: www.damodaran.com. Acesso em: 18 mar. 2021.

DAMODARAN, Aswath. *The dark side of valuation*. 2. ed. New York: Pearson, 2010.

DAMODARAN, Aswath. *Valuation*. Rio de Janeiro: LTC, 2012.

FELDMAN, Stanley. *Principles of private firm valuation*. New York: John Wiley, 2005.

FERNÁNDEZ, Pablo. *A definition of shareholder value creation*. IESE/University of Navarra. Research paper, n. 448, 2002.

FERNÁNDEZ, Pablo. *Valuation methods and shareholder value creation*. New York: Academic Press/Elsevier, 2002.

GILIO, Luciano. Análise da capacidade explicativa de informações contábeis para o índice *market-to-book* de empresas listadas no IBOVESPA. *In*: CONGRESSO DE CONTABILIDADE FEA/USP. Disponível em: www.congressousp.fipecafi.org. Acesso em: 18 mar. 2021.

GRANT, James L. *Foundations of economic value added*. New York: John Wiley, 2003.

IBBOTSON Associates. *Valuation yearbook*. Chicago: Morningstar, 2012.

JENSEN, Michael; MECKLING, W. H. Theory of the firm: managerial behavior, agency costs and ownership structure. *Journal of Financial Economics*, v. 3, 1976.

KNIGHT, James A. *Value based management*. New York: McGraw-Hill, 1998.

KOLLER, Tim; GOEDHART, Marc; WESSELS, David. *Valuation*. 6. ed. New York: John Wiley: McKinsey, 2015.

LEAL, Ricardo P. C. *Revisão da literatura sobre estimativa de custo de capital aplicada no Brasil*. UFRJ, 2000.

LUZ, Daniel. *Opções reais e empresas alavancadas*: leveraged buyouts. 2009. Dissertação (Mestrado em Finanças e Economia Empresarial) – FGV/EESP, São Paulo.

MARSHALL, A. *Principles of economy*. New York: Macmillan, 1980.

MARTIN, John D.; PETTY, J. William. *Gestão baseada em valor*. Rio de Janeiro: Qualitymark, 2004.

MARTINS, Eliseu (org.). *Avaliação de empresas*: da mensuração contábil à econômica. São Paulo: Atlas, 2001.

MARTINS, Eliseu. *Análise da correção monetária das demonstrações financeiras*. São Paulo: Atlas, 1984.

MARTINS, Eliseu; DINIZ, J. Alves; MIRANDA, G. José. *Análise avançada das demonstrações contábeis*. 3. ed. São Paulo: Atlas, 2020.

MODIGLIANI, F.; MILLER, M. The cost of capital, corporation finance and the theory of investment. *American Economic Review*, v. 48, June 1958.

MYERS, S. C. Interactions of corporate financing and investment decisions: implications for capital budgeting. *Journal of Finance*, v. 29, n. 1, 1974.

PERERO, Luis E. *Valuation of companies in emerging markets*. New York: John Wiley, 2002.

PÓVOA, Alexandre. *Valuation*. Rio de Janeiro: Campus, 2012.

PRATT, Shannon P. *Cost of capital*: estimation and applications. 2. ed. New York: John Wiley, 2002.

RAPPAPORT, Alfred. *Gerando valor para o acionista*. São Paulo: Atlas, 2000.

RAPPAPORT, Alfred; MAUBOUSSIN, Michael J. *Análise de investimentos*. Rio de Janeiro: Campus, 2002.

ROSS, Stephen A.; WESTERFIELD, Randolph W.; JORDAN, Bradford D. *Administração financeira*. 8. ed. São Paulo: McGraw-Hill, 2008.

SILVA, Cesar A. Tibúrcio; CUNHA, J. Reinau. Questões para avaliação de empresas na nova economia. *Contexto*, Porto Alegre, v. 3, n. 4, 2003.

STATEMENTS ON SMA/INSTITUTE OF MANAGEMENT ACCOUNTANTS OF CANADA. *Measuring and managing shareholder value creation*. Statement 4AA, March 31, 1997.

STEWART III, G. Bennett. *Em busca do valor*. Porto Alegre: Bookman, 2005.

STEWART III, G. Bennett. *The quest for value*. New York: HarperBusiness, 1991.

TITMAN, Sheridan; MARTIN, John D. *Valuation*. New York: Pearson Addison Wesley, 2007.

TOBIN, James A. General equilibrium approach to monetary theory. *Journal of Money, Credit and Banking*, v. 1, n. 1, 1969.

YOUNG, S. David; O'BYRNE, Stephen F. *EVA e gestão baseada em valor*. Porto Alegre: Bookman, 2003.

Índice alfabético

A

Abertura de mercado, 4
Ações
  ordinárias, 242, 243
  preferenciais, 242
Adjusted Present Value (APV), 198
Ágio, 313, 314
Agregação de valor na
  perpetuidade, 258
Alavancagem, 101
  ajuste na, 269
  financeira, 118
Análise
  comparativa CVA × EVA, 175
  SWOT, 195
Apuração
  de lucro econômico, 311
  do FCDE (empresa) e do FCDA
    (acionista), 283
Aquisições alavancadas (LBO),
  229, 232, 303
Arbitrage Pricing Theory (APT), 85
Assimetria de informações, 237
Ativo(s), 35, 154
  e investimento, 35
  e passivos que compõem o valor
    da empresa, 317
  intangível(eis), 225
    geradores de benefícios de
      caixa, 225

  independentes, 225
  não operacionais, 249, 250
  subutilizados, 241
Atuação global da empresa, 289
Avaliação
  de ações pelas abordagens do
    FCDA e dividendos, 284
  de direitos autorais, 228
  de empresa(s), 321
    com diferentes ciclos de
      crescimento, 292
    e ajustes no método do
      FCD, 234
    usando o modelo do APV, 211
  de intangíveis, 225
  do desempenho pelo MVA, 142
  intrínseca, 309
  pelo lucro em excesso
    (EVA), 296
  por múltiplos, 217, 220
  relativa, 217, 220

B

Benchmark, 87
Benefício fiscal, 212
Beta, 86
  alavancado, 85
  básico, 242
  contábil, 242
  de carteiras, 89

desalavancado, 85
fundamental, 242
total, 85
Boston Consulting Group (BCG), 168
Build Up Method, 91

C

Cálculo
  do beta por *benchmark*, 87
  do CFROI pela abordagem de período
    único, 180
  do crescimento e reinvestimento, 43
  do custo de capital, 265
  do EBITDA, 33
  do EVA e MVA de balanços, 134
  do Investimento Bruto Total, 182
  do valor
    da empresa, 201, 256
    presente, 72
    residual usando *Drivers*
      operacionais, 204
Capacidades diferenciadoras, 16
CAPEX (*Capital Expenditures*), 185
Capital
  Asset Pricing Model (CAPM), 78
    ajustado ao *size premium*, 93
  circulante líquido (CCL), 186
  de terceiros, 103
  investido, 36, 40
  próprio reinvestido na empresa, 55
  total investido, 297
Cash
  Flow Return on
    Gross Investment (CFROGI), 182
    Investment (CFROI), 176
  Value Added (CVA), 171, 173, 175
Ciclos da economia, 235
Coeficiente beta, 80, 95
Conflitos de agência, 236, 237
Continuidade, 193, 218
Controlador, 243
Crescimento
  do lucro líquido, 44, 51, 57
    baseado no retorno e no
      reinvestimento, 44

do NOPAT, 42
dos fluxos de caixa na perpetuidade, 320
e agregação de valor, 205
Criação
  de riqueza, 15, 125
    econômica (*goodwill*), 10
  de valor, 8, 15, 148, 165
Curva de rendimentos (*yield curve*), 61
Custo(s)
  da dívida, 60, 69, 70
  de agência, 236, 238
  de agentes, 121
  de capital, 93
    de terceiros, 59, 60, 64, 67, 69, 109
    desalavancado, 210
    do acionista, 165
    do período explícito, 271
    em economias emergentes, 93
    por *benchmark*, 95
    próprio, 60, 77-81, 94, 108, 135, 291
      das empresas brasileiras, 99
      global, 109
  de dificuldades financeiras, 119, 239
  de oportunidade, 1, 59, 94, 102, 146
  diretos de falência, 119
  explícito, 60, 239
  implícito, 60, 94, 102, 239
  indiretos de falência, 119
  Médio Ponderado de Capital, 93,
    101, 106
    a pesos de mercado, 107, 319
    a pesos de mercado e contábil, 319
    aumento do, 112
    cálculo, 102, 104
    coerência com os fluxos de caixa, 106
    critérios para cálculo do, 116
    e estrutura de capital, 107
    formado por recursos de longo
      prazo, 106
    fundamentos conceituais, 106
    redução do, 112
  por *benchmark*, 70

D

Depreciação econômica, 31, 173-176,
  180, 181

ÍNDICE ALFABÉTICO · 329

Descontinuidade, 218
Desembolsos dos acionistas, 164
Dificuldade financeira, 239
Diligência prévia, 194
Direcionadores de valor, 12, 13
Dividend Yield (DY), 166
Dividendos, 166, 169, 242, 243
Drivers do período contínuo e crescimento
esperado, 202
Due diligence, 194

E

EBITDA, 31, 220, 221, 252
cálculo do, 33
e o valor da empresa, 32
Economia
de escala, 233
de escopo, 233
Economic Value Added (EVA), 175
Efeitos colaterais, 212
Empresa(s)
brasileira com atuação global, 288
cíclicas, 235, 321
comparável, 221
de capital fechado, 241, 321
em dificuldades financeiras, 239, 321
jovens (*startups*), 322
Endividamento e beta, 85
Enterprise value, 249, 261, 280
Equity
Risk Premium (ERP), 91
value, 279, 280
Estimativa
do beta e do custo de capital próprio, 80
do custo de capital de terceiros – Ki, 69
Estratégias
de investimento, 19
financeiras, 18
Estrutura
a Termo das Taxas de Juros (ETTJ), 60
acionária e controle, 242
de avaliação, 193
de capital, 110
ideal de capital, 120
Expectativas futuras, 193

F

Fair value (valor justo), 71, 155, 198, 312
Firm size premium, 91
Fluxo(s)
de caixa, 72, 172, 180, 193
cíclicos, 287
com duração indeterminada, 73
com período finito e
indeterminado, 74
descontado, 193, 196, 217, 222, 250
disponível, 189, 315
cálculo e projeções para o
exercício, 281
da empresa, 183, 184, 196, 250
do acionista, 184, 189, 279, 281
explícitos, 199
operacional, 177, 182
sustentável, 180
de dividendos, 285
de rendimentos, 146
disponíveis operacionais de caixa da
empresa, 249
Formação
da taxa de crescimento, 45
do valor econômico da empresa, 138
Formulação(ões)
analítica do ROE, 50
analítica do ROI, 39
básicas de cálculo, 67
de cálculo financeiro, 71
Fusão, 229-232
em conglomerado, 232
horizontal, 231
vertical, 231
Fusões e aquisições (F&A), 229, 230

G

Ganho(s)
da dívida, 302
de capital, 166, 169
de sinergia, 232
econômicos de caixa, 193
Geração
de riqueza econômica, 310

330 VALUATION · ASSAF NETO

de valor, 285
Gestão Baseada em Valor (GBV), 1, 3, 15
Globalização, 4
Goodwill, 127, 129, 140, 154, 281, 297,
  311, 313

I

Indicador(es)
  de crescimento, 254
  de desempenho e retorno, 37
Índice *market-to-book*, 153, 155, 156
Insolvência, 240
Intercepto da reta de regressão, 82
Investimento, 36, 40
  em giro, 269
  necessário (ou adicional) em giro, 270
  total bruto, 177

L

Leveraged Buyout (LBO), 232, 303
Liquidez, 60, 66
Lucro(s), 5, 6, 311
  econômico, 1, 2, 126, 310
    futuro, 311
  em excesso, 1, 2, 279
    estimados para a perpetuidade, 301
  genuíno, 7
  líquido por ação, 220
  operacional, 29, 30, 38, 221
    amplo, 29
    líquido do IR (NOPAT), 38
    restrito, 30
  por ação, 11, 220
  que interessa para o *valuation*, 311
  residual, 126, 128, 171
  supranormal, 126

M

Marca, 226
Market Value Added (MVA), 297
Maturidade da avaliação, 198
Medida(s)
  de desempenho do negócio, 25
  de valor
    de caixa e fluxos de caixa, 171

de mercado, 153
ótimas de gestão, 275
P/L, 220
Mercado
  competitivo, 5
  de capitais brasileiro, 94
  eficiente, 313
Método
  de avaliação, 196
  do Fluxo de Caixa Descontado, 143,
    225, 322
  dos prêmios de risco, 91
Modelo(s)
  de Fama e French, 85
  de Gordon, 200, 320
  do CAPM, 78, 84
    unifatorial, 84
  multifatoriais, 84
MVA (Valor Agregado pelo Mercado),
  146, 297

N

Necessidade de investimento em giro
  (NIG), 185

O

Objetivo da empresa, 310

P

Período
  contínuo, 267-269, 292
  de ajuste, 293
  de alto crescimento, 293
  de avaliação, 159
  de mensuração, 159
  de projeção, 267, 269
  estável, 294
  explícito, 292
  previsível, 75
Perpetuidade, 267, 269, 296, 320
Pontos
  fortes, 195
  fracos, 195
Posição de equilíbrio, 194, 195
Prazos de vencimento, 60

Preço, 6, 73, 215, 310
  da ação, 73
  de mercado, 215
Prêmio
  de risco para o tamanho da empresa, 91
  pelo controle, 273
  pelo risco, 79, 99
Premissas, 315
Princípio da substituição, 59, 78, 94
Projeção
  de EVA, 148
  do FCDE, 254
Proventos, 164

Q
Q de Tobin, 143, 156

R
Ratings, 63, 65, 66
Refined Economic Value Added (REVA), 156, 157
Resultado
  de equivalência patrimonial, 30
  líquido, 26
  operacional, 25-28
Retorno
  da carteira de mercado, 79
  do acionista, 165
  do negócio, 31
  em excesso, 158, 159
  sobre o capital próprio, 291
  sobre o investimento (ROI), 38, 262
  sobre o patrimônio líquido (ROE), 47
Riqueza
  corrente, 158
  econômica, 2, 139, 311
  esperada, 159
  gerada, 205
Risco
  de crédito, 64
  de inadimplência, 64
  de não pagamento, 60, 63
  de variação das taxas de juros, 68
  econômico, 64, 85
  financeiro, 64, 85

moral, 237, 238
  sistemático, 79
Risco-país, 95
Risk free, 79

S
Seleção adversa, 237, 238
Shareholder Value Added (SVA), 164
Sinergia, 229-233
  financeira, 233
  operacional, 233
Size
  premium, 289
  risk premium, 93
Spread
  de risco de inadimplência, 68, 70
  econômico, 132, 133, 140
    da empresa, 133
    do acionista, 132, 133
Stakeholders, 16, 237
Startups, 322

T
Taxa(s)
  de crescimento
    do NOPAT, 255
    dos lucros, 267, 285
    esperada do lucro líquido, 56
  de depreciação econômica, 183
  de desconto, 59
    do lucro em excesso, 298
  de juros, 65
    e risco, 117
  de reinvestimento, 203, 259, 289, 290, 320
    de Patrimônio Líquido (PL), 56
    do lucro, 262, 292
    do PL, 57
  de retorno, 203
    total das ações (TRA), 166, 167
  final apurada, 96
  interna de retorno, 139, 176
  livre de risco, 68, 79, 95
  média de reinvestimento, 255
  mínima de atratividade, 59

332 VALUATION · ASSAF NETO

nominal de juros, 61, 62, 318
requerida de retorno, 59
T-Bonds (Treasury Bonds), 68
Teoria
  convencional, 112
  das expectativas, 62, 63
    não viesadas, 62
  de assimetria de informações, 237
  de Modigliani e Miller, 110
  de *Pecking Order*, 113
  de preferência pela liquidez, 62, 63
Total Shareholder Return (TSR), 168

V

Valor
  contábil, 153, 155
    do patrimônio líquido, 155
  contínuo, 292, 316
    da empresa, 272
    residual, 260
  Criado ao Acionista (VCA), 163, 167
  da continuidade, 296
  da empresa, 118, 212, 249, 257, 258, 263
    em diferentes cenários, 264
    e período contínuo com e sem agregação de valor, 266
    para o acionista, 279
  da marca, 225, 226
  da perpetuidade, 268, 316
  de Crescimento Futuro (VCF), 162
  de liquidação, 218, 219
  de mercado, 153, 312
    do patrimônio líquido, 164
  de uma empresa, 217
    não alavancada, 208
  do controle, 244, 245, 273, 277
  dos ativos, 154
  dos benefícios fiscais, 208

econômico, 8, 138, 160, 258, 297, 314, 317
  agregado (EVA), 1, 10, 22, 101, 125, 127, 130, 131
  da empresa, 138, 258
em continuidade, 217, 218
estimado, 309
explícito, 256, 259, 260, 316
  da empresa, 267
  do capital próprio, 291
  do período de ajuste, 296
justo, 72, 198, 312
ótimo, 245
para o acionista, 9
presente, 71
  ajustado, 198, 207
  líquido, 11, 138, 139
residual, 178, 257
status quo, 245
total da empresa, 269
Valuation, 309
Value driver, 13, 14
Variação
  do investimento em giro, 185, 252
  no valor de mercado do PL, 164
Variáveis macroeconômicas, 196
Vida Útil Estimada, 177

W

WACC (custo total de capital), 60, 88, 101, 106, 109, 116, 173, 205, 208, 259
  a pesos de mercado, 107, 319
  aumento do, 112
  cálculo do, 102, 104
  e estrutura de capital, 107
  redução do, 112

Y

YTM (*Yield to Maturity*), 70